本书出版得到“龙图法律教育基金”的资助

2020

第2辑·总第8辑

师大法学

ECNU LAW REVIEW

华东师范大学法学院　组编

张志铭　主编

钱叶六　江湖　执行主编

北京

图书在版编目(CIP)数据

师大法学. 第8辑. 2020年 ; 第2辑 / 华东师范大学法学院组编 ; 张志铭主编. -- 北京 : 法律出版社, 2022

ISBN 978-7-5197-6742-6

Ⅰ. ①师… Ⅱ. ①华… ②张… Ⅲ. ①法学-文集 Ⅳ. ①D90-53

中国版本图书馆CIP数据核字(2022)第081631号

师大法学(2020年第2辑·总第8辑)
SHIDA FAXUE (2020 NIAN DI-2 JI · ZONG DI-8 JI)

华东师范大学法学院 组编
张志铭 主编

策划编辑 蒋 橙
责任编辑 蒋 橙
装帧设计 鲍龙卉

出版发行 法律出版社
编辑统筹 法律应用出版分社
责任校对 朱海波
责任印制 刘晓伟
经　　销 新华书店

开本 710毫米×1000毫米 1/16
印张 18.75 **字数** 286千
版本 2022年7月第1版
印次 2022年7月第1次印刷
印刷 唐山玺诚印务有限公司

地址:北京市丰台区莲花池西里7号(100073)
网址:www.lawpress.com.cn
投稿邮箱:info@lawpress.com.cn
举报盗版邮箱:jbwq@lawpress.com.cn
销售电话:010-83938349
客服电话:010-83938350
咨询电话:010-63939796

书号:ISBN 978-7-5197-6742-6
定价:69.00元
凡购买本社图书,如有印装错误,我社负责退换。电话:010-83938349

卷首语

本辑《师大法学》共有三个栏目。“《刑法修正案(十一)》的理解与适用”栏目共刊登了三篇关于《刑法修正案(十一)》的佳作。晚近以来,我国进入了一个刑法立法活性化的时代,立法机关频频通过刑法修正案的方式修改刑法,以便确保刑法适应社会发展的需要。2021年3月1日施行的《刑法修正案(十一)》是历次刑法修正案中规模较大且备受关注的一次刑法修改,对于这次修改的理解与适用,仍然存在不少的疑问。周啸天的《立法技术、价值关照及现实影响:〈刑法修正案(十一)〉的理论透视》一文指出,《刑法修正案(十一)》的一个重要特色在于将大量“情节”作为入罪或者法定刑升格的条件,在这种立法技术背后潜藏着四个重要的价值关照,即实现刑法能动性,贯彻宽严相济刑事政策,对不同性质产权、两性性权利的平等保护,以及对弱者的侧重保护。该文随后探讨了这种立法技术对公众、学者及司法实务的诸多影响,对于深入理解《刑法修正案(十一)》具有重要的参考价值。该文以小见大、见微知著,虽然切入点是“情节”,但所研究的却是其背后深层次的价值问题。邓毅丞、王紫奕的《妨害传染病防治罪的法教义学反思——以新冠疫情防控期间的司法数据为切入》一文所探讨的是在当前新冠疫情防控背景之下的一个重要罪名——妨害传染病防治罪。为了适应新冠疫情防控的现实需要,《刑法修正案(十一)》对妨害传染病防治罪进行了修改,不仅解决了原有司法解释中存在的与罪刑法定原则相冲突的规定,而且通过总结新冠疫情防控的经验,对原有刑法条文进行了科学化的修正。该文首先通过司法数据的分析总结出司法实务中认定妨害传染病防治罪的若干困境,然后从法教义学角度对该罪的法益、构成要件以及与以危险方法危害公共安全罪的区别等重要问题进行了深入探讨,对于妨害传染病防治罪的司法适用具有一定的价值。姚培培的《论负有照护职责人员性侵罪的规范定位与不法内涵》一文所研究的是《刑法修正案(十一)》新设的"负有照护职责人员性侵罪"。近年来,在全国各地发生了大量负有照护职责人员性侵被照护女性的事件,由于缺乏法律依据,因此司法机关无法将这些行为作为犯罪处理,为此,《刑法修正案(十一)》专门增设了"负有照护职责人员性侵罪"。然而,在刑法理论上,对于该罪的法益及构成要件的解释,却存在非常激烈的争论。该文通过比较法的研究,认为负有照护职责人员性侵罪的保护法益为未成年女性的身心健康,对本罪构成要件的解释应当以此保护法益为指导,是否构成负有照护职责的人员应当以其是否在事实上接管、承担了对未成年女性身心健康的照顾为基准进行判断。应当说,这种观点是有相当说服力的,对于司法实务准确适用该罪,也具有重要的借鉴价值。

"刑事诉讼与司法制度"栏目刊登了六篇论文,主题涉及中外刑事诉讼与司法制度的诸多重要问题。周洪波、熊晓彪的《疑罪从无及其在刑事辩护中的有效运用》一文所探讨的是刑事证明的一项基本原则,即疑罪从无原则。该文深入分析了我国司法实务中疑罪从无原则无法得到有效贯彻的诸多复杂原因,在此基础上对如何落实疑罪从无进行了理论和实务(辩护)两个层面的分析,对于学术研究与刑事辩护实务均具有重要的参考价值。宋东的《走出司法改革的"乌托邦":量刑建议精准化的难题与反思》一文是对认罪认罚从宽制度之下的所谓"量刑建议精准化"的一个反思性检讨,该文指出,"量刑建议精准化"既无必要性也无可能性,因此应当走出这种口号的误区。在众口一词的时代,很难有如此清醒的思考。徐舒浩的《十九世纪美国司法联邦制的发生——以马伯里案为中心》一文,以美国宪法史上著名的马伯里诉麦迪逊案为出发点,正确地指出,不应简单地将该案视为党派斗争的产物,而是应该将其看成美国联邦最高法院构建和捍卫司法联邦制的经典案例。这种对于历史重要案例的全新思考,值得称赞。美国学者弗洛伊德 · F. 菲尼和劳伦斯 · 赫尔曼著,陈娇杨翻译的《美国刑事案件中的简易程序》细致地描述了美国刑事诉讼中的简易程序,该文指出,"在刑事司法中,既需要公平程序来保障人权,又需要高效的司法系统,这两者之间的紧张关系一直存在,这种紧张关系必然会因广泛运用简易程序而加剧”。为了消除简易程序对公正与效率之紧张关系的加剧作用，应当赋予被告人程序选择权。随着我国逐渐步入轻罪时代，对于各种简易程序的需求会大大增加，但在提高刑事诉讼效率的同时，如何确保正当程序，的确是一个非常重要的问题。该文值得我国相关立法和司法机关参考。宋强、范思力的《检察权运行监督机制完善研究》一文对自1996年以来我国检察机关构建自身监督体系的历史过程进行了全面回顾，在此基础上，针对检察权运行监督面临的现实挑战，对检察权运行监督的路径与方法进行了探讨。正如该文所指出的那样，虽然检察机关是我国《宪法》规定的法律监督机关，但是检察机关本身也需要监督。从目前的状况来看，检察权运行监督机制离现代化的需要还有一定差距，因此需要进一步深入改革。张龑的《法官助理分层培养机制研究》一文分析了我国法官助理制度存在的诸多问题，从法官助理作为独立审判辅助岗位的工作需求与作为员额法官储备人才的培养需求两个角度，主张建构法官助理的分层培养机制。诚如该文所言，法官助理作为协助法官履行审判职责的辅助人员，对于司法改革的推进发挥着重要的作用。因此，健全完善的法官助理培养机制值得高度重视。

“企业合规与不起诉”栏目刊登了两篇论文和一篇综述。最近两年，为了更好地促进企业的合规管理、建立现代企业管理制度，在最高人民检察院的主导之下，在全国范围开展了企业合规改革试点工作，取得了良好的法律效果和社会效果。当然，由于企业合规改革尚处于探索阶段，因此不可避免地存在一些问题。谈倩、孙宋龙的《检察机关涉案企业合规试点实证研究》一文对第一批企业合规改革试点单位上海市金山区人民检察院的相关工作经验进行了总结，并基于上述经验对涉案企业合规案件的办理程序进行了构想，对于进一步的制度改革具有一定的价值。江苏省张家港市人民检察院课题组撰写的《企业合规第三方监管机制实践问题研究》一文，针对的是目前企业合规改革中的一个核心问题即第三方监督机制问题。第三方监督机制关乎企业合规改革的成败。2021年6月3日，最高人民检察院等九部门发布的《关于建立涉案企业合规第三方监督评估机制的指导意见（试行）》，从国家层面建立了涉案企业合规第三方监督评估机制。该文基于江苏省张家港市人民检察院的相关经验，对第三方监督机制的完善提出了一些具体的建议，对于今后的改革具有一定的参考价值。钟欣撰写的《“合规不起诉改革与第三方监督评估机制”研讨会综述》一文,真实地再现了华东师范大学企业合规研究中心于2021年6月26日举办的“合规不起诉改革与第三方监督评估机制”研讨会的实况,对于未能参加该次会议的读者无异于一个巨大的福利。

当本辑《师大法学》正式出版的时候,新冠疫情还没有烟消云散,虽然它不是人类面临的来自自然界的第一次严重地挑战,但毫无疑问的是,它深深地改变了地球上每一个人的生活、学习和工作,甚至改变了世界格局。没有人能够准确地预测它在未来的深远影响,对于每一个普通人来说,“活在当下”以及面对面的交流似乎比什么都更加重要了。

江 溯

2022年1月10日

目录
Contents

《刑法修正案（十一）》的理解与适用

刑事诉讼与司法制度

企业合规与不起诉

《刑法修正案（十一）》的理解与适用

立法技术、价值关照及现实影响:《刑法修正案(十一)》的理论透视*

周啸天**

内容摘要:《刑法修正案(十一)》大量引入"情节"。以"情节"作为入罪及刑罚升格的并列条件,并以此调节犯罪圈和打击力度的"情节式"立法技术,成为该修正案的一大亮点。经分析,该修正案具有四大价值关照:实现刑法能动性,贯彻宽严相济刑事政策,对不同性质产权、两性性权利的平等保护,以及对弱者的侧重保护。与此相应,该修正案的现实影响有:对于社会公众,宣告了"生活刑法"时代的全面来临;对于学者,就站在事后判断的结果无价值立场提出了挑战;对于司法适用者,就准确认定情节提出了更高的要求。

关键词:情节　情节式　立法技术　生活刑法　风险社会

自2021年3月1日起,我国第十三届全国人大常委会第二十四次会议于2020年12月26日通过的《刑法修正案(十一)》[1]正式施行。本次修正案共有48个条文,其条文数量在历次修正案中位居第三。[2] 在《修(十一)》的条文中,除去规定施行日期的最后一条外,涉及修正既有罪名的条文共有33条,涉及增设罪名的条文共有14条。修正案的频繁颁布表明,近10年来,我国刑事

* 本文系国家社科基金青年项目"正犯与主犯关系的重构与应用研究"(17CFX067)的研究成果和山东大学青年学者未来计划(YSPSDU)的研究成果。

** 山东大学法学院教授,法学博士。

〔1〕《中华人民共和国刑法修正案(十一)》(以下简称《修(十一)》),其余修正案也从简。

〔2〕前两位分别是2015年8月通过的《修(九)》共52条,2011年2月通过的《修(八)》共50条。

立法进入了活性化时代。[1] 晚近以来,我国经济社会的飞速发展与相关制度的变迁在丰富、提高人民物质与精神生活的同时,也带来了一定的社会问题。为应对这些问题,在刑事法治上一个最突出的表现便是,立法者不得不以刑罚提前预防含有巨大不确定性的风险,比如,环境风险、食药环节风险、交通运输风险、集融资风险、“头顶上”的风险、基因编辑风险、核能源风险、个人信息泄露风险等。在现代社会中,“灰犀牛”与“黑天鹅”往往成双出现。风险看似涉及一点,实则牵连一片。因此,无论是从维护秩序的角度出发,还是从将刑罚看作“公共产品”,百姓需要以其维护自身安全的角度出发,刑事立法都将势必进入活跃期。这是社会发展的必然。

修法是时代的产物。在《修(十一)》颁行之后,分析其立法技术及其背后的价值关照,不仅有助于理解相关法条的内容,还有助于管中窥豹,通过立法者的价值关切来理解我们所处时代的变迁,并探析其背后的现实影响。

一、“情节式”立法的条文统计与技术归纳

近年来,主张刑法立法应当适当扩张,刑法应以积极的姿态防范社会风险、维护公众安全,以期培养公众良好法规范意识的积极主义刑法观,广受学界讨论。尽管学者对该理念观点不一,[2] 但可以肯定地是,“预防性刑法立法活动在近来刑法修正中相继有序展开,以积极预防为导向的刑法理念正在发展”。[3] 立法者积极回应时代需求,通过扩张犯罪圈、提高法定刑的方式,回应社会重大关切,即“刑法规制社会生活的深度、广度和强度都有大幅度拓展、扩

〔1〕 参见张明楷、陈兴良、车浩:《立法、司法与学术——中国刑法二十年回顾与展望》,载《中国法律评论》2017 年第 5 期。

〔2〕 提倡与肯定积极主义刑法观的文献有:张明楷:《增设新罪的观念——对积极刑法观的支持》,载《现代法学》2020 年第 5 期;周光权:《积极刑法立法观在中国的确立》,载《法学研究》2016 年第 4 期;付立庆:《论积极主义刑法观》,载《政法论坛》2019 年第 1 期。反对该立场的文献有:刘艳红:《积极预防性刑法观的中国实践发展》,载《比较法研究》2021 年第 1 期;刘艳红:《我国应该停止犯罪化的刑事立法》,载《法学》2011 年第 11 期。

〔3〕 高铭暄、孙道萃:《预防性刑法观及其教义学思考》,载《中国法学》2018 年第 1 期。

张,不仅‘管得宽’,而且‘管得严’”。[1] 在我国刑法之中,“情节”两字无疑是最具延展性的词语,对其大量使用,有利于扩张和严密法网。分析《修(十一)》可知,“情节”两字大量进入刑法之中,成为该修正案的最大立法技术特征。

(一)《修(十一)》涉情节条文统计

与域外刑法往往坚持“立法定性而不定量”的立法模式不同,我国刑法立法者通常将“情节严重或情节恶劣”规定为犯罪的成立要件。[2] 据统计,截至《修(九)》颁行,我国《刑法》共有468个罪名,其中涉及“情节”这一概念的罪名有293个,比例高达62.6%。而在前10个修正案之中,增加“情节”两字的条文数量,[3]以罪名为统计单位,《修(九)》排名第一,为21个,占10个修正案增加涉情节罪名的39%;第二是《修(六)》,为11个,占10个修正案增加涉情节罪名的21%;余下的8个修正案加起来也只有21个。时隔5年,《修(十一)》新增罪名17个,取消或者调整罪名10个,在47个涉罪条文中(第48条是有关施行日期的规定),再次大量使用了“情节”这一概念,并以其作为调节入罪门槛高低和刑罚轻重的阀门。其中,增加涉“情节”两字的条文25条,涉及罪名24个,增设涉“情节”条文数量之大,已然超过《修(九)》,成为修正案中之最。现将《修(十一)》增加“情节”两字的条文统计如表1所示:

表1 《修(十一)》增加“情节”两字的条文统计

修正后条文与情节规定	修正说明
第17条第3款“情节恶劣”	刑事责任年龄下调,追责要求情节恶劣
第142条之一“其他严重情节的”	新增妨害药品管理罪,第二刑档含情节要求,本罪为“具体危险犯+结果/情节加重犯”

---

〔1〕 周光权:《积极刑法立法观在中国的确立》,载《法学研究》2016年第4期。

〔2〕 参见张庆立:《“情节严重(恶劣)”的法律解释》,载《法律方法》2021年第1期。

〔3〕 本文所统计的涉“情节”条文,既包含以情节严重、情节恶劣等表述作为基本入罪情节的传统意义上的情节犯,也包含将情节严重、情节恶劣、情节特别严重、情节特别恶劣等表述作为加重处罚条件的情节加重犯。对于传统意义上情节犯在当下刑法中的量化统计分析,参见张庆立:《我国情节犯立法的历程与趋向》,载《犯罪研究》2021年第2期。

续表

修正后条文与情节规定	修正说明
第 160 条第 1 款“其他特别严重情节的”; 第 160 条第 2 款“其他特别严重情节的”	欺诈发行证券罪的法定刑增设一个加重刑档作为第二档,其中含情节要求,本罪现为“结果/情节犯 + 结果/情节加重犯”;增加对特别身份者的处罚规定,第二档法定刑含情节要求
第 161 条“情节特别严重的”	违规披露、不披露重要信息罪法定刑增设一个加重刑档作为第二档,其中含情节要求,本罪现为“结果/情节犯 + 情节加重犯”
第 163 条第 1 款“其他特别严重情节的”	非国家工作人员受贿罪新增法定刑第三档,其中含情节要求,本罪现为“结果犯 + 结果/情节加重犯 + 结果/情节特别加重犯”
第 176 条“其他特别严重情节的”	非法吸收公众存款罪法定刑增设第三档,其中含情节要求,本罪现为“结果/情节加重犯 + 结果/情节特别加重犯”
第 214 条“其他严重情节的”“其他特别严重情节的”	销售假冒注册商标的商品罪两档法定刑都新增情节要求,本罪由“结果犯 + 结果加重犯”变为“结果/情节犯 + 结果/情节加重犯”
第 218 条“其他严重情节的”	销售侵权复制品罪的入罪条件新增情节要求,本罪由“结果犯”变为“结果/情节犯”
第 219 条“情节严重的”“情节特别严重的”	侵犯商业秘密罪的两档法定刑都由后果要求变为情节要求,本罪由“结果犯 + 结果加重犯”变为“情节犯 + 情节加重犯”
第 219 条之一“情节严重的”	新增为境外窃取、刺探、收买、非法提供商业秘密罪,第二档法定刑含情节要求,本罪为“情节加重犯”
第 229 条第 1 款第 1 项“情节特别严重的”; 第 229 条第 1 款第 2 项“情节特别严重的”	提供虚假证明文件罪新增三种加重处罚情形,前两种含情节特别严重要求,本罪现为“情节犯 + 情节/结果加重犯”

续表

修正后条文与情节规定	修正说明
第236条之一“情节恶劣的”	新增负有照护职责人员性侵罪,第二档法定刑含情节要求,本罪为“情节加重犯”
第237条第3款第2项“情节恶劣的”; 第237条第3款第4项“其他恶劣情节的”	猥亵儿童罪新增四种加重处罚情形,第二、第四种含情节要求,本罪现为“情节/结果加重犯”
第291条之二“情节严重的”	新增高空抛物罪,入罪条件含情节要求,本罪为“情节犯”
第293条之一“情节严重的”	新增催收非法债务罪,入罪条件含情节要求,本罪为“情节犯”
第299条之一“情节严重的”	新增侵害英雄烈士名誉、荣誉罪,入罪条件含情节要求,本罪为“情节犯”
第303条第3款“其他严重情节的”	新增组织参与国(境)外赌博罪,入罪条件含情节要求,本罪为“结果/情节犯”
第334条之一“情节严重的”“情节特别严重的”	新增非法采集人类遗传资源、走私人类遗传资源材料罪,两档法定刑均含情节要求,本罪为“情节犯+情节加重犯”
第336条之一“情节严重的”“情节特别严重的”	新增非法植入基因编辑、克隆胚胎罪,两档法定刑均含情节要求,本罪为“情节犯+情节加重犯”
第338条第1款“情节严重的”; 第338条第1款第2项“情节特别严重的”	污染环境罪第二档法定刑由“后果特别严重”变为“情节严重”;另增设一档作为第三档法定刑,下设四种情形,其中第一、第二种情形含情节要求,本罪现为“结果犯+情节加重犯+情节/结果特别加重犯”
第342条之一“其他恶劣情节的”	新增破坏自然保护地罪,入罪条件含情节要求,本罪为“结果/情节犯”
第344条之一“情节严重的”	新增非法引进、释放、丢置外来入侵物种罪,入罪条件含情节要求,本罪为“情节犯”

续表

修正后条文与情节规定	修正说明
第 355 条之一"情节严重的"	新增妨害兴奋剂管理罪,入罪条件含情节要求,本罪为"情节犯"
第 408 条之一"其他严重情节的""其他特别严重情节的"	食品、药品监管渎职罪两档法定刑均新增情节要求,本罪由"结果犯 + 结果加重犯"变为"结果/情节犯 + 结果/情节加重犯"
第 431 条第 2 款"情节严重的"	非法获取军事秘密罪的法定刑由一档变为两档,第二档含情节要求

(二)"情节式"立法技术归纳

通过表 1 可知,立法者通过增设情节犯、情节加重犯两种方式来达到灵活运用"情节"以调节入罪和加重处罚范围的目的。例如,高空抛物罪、催收非法债务罪两罪的入罪条件均含情节要求,为典型的情节犯。对于高空抛物罪而言,其规制的对象并非造成实害结果的行为,否则便成立故意杀人罪、故意伤害罪、过失致人死亡罪。对于在人员密集的场合抛掷物体较多、有可能扩大伤害面从而伤及不特定人的行为,则触犯以危险方法危害公共安全罪。[1] 根据高空抛物罪的章节设置,其侵犯的法益是社会管理秩序,其法益内涵的广度决定了以情节作为调节入罪的条件有利于调节的机能性,不失为最佳的选择。同理,催收非法债务罪所侵犯的法益也是社会管理秩序,暴力、胁迫方法固然能够侵犯到人身,但"软暴力"给人带来更多的精神伤害。"软暴力"实施的场合、次数、针对对象等,都会影响该类行为的社会危害程度。因此,以情节调节本罪入罪范围,无疑也是最佳选择。除此之外,修正案还通过并列结果犯和情节犯的方式调节入罪范围,第 218 条销售侵权复制品罪是其典型。立法者在该罪原有入罪条件"违法所得数额巨大"的基础上增加了"或者有其他严重情节的"规定,使该罪的入罪范围得到大幅度延展。其中的理由也在于,销售侵权复制品罪行为的危害性大小,很难单纯地通过违法所得数额大小加以判定,根据侵权复制品的不同、销售对象的不同、销售地点、次数的不同,完全有可能出现违法

〔1〕 参见张明楷:《高空抛物案的刑法学分析》,载《法学评论》2020 年第 3 期。

所得数额很低,但行为社会危害性巨大的情形。例如,在网络上多次销售刚上映的热门电影的拷贝版,但违法所得数额并未达到巨大标准的行为,其社会危害性显然很大,对于该种情形,完全应当入罪处理。

情节加重犯的设立则可以机动灵活地调节加重处罚的范围。例如,立法者在销售假冒注册商标的商品罪与违规披露、不披露重要信息罪之中,都新增了情节加重犯的规定,通过情节扩大了其加重刑档的适用范围。另外,有的犯罪由"结果犯+结果加重犯"模式变为"情节犯+情节加重犯"模式,兼备以情节犯调节入罪范围和以情节加重犯调节加重刑罚适用范围之效,例如,侵犯商业秘密罪,这表明了立法者对商业秘密加以延展保护的态度。总之,作为一个有助于实现司法能动性的概念,情节是一个兼备教义学[1]和刑事政策学的复合式概念,其既能在教义学上起到综合评价犯罪社会危害性大小的作用,也能在刑事政策上发挥调整犯罪圈和打击力度的功效,因而具备积极价值。正如我国较早对情节犯展开系统研究的李翔所言,情节用语具有一定的模糊性:"而这种模糊性并不完全是立法者被动选择的结果,恰恰相反,在有些情况下,正是基于特定历史阶段的刑事政策的考虑,立法者主动地、积极地选择并利用刑法规范的模糊性以实现其立法目标……'书不尽言、言不尽意'乃是整个人类社会的普遍存在并且无法解决的问题。刑法明确性的要求不能过分,模糊性的法律语言同样具有刑事法治价值内涵。"[2]通过以上对情节的统计和分析,我们可以认为,《修(十一)》对"情节式"立法技术的大量应用,宣告了"情节犯""情节加重犯"时代的全面到来。

---

〔1〕 着重立足于教义学层面,研究"情节"的专门文章参见王莹:《情节犯之情节的犯罪论体系性定位》,载《法学研究》2012年第3期。在该文之中,作者将情节分为"构成要件基本不法量域之内的情节"和"溢出构成要件基本不法量域的情节"两类,前者定位于构成要件之中,需要行为人主观认识,后者则包含结果加重犯、客观处罚条件、多次实施构成要件行为的情形以及其他刑事政策因素。对于结果加重犯,需要行为人的认识可能性,对于客观处罚条件以及多次实施构成要件行为和其他刑事政策因素,则无须认识。随着"情节"的"井喷式"增长,如何确保刑事政策上的目的性仍然在教义学所立基的正当性范围之内起作用,成为教义学者亟须回答的问题。另外,"情节"在司法实践是如何运作的,其落地效果如何,起到了哪些入罪和加重处罚的调节效果,则成为实证研究者亟须回答的问题。因此,"情节"仍然是值得深入研究的"富矿"。

〔2〕 李翔:《刑事政策视野中的情节犯研究》,载《中国刑事法杂志》2005年第6期。

二、《修(十一)》的价值关照

角度决定结论。作为刑法立法中的修法成果,从不同视角观察其价值关照,自然会得出不同的结论。应当说,本次修正案亮点频出,因篇幅所限,本文从中观的视角出发,选择四个维度加以展开——实现刑法能动性、贯彻宽严相济刑事政策、实现平等保护、保护弱势群体。

(一)实现刑法能动性

涉情节条文的大量增设有利于实现刑法的能动性。法律条文是静态的,现实生活却是动态的。虽然立法总具有滞后性,但法律必须跟上时代的步伐,与时俱进地调整生活中的种种关系,维护使人能够自由发展的种种条件。因此,立法用语不可避免地需要具备一定的弹性,这是时代的要求,也是实现刑事司法能动性的内在要求。

司法能动性要求我们不能僵化、封闭地理解法律,而应当面向社会,开放地理解和运用法律,在对法律的动态实践中实现政治效果、社会效果、法律效果的统一。能动司法的功能把追求社会目标的实现作为司法的基本导向,"在实际运作层面上,引导和启示法院及司法人员超越单一的法律思维以及对案件简单化认知的视野局限,关注社会总体目标的要求,关注社会发展与变化的趋势,关注我国社会现实矛盾和纠纷的复杂性,关注民生、民情和民意的总体状态,特别是注重司法行为的社会影响和社会效果,把个别化的司法行为与司法活动放置到社会目标的实现以及社会发展的大背景下予以认识和考虑,亦即在司法过程中确立并践行所谓的'大局观'"。[1] 在《修(十一)》中,不难发现立法者一个很重要的价值关照是,通过"情节式"立法,尤其是通过将情节和结果并列为入罪条件或者法定刑升格条件的立法方式(如销售假冒注册商标的商品罪由"结果犯+结果加重犯"变为"结果/情节犯+结果/情节加重犯"),为经济发展、知

---

〔1〕 顾培东:《能动司法若干问题研究》,载《中国法学》2010 年第 4 期。

识产权发展保驾护航。[1]

总结而言,一则修正后将结果(包含数额)与情节相并列,以逻辑“或”的关系将两者共同作为入罪条件和法定刑升格条件的罪名有欺诈发行证券罪、销售假冒注册商标的商品罪、销售侵权复制品罪。二则修正后呈现出情节犯、情节加重犯入罪模式的罪名有侵犯商业秘密罪、提供虚假证明文件罪。三则修正后呈现出以结果或者情节作为加重刑档适用条件的罪名有新增的妨害药品管理罪、非国家工作人员受贿罪、非法吸收公众存款罪。

在经济犯罪领域和知识产权犯罪领域使用情节,有助于实现该领域司法裁判的能动性。关于这一点,此处以“三鹿奶粉案”[2]及其修正后的生产、销售有毒、有害食品罪加以说明。生产、销售有毒、有害食品罪被规定在《刑法》第144条,在修改之前,该罪的条文表述为:“在生产、销售的食品中掺入有毒、有害的非食品原料的,或者销售明知掺有有毒、有害的非食品原料的食品的,处五年以下有期徒刑或者拘役,并处或者单处销售金额百分之五十以上二倍以下罚金;造成严重食物中毒事故或者其他严重食源性疾患,对人体健康造成严重危害的,处五年以上十年以下有期徒刑,并处销售金额百分之五十以上二倍以下罚金;致人死亡或者对人体健康造成特别严重危害的,依照本法第一百四十一条的规定处罚。”在《修(八)》对其进行修正之后,该罪的条文表述为:“在生产、销售的食品中掺入有毒、有害的非食品原料的,或者销售明知掺有有毒、有害的非食品原料的食品的,处五年以下有期徒刑,并处罚金;对人体健康造成严重危害或者有其他严重情节的,处五年以上十年以下有期徒刑,并处罚金;致人死亡或者有其他特别严重情节的,依照本法第一百四十一条的规定处罚。”(生产、销售

〔1〕 在修正前,我国《刑法》对知识产权的保护力度不足。比如在商业安全领域,2009年引人关注的“力拓案”(胡某泰等非国家工作人员受贿、侵犯商业秘密案)便反映了该问题。被告人胡某泰系澳大利亚力拓有限公司驻上海代表处首席代表,其与另外三人于2003年至2009年,采取利诱等不正当手段,通过多家钢铁企业的工作人员多次获取中国有关钢铁企业的商业秘密,严重影响和损害了中国有关钢铁企业的竞争利益,使我国在铁矿石进口谈判中处于不利地位,并致2009年中国钢铁企业与力拓公司铁矿石价格谈判突然中止,给中国有关钢铁企业造成巨大损失。该案发生在《修(十一)》增设为境外窃取、刺探、收买、非法提供商业秘密罪之前,因此行为人被降格定性为非国家工作人员受贿罪、侵犯商业秘密罪。参见(2010)沪一中刑初字第34号刑事判决书。

〔2〕 案件梗概参见张振华:《三鹿奶粉案:引发乳业食品安全危机》,载《方圆》2019年第Z1期。

假药罪的最高刑档为十年以上有期徒刑、无期徒刑或者死刑,并处罚金或者没收财产。——笔者注)

可以看出,在修改前,该罪两个加重刑档的适用条件都是"结果加重/结果特别加重"的入罪模式,而在修改后,则成为"结果/情节加重" + "结果/情节特别加重"的入罪模式。事实上,该罪的修改与"三鹿奶粉案"所揭示的食品安全需要以重典治理这一点不无关系。在"三鹿奶粉案"中,生产三聚氰胺的张某被判处以危险方法危害公共安全罪,处死刑;往原奶中添加三聚氰胺的耿某被判处生产、销售有毒食品罪,处死刑;而三鹿集团的董事长田某被判处的却是生产、销售伪劣产品罪,处无期徒刑。

然而,在一般人看来,田某的行为理应成立生产、销售有毒食品罪,因此,上述判决难免给公众造成田某罚不当罪的印象。实际上,这样的判决结果是由修正前的法条规定所决定的。生产、销售伪劣商品罪一节中的犯罪均属于故意犯罪,[1]即只有当能够证明行为人主观上具有犯罪故意时,才能够认定其行为成立生产、销售伪劣商品罪。就"三鹿奶粉案"而言,直至河北省出入境检验检疫局检验检疫技术中心于 2008 年 8 月 1 日出具检测报告,确认三鹿集团送检的奶粉样品中含有三聚氰胺之后,田某才召开集团经营班子扩大会并做出封存达到一定含量的毒奶粉的决议。在此之前,难以证明田某主观上具有生产、销售有毒、有害食品罪的故意,因而显然不能将其此前的行为认定为生产、销售有毒、有害食品罪。问题在于,在此之后虽然能够认定田某主观上具有生产、销售有毒、有害食品罪的故意,但是此后流入市场的含小剂量三聚氰胺的奶粉,并未对人体健康造成严重危害或者特别严重危害的后果(至少这一点在刑事证明上极为困难)。因此,根据修正之前的《刑法》第 144 条规定,只能将田某的行为认定为生产、销售有毒食品罪的基本犯,果真如此判处,显然会导致量刑过于轻缓。《刑法》第 149 条第 2 款规定:"生产、销售本节第一百四十一条至第一百四十八条所列产品,构成各该条规定的犯罪,同时又构成本节第一百四十条规定之罪的,依照处罚较重的规定定罪处罚。"《刑法》第 140 条是生产、销售伪劣产品罪的规定,该罪最高刑档是"十五年有期徒刑或者无期徒刑,并处销售金额百分之

---

〔1〕 参见高铭暄、马克昌主编:《刑法学》,北京大学出版社 2019 年版,第 368 页。

五十以上二倍以下罚金或者没收财产”,其适用条件是“销售金额二百万元以上的”。而在2008年8月2日至9月12日,三鹿集团共生产含有三聚氰胺的婴幼儿奶粉904.2432吨,销售含有三聚氰胺的婴幼儿奶粉813.737吨,销售金额47,560,800元,这一销售金额已然符合生产、销售伪劣商品罪最高刑档的适用条件。这正是田某被论以生产、销售伪劣产品罪的理由。

应当承认,以生产、销售伪劣产品罪判处田某无期徒刑,可以在《刑法》的既有规定内最大限度地实现罪刑均衡。然而,这样的判决结果亦有其不足。因为田某的行为所具有的社会危害性并不低于张某,但是前者的刑罚却低于后者。为此,最高人民法院、最高人民检察院于2013年4月28日颁布了《关于办理危害食品安全刑事案件适用法律若干问题的解释》,并对生产、销售有毒、有害食品罪中的“其他严重情节”和“其他特别严重情节”两个要素做出了解释。该司法解释第6条规定:“生产、销售有毒、有害食品,具有下列情形之一的,应当认定为刑法第一百四十四条规定的‘其他严重情节’:(一)生产、销售金额二十万元以上不满五十万元的;(二)生产、销售金额十万元以上不满二十万元,有毒、有害食品的数量较大或者生产、销售持续时间较长的;(三)生产、销售金额十万元以上不满二十万元,属于婴幼儿食品的;(四)生产、销售金额十万元以上不满二十万元,一年内曾因危害食品安全违法犯罪活动受过行政处罚或者刑事处罚的;(五)有毒、有害的非食品原料毒害性强或者含量高的;(六)其他情节严重的情形。”第7条规定:“生产、销售有毒、有害食品,生产、销售金额五十万元以上,或者具有本解释第四条规定的情形之一的,应当认定为刑法第一百四十四条规定的‘致人死亡或者有其他特别严重情节’。”如前所述,从2008年8月2日至9月12日,三鹿集团所销售含三聚氰胺奶粉的金额,早已超过了50万元。基于此,倘若类似行为发生在《修(八)》颁行之后,完全可以以生产、销售有毒食品罪判处田某死刑。

上述规定第6条体现出司法解释对“严重情节”的宽泛把握,它分别包含了销售金额、持续时间、产品类别、受过行政处罚屡教不改、有毒含量这几种元素的单一或者组合形式。当然,几乎每一个针对“严重情节”的司法解释条款,都会再设一个“其他严重情节”的条款作为兜底规定。这一方面体现出了情节外延的宽泛性——它几乎可以囊括我们能够想到的所有“恶质”状态,从而达到实现能动性司法的目的,以灵活的方式应对各种重点领域的风险;另一方面也省却了司法证明的负担,尤其是在食药环节,要证明与损害结果之间的因果关系是十分困难的。如此一来,检察官的举证责任就由因果关联的证明降低至数额与食品类型等易查证因素的证明。

通过以上可知,情节具有良好的司法能动性功能。显然,立法者将情节这一要素增加到知识产权犯罪以及其他经济犯罪的构成要件中,也旨在以该要素的机动性来灵活打击犯罪。这里的灵活打击,很大程度上是指立法者将上述犯罪的入罪门槛降低,即立法者不再将行为与结果之间存在因果关系作为前述犯罪成立的唯一条件,而是将行为次数、行为对象、受过行政处罚屡教不改,以及恶劣社会影响等易于查证的要素增设为犯罪的入罪条件。应当说,此种立法上的策略性改变,既有利于整治经济乱象,从而为经济发展保驾护航,同时也有利于加大对知识产权的保护力度,从而与国际上的立法相接轨。"立法穿行于理论、实践之间,立法吸取理论的指导,又'反哺理论'并指导实践,实践验证并修复立法。这是刑法运作的基本生态",〔1〕以上修法是刑法立法因应时代需要的结果。

(二)贯彻宽严相济刑事政策

宽严相济是我国的一项基本刑事政策,它要求根据犯罪的具体情况,区分案件性质、情节和对社会的危害程度,实行区别对待,做到该宽则宽,当严则严,宽严相济,罚当其罪。〔2〕 这一政策在刑法立法中的贯彻,既会导致犯罪圈的扩张(严),也会导致犯罪圈的缩小(宽)。其中,犯罪圈的缩小主要是通过提高入罪标准和降低刑罚处罚的方式来实现的。

例如,《修(十一)》第 11 条便是通过提高犯罪的成立标准来缩小刑罚的处罚范围。该条规定将《刑法》第 175 条之一第 1 款修改为:"以欺骗手段取得银行或者其他金融机构贷款、票据承兑、信用证、保函等,给银行或者其他金融机构造成重大损失的,处三年以下有期徒刑或者拘役,并处或者单处罚金;给银行或者其他金融机构造成特别重大损失或者有其他特别严重情节的,处三年以上

〔1〕 高铭暄、孙道萃:《〈刑法修正案(十一)(草案)〉的解读》,载《法治研究》2020 年第 5 期。

〔2〕 参见苗生明、周颖:《认罪认罚从宽制度适用的基本问题——〈关于适用认罪认罚从宽制度的指导意见〉的理解和适用》,载《中国刑事法杂志》2019 年第 6 期。

七年以下有期徒刑,并处罚金。”在修改之前,该罪的入罪情形既包括“给银行或者其他金融机构造成重大损失”,也包括“有其他严重情节的”;修改之后,该罪的入罪情形则仅余“给银行或者其他金融机构造成重大损失的”一种。显而易见,入罪情形的减少意味着犯罪成立标准的提高,而入罪标准的提高则会导致犯罪圈的缩小。

再如,《修(十一)》亦通过减轻挪用资金罪的处罚来缩小该罪的处罚范围。《修(十一)》第30条在挪用资金罪既有规定的基础上新增了一条,即“有第一款行为,在提起公诉前将挪用的资金退还的,可以从轻或者减轻处罚。其中,犯罪较轻的,可以减轻或者免除处罚。”[1]显而易见,该规定根据挪用者的退还行为来对其减轻处罚,从而一方面实现经济犯罪处罚的宽缓化,另一方面也实现对非公有制经济财产的切实有效保护。

除了贯彻“宽”的刑事政策之外,本次修法更多表现出了“严”的一面,这主要表现在以下三个方面:一是增设一定数量的新罪。按照法定最高刑不超过3年为轻罪的标准,本次修正案增设了不少的轻罪,比如,高空抛物罪,催收非法债务罪,非法引进、释放、丢弃外来入侵物种罪,妨害兴奋剂管理罪,侵害英雄烈士名誉、荣誉罪。对轻罪的设立,表现出我国刑法立法越来越以积极的姿态提前介入公众生活领域,以期实现提前预防、“化小打早”效果的目的。[2] 二是降低了某些犯罪的入罪标准。如前述归纳的变结果犯为情节犯的立法方式,或者将情节并列作为入罪条件以及加重处罚条件的立法方式,无不反映出入罪标准的降低以及处罚范围的放宽,此处不再重复归纳。三是加重了某些既有犯罪的刑罚处罚。例如,提高非法吸收公众存款罪的法定最高刑,提高提供虚假证明文件罪的最高刑罚,在加大对非公有制经济产权的保护力度方面,则加重了职务侵占罪、挪用资金罪的刑罚力度。

(三)对不同性质产权、两性性权利的平等保护

加重对职务侵占罪、挪用资金罪的处罚,以及增设四种猥亵儿童罪的法定

---

〔1〕 有学者将该刑罚优待条款称为“激励性刑法规范”。参见韩轶:《企业权益刑法保护的立法更新和司法适用——基于〈刑法修正案(十一)〉的解读》,载《中国法律评论》2021年第1期。

〔2〕 在修正案草案颁布后,有学者站在结果无价值的立场之上,对该现象做出了深入反思。参见黎宏:《关于刑法修正案(十一)草案中若干条文的商榷》,载《人民检察》2020年第19期。

刑升格情形,有利于实现对不同产权的平等保护,对不同性别主体性权利的平等保护。

法律的内容由经济基础所决定。[1] 在供给侧改革的进程中,我国本土的民营企业是经济发展中一支不可忽视的力量。包含民营企业在内的非公有制经济亦是我们社会主义市场经济的重要组成部分,根据平等保护的思想,刑法应当为其提供与国有财产相同的保护力度。《修(十一)》对职务侵占罪的修正,便体现了平等保护的思想。我国司法实务历来都以贪污罪为参照点解释职务侵占罪的构成要件。众所周知,贪污罪的行为手段包括侵占、盗窃以及诈骗三种类型。与此相对应,职务侵占罪中"非法占为己有"这一构成要件要素,亦被理解为包含侵占、盗窃以及诈骗在内的行为手段。问题在于,在《修(十一)》颁行之前,职务侵占罪的法定刑明显低于贪污罪的法定刑,如此解读职务侵占罪的构成要件,明显会在教义学上造成处罚不均衡的局面,即贪污罪和职务侵占罪手段完全一致,仅因身份不同而带来刑罚上的巨大差异,这显然不利于对非国有财产的平等保护。[2] 《修(十一)》的颁行,则在一定程度上对此类现象进行了改善。例如,该修正案第29条规定将《刑法》第271条第1款修改为:"公司、企业或者其他单位的工作人员,利用职务上的便利,将本单位财物非法占为己有,数额较大的,处三年以下有期徒刑或者拘役,并处罚金;数额巨大的,处三年以上十年以下有期徒刑,并处罚金;数额特别巨大的,处十年以上有期徒刑或者无期徒刑,并处罚金。"在修改之前,职务侵占罪的法定刑明显低于贪污罪的法定刑,修改之后,除了法定最高刑不包含死刑外,职务侵占罪的法定刑与贪污罪的法定刑基本相同。这无疑体现出立法者将国有财产、非公有制经济体

---

〔1〕 参见李龙:《中国特色社会主义法治体系的理论基础、指导思想和基本构成》,载《中国法学》2015年第5期。

〔2〕 为了在当时的立法情形下实现对不同性质产权的平等保护,笔者曾经撰文对职务侵占罪做了限缩解释,即将其行为手段仅仅解释为包含侵占一项,从而达到将盗窃、诈骗行为囊括于盗窃罪、诈骗罪范畴的目的。参见周啸天:《职务侵占罪中"利用职务上的便利"要件之再解读——以单一法益论与侵占手段单一说为立场》,载《政治与法律》2016年第7期。

的财产一视同仁地予以保护的思想。[1] 如此一来,民营企业工作人员身份便不足以成为轻罚的“避风港”,对民营企业财产的刑法保护力度不足的局面也得以扭转。这是立法的一大进步。

除此之外,《修(十一)》第28条的规定,亦在一定程度上改善了对男、女儿童性自主决定权保护不平等的现象。在《修(十一)》颁行之前,根据我国《刑法》第237条的规定,对于强奸男童的行为,只能在5年以下有期徒刑或者拘役(聚众或者在公共场所当众强奸男童,情节恶劣的除外)这一范围内对其进行处罚。然而,奸淫幼女的行为,其法定刑却是3年以上10年以下有期徒刑;在具备《刑法》第236条所规定的六种情形的情况下,其法定刑更会进一步提高到10年以上有期徒刑、无期徒刑或者死刑。两相对照,立法者对侵犯男童性自主决定权行为的处罚过轻,《刑法》对男童性自主决定权的保护力度,远不及对幼女性自主决定权的保护。但是,从平权的角度来看,男女之间的性自主决定权应当得到相同保护,尤其是对于男童而言,对其性侵的社会危害性巨大,应以严惩。而《修(十一)》第28条为猥亵儿童罪增设了四种法定刑升格的情形,加大了对儿童性权利的保护力度,[2]进而在一定程度上扭转了对男、女儿童性权利保护不平等的局面,从而体现出立法者对男童性权利加以平等保护的意向。

---

〔1〕 有学者认为,加大对非公有制产权的保护力度,并不当然地能够被理解为对不同产权性质的财产予以平等保护的立法本意,因为贪污罪所侵犯的财产也包含非公有制经济中的集体财产,那么,贪污罪处罚之所以重于职务侵占罪,更多地是因为其国家工作人员身份所暗含的“从严治吏”的要求使然。参见刘宪权:《〈刑法修正案(十一)〉中法定刑的调整与适用》,载《比较法研究》2021年第2期。笔者认为,这一观点所指出的加大对非公有制经济产权的刑罚保护力度,并不必然等同于平等保护国有财产和非国有财产的逻辑是正确的,但是,完全以“吏”的身份,也难以说明贪污罪、职务侵占罪刑罚之间的实质性差异。因为第一,国家工作人员身份并不代表一定的义务;第二,国家工作人员身份已经得到了实质性扩大,其早已不再是传统意义上的“吏”,而是包含了“二次委派”人员。例如,我国2010年出台的最高人民法院、最高人民检察院《关于办理国家出资企业中职务犯罪案件具体应用法律若干问题的意见》,其中第6条第2款规定:“经国家出资企业中负有管理、监督国有资产职责的组织批准或者研究决定,代表其在国有控股、参股公司及其分支机构中从事组织、领导、监督、经营、管理工作的人员,应当认定为国家工作人员。”这一司法解释就实质性地扩大了“国家工作人员”的范围。对义务犯理论的批判,参见周啸天:《义务犯理论的反思与批判》,载《法学家》2016年第1期;以法益支配说明国家工作人员身份之实质的观点展开,参见周啸天:《保证人地位事实论的重构与应用》,载《中外法学》2021年第2期。

〔2〕 参见李琳:《〈刑法修正案(十一)〉中猥亵儿童罪加重情节的理解与适用》,载《现代法学》2021年第4期。

(四)对弱者的侧重保护

基层是社会建筑的基础性堡垒,弱者是接受社会风险传导的总载体,对弱者的保护,关乎每一位社会成员。尤其是在经济社会发展发生深刻变革的时代,弱者往往更容易成为发泄的对象,承担更大的风险,这不利于整个社会的稳定。罗尔斯的正义原则中的差别原则要求,社会和经济的不平等如果有利于最少受惠者的最大利益,则其就是可接受的。这无非是说,当一项看似不平等的规则,如果让社会建筑的"地基"受益,则其已然全部惠及于整个社会。因此,在《刑法》这一"公共产品"的提供上,如果某条文的增设有利于维护弱者的权益,其便是具有正当性的立法。

刑事责任年龄的下调,对负有照护职责人员性侵罪、冒名顶替罪、催收非法债务罪的增设,均有利于实现对弱势群体的保护。

近年来,14 岁以下儿童恶性杀人案件频发。例如,2019 年 7 月,宁夏永宁县 12 岁的苏某用木板击打 6 岁亲戚李某某致其死亡;2019 年 10 月,辽宁大连 13 岁男孩蔡某某将在同小区内居住的 10 岁女孩杀害,并抛尸灌木丛;2020 年 4 月,安徽省郎溪县 13 岁的杨某某杀害堂妹杨某婷后抛尸;2021 年 2 月,陕西勉县 13 岁男童杨某趁自己家中无人之际,将邻居 6 岁被害男童王某诱骗到自己家中杀害并藏尸,等等。不难发现,在这些案件中,被害人在年龄上都小于行为人,在这些案例中,不乏一些留守儿童或者家长无力、疏于照顾的儿童。这表明,虽然行为人未满 14 周岁,但相较于行为人而言,被害人更为弱势,至少在力量、智识上都弱于行为人。因此,将刑事责任年龄下调,彰显出立法保护弱势儿童的精神。

某高级管理人员涉嫌性侵养女案的发生,激起了社会公众对被收养、监护、看护等人员性权利保护的广泛关注。对负有照护职责人员性侵罪的增设,一方面回应了社会公众关切,另一方面则将对被监护、收养、看护、教育、医疗等未成年女性的权益保护上升到刑法层面,实现了对处于相对弱势地位的未成年女性的刑法关照。[1] 虽然有学者就冒名顶替罪的增设认为,"引起社会广泛热议的

---

〔1〕 参见陈家林、吕静:《负有照护职责人员性侵罪的解释视角与规制边界》,载《中南大学学报(社会科学版)》2021 年第 5 期。

'14 所高校有 242 人系冒名顶替入学'事件,实际上都发生在 2006 年以前。之所以当时相关人员能够得以采取违法违规手段冒名顶替获取入学资格,主要是由于过去信息化手段不足、信息公开渠道不畅、身份鉴别技术不精等历史原因。而如今无论是高校录取通知书的有效送达方式,高校录取信息的及时公开,考生学籍的电子信息化管理还是对考生本人身份的精准认证与核实,都在很大程度上遏制甚至杜绝了将来可能发生的类似冒名顶替入学事件。而此前已经发生的相关事件,由于刑法不溯及既往的溯及力原则,显然无法以'盗用、冒用他人身份罪'这一新罪进行定罪处罚。因此,实际上该罪的适用空间极小,甚至可能趋近于零"。[1] 但是应当看到,被冒名顶替者多身处信息不畅地区,且顶替者多选择性格内向、不善为自己积极发声和主张权利之人作案,即便在各种电子信息认证已经十分发达的今天,我们也难保电子认证环节不会出现人为操作的空间,因此,对于保护弱势群体而言,这一罪名的增设有其必要性。至于该条文应用空间小,则不等于其不能在必要时发挥巨大功用。比如,妨害传染病防治罪在 2003 年抗击"非典"之后,也长期处于冷冻不用状态,但在抗击新冠疫情期间,则发挥了巨大的作用。

长期以来,张明楷都建议增设强制罪、暴行罪于我国《刑法》之中,[2] 笔者深以为然。除去法律层面上的理由,在此补充一下生活中的理由:长期纠缠、骚扰、跟踪、恐吓等轻微暴力汇聚而成的"软暴力",足以令人绝望崩溃,而在尚未造成轻伤以上伤害后果从而缺乏《刑法》明文规制的前提下,公权力机关难以强而有力地及时介入,最终的结果就是"把事闹大""彻底了结",不是被害人自

---

〔1〕 刘宪权、陆一敏:《〈刑法修正案(十一)〉的解读与反思》,载《苏州大学学报》(哲学社会科学版)2021 年第 1 期。

〔2〕 张明楷认为:"即使从自然犯的角度来说,我国现行《刑法》仍然存在太多的处罚漏洞。所以,我国将来宜在刑法典中增加背任罪、强制罪、业务上过失致死伤罪、制作虚假公文、证件罪等犯罪,同时删除可以被这些传统犯罪涵摄的具体犯罪。此外,《刑法》还应当增设旧中国刑法典与国外刑法典几乎普遍规定了的传统犯罪,如暴行罪、胁迫罪、泄露他人秘密罪、侵夺不动产罪、伪造私文书罪、使用伪造、变造的文书罪等,以维护刑法的稳定性与正义。至于法定犯的处罚漏洞,则更不待言。例如,关于交通安全、食品安全、药品管理、环境保护、克隆技术、基因编辑以及金融等领域,需要增设大量的行政犯予以规制。"张明楷:《增设新罪的观念——对积极刑法观的支持》,载《现代法学》2020 年第 5 期。

伤、自杀,便是杀伤对方。比如前不久的“武汉某女士跳楼案”[1]便是众多事例中的一例。因此,切断该因果连锁或者提前介入,成为刑法保护每一个有可能被“软暴力”从而沦为弱者的一般社会公众的最好方式。实际上,在《刑法》存在明文规定的前提下,公安机关才能做出强而有力的介入,给“软暴力”者以负面回馈,及时修正其行为模式。毕竟,正面回馈只能使其行为愈演愈烈,而刑罚的本质是让人感到痛苦,只有负面回馈才能有效修正其行为模式。

从上述视角来看,催收非法债务罪虽然并非暴行、强制罪,但两者有着相近的一面。比如,“(一)使用暴力、胁迫方法的;(二)限制他人人身自由或者侵入他人住宅的;(三)恐吓、跟踪、骚扰他人的”行为列举,实际上已经将“软暴力”囊括进来,从而在一定程度上体现出了立法者保护在“软暴力”之下沦为弱者一方的精神。

三、《修(十一)》的现实影响

在人类命运共同体中,没有谁能够置身事外。在《修(十一)》已经出台之际,通过前述对《修(十一)》的全景式扫描,本文析出了其立法技术及价值关照。行文最后,本文将择其要者,阐明其现实影响。

(一)公众层面:“生活刑法”时代来临

就社会一般公众的生活层面而言,《刑法》将和民众的生活更为紧密地结合,以更加积极的姿态介入并调整我们的生活。刑法就在你我身边,“生活刑法”时代全面到来。通过修法,立法者越来越迅速和高频段地对民众所关心的安全领域问题做出反应。比如本次修正案对高空抛物罪、妨害安全驾驶罪、冒名顶替罪、负有照护职责人员性侵罪等罪名的设立,都呼应了百姓的安全需求,

---

[1] 2021年11月19日,武汉一名36岁女子,因邻居遛狗引发冲突跳楼身亡。据了解,两个月前其上班途中被小区里没拴绳的宠物狗追逐,受到惊吓后责问狗主人为什么遛狗不拴狗绳,狗主人不但不道歉,反而多次对其进行辱骂和人身攻击。该女子多次向物业和社区网络群反映,均未能得到解决。狗主人在群里辱骂该女士是“贱人”“狗的同类”等,还聚集其他一众养狗的老太太,每天在该女士上班的路上不拴狗绳故意堵她,挑衅地说:“今天又没拴狗绳,有本事你来打。”双方矛盾不断升级,多次发生肢体冲突。参见《武汉跳楼女子遗书曝光:永远不要和烂人纠缠》,载 https://baijiahao.baidu.com/s?id=1717360750700764377&wfr=spider&for=pc,2021年11月20日访问。

想百姓之所想,急百姓之所急。

另外,在立法用语上,本次修正案也尽量贴近社会公众生活,使用通俗易懂的语言。比如,"已满十二周岁不满十四周岁的人,犯故意杀人、故意伤害罪,致人死亡或者以特别残忍手段致人重伤造成严重残疾,情节恶劣,经最高人民检察院核准追诉的,应当负刑事责任"一句中的"情节恶劣",显然比"情节严重"更为贴近普通公众的日常生活,通俗易懂,让人一看即知。这里的情节恶劣不仅包含行为手段、结果、作案时间地点,还包含引起十分恶劣的社会影响和公众恐慌。再如,在"对已满十四周岁不满十六周岁的未成年女性负有监护、收养、看护、教育、医疗等特殊职责的人员,与该未成年女性发生性关系的,处三年以下有期徒刑;情节恶劣的,处三年以上十年以下有期徒刑"的规定中,"情节恶劣"也显然更为贴近生活,让人容易理解其内涵,不仅包含行为手段、危害结果、次数、作案时间地点,也包含行为人的社会地位和身份,以及被害人自身情况等会引起双方之间巨大对比,从而引起恶劣社会影响的众多情节。又如,对猥亵儿童罪新增的四种加重处罚情节之中,"……(二)聚众猥亵儿童的,或者在公共场所当众猥亵儿童,情节恶劣的;……(四)猥亵手段恶劣或者有其他恶劣情节的"两项规定之中,也都以"情节恶劣"加以限定,这显然是更为贴近生活的表达方式。

(二)理论层面:对结果无价值立场提出挑战

每一次修法都对学者提出了更高的要求。法律源自生活,其规则从生活中抽象而出,又调节生活,接受生活的修正与检验。正如拉德布鲁赫所说:"谁在起草法律时就能够避免与某个无法估计的、已生效的法规相抵触?谁又可能完全预见全部的构成事实,它们藏身于无尽多变的生活海洋中,何曾有一次被全部冲上沙滩?"上述修法语言的通俗化并非偶然为之,也是立法者向我们学者传递的一个重要信号——"生活法典化"时代的全面到来。因为无论是《民法典》还是这次《刑法》修正,其用语都显然更为贴近百姓的一般生活。这实际上给我们法律人提出了更高的复合式要求——不仅要懂法条及其背后的法理,还要懂司法实践和社会实践。如此方能以相当的经验为基础,目光不断往返于行为时和行为后,[1]不断往返于众多法律关系和法条以及更为复杂的案件事实之间,不断往返于多种视角和各种立场及其所代表的利益之间,对其做出准确的综合判断,在解决社会的"疑难杂症"之际,实现政治效果、社会效果、法律效果的统一。

目光回到教义学层面,修正案对结果无价值刑法基本立场提出了挑战。尤其是众多轻罪的设立,显示出提前预防、切断危险、避免其发展为实害结果的立法态度。比如高空抛物罪的设立,固然是避免社会恐慌,但"情节严重"的要求表明,尽管抛物行为无须给人带来具体危险,但也需其给人带来一定的抽象危险。在结果无价值论者看来,对抽象危险犯的增设要十分慎重,因为危险是一个"危险"的概念,对危险的判断,不得不依靠行为人的主观想法,最终会导致行为定性判断上的不稳定。比如,同样是尾随某独居女性入户的行为,要判断其行为危险,则需根据其主观意图加以推测。如果行为人以强奸故意入户,则其

---

[1] 人活在当下,我们只能控制当下的行为,从行为时来看,结果属于未来,其是否发生都带有不确定性。因此,行为重要而结果不重要(这是行为无价值的基本理念,其坚持行为时判断)。这样理解的话,刑罚必将是矫正人行为模式的重要手段。毕竟,碰壁之痛促人反思,不让行为人感到"痛苦",其行为模式很难改变。笔者曾经在高速公路上遭遇过大型货车掉轮子的险情,该车后排两个轮子脱出,因砸到车辆引擎盖以及路过司机躲避不及撞上而连毁五辆车,所幸未造成人员轻伤以上后果,但其情况十分危险。笔者所驾车辆是被撞击的车辆之一。事后,交警罚款扣分,当事人走保险了事。可以想见,如果不对行为人作出一定带有痛苦性的处罚,哪怕是一定的罚金,很难想象注重节约运输成本且有高额保金的司机下次会注意避免这样的事情再次发生,到那时,后果难以预料。如此一来,《刑法》中设置过失危险犯就确有必要(和行为无价值理念一脉相承)。但是,《刑法》《刑事诉讼法》针对的是国家,其是将公权力限制在法治轨道上的"小宪法",人权保障机能应是其首要机能。要更有效地打击犯罪、保护法益则完全无须刑法、刑诉法,其只会束缚公权力机关的手脚。为了坚持人权保障机能,刑法就应当在存在法益侵害结果之际才能发动,刑法规范就并非规制人之行为的行为规范,而是站在事后,让裁判者严格判断、慎重入罪的裁判规范。一味地提倡刑法在事前规范人行为的一面,无疑有利于保护法益,但却有将刑法矮化为行为矫正法、秩序维护法之嫌,到时,刑法也将和行政法之间没有区别。这样想来,坚持事后判断,在结果发生时才允许刑法介入的结果无价值理论立场,无非是出自上述担忧而发展出来的以保障人之自由为先的刑法理论体系,有着相当的道理。近来,黎宏从行为规范和裁判规范相对分离的理论出发,分别站在事前立法的角度和事后司法的角度,构建出立法事前指引公民行为,司法事后限定裁判入罪范围的"事前—事后型"行为规范、裁判规范关系说。笔者认为,该说是对我国结果无价值理论的新发展,值得肯定和提倡。参见黎宏:《预防刑法观的问题及其克服》,载《南大法学》2020 年第 4 期。尽管这次修法是结果无价值立场的一次危机(单纯用结果限缩入罪范围的条款只有一个——骗取贷款、票据承兑、金融票证罪),但有"危"亦有"机",如果结果无价值立场能够在保持实用性和判断标准清晰、稳定的基础上,与时俱进,积极回应时代需求,未来仍将大有价值。

进门一刻已然是着手;如果是以诈骗故意入户,则其进门一刻顶多是预备,其行为定性随着主观想法的不同而不同。如果顺着这个思路往前推一步,便很容易得出“重口供、轻证据”的结论。单看结果,我们只能肯定行为人非法侵入了他人住宅。如此一来,抽象危险犯和行为犯就只有一纸之隔,其结果犯的性质将十分淡化,这固然和将刑法规范首先理解为指向一般人,并指引其行为的行为规范理念一脉相承,但却与结果无价值理念相去甚远。〔1〕 在后者的理念中,裁判规范首先是站在事后,从结果倒推行为,并加以定性的刑法规范。

在解释论层面,修正案中的个别条款考验着学者的法条解释能力。比如,立法者在第133条之二所规定的妨害安全驾驶罪之中增加一款作为第2款,该款的规定为:“前款规定的驾驶人员在行驶的公共交通工具上擅离职守,与他人互殴或者殴打他人,危及公共安全的,依照前款的规定处罚。”我国司法实践对“互殴”的把握尺度比较大,双方抱着互相伤害的想法所实施的你来我往的攻击行为,往往都被认定为“互殴”。〔2〕 如此一来,当司机面临对方的轻度攻击时,就马上面临一个困境:若还手,手会离开方向盘,则车上乘客危险;若继续容忍对方的殴打,则对方暴力很可能升级,车上乘客仍然危险。此时,两害相权取其轻,对司机而言,忍受继续被打至少不具有承担刑事责任的风险,而车上乘客仍然危险,且司机的正当防卫权被限缩了。这导致两个结果,一则增加这一条款以维护乘客安全的立法目的难以得到有效落实;二则该条款还会成为分则中至今唯一能见的,针对特殊职业——公共交通工具驾驶人的正当防卫权限缩的条款。其正当性为何,值得讨论。〔3〕 是问题必有解决点,而解决点不一定要寄托于刑法之上,比如,可以根据在司机和乘客之间设置物理隔离设施的方式,实现维护驾驶安全的目的。〔4〕

---

〔1〕 正因如此,黎宏站在结果无价值立场上,对《刑法修正案(十一)(草案)》给出了评价与完善建议。参见黎宏:《关于刑法修正案(十一)草案中若干条文的商榷》,载《人民检察》2020年第19期。

〔2〕 对斗殴做出深入研究的文献参见邹兵建:《互殴概念的反思与重构》,载《法学评论》2018年第3期。

〔3〕 具有同样担忧的参考文献见黎宏:《关于刑法修正案(十一)草案中若干条文的商榷》,载《人民检察》2020年第19期。

〔4〕 根据留德友人的生活经验,在德国的公交车上,大多装有司机和乘客之间的物理隔离设施。

(三)实践层面:裁判者需准确解释情节

修正案对情节的大量引入给司法裁判者提出了准确理解和应用情节的要求。例如,《刑法》第237条第2款规定:"聚众或者在公共场所当众犯前款罪的,或者有其他恶劣情节的,处五年以上有期徒刑。"在《修(十一)》出台前,在猥亵儿童造成儿童轻伤以上后果能否被认定为前述的"其他恶劣情节"这一问题上,虽然有裁判结果表明法官持肯定意见,[1]但有学者持反对看法,即根据"同质解释规则,即应遵循与'聚众或者在公共场所当众'情节同质性解释规则,猥亵儿童造成被害儿童伤害的,不应在猥亵儿童罪中适用法定刑升格,造成被害儿童轻伤以上伤害后果的,应当成立猥亵儿童罪与故意伤害罪的想象竞合犯,从一重处罚"。[2] 同质解释规则也称为同类解释规则,其要求解释同一条款的相同层次要素时,必须以相同性质加以限定。例如,在解释以危险方法危害公共安全罪中的"其他"之际,学者一致认为,某行为必须具有和放火、决水、爆炸、投放危险物质行为相当的社会危害程度,方才属于"其他"范畴。根据这一解释规则,伤害人身的行为自然不同于"聚众或者在公共场所当众"猥亵儿童的行为,因此,只能得出否定结论。应当说,学者的理解更为合理,否则《修(十一)》也不必以明文的方式将"造成儿童伤害或者有其他严重后果"的行为列入加重处罚情节。

实际上,情节需要解释,[3]而对情节的解释,也往往留有一个"其他情节严重的情形""其他情节恶劣的情形"式的兜底条款。对于这里的"其他",势必又要加以解释,而对其解释之际,即便是同类解释方法,也难以适用。比如,《刑法》第293条寻衅滋事罪下设四类行为,第一类是"随意殴打他人,情节恶劣的",对于这里的"情节恶劣",2017年4月27日最高人民检察院、公安部《关于公安机关管辖的刑事案件立案追诉标准的规定(一)的补充规定》中写明包含:"随意殴打他人,破坏社会秩序,涉嫌下列情形之一的,应予立案追诉:(一)致一人以上轻伤或者二人以上轻微伤的;(二)引起他人精神失常、自杀等严重后果

〔1〕 参见(2017)浙0213刑初516号刑事判决书。

〔2〕 刘宪权、陆一敏:《猥亵儿童罪司法认定疑难问题分析》,载《青少年犯罪问题》2020年第4期。

〔3〕 可以想见,对于设立的一些新罪,其中的"情节"如何把握,最高司法机关不久就会跟进出台一定的司法解释加以限定。

的;(三)多次随意殴打他人的;(四)持凶器随意殴打他人的;(五)随意殴打精神病人、残疾人、流浪乞讨人员、老年人、孕妇、未成年人,造成恶劣社会影响的;(六)在公共场所随意殴打他人,造成公共场所秩序严重混乱的;(七)其他情节恶劣的情形。"对其中的"其他"难以通过同类解释规则加以明确,因为前六种行为既包含直接结果,也包含行为、次数、对象、间接结果、社会影响,是一个综合体,它们之间既不同质,也无法相通。此处对"其他"的解释,几乎就成了给法官赋予自由裁量权的授权性司法裁判规范。如此大量自由裁量权的赋予,不但增加了同案不同判的风险,而且在司法员额制改革之后,也无疑给法官裁判带来了不小的压力,其结局就是法官要么紧缩兜底式条款的适用,要么层层上报最高司法机关请求指示。前者有悖于立法者通过设立情节让刑法司法能动起来的初衷,后者则将问题又给回了司法解释制定者,导致制定者不得不自己对兜底条款再做一次内涵解读。

四、入罪真的大于出罪了吗——代结语

从《刑法》中罪名不断增多这一点来看,我国《刑法》的确是不仅管得宽,而且管得严,可谓法网严密,这很容易给人一种印象——入罪大于出罪。即便肯定这一点,也并无难以理解之处,毕竟我们身处风险社会之中。所谓的风险社会,并非有一个肉眼可见的危险,其核心是全民加害、全民被害。在这里,真正令人感到担忧之处,是多重因果发乎隐微,防不胜防,层层叠叠,蔓延甚广,而量变引起质变,当时间到时,会导致一点引一面、面面连整体式的巨大危害后果,最终就是,在雪崩之际,无人无辜,亦无人幸免。例如,就环境风险而言,众所周知,五号干电池和不可降解塑料袋的大量使用会造成土地污染以及"白色污染"。但这些是我们的日常生活用品,为了保障就业发展经济,厂家也仍然在一定程度上生产这些产品,同时我们暂时也无法获得相同价位、相同功能的替代品。但当环境污染累积到一定程度,最终大家又都会成为受害者,加害人也不例外。这就和在游泳池里撒尿一样,当大家得知游泳池里的尿含量惊人,而自己尿与不尿都会受害之际,其选择如何便可想而知。当泳池水已达到无法继续游泳的程度时,要站在事后具体惩罚某人是困难的,因为在这种人间共同交互

式影响下造成的恶果,已然超出了我们对传统因果关系的理解,人人有份,互有关联,但难辨因果。那么,我们只能站在事前,将任何一个人都作为潜在的犯罪人,对其加以积极的一般预防,以期打早打小。

但是,从立法者站在事前订立行为规范,司法者站在事后运用裁判规范的角度来看,立法者固然可以增设法条,但不代表司法者就会一味地按照教条主义、本本主义机械执法,广为入罪。在笔者与检察官交流的过程中,感受到检察官愿意倾听多方意见,以便做出客观、中立判断的意愿,尤其是在检察职能改革以及捕诉一体化改革之后,少诉慎诉的理念逐渐树立。正如苗生明所言:"针对实践中依然较为普遍存在的重打击、轻治理,重追诉、轻保护,构罪即捕、构罪即诉,眼里只有卷宗、手中只有法条,机械教条、本本主义、方法简单等突出问题,应当坚持治罪与治理一体并重,树立检察官既是案件的承办人,还是社会治理者的主体意识;坚持谦抑审慎善意理念、少捕慎诉理念,要以是否更有效地维护公共利益为判断标准,强化案件社会危害性、刑事可罚性评价,健全非罪化、非刑罚化、刑罚轻缓化处理机制;坚持恢复性司法、和谐司法理念,把化解矛盾纠纷、减少社会对抗、犯罪损害修复等贯穿于司法办案始终。"[1]

实际上,"情节"始终是贯穿于刑事法之中的"刹车器"。从我国《刑法》第13 条但书"情节显著轻微危害不大的,不认为是犯罪",到《刑法》第 37 条"对于犯罪情节轻微不需要判处刑罚的,可以免予刑事处罚,但是可以根据案件的不同情况,予以训诫或者责令具结悔过、赔礼道歉、赔偿损失,或者由主管部门予以行政处罚或者行政处分",再到《刑事诉讼法》第 16 条对"情节显著轻微、危害不大,不认为是犯罪的"不追究刑事责任,已经追究的,应当撤销案件,或者不起诉,或者终止审理,或者宣告无罪的规定,乃至《刑事诉讼法》第 177 条第 2 款"对于犯罪情节轻微,依照刑法规定不需要判处刑罚或者免除刑罚的,人民检察院可以作出不起诉决定"的规定,都说明情节兼备入罪和出罪功能。根据总则指导分则的原理,《刑法》总则第 13 条但书条款、第 37 条"情节轻微不需要判处

---

〔1〕 苗生明:《传承重构创新:普通犯罪检察工作的三个维度》,载《人民检察》2020 年第 9 期。

刑罚”条款,都是我们解释分则具体条文的出罪指针。[1] 因此,单纯地根据罪名增多无法得出我国刑事实践重入罪而轻出罪的结论。

最后,入罪与出罪始终是贯穿刑事法中的一对矛盾。在时代发生深刻变迁的当下,如何更为精准地综合判断问题、更为合理有效地解决问题、更为灵活多样地应对风险将其化解在萌芽状态,不仅考验着社会治理者的智慧,也考验着每一位刑法学者的智慧。如何提供紧跟时代步伐甚至具有前瞻性的优质理论产品,这是每位刑法学者所面临的时代问题,对这一未竟课题的研究,有待每位刑法学者的共同努力。

---

〔1〕 但也有学者认为,第 13 条但书不具有指导分则司法实践的功能,其仅仅是立法者的“宣言”,在分则的制定之际,立法者已将“情节显著轻微危害不大”的行为排除在条文之外。参见李翔:《论我国〈刑法〉第 13 条“但书”司法化之非》,载《东方法学》2016 年第 2 期。笔者认为,总则具有指导分则的作用,没有理由将第 13 条但书排除在外,况且,倘若立法者真的在制定分则之际已经将“情节显著轻微危害不大”的行为排除在外,再加之第 37 条规定“情节轻微不需要判处刑罚”的情形可以定罪免刑,那么,分则条文都应当直接写明行为 + 刑罚即可,而无须再另行要求情节。事实上,分则条文大量出现情节要求,这不符合上述逻辑前提。在我国司法实践中,即便是以往所谓的“行为犯”,也需要综合判断其情节而做出处理。例如,2017 年最高人民法院《关于常见犯罪的量刑指导意见(二)(试行)》中规定:“对于醉酒驾驶机动车的被告人,应当综合考虑被告人的醉酒程度、机动车类型、车辆行驶道路、行车速度、是否造成实际损害以及认罪悔罪等情况,准确定罪量刑。对于情节显著轻微危害不大的,不予定罪处罚;犯罪情节轻微不需要判处刑罚的,可以免予刑事处罚。”前述规定已经失效而代之以 2021 年最高人民法院、最高人民检察院《关于常见犯罪的量刑指导意见(试行)》,其中规定:“构成危险驾驶罪的,综合考虑危险驾驶行为、危害后果等犯罪事实、量刑情节,以及被告人主观恶性、人身危险性、认罪悔罪表现等因素,决定缓刑的适用。”在司法实践中,辩护律师对情节的运用,往往能够起到不错的出罪效果,但也不乏律师运用事后情节,取得良好辩护效果的例子。如笔者听闻某律师代理一起强奸案,某男在国外留学,回国参加同学聚会,酒后与一同饮酒的心仪女生开房,与其发生关系,后女生报案。在检察院审查起诉阶段,行为人与被害人结婚领证,结成合法夫妻,律师以此作为辩护事由,检察院作出酌定不起诉决定。

妨害传染病防治罪的法教义学反思

——以新冠疫情防控期间的司法数据为切入

邓毅丞[*]　王紫奕[**]

内容摘要：妨害传染病防治罪的司法数据显示，本罪的适用存在行为类型不清、行为危险性的判断标准不明、《刑法修正案（十一）》和司法解释的关系模糊等困境。从传染病类型的范围划分和提出预防、控制措施的主体来看，《刑法修正案（十一）》并未改变妨害传染病防治罪的犯罪构成要件，而是从立法上使得妨害传染病防治罪的构成要件以及用语明确化。只有当该行为对刑法所保护的法益造成现实具体危险，即在客观上引起了传染病传播或传播严重危险时，才能认定构成妨害传染病防治罪。在对“引起传播严重危险”的判断中，适用修正的客观危险说具有合理性。妨害传染病防治罪与以危险方法危害公共安全罪的区分不仅体现在法律以及司法解释上，还表现在行为的危险性以及罪过形式。

关键词：妨害传染病防治罪　法教义学　司法数据

自新型冠状肺炎病毒疫情（以下简称新冠疫情）暴发以来，司法机关积极适用妨害传染病防治罪，以打击拒不执行疫情防控措施的行为，取得显著成效。与此同时，也引发了诸多疑问。首先，妨害传染病防治罪的行为危险判断标准模糊。即使没有确诊为新冠肺炎的行为人，其拒绝疫情防控的行为也可能被认定为妨害传染病防治罪。那么，“传播严重危险”这一构成要素是否有被架空之

---

* 华南师范大学法学院副教授，法学博士。

** 华南师范大学法学院刑法学研究生。

嫌？其次，根据司法解释的规定，拒绝疫情防控措施的行为有可能构成以危险方法危害公共安全罪。但事实上，拒绝疫情防控措施的行为最终被认定为以危险方法危害公共安全罪的判例基本上找不到。司法解释受到如此冷遇，实属罕见。原因何在，不无探讨余地。最后，司法实践把新冠肺炎解释为甲类传染病，招来了学界的大肆挞伐。《刑法修正案（十一）》（以下简称《刑修十一》）施行以后，新冠肺炎被明确纳入本罪的传染病范围，与此同时，也导致新修条款的溯及力问题。如果说《刑修十一》扩大了本罪的处罚范围，对此前的案件就不应有溯及力，反之亦然。基于此，本文在对妨害传染病防治罪的司法实践现状做实证分析的基础上，归纳本罪的司法适用困境，进而探索解决这些困境的有效之途径。

一、司法现状及其困境

在2020年以前，妨害传染病防治罪是一个沉默的罪名。新冠疫情的暴发使得这个罪名被推上风口浪尖。不少学者对本罪的认定展开深入研究，但缺乏对司法数据的实证分析，这可能导致驴唇马嘴的弊病。因此，本文在展开教义学分析之前，先对本罪的司法现状做一简单梳理，以发现其中的重要问题。

（一）司法现状

笔者在中国裁判文书网上，以“妨害传染病防治罪”为检索词进行检索后，共得到78份刑事裁判文书；在北大法宝数据库上同样以“妨害传染病防治罪”为核心检索词进行检索，共得到80份刑事裁判文书。综合两份数据并经过筛选后，整理得出72份以妨害传染病防治罪定罪处罚的刑事裁判文书。通过对这72份刑事裁判文书为样本进行分析、研究，发现本罪的行为方式有以下基本特征：

第一，行为类型具有开放性。

从已公开的判决来看，被告人所实施的客观行为均属于妨害传染病防治罪中所列举的第五类行为，即“拒绝执行县级以上人民政府、疾病预防控制机构依照传染病防治法提出的预防、控制措施”。据统计，“拒绝执行疫情防控措施”的主要行为类型表现为隐瞒疫区旅居史、违反居家隔离要求，以及隐瞒与确诊患者或疑似病患的密切接触史,但也包括多种其他行为方式(见表 1)。

表 1　拒绝执行疫情防控措施行为方式统计

拒绝执行疫情防控措施行为方式	行为出现次数(次)
隐瞒疫区旅居史	36
违反居家隔离要求	33
隐瞒与确诊或疑似患者的接触史	13
隐瞒活动轨迹	7
违规收治病人	6
组织多人活动	4
拒绝隔离治疗措施	3
拒绝配合流行病学调查工作	3
违反关闭经营场所的规定	1
违反口岸疫情防控工作	1
违反从事客运工作的规定	1

由表 1 可知,"隐瞒疫区旅居史"和"违反居家隔离要求"的出现次数在各行为方式中位居首位和第二位,两者差距不大。除此之外,还包括"隐瞒与确诊或疑似患者的接触史"等 9 种行为方式。由是观之,拒不执行疫情防控措施是开放式的行为类型,基本上,所有不遵照法定主体颁布的疫情防控指示的行为,都有可能成为本罪的处罚对象,不可能单纯在形式上做入罪或者出罪的认定。

第二,司法实践重视行为的关联性后果。

在已公开的判决中,大多通过一定的危害后果来说明行为的危险性。如图 1 所示,有 63 件判决明确说明了被告人拒绝执行疫情防控措施行为所引起的危害后果,有 4 件判决在认定被告人实施了隐瞒疫区旅居史、违反居家隔离要求等拒绝执行疫情防控措施的行为后,仅是在裁判理由中笼统地说明被告人的行为"引起了甲类传染病传播严重危险""引起新型冠状病毒传播严重危险",便认定其构成妨害传染病防治罪,没有再具体说明被告人拒绝执行疫情防控措施的行为造成了多少人被感染、多少人被隔离或是某一地区是否被封闭管理等危害后果。

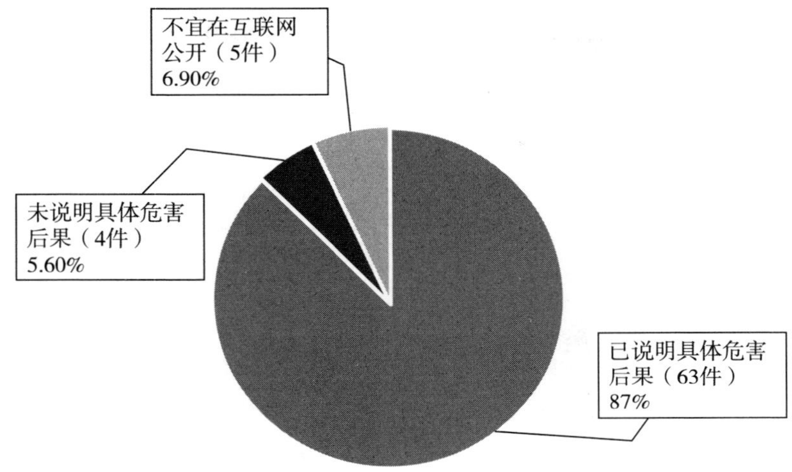

图1　具体说明被告人所引起危害后果的案件统计

也有地方司法机关直接把特定后果作为认定本罪的要素。江苏省高级人民法院在2020年2月11日发布的《关于妨害新型冠状病毒肺炎疫情防控相关刑事案件的审理指南》(以下简称《疫情防控审理指南》)规定:“因行为人的行为造成共同生活以外的多人被隔离进行医学观察的,属于‘有传播严重危险’。”

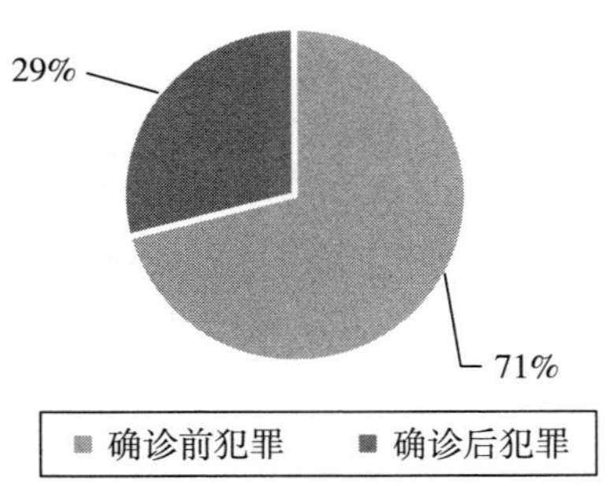

图2　被告人健康状况人数统计

第三,行为人是否确诊为新冠肺炎患者不影响本罪的认定。

在72份刑事裁判文书中共有被告人88名,如图3所示,有5名被告人属于“不宜在互联网公开”,因而未公开健康状况,占比5.7%。有11名被告人未感染新冠肺炎,占比 12.5%。有 72 名被告人被确诊为新冠肺炎患者,占比 81.8%。其中,如图 2 所示,有 50 名被告人在被确诊前拒绝执行疫情防控措施,占比约 70%,有 21 名确诊后拒绝执行疫情防控措施,占比约 30%。

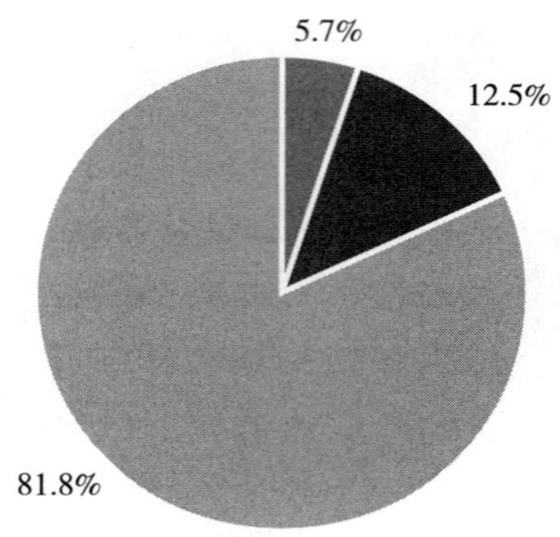

图 3　已确诊被告人犯罪情况人数统计

通常来看,由于未受疫情感染者本身并没有携带传染病病毒,其拒绝执行疫情防控措施行为的危险性应是较已确诊的被告人更低,但在实务中,却出现了未被确诊为新冠肺炎患者的被告人实施妨害传染病防治行为而被判处的法定刑,较被确诊后实施该行为的被告人更重的情况。例如,在韩某乐妨害传染病防治罪〔1〕一案中,韩某乐明知自己是疫区返乡人员,应执行居家隔离措施却仍与多人聚餐,并且不顾村、乡两级干部的劝阻执意携带其母亲(后被确诊为新冠肺炎患者)看病,造成与其共同生活以外的 94 人被医学隔离观察,最终被判处有期徒刑 7 个月,缓刑 1 年。而在郭某某妨害传染病防治罪〔2〕一案中,郭某某明知境外回国人员需要申报健康登记和采取隔离措施,却故意隐瞒出入境情况且不执行隔离规定,在出现咽痛、发热等症状后,仍多次乘坐公共交通工具并出入公共场所,在郭某某被确诊为新冠肺炎患者后,导致 43 名密切接触者被集

〔1〕　参见河北省正定县人民法院刑事判决书,(2020)冀 0123 刑初 406 号。
〔2〕　参见郭某某妨害传染病防治罪一审刑事判决书,河南省郑州市二七区人民法院。

中隔离，最终被判处有期徒刑 1 年零 6 个月。若以《疫情防控审理指南》的规定作为判断标准，未受新冠肺炎病毒感染的韩某乐较已确诊的郭某某所导致的被隔离的人数更多，被告人韩某乐的行为危险性应当更高，然而，最终却是未受感染者拒绝执行疫情防控措施的行为所引起的传染病传播的危险较已确诊者的行为更为严重。

第四，本罪的认定与疫情防控情状紧密关联。

从案件数量分布时间来看，如图 4 所示，2020 年以前并没有适用妨害传染病防治罪定罪处罚的案件，而从 2020 年 2 月开始直到 2021 年 4 月，每月都有以妨害传染病防治罪定罪处罚的案件。其中，从 2020 年 3 月开始案件数量急剧增长，并在同年 4 月以成倍的数量增加，之后每月的案件量处于较稳定状态，但仍然保持每月 1 件及以上的数量。

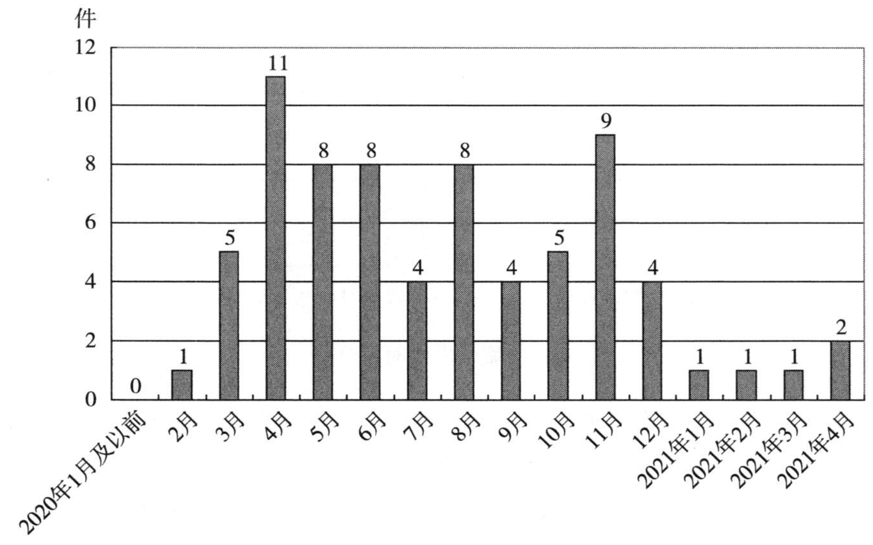

图 4　案件数量月份分布

从行为发生的时间来看，如图 5 所示，有 65 例案件中被告人于疫情暴发初期拒绝执行疫情防控措施，即 2020 年 1 月 14 日至 2020 年 2 月 28 日，占全部案件数量的 90%。而从疫情工作开展的不同阶段来看，自 2020 年 1 月 24 日起，全国各省纷纷将疫情响应级别调到最高,直到 2 月 21 日陆续有省份下调响应级别,2 月 25 日,各省分别将突发公共卫生事件应急响应级别由一级调整为二级或是由一级调整为三级。[1]可以看出,大部分案件中行为人实施妨害传染病防治的行为均是发生在新冠肺炎病毒传染性最强、致死率最高的疫情暴发初期,此时行为人行为的危险性程度也随之升高。而正是在这一时期,根据各省公安机关的警情通报,截至 2020 年 2 月 5 日,全国共有 13 名已被确诊为新冠肺炎的患者,因在确诊前后拒绝执行疫情防控措施而被公安机关以涉嫌以危险方法危害公共安全罪立案侦查。[2]随着疫情防控的压力减少,对拒绝执行疫情防控措施的行为适用以危险方法危害公共安全罪立案侦查的情况也越来越少。

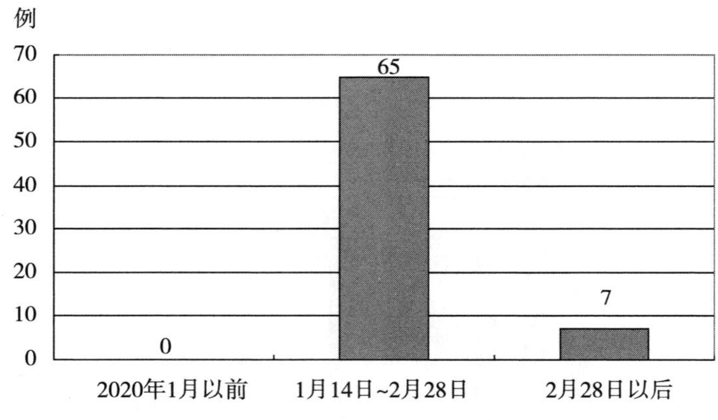

图 5 案件发生时间分布

第五,未发现妨害传染病防治罪与以危险方法危害公共安全罪的竞合情形。

根据各省公安机关的警情通报,截至 2020 年 2 月 5 日,全国共有 13 名已被确诊为新冠肺炎的患者,因在确诊前后拒绝执行疫情防控措施而被公安机关以

---

[1] 参见《全国 20 省份下调疫情防控应急响应级别》,载 https://news.ifeng.com/c/7uW6qb1HsLg,2021 年 7 月 18 日访问。

[2] 参见《疫情防控典型案例④全国涉嫌危害公共安全犯罪的 19 名新冠患者,他们做了什么……》,载 https://baijiahao.baidu.com/s? id = 1657975811815078994&wfr = spider&for = pc,2021 年 7 月 18 日访问。

涉嫌以危险方法危害公共安全罪立案侦查。[1]2020 年 2 月 6 日，最高人民法院、最高人民检察院、公安部、司法部发布了《关于依法惩治妨害新型冠状病毒感染肺炎疫情防控违法犯罪的意见》（以下简称《2020 年意见》），该意见以列举的方式明确了"故意传播传染病病原体，危害公共安全"应适用以危险方法危害公共安全罪处理的两类主体及两种情形。由此，对拒绝执行疫情防控措施的行为适用以危险方法危害公共安全罪立案侦查的情况减少，并且，经过笔者在中国裁判文书网以及北大法宝数据库等法律检索网站检索后，发现在实践中没有适用以危险方法危害公共安全罪对妨害传染病防治行为定罪处罚的案件。[2]

第六，对《刑修十一》以前发生的案件按照旧法作出判决。

《刑修十一》对妨害传染病防治罪进行了修改，譬如将采取甲类传染病防控措施的乙类传染病纳入该罪的传染病类型范围内，或是将提出疫情防控措施的主体由"卫生防疫机构"改为"县级以上人民政府、疾病预防控制机构"。

就所选取的 72 份刑事裁判文书而言，在《刑修十一》正式施行后开始审理的案件有 3 例，但在这 3 例案件中，被告人的犯罪行为均发生于疫情暴发初期，即 2020 年 1 月 14 日至 2020 年 2 月 28 日。对于这些案件，法院都是依据修正案施行前《刑法》第 330 条第 1 款第 4 项作出的判决。[3]

（二）司法困境

通过上述分析，可以发现当前妨害传染病防治罪在司法实践中有如下困境：

第一，在某些情形下，难以区分行为人的行为所引起的危害后果究竟是实

---

〔1〕 参见《疫情防控典型案例④全国涉嫌危害公共安全犯罪的 19 名新冠患者，他们做了什么……》，载 https://baijiahao.baidu.com/s?id=1657975811815078994&wfr=spider&for=pc，2021 年 7 月 18 日访问。

〔2〕 数据检索时间为 2021 年 7 月 3 日。通过在中国裁判文书网、北大法宝数据库以及小包公智能法律平台三种收录裁判文书较多的法律检索平台检索后，并没有发现对妨害传染病防治行为适用以危险方法危害公共安全罪定罪处罚的判决，而在疫情暴发初期被公安机关以以危险方法危害公共安全罪立案侦查的案件，最终经法院审理查明，以妨害传染病防治罪定罪处罚的有以下判决：（2020）晋 0302 刑初 262 号、（2020）青 0122 刑初 40 号、（2020）皖 1524 刑初 72 号。

〔3〕 参见陕西省丹凤县人民法院刑事判决书，（2021）陕 1022 刑初 4 号；安徽省金寨县人民法院刑事判决书，（2020）皖 1524 刑初 71 号；湖北省宣恩县人民法院刑事判决书，（2021）鄂 2825 刑初 39 号。

害结果还是具体危险。具体而言,在行为人拒绝疫情防控措施的行为使得多人被隔离并进行医学观察后,经过一段时间的医学观察后,某些被确诊的新冠肺炎患者将被继续隔离治疗,另一部分未受病毒感染者则可以解除隔离措施,若依照上述标准,则此类情况下既有“引起传染病传播”也有“引起传播的严重危险”,实际上并没有将两者相区别。[1]而在司法实践中就出现了这一矛盾,例如,俞某红妨害传染病防治罪[2]一案与杨某玉妨害传染病防治罪[3]一案,因被告人俞某红在出现发热等症状后仍向医务人员隐瞒疫区旅居史并继续上班,从而导致同事谢某、俞某和柯某 3 人被确诊为新冠肺炎患者,并造成其他同事及家属共 114 人被隔离观察的严重后果,法院判决认定其行为“引起了传染病传播的严重危险”。而在杨某玉一案中,被告人杨某玉拒不执行疫情防控措施的行为造成了 3 名家属被感染,80 余名密切接触者被隔离观察,此时法院判决认定杨某玉的行为属于“引起传染病传播”。

第二,无法准确判断未受传染病病毒感染者实施的妨害传染病防治行为是否具有引起传染病传播的严重危险。因此,对于未受感染者拒不执行疫情防控措施的行为危险性判断以《疫情防控审理指南》的标准并不合理。但是,对于“引起传播严重危险”应适用何种判断标准,对认定拒不执行疫情防控措施行为的性质至关重要。但是,妨害传染病防治行为的危险性程度关乎对该行为究竟是适用妨害传染病防治罪抑或是以危险方法危害公共安全罪的问题。从疫情的不同发展阶段来看,不同时期的疫情发展状况、疫情防控力度,对于妨害传染病防治行为的危险性程度具有不同影响。因此,在疫情发展较平稳时期实施妨害传染病防治行为的危害程度是否还能达到构成以危险方法危害公共安全罪所要求的行为危险性程度存在疑问。

第三,司法解释与《刑修十一》的关系模糊。有学者认为,《2020 年意见》中将拒绝执行卫生防疫机构提出的防控措施而引起传染病传播或者传播严重危险的行为以妨害传染病防治罪定罪处罚的规定属于类推解释,尽管该类推解释实质上减轻了对被告人的处罚,但若《刑修十一》所增设的新罪及规定的较轻法

---

〔1〕 参见欧阳本祺:《妨害传染病防治罪客观要件的教义学分析》,载《东方法学》2020 年第 3 期。

〔2〕 参见浙江省三门县人民法院刑事判决书,(2022)浙 1022 刑初 99 号。

〔3〕 参见河南省洛阳市瀍河回族区人民法院刑事判决书,(2020)豫 0304 刑初 155 号。

定刑是对《2020 年意见》的否定,则《刑修十一》没有溯及力。对于在《刑修十一》颁布前实施的妨害传染病防治行为,应当根据从旧兼从轻原则追究刑事责任。[1]然而,虽然《刑修十一》对妨害传染病防治罪的内容进行了修改,但从实质内容上看,《2020 年意见》与《刑修十一》都将拒绝执行疫情防控措施而引起传染病传播或传播严重危险的行为认定为构成妨害传染病防治罪,从这一点上看,《刑修十一》并非否定了司法解释作出的规定。此时《刑修十一》对妨害传染病防治罪的修改属于何种性质的变化值得进行思考。

二、立法反思

从《刑法》规定上看,妨害传染病防治罪属于危害公共卫生安全类犯罪,而在 1979 年《刑法》中,关于危害公共卫生类犯罪只有一条规定,即第 178 条规定"违反国境卫生检疫规定,引起检疫传染病的传播,或者有引起检疫传染病传播严重危险的,处三年以下有期徒刑或者拘役,可以并处或者单处罚金"。直到 1997 年《刑法》修订时,才开始完善此类危害公共卫生安全犯罪,而妨害传染病防治罪则被规定在第 330 条中。在 2021 年 3 月 1 日正式实施的《刑修十一》中,再次对妨害传染病防治罪的内容进行了修改。从现实情况看,此次修订主要是为了满足新冠肺炎背景下疫情防治工作的展开,维护疫情管控秩序。其中,虽然《刑修十一》对妨害传染病防治罪中的多处内容都进行了修改,但实质上并未使该罪的犯罪构成要件产生改变,而是从立法上使妨害传染病防治罪的构成要件以及用语明确化,具体可以从传染病类型的范围划分和提出预防、控制措施的主体这两方面来看。

(一)妨害传染病防治罪的立法变化

妨害传染病防治罪从 1997 年《刑法》修订后便出现在刑法规范中,其被制定的最主要目的在于规制传染病暴发背景下滋生的各类妨害传染病防治的行为。实际上,我国在 2003 年暴发过一次大规模突发传染病疫情,即非典型性肺

---

[1] 参见张明楷:《〈刑法修正案(十一)〉对司法解释的否认及其问题解决》,载《法学》2021 年第 2 期。

炎(以下简称非典)。但从上述图 4 来看,在 2020 年以前并没有适用妨害传染病防治罪对疫情下的犯罪进行定罪处罚的案件。在 2003 年 5 月 14 日,最高人民法院、最高人民检察院发布了《关于办理妨害预防、控制突发传染病疫情等灾害的刑事案件具体应用法律若干问题的解释》(以下简称《2003 年解释》)并在第 1 条规定:"故意传播突发传染病病原体,危害公共安全的,依照刑法第一百一十四条、第一百一十五条第一款的规定,按照以危险方法危害公共安全罪定罪处罚。患有突发传染病或者疑似突发传染病而拒绝接受检疫、强制隔离或者治疗,过失造成传染病传播,情节严重,危害公共安全的,依照刑法第一百一十五条第二款的规定,按照过失以危险方法危害公共安全罪定罪处罚"。从该解释以及妨害传染病防治罪的内容或许可以推测,在非典时期未适用妨害传染病防治罪是因为在当时成立该罪要求妨害行为须引起甲类传染病传播或传播的严重危险,但根据《传染病防治法》第 3 条以及第 4 条规定,非典型肺炎属于乙类传染病,而对于乙类传染病或是突发原因不明的传染病需要采取甲类传染病的预防、控制措施的,需由国务院卫生行政部门报经国务院批准后才能公布、实施。

或许是为了填补妨害传染病防治罪的适用空白,2008 年 6 月 25 日,最高人民检察院和公安部联合发布了《关于公安机关管辖的刑事案件立案追诉标准的规定(一)》(以下简称《2008 年规定》),并在第 49 条中规定违反传染病防治法,引起甲类或者按照甲类管理的传染病传播或者有传播严重危险,涉嫌规定的情形之一的,应以妨害传染病防治罪立案追诉。此规定使得"依照甲类管理的传染病"也能成为妨害传染病防治罪所规制的传染病类型。然而,从性质上看,该规定属于最高人民检察院、公安部联合发布的立案追诉标准,将其作为妨害传染病防治罪的适用依据始终存在不足之处。

而在新冠疫情背景下,为了更好地规制妨害传染病防治行为,在 2020 年 1 月 20 日国家卫健委发布的 1 号公告中,明确将新冠肺炎病毒纳入《传染病防治法》规定的乙类传染病,并采取甲类传染病的预防、控制措施。同年 2 月,由最高人民法院、最高人民检察院和公安部、司法部联合发布的《2020 年意见》规定:"其他拒绝执行卫生防疫机构依照传染病防治法提出的防控措施,引起新型冠状病毒传播或者有传播严重危险的,依照刑法第三百三十条的规定,以妨害传染病防治罪定罪处罚”。此时,司法机关通过发布司法解释的方式,正式将拒绝执行疫情防控措施而引起新冠肺炎病毒传播或有传播严重危险的行为纳入妨害传染病防治罪的规制范围。

为了进一步规范立法上的用语以及贯彻罪刑法定原则,2021 年 3 月 1 日生效的《刑修十一》已经明确地将妨害传染病防治罪中原本的“引起甲类传染病传播或者有传播严重危险”修改为“引起甲类传染病以及依法确定采取甲类传染病预防、控制措施的传染病传播或者有传播严重危险”。

(二)传染病类型的范围划分

《刑修十一》对妨害传染病防治罪做出了几处修改,其中包括对传染病类型的范围划分。具体而言,国家卫健委通过发布 1 号公告将新冠肺炎病毒规定为采取甲类传染病防控措施的乙类传染病。事实上,尽管该公告未将新冠肺炎病毒归属于甲类传染病,但从甲类传染病的词语内在含义来看,这一规定实际上属于通过符合法律规定的扩大解释而将新冠肺炎病毒归属于甲类传染病。[1]因此,《刑修十一》将“甲类传染病”与“依法确定采取甲类传染病预防、控制措施的乙类传染病”一同作为妨害传染病防治罪所规制的传染病类型,并非对该罪的犯罪构成要件做出修改,而是使妨害传染病防治罪在构成要件以及立法上的用语更为明确,其理由在于:

第一,将甲类传染病与采取甲类传染病防控措施的乙类传染病作等同性理解是符合刑法目的的解释,并不会侵犯国民的预测可能性,也未超出刑法用语可能具有的含义。国民的预测可能性主要是指社会一般民众对于某一解释结论的认可度,若该解释结论以社会一般民众的立场来看并不可行,则该解释结论超出了国民的预测可能性。[2]从形式上看,传染病类型属于感染病学的范畴,基于社会一般民众的知识水平,并不可能对传染病类型的划分原理完全知晓,而就不同类型的传染病代表着需要采取不同等级的防控措施这一点,属于社会一般民众可认识的范围,此时对于采取甲类传染病防控措施的乙类传染病与甲类传染病作同等理解,并未超出社会一般公众的认可范围。相反地,若强

---

〔1〕 参见邓毅丞:《拒绝新冠病毒防控措施的行为定性》,载《法律适用》2020 年第 6 期。

〔2〕 参见张明楷:《刑法分则的解释原理(上)》(第 2 版),中国人民大学出版社 2011 年版,第 102 页。

调采取甲类传染病防控措施的乙类传染病与甲类传染病不属于同类型的传染病,这在语义上反而会引起社会一般公众在传染病类型区分上的困惑。并且,从实质上看,"新冠疫情期间,国家采取'宽严相济'但总体上'依法从严'的刑事政策,内含对部分罪名降低入罪门槛、从严处罚的规制思路,符合价值理性的同时亦未突破国民的预测可能性"。[1] 刑法设立妨害传染病防治罪的目的是维护严重突发传染病疫情下的秩序,而原本只将甲类传染病作为妨害传染病防治罪所规制的传染病类型,是为了维护在此类严重突发传染病疫情下的公共卫生管理秩序。但是,当采取甲类传染病防控措施的乙类传染病疫情暴发时,同样能引起暴发甲类传染病疫情相当程度的严重扰乱公共卫生管理秩序的后果。以非典和新冠疫情为例,根据世界卫生组织的报告,截至 2003 年 8 月,非典型性肺炎造成我国一共有 7747 人确诊,829 人死亡,确诊病例致死率为 11%。据我国卫健委的报告,截至 2021 年 2 月,新冠肺炎造成我国 20,438 人确诊,427 人死亡,全国确诊病例病死率为 2.1%。而根据我国疾病预防控制局的报告,就 2020 年而言,我国鼠疫报告发病 4 例、死亡 3 人,霍乱报告发病 11 例、无死亡,报告发病数较 2019 年报告发病数减少 6 例,死亡增加 2 例。目前,就新冠肺炎病毒的发展态势而言,在各国均陆续发现了新冠肺炎变异病毒,而这类新冠肺炎变异病毒传播速率比普通病毒强 70% 左右。[2] 并且,采取甲类传染病防控措施的乙类传染病必定是在适用乙类传染病的防控措施已无法对其进行有效控制的情况下,才进一步对其适用甲类传染病的防控措施。在此种意义下,对采取甲类传染病防控措施的乙类传染病扩大解释甲类传染病,符合刑法维护严重突发传染病下社会秩序的目的,属于在刑法用语含义范围内的解释。

第二,妨害传染病防治罪将"国务院有关规定"作为确定甲类传染病范围的依据之一,证明了甲类传染病和采取甲类传染病防控措施的乙类传染病在类型上具有等同性。具体而言,根据《刑法》第 330 条妨害传染病防治罪的规定,《传染病防治法》和"国务院有关规定"是确定甲类传染病范围的依据。然而,在

---

〔1〕 李翔:《危害公共卫生犯罪的刑法规制——以〈刑法修正案(十一)〉为视角》,载《东南大学学报(哲学社会科学版)》2021 年第 3 期。

〔2〕 参见《三批自印返韩人员中 14 人确诊感染新冠肺炎》,载 https://baijiahao.baidu.com/s?id=1699428679903253320&wfr=spider&for=pc,2021 年 7 月 18 日访问。

《传染病防治法》中并未明确规定调整甲类传染病范围的主体，只是在第4条中规定了国务院卫生行政部门在报请国务院批准后可公布采取甲类传染病防控措施的乙类传染病。因此，可以认为"国务院有关规定"是确定甲类传染病范围的主要依据，而就"国务院有关规定"而言，应当认为包括国务院作出的规定和经国务院批准而制定的部门规范性文件。其理由在于，从行政管理的角度看，社会发展的多元化使得行政管理的范围也随之扩大，若要求国务院根据社会形势的变化即刻制定出相关行政法规并不现实。就如在突发新冠肺炎传染病疫情这一特殊情形下，需要行政机关及时做出反应来维护疫情下的秩序，但是在短时间内，难以要求国务院突破层层程序立刻制定出专业性极强的传染病防控的相关规定，此时经由国务院批准并通过国家卫健委发布1号公告，将新冠肺炎病毒纳入采取甲类传染病防控措施的乙类传染病具有正当性。由此，应当认为国务院行政部门在经由国务院批准的情况下发布的部门规范性文件，属于体现国务院意志的"国务院有关规定"，而国家卫健委作为国务院卫生行政部门，在经由国务院批准而发布的1号公告既符合《传染病防治法》的规定，同时也属于"国务院有关规定"。〔1〕

第三，从司法适用上看，《刑修十一》将采取甲类传染病防控措施的乙类传染病和甲类传染病一同作为妨害传染病防治罪所规制的传染病类型，是贯彻刑法明确性要求的体现。明确性原则既是罪刑法定原则的重要内容，也是我国的宪法原则，其要求法律条文要清楚明确。明确的法律规定不仅能使一般民众了解到什么是法律所禁止的行为，从而确定违法与犯罪的界限，〔2〕同时还为司法中的实际适用提供了明确的处罚依据。非典时期，在法律未明确将采取甲类管理的乙类传染病纳入妨害传染病防治罪规制范围的情况下，司法实践并无适当理由对这一时期下发生的妨害传染病防治行为适用妨害传染病防治罪进行定罪处罚。而在新冠疫情时期，自2020年1月20日国家卫健委发布1号公告将新冠肺炎纳入采取甲类传染病防控措施的乙类传染病后，同年2月14日，湖北省嘉鱼县人民法院便以该公告为依据作出了第一例对妨害传染病防治行为以

---

〔1〕 参见邓毅丞：《拒绝新冠病毒防控措施的行为定性》，载《法律适用》2020年第6期。

〔2〕 参见张明楷：《刑事立法模式的宪法考察》，载《法律科学（西北政法大学学报）》2020年第1期。

妨害传染病防治罪定罪处罚的判决。在判决中,法院认定被告人拒绝执行卫生防疫机构提出的预防、控制措施的行为,引起了传染病传播的严重危险,构成妨害传染病防治罪。而在此之后,以妨害传染病防治罪定罪处罚的案件,法院几乎都是以国家卫健委发布的 1 号公告作为依据而对拒绝执行新冠疫情防控措施的行为定罪处罚的。可见,在国家卫生行政部门将新冠肺炎病毒纳入采取甲类传染病防控措施的乙类传染病后,为司法适用妨害传染病防治罪处理疫情下的妨害传染病防治行为提供了明确的处罚依据。并且,如上述第一点理由所言,从社会危害性层面来看,采取甲类传染病防控措施的乙类传染病与甲类传染病在扰乱公共卫生管理秩序上具有同等的危害性,应当予以刑法处罚。总之,《刑修十一》对妨害传染病防治罪中传染病类型范围的修改,是为了明确该罪在条文中的用语,既避免了一般民众在实施妨害传染病防治行为时仍不知道自身行为的法律性质,同时也为突发传染病疫情下司法对处理妨害传染病防治行为提供了明确的处罚依据。

(三)提出疫情防控措施的主体

在《刑修十一》中对于制定疫情防控措施的主体也进行了修改,即由“卫生防疫机构”修改为“县级以上人民政府、疾病预防控制机构”。具体而言,在 1949 年中华人民共和国成立后,国家建立了卫生防疫站,直到 1989 年全国人大常委会通过的《传染病防治法》规定了卫生防疫机构及其应承担的疫情报告义务和其具有的传染病控制措施的权利。而经过 2003 年非典疫情后,中央决定要强化疾病预防控制体系,在 2004 年全国人大常委会再次修订《传染病防治法》,并规定了疾病预防控制机构应承担的传染病疫情报告以及提出预防和控制措施方案的工作。由此,在《传染病防治法》中,疾病预防控制机构已经“替代”了卫生防疫机构的存在。

然而,在 2004 年《传染病防治法》修订后,卫生防疫机构就被疾病预防控制机构“替代”,并且随着国家对卫生防疫体制的改革,全国范围内的卫生防疫站也逐渐转化为疾病预防控制中心,但是,在《刑法》第 330 条妨害传染病防治罪中,有权提出疫情防控措施的主体仍然是卫生防疫机构。从这一角度看,妨害传染病防治罪并未跟上我国疾病预防控制体系的改革步伐。然而,立法总有滞后性,在多次《刑法》修改中,妨害传染病防治罪未得到及时更新的原因或许是其在日常社会生活中并不会得到适用。值得注意的是,尽管《刑修十一》将第330条第1款中的"卫生防疫机构"修改为"县级以上人民政府、疾病预防控制机构",但并非对该罪的构成要件进行修改,而是顺应我国疾病预防控制体系的改革,使得妨害传染病防治罪中提出预防、控制措施的主体在《刑法》规定上更为明确、具体,理由在于:

首先,从医疗机构体系上看,若仍将卫生防疫机构作为提出预防、控制措施的主体,将使得妨害传染病防治罪中提出预防、控制措施的主体在用语上具有不明确性。事实上,卫生防疫机构并不是一个专门的政府部门或事业单位,而是在1991年发布的《传染病防治法实施办法》第73条中规定的关于一类卫生医疗机构的总称,其包括了卫生防疫站、结核病防治研究所、鼠疫防治站、皮肤病性病防治研究所等及与上述机构专业相同的单位。其中,由于国家大力建设卫生防疫站,导致卫生防疫站实质上承担着各类传染病防治工作的职能。[1]也就是说,卫生防疫站在实际上统筹承担着各类疾病预防控制工作。而自1998年卫生监督体制改革后,卫生防疫站已逐渐改名为疾病预防控制中心,直到2004年年底,全国范围内的卫生防疫站已经基本完成更名。在此层面上看,疾病预防控制机构的前身就是卫生防疫站。而在卫生防疫站更名为疾病预防控制中心后,隶属于卫生防疫机构的相关单位也在进行改革,经过多年变化,卫生防疫机构所囊括的各类卫生医疗机构已经跟当初制定《传染病防治法实施办法》时有很大不同。若此时妨害传染病防治罪仍以"卫生防疫机构"作为提出防控措施的主体,将会造成用语上的混乱、模糊,也不利于国民对该罪的认识、理解。

其次,随着《传染病防治法》的修订,在实际的传染病防治工作中,早已经由县级以上人民政府、疾病预防控制机构承担着提出传染病防控措施的职能,而《刑修十一》将提出疫情防控措施的主体进行修改,只是使法律之间的文字用语规定更为协调,是维护法秩序统一性的表现。自2003年非典疫情过后,国家致力于建设完整的疾病预防控制体系来应对突发公共卫生事件,并倾向于加强疾

---

〔1〕 参见邓峰、吕菊红、高建民:《中国疾病预防控制体系发展与改革情况综述》,载《中国公共卫生管理》2019年第4期。

病预防控制机构的防疫技术以及公共服务的职能。[1]基于此,在2004年全国人大常委会对《传染病防治法》进行了修改,将流行病学史调查、疫情报告和制定预防控制措施等工作的实施主体,由卫生防疫机构变为县级以上人民政府、疾病预防控制机构。在2004年《传染病防治法》中还增添了多条有关县级以上人民政府在传染病防治工作中所具有的职能的规定,譬如在第20条中新增了县级以上人民政府应制定传染病预防、控制预案的规定。而原本在1989年《传染病防治法》中属于卫生防疫机构承担的传染病预防、控制的职能,在2004年《传染病防治法》中也修改为由疾病预防控制机构承担。但在《刑法》规定中,自《传染病防治法》经过了2004年、2013年两次修订后,妨害传染病防治罪中有权提出疫情防控措施的主体仍是卫生防疫机构。此时在该罪的规定中,既要求提出传染病防控措施的主体需依照《传染病防治法》制定相关措施,却又在具体规定上不相适应,这明显不妥。

最后,从职能来看,疾病预防控制机构的性质几乎等同于卫生防疫机构,而县级以上人民政府所具有的行政管理、监督职能也与卫生防疫机构本身具有的行政管理特性相适应。基于卫生防疫机构指的是卫生防疫站以及与之业务相关的单位,因此,可根据1979年《全国卫生防疫站工作条例》中对卫生防疫站的规定推知卫生防疫机构的职能。该条例规定卫生防疫站是指"应用预防医学理论、技术进行卫生防疫工作监测、监督、科研、培训相结合的专业机构,是当地卫生防疫业务技术的指导中心"。而在2001年卫生部颁布的《关于疾病预防控制体制改革的指导意见》中,疾病预防控制机构被界定为"政府举办的实施疾病预防控制与公共卫生技术管理和服务的公益事业单位"。可见,两机构都同样承担着对传染病疫情进行预防、控制的工作。除此之外,卫生防疫机构还承担着卫生防疫中的行政监督工作,具有较浓厚的行政管理色彩。[2]譬如1989年《传染病防治法》第33条规定,经各级政府卫生行政部门委托,可在各卫生防疫机构内设立传染病管理监督员并由其执行传染病管理监督任务。但在2004年《传染病防治法》修改后,此类传染病管理监督职能根据具体工作内容的不同,

---

〔1〕 参见宋华琳:《疾病预防控制机构法律地位的反思与重构》,载《探索与争鸣》2020年第4期。

〔2〕 参见宋华琳:《疾病预防控制机构法律地位的反思与重构》,载《探索与争鸣》2020年第4期。

已转由县级以上人民政府或县级以上人民政府卫生行政部门承担。因此,尽管《刑修十一》对提出疫情防控措施的主体进行了修改,但从所承担的职能上看,修改前后的主体所承担的职能在实质上并无太大的差异,而只是随着疾病预防控制事业的发展更加细致、具体。

综上,《刑修十一》对妨害传染病防治罪的修改只是使得刑法用语更为明确,而未实质性地变更本罪构成要件。根据旧法的规定追究拒绝执行疫情防控措施行为的刑事责任,并不属于类推解释。在《刑修十一》施行以后,旧法仍有适用的余地。

三、理论重塑

(一)妨害传染病防治行为的性质

在判定某一行为的危险性之前,应当先认定该行为是否侵害了刑法所保护的法益,也即是否属于刑事违法行为。例如,在刘某宽妨害传染病防治罪〔1〕一案中,经法院审理查明,被告人在其女儿被确诊为新冠肺炎患者后,不配合疫情防控部门进行流行病学调查,拒不提供女儿婚礼的宾客名单,导致流行病学调查无法正常进行。而刘某宽本人并不属于新冠肺炎患者或疑似病例。法院据此认定刘某宽拒绝执行疫情防控措施,有引起甲类传染病传播的严重危险,其行为已构成妨害传染病防治罪。然而,若是从被告人拒绝配合流行病学调查的行为性质上看,拒绝配合流行病学调查只是违反了《传染病防治法》的规定,其实质上属于违反公共卫生管理秩序的行政违法行为,而非刑事违法行为,因此,在认定拒绝执行疫情防控措施行为是否构成妨害传染病防治罪时,应先判断该行为是否属于刑事违法行为。在行为人只是实施了隐瞒疫区旅居史、违反居家隔离要求等违反《传染病防治法》的行为时,在性质上属于扰乱行政管理秩序的行政违法行为,对其进行行政处罚即可。只有当该行为对刑法所保护的法益造成现实具体危险,即在客观上引起了传染病传播或传播严重危险时,才能认定构成妨害传染病防治罪。而这一行为在何种情形下能被判定为引起传染病传播

〔1〕 参见河南省许昌市魏都区人民法院刑事判决书,(2020)豫1002刑初446号。

或传播严重危险还需要进一步分析。

(二)“引起传播严重危险”的具体判断

在《刑法》第 330 条妨害传染病防治罪的法条规定中,要求妨害传染病防治的行为需造成传染病实际传播的实害结果,或者是行为所造成传染病传播的危险要达到现实具体的程度才构成妨害传染病防治罪。其中,一般认为实害结果是对法益的实际侵害,而具体危险只是对法益的侵害可能性,两者的违法程度并不相同,〔1〕但是,在实践中出现了行为人拒绝执行疫情防控措施而造成他人确诊的后果,法院却认定其行为属于“引起传染病传播的严重危险”的情况。譬如上述提到的俞某红妨害传染病防治罪〔2〕一案,被告人违反疫情防控措施的行为导致 3 人被确诊为新冠肺炎患者,并造成 114 人被隔离观察的严重后果,法院判决认定其行为属于“引起了传染病传播的严重危险”。尽管在此情况下法院作出此判决可能是综合考量了多种因素,例如,无法确证他人确诊的结果与被告人实施的妨害传染病防治行为之间的因果联系,但是,对于妨害传染病防治罪中的“引起传染病传播”与“引起传播的严重危险”仍有必要进行区分。理由在于,实害犯要求行为必须造成一定的实际损害结果,而具体危险犯要求侵害法益的行为必须造成现实具体的危险。两者对行为对象所造成的具体变化并不相同,〔3〕譬如在新冠疫情背景下,因受感染而被确诊为新冠肺炎患者后,所造成的后果包括身体功能不可逆的损害,甚至是死亡,其危害程度远远大于因具有受传染病感染的危险而被隔离多日的情况。因此,“引起传染病传播”应包括造成他人受感染而被确诊为传染病患者的后果,而“引起传播的严重危险”只是包括使他人受感染的可能性,并不一定包括使他人受感染的后果。

构成妨害传染病防治罪要求行为人须造成一定的实害结果或传播严重危险,但是,这并不意味着行为人本身必须属于传染病确诊患者或疑似病症。从实践来看,便存在行为人本身未被确诊为新冠肺炎患者,但法院认定其构成妨

〔1〕 参见欧阳本祺:《妨害传染病防治罪客观要件的教义学分析》,载《东方法学》2020 年第 3 期。

〔2〕 参见浙江省三门县人民法院刑事判决书,(2022)浙 1022 刑初 99 号。

〔3〕 参见黎宏:《刑法学总论》(第 2 版),法律出版社 2016 年版,第 74 ~76 页。

害传染病防治罪的判例。例如,在肖某妨害传染病防治罪[1]一案中,肖某为使自己销售的冷冻姑鱼能顺利放入冷库,便通过他人伪造冷冻姑鱼的新冠病毒核酸报告检测证明,并在提交新冠核酸检测证明的当日存入外地物流公司冷库。后疾控中心检测出该批冷冻姑鱼有 1 例新冠肺炎病毒阳性样本,继而导致 61 名冷冻姑鱼直接暴露者及其接触人员全部集中隔离。法院经审理后认为,肖某违反了《传染病防治法》的规定,拒绝执行卫生防疫机构依照《传染病防治法》提出的预防、控制措施,致使新冠肺炎病毒有传播的严重危险,构成妨害传染病防治罪。可见,在此案例中,肖某本人并不属于新冠肺炎患者或疑似病人,其所伪造的也并非自身的新冠核酸检测证明,但是,肖某使用伪造冷冻姑鱼的新冠病毒核酸检测证明使该批鱼类流入外地仓库的行为违反了《传染病防治法》的规定,从而使 61 名相关人员有被集中隔离并受新冠肺炎病毒感染的严重危险。可见,在行为人本人并未被确诊为新冠肺炎患者的情况下,只要其违反《传染病防治法》的行为确实地引起了传染病传播或传播严重危险,对疫情管控下的公众卫生健康造成了危害,便可以对其行为适用妨害传染病防治罪进行定罪处罚。

由此,在对妨害传染病防治行为认定中,对于适用何种方法判断拒不执行疫情防控措施行为是否引起了具体危险值得探究。在判断具体危险的方法中,细分为以下几种学说:(1)抽象危险说。该学说认为在对危险进行判断时,应以行为人主观意思上的危险为出发点,并立足于一般人的立场,以行为人在行为时所能认识到的事实为判断资料,抽象地判断行为人认识到的事实有无发生结果的危险。[2]其特点在于,以行为人主观上的认识内容来判断某一行为是否具有危险。(2)客观危险说。它以相当理论为基础,认为危险是发生侵害的客观可能性,并强调危险是一种状态而非判断。[3]其主张以行为时以及事后所判断的客观事实为基础,以科学的因果法则为标准,从而立足于客观的立场对某一

[1] 安徽省蚌埠市中级人民法院:《篡改新冠病毒核酸检测报告,男子被判处刑罚》,载 http://bbzy.chinacourt.gov.cn/article/detail/2021/05/id/6054182.shtml,2021 年 7 月 18 日访问。

[2] 参见冯军、肖中华主编:《刑法总论》(第 3 版),中国人民大学出版社 2016 年版,第 309 页。

[3] 参见黄悦:《刑法中的危险概念及其判断——以主观危险论与客观危险论的对立展开》,载《政法论丛》2016 年第 4 期。

行为的危险性做出判断。[1](3)具体危险说。也称“新客观说”,该学说主张以行为时为基准,以一般人的主观感觉或行为人所特别认识到的内容为立场,以此结合经验知识或与此紧密相关的因果法则来判断危险是否存在。[2](4)修正的客观危险说。该学说认为,成立具体危险应当以事后所查明的行为时所具有的各类事实作为基础,立足于在当时特定环境下具有正常理智的一般人的立场,以行为时为标准来判断。若从事后查明的行为时便存在的事实来看,结果发生的可能性极大,则可以说该行为具有危险,反之,则可以说该行为没有危险。[3]

然而,抽象危险说以行为人的主观意图作为危险判断依据的做法,将会出现在客观上将没有危险性的行为作为犯罪处理的情况。[4]例如,甲本身未感染传染病病毒,而其主观上却以为自己已受病毒感染,并意图传播传染病病毒,因而随意出入公共场所。依据抽象危险说,就会认为行为人甲主观上具有传播传染病病毒的故意,并在该故意下实施了随意出入公共场所的行为,因此甲的行为具有危险性。然而,在甲本身不属于传染病病毒携带者的情况下,只是主观意图传播传染病病毒并随意出入公共场所的行为,不会引起传染病传播的危险。具体危险说以行为人特别认识到的事实为判断基础,因此在这一点上,其与抽象危险说得出的结论一样,都认为甲的行为具有危险性,其后果容易导致以行为人的主观意图来决定危险存在与否,同时其还以一般人的判断结论作为危险性存在与否的基准,完全不考虑事后查明的事实,显然不科学。[5]

因此,应当认为适用修正的客观危险说对判断行为是否具有“引起传播的严重危险”具有合理性。首先,适用修正的客观危险说可以妥当解决无症状患者实施妨害传染病防治行为的危险判断问题。具体而言,修正的客观危险说认为,应以行为时或裁判时所查明的事实为判断基础,而不能以行为人自身的认识作为危险判断基础。[6]与之不同的是,具体危险说将社会一般人所能认识到

---

〔1〕 参见张明楷:《刑法学》,法律出版社 2011 年版,第 334 页。

〔2〕 参见周光权:《刑法总论》(第 3 版),中国人民大学出版社 2016 年版,第 285 页。

〔3〕 参见黎宏:《刑法学总论》(第 2 版),法律出版社 2016 年版,第 243 ~ 245 页。

〔4〕 参见黎宏:《刑法学总论》(第 2 版),法律出版社 2016 年版,第 242 页。

〔5〕 参见张明楷:《刑法的基本立场》(修订版),商务印书馆 2019 年版,第 326 页。

〔6〕 参见黎宏:《刑法学总论》(第 2 版),法律出版社 2016 年版,第 243 ~ 245 页。

的事实作为危险判断的基础之一。就无症状患者来说,行为人并未出现任何发热、咳嗽等临床症状,在其做好了戴口罩等基础防护措施时出入公共场所或乘坐公共交通工具的情形下,依据具体危险说的判断思路,会认为主观上无症状患者并无法感知自身危险性,因而其违反疫情防控措施的行为从一般人以及行为人本身的角度看,并不会发生引起传染病传播的危险。〔1〕然而,以社会一般人以及行为人的主观认识作为危险判断的基础,违背了危险本身的客观属性,使得客观危险随着行为人主观认识而任意变更,让危险判断变得主观化。〔2〕事实上,判断行为是否具有"传播危险"应以行为时的所有客观事实为基础,而不应掺杂主观因素。例如,在常某妨害传染病防治罪〔3〕一案中,常某在实施违反疫情防控措施而出入公共场所时并不知自己已受病毒感染,但根据国家卫健委发布的《新型冠状病毒肺炎诊疗方案(第八版修订版)》,无症状感染者与新型冠状肺炎病毒感染者一样都是主要传染源。即从客观上看,无症状感染者仍具有传播危险,常某虽然在主观上对于自身携带新冠肺炎病毒没有认识,但实际上其违反居家隔离要求而多次出入公共场所的行为,仍具有引起新冠肺炎病毒传播的危险。

其次,应当在行为时所查明的事实上,基于科学的经验法则来判断结果在各类情况下发生的可能性,再立足于一般人的立场,对存在的事实与在假定的各类情况下结果发生的可能性进行分析,以此判断存在的事实是否能引起危险的发生。〔4〕如果新冠肺炎患者在出现发热、咳嗽等症状后,仍实施了违反居家隔离要求等违反疫情防控措施的行为,但因其采取了相应的防护措施而没有使他人受感染。尽管行为人在出现临床症状后采取了一定的防护措施,但从科学的角度来看,在日常生活中出入公共场所或与他人进行近距离交流时采取戴口罩等防护措施,虽然在一定程度上可以防止感染病毒,但是,在行为人本身就携带传染病病毒且违反了疫情防控要求的情况下,就算其采取了防护措施也并不

---

〔1〕 参见黄悦:《刑法中的危险概念及其判断——以主观危险论与客观危险论的对立展开》,载《政法论丛》2016 年第 4 期。

〔2〕 参见黎宏:《刑法学总论》(第 2 版),法律出版社 2016 年版,第 241 ~ 246 页。

〔3〕 参见北京市房山区人民法院刑事判决书,(2020)京 0111 刑初 165 号。

〔4〕 参见黎宏:《刑法学总论》(第 2 版),法律出版社 2016 年版,第 241 ~ 245 页。

能完全排除传染病病毒传播的可能性,此时行为人拒不执行疫情防控措施的行为具有引起新型冠状病毒传播危险的可能性。并且根据一般人的经验,在行为人出现了发热、咳嗽等症状时,仍违反疫情防控措施出入公共场所或与他人进行近距离交流,其拒不执行疫情防控措施行为,能够产生新冠肺炎病毒传播的危险。

最后,值得注意的是,“修正的客观危险说”强调在对危险进行判断时,需对现存的客观事实进行一定的抽象,即当结果未发生的假定事实极易被克服时,应得出行为有引起结果的危险的结论。[1]因此,若妨害传染病防治行为所引起传染病传播严重危险的可能性较低,但不能完全排除行为具有引起传播严重危险的可能性,并且以一般人的立场看,此种可能性极容易演变为实际情况时,应当认为行为人实施的妨害传染病防治的行为,具有引起传染病传播的严重危险。例如,在周某某妨害传染病防治罪[2]一案中,2020 年 1 月 27 日,在甘南藏族自治州新冠疫情防控领导小组明确要求“暂时关停各类非生活必需场所”的情形下,被告人周某某仍拒绝执行有关通告要求,于同年 1 月 27 日至 30 日,组织多人在其经营的棋牌室聚集娱乐。后经流行病学调查核实,当地确诊的 6 名新冠肺炎患者都在其经营的棋牌室进行过聚集活动,同时,曾在该棋牌室聚集的多人也因此被确定为密切接触者进行医学隔离。法院经审理后判定周某某拒绝执行当地疫情防控领导小组提出的防控措施,引起了传染病传播严重危险,其行为构成妨害传染病防治罪。在此案中,科学地看,尽管周某某本人未被确诊为新冠肺炎患者或疑似病症,其本人并不具有引起新冠肺炎病毒传播的可能性,但在疫情暴发期间组织多人聚集的行为,在客观上具有引起传染病传播的危险,并且根据流调报告表明,当地确有 6 名新冠肺炎确诊患者曾参加被告人组织的聚集活动。而从一般人的立场来看,在疫情暴发期间进行多人聚集活动极易引起传染病病毒传播扩散,此时周某某仍组织多人聚集活动,具有引起传染病传播的严重危险。

(三)与以危险方法危害公共安全罪的关系

突发传染病疫情背景下,对于妨害传染病防治行为具体应适用以危险方法

---

〔1〕 参见黎宏:《刑法学总论》(第 2 版),法律出版社 2016 年版,第 245 页。

〔2〕 参见甘肃省合作市人民法院刑事判决书,(2020)甘 3001 刑初 14 号。

危害公共安全罪还是妨害传染病防治罪,《2003 年解释》和《2020 年意见》对此作出了相应的规定,但在实际适用中,两罪之间的关系仍需要进一步厘清。具体而言,《2003 年解释》规定故意传播突发传染病病原体,危害公共安全的,以以危险方法危害公共安全罪处理。而《2020 年意见》规定故意传播新型冠状病毒感染肺炎病原体,具有规定情形之一,危害公共安全的,以以危险方法危害公共安全罪处理。可见,对于故意传播传染病病原体,危害公共安全的行为,两份司法解释都认为应适用以危险方法危害公共安全罪,只是《2020 年意见》将故意传播的对象具体规定为"新型冠状病毒感染肺炎病原体"。而对于拒绝执行疫情防控措施的行为,《2003 年解释》认为患有突发或疑似突发传染病而拒不执行疫情防控措施,过失造成传染病传播且情节严重,危害公共安全的,以过失以危险方法危害公共安全罪论处,但什么情况下适用妨害传染病防治罪并没有作出相关规定。而《2020 年意见》中则明确了对于故意传播新冠肺炎病原体并危害公共安全以外的其他拒绝执行疫情防控措施,引起新冠肺炎病毒传播或者有传播严重危险的,以妨害传染病防治罪处理。但在实践中,《2020 年意见》颁布之前,对于妨害传染病防治的行为大多被公安机关以涉嫌以危险方法危害公共安全罪为由立案侦查,而适用该罪的依据大概就是《2003 年解释》。譬如苟某妨害传染病防治罪[1]一案,苟某长期在武汉务工,返乡后拒不执行当地疫情防控措施,未按要求进行登记,而在其被诊断为新冠肺炎患者后,对防疫人员隐瞒其行踪轨迹、密切接触人员情况,且多次主动与周边人群密切接触。在 2020 年 2 月 1 日,公安机关以以危险方法危害公共安全罪对其立案侦查,而后经法院审理查明,认定苟某的行为构成妨害传染病防治罪。

然而,尽管《2020 年意见》规定了妨害传染病防治行为适用以危险方法危害公共安全罪定罪处罚的两种情形,也为某些情形下的妨害传染病防治行为适用妨害传染病防治罪提供了依据,但是,仅仅依据该司法解释的规定进行简单的形式判断,还不能完全将妨害传染病防治罪与以危险方法危害公共安全罪完全区分。理由在于,《2020 年意见》所列举的两类情形故意传播新冠肺炎病毒

---

〔1〕 参见青海省湟中县人民法院刑事判决书,(2020)青 0122 刑初 40 号。

并未周延故意传播新冠肺炎病毒的行为。[1]例如,行为人不属于新冠肺炎确诊患者或疑似病症,但在自身已经出现发热、咳嗽等病症且明知疫情防控措施的情况下,外出时不但不采取戴口罩等防护措施,还多次出入公共场所、乘坐交通工具,此时行为人虽然不属于《2020 年意见》中所规定的主体,但并不能仅以此认为行为人主观上不具有传播新冠肺炎病毒的故意。可见,妨害传染病防治行为究竟是构成以危险方法危害公共安全罪还是妨害传染病防治罪,不能仅通过司法解释的规定进行形式判断,否则将会出现错误适用罪名的情况。

同时还应注意的是,不能将《2020 年意见》中规定的两种情形视为该司法解释创制的不可反驳的推定,因为司法解释不能就不利于被告人的事项做出不可反驳的推定。[2]也就是说,当行为人所实施的妨害传染病防治的行为仅是从形式上符合《2020 年意见》中规定的两种情形时,不能就以此推断出行为人主观上具有故意传播传染病病原体的故意。例如,行为人被确诊为新冠肺炎病毒患者后,在隔离期未满的情况下擅自脱离隔离治疗,并进入了公共场所,但是,其在进入公共场所时做了相应的防护措施,并且没有在公共场所停留过多的时间,此时可以推定行为人在主观上不一定具有传播新冠肺炎病毒的故意。

事实上,妨害传染病防治罪与以危险方法危害公共安全罪的区分,不仅体现在法律以及司法解释上,从行为的危险性以及主观罪过形式来看也并不相同。

1. 从疫情防控效果上看

若行为人拒不执行疫情防控措施的行为危险性未达到成立以危险方法危害公共安全罪所要求的危险性,即使行为人故意传播传染病病原体,也不能对其适用以危险方法危害公共安全罪进行定罪处罚。

首先,从客观上看,构成以危险方法危害公共安全罪需要行为人所实施的危险行为达到与放火、决水、爆炸等行为相当的程度,而放火、决水、爆炸等危险方法的特点是一旦发生则无法控制结果。[3]也就是说,只有当行为人拒绝执行

---

〔1〕 参见邓毅丞:《拒绝新冠病毒防控措施的行为定性》,载《法律适用》2020 年第 6 期。

〔2〕 参见邓毅丞:《拒绝新冠病毒防控措施的行为定性》,载《法律适用》2020 年第 6 期。

〔3〕 参见张明楷:《论以危险方法危害公共安全罪——扩大适用的成因与限制适用的规则》,载《国家检察官学院学报》2012 年第 4 期。

疫情防控措施的行为在短时间内达到不可控制的危险性程度时，才能认为该妨害传染病防治的行为具有与放火、决水、爆炸、投放危险物质行为相当的危险性，否则不能对其以以危险方法危害公共安全罪定罪处罚，而这也表明了《2020年意见》存在一定的局限性。如上述图 5 所示，已公开判决中有 90% 的案件发生于 2020 年 1 月 14 日至 2020 年 2 月 28 日，而此时正是疫情暴发初期，新冠肺炎病毒的感染性极强，拒绝执行疫情防控措施的行为具有危害不特定多数人安全的可能性。但在疫情发展已经进入了平稳期后，疫情防控效果的加强以及越来越多人接种疫苗后感染病毒的概率已经下降，就算又受到病毒感染，其身上携带的病毒几乎没有传染性，〔1〕，此时若只考虑所列举的主体是否有规定的两种情形，即已确诊病人、病原携带者或疑似病症是否有拒绝隔离治疗并进入公共场所或者公共交通工具的情形，而不考虑行为人拒不执行疫情防控措施行为的危险性与构成以危险方法危害公共安全罪所要求的危险是否相当，则会违反罪刑法定原则。

其次，构成以危险方法危害公共安全罪要求行为需对不特定多数人的人身安全、公私财产安全造成侵害。但是，当妨害传染病防治行为对公私财产安全的侵害并未达到使用放火、投放危险物质等危险方法而使公私财产遭受的重大损失的危险程度时，不能将其认定为以危险方法危害公共安全罪。具体而言，在以危险方法危害公共安全罪中，危险行为侵害的法益包括不特定多数人的生命、健康安全以及重大公私财产。尽管妨害传染病防治的行为主要是侵害公众的人身健康，但在某些情形下也会对公私财产造成损害，而在行为人妨害传染病防治的行为对重大公私财产的侵害达到了与使用放火、爆炸等危险方法对重大公私财产所造成的危害程度时，可能构成以危险方法危害公共安全罪。反之，在行为人实施的妨害传染病防治的行为所造成的财产损失并不足以达到构成以危险方法危害公共安全罪所要求的危害程度时，不应将该妨害传染病防治的行为贸然认定为以危险方法危害公共安全罪。例如，在唐某某妨害传染病防

---

〔1〕《中国疾病预防控制中心周报》(英文)于 2021 年 4 月 20 日在线发表文章说明了西安市一名医护人员接受疫苗后仍感染新冠病毒的原因。报道称接种新冠疫苗使得患者临床症状较轻、病程短暂、病毒载量较低，几乎没有传染性。

治罪[1]一案中,法院经审理后查明被告人唐某某从湖北省探亲返回长沙,在长沙市启动重大公共卫生事件一级响应后,被告人不仅未按防疫要求向社区报告,还到处走亲访友,并带已出现感染症状的家人去医院检查,且未告知医护人员其是从湖北疫区返回长沙人员,致使就医过程中造成大量不特定人员接触感染,造成政府公共财产的重大损失,最终法院判决认定唐某某构成妨害传染病防治罪。事实上,在疫情防控时期,当出现传染病感染者时,相关部门都会出动人力物力开展流行病学调查和大规模的核酸检测活动,但在此过程中花费的公私财产与实施放火、爆炸等危险方法对公私财产造成的损害程度并不具有相当性。

最后,不同疫情发展时期下受传染病病毒感染而死亡的人数也不一致,在确诊患者死亡率下降的平稳时期实施妨害传染病防治行为,较确诊患者死亡高发期的危险性有所下降时,行为人的行为危险性并不能达到构成以危险方法危害公共安全罪所要求的危害公共安全的危险程度。根据疾病预防控制局的统计,2020 年 1 ~ 2 月因受新冠肺炎病毒感染的人数为 79, 824 人,死亡人数为 2870 人。而 2021 年 1 ~ 2 月因受新冠肺炎病毒感染的人数为 2841 人,死亡人数为 2 人,其中 2 月并无因感染新冠肺炎病毒死亡的患者。可见,在疫情防控措施更为完善以及民众开始注重日常防控后,新冠肺炎病毒的确诊致死率已经较疫情暴发初期大幅下降,行为人在此时实施违反居家隔离要求等妨害传染病防治的行为,并不足以危害不特定或者多数人的生命身体健康,而是侵害了公共卫生管理秩序下的公众健康。

2. 从主观罪过形式上看

当拒绝执行疫情防控措施的行为危险性已经达到成立以危险方法危害公共安全罪所要求的危险性时,还不能直接将该行为认定为以危险方法危害公共安全罪,若行为人主观上对自身实施的妨害传染病防治的行为引起传染病传播严重危险具有过失,则其可能构成妨害传染病防治罪。

以危险方法危害公共安全罪要求行为人不仅要在客观上实施与放火、决水

---

[1] 参见《新华网:湖南一男子隐瞒接触史致多人感染被判刑》,载湖南省长沙市雨花区人民法院网,http://csyhfy.chinacourt.gov.cn/article/detail/2021/02/id/5808931.shtml,2021 年 7 月 18 日访问。

等相当的具有危害公共安全的现实危险性的危险行为，同时在主观上还需具有危害公共安全的故意。然而，在妨害传染病防治罪中，行为人可能是出于故意而实施了违反《传染病防治法》的行为，但其对于自己行为所引起的传播严重危险则属于过失。[1]具体而言，在2020年1月20日，国家就疫情防控措施做出重要指示后，各部门单位积极在线上线下共同推进疫情防控工作，对于一般公众而言，已经能预见到新冠肺炎病毒传播后可能造成的危险，但是，多数隐瞒疫区旅居史、隐瞒行踪或违反居家隔离要求的行为人，并不会在此时就产生报复社会传播传染病病毒的故意，而只是基于侥幸、过于自信的心理，认为就算实施了违反疫情防控规定的行为也不会引起疫情传播的危险。并且，在突发重大传染病疫情的情境下，并不能站在正常时期的立场去考虑妨害疫情防控的行为人的主观心理，而是应当立足于当下的特别状态来考虑，否则有违刑法保障人权的原则。

以郑某林妨害传染病防治罪[2]一案为例，2020年2月4日郑某林被确诊为新冠肺炎患者而在医院隔离治疗，同年2月12日，被告人因担心孙女安置的问题从隔离医院出逃，自行骑车30多公里回到家中小区，被小区管控人员发现后便在原地等候，嗣后与防疫人员回到医院继续治疗，法院判决郑某林拒绝卫生防疫机构提出的疫情防控措施，有引起传染病传播的严重危险，构成妨害传染病防治罪。在此案中，被告人在被确诊为新冠肺炎患者后仍从隔离医院出逃，固然违反了《传染病防治法》的规定，并且被告人作为已确诊的新冠肺炎患者，实施妨害传染病防治行为的危险性较未受感染者或未确诊患者更为严重。但事实上，被告人在确诊后出逃并独自骑行30多公里仅是出于担心家属安危的心理，并且也未造成他人受感染的危害后果。此时被告人对于引起传染病传播严重危险显然只是基于过失，并非恶意传播传染病病原体。

---

〔1〕 参见王作富主编：《刑法分则实务研究（下）》（第5版），中国方正出版社2013年版，第1343页。转引自于冲：《二元处罚体系下过失危险犯的教义学考察——以妨害传染病防治罪为视角》，载《法学评论》2020年第6期；蔡荣：《妨害传染病防治罪罪过形式的确定——对传统罪过理论的复归》，载《当代法学》2021年第3期。

〔2〕 参见湖北省应城市人民法院刑事判决书，(2020)鄂0981刑初65号。

论负有照护职责人员性侵罪的规范定位与不法内涵

姚培培*

内容摘要：我国负有照护职责人员性侵罪与日本《刑法》2017年新增的监护人性交罪的规范定位与不法内涵并不相同，因此负有照护职责人员性侵罪的保护法益并不是监护人性交罪中的性自主权。我国负有照护职责人员性侵罪的规范定位更接近日本《儿童福祉法》中的儿童淫行罪，其保护法益为未成年女性的身心健康。对本罪构成要件的解释也应当以此保护法益为指导，是否构成负有照护职责的人员应当以其是否在事实上接管、承担了对未成年女性身心健康的照顾为基准进行判断。当负有照护职责的人员在性关系发生的过程中起到类似间接正犯的作用时，成立强奸罪；若仅起到教唆犯或共同正犯程度的作用时，成立本罪。借鉴儿童淫行罪中的"淫行"概念，可以将我国《刑法》第236条之一的"性行为"解释为以身体的实际接触为前提的性交及准于性交的性交类似行为。

关键词：负有照护职责人员性侵罪　性侵未成年人犯罪　监护人性交罪　儿童淫行罪

一、问题的提出

2020年12月26日，第十三届全国人民代表大会常务委员会第二十四次会议通过了《中华人民共和国刑法修正案（十一）》，其中第27条规定："在刑法第二百三十六条后增加一条，作为第二百三十六条之一：'对已满十四周岁不满十

* 中南财经政法大学刑事司法学院讲师，法学博士。

六周岁的未成年女性负有监护、收养、看护、教育、医疗等特殊职责的人员,与该未成年女性发生性关系的,处三年以下有期徒刑;情节恶劣的,处三年以上十年以下有期徒刑。有前款行为,同时又构成本法第二百三十六条规定之罪的,依照处罚较重的规定定罪处罚。'”最高人民法院、最高人民检察院《关于执行〈中华人民共和国刑法〉确定罪名的补充规定(七)》将该条的罪名确定为“负有照护职责人员性侵罪”。

在本罪出台之前,对未成年女性的性自主权的保护是通过强奸罪实现的。《刑法》第236条第1款规定:“以暴力、胁迫或者其他手段强奸妇女的,处三年以上十年以下有期徒刑”,同条第2款规定:“奸淫不满十四周岁的幼女的,以强奸论,从重处罚”。据此,我国对未成年女性性自主权的保护以是否年满14周岁为界,分别通过第1款和第2款来实现。具体来说,对于不满14周岁的幼女,不论行为人是否实施了暴力、胁迫或者其他手段来压制其反抗,只要行为人与幼女发生了性行为(奸淫),即构成强奸罪;而对于已满14周岁不满18周岁的未成年女性,则以行为人通过暴力、胁迫或者其他手段压制未成年女性的反抗进而发生性行为为构成要件行为,否则便不构成强奸罪。本罪的出台使得有关针对未成年女性的性犯罪体系更为完善,在绝对保护年龄之外又设置了已满14周岁不满16周岁的相对保护年龄,以负有特殊职责的人为主体,处罚发生性关系的行为。

为了实现妥当适用本罪,有必要对本罪的规范定位和保护法益进行探究。关于这一点,只要坚持法益侵害说,认为犯罪的本质在于侵害法益,那么就不应当支持诸如本罪保护性的社会风尚、〔1〕本罪的违法性在于通过严重违背以乱伦禁忌和恋童禁忌为内容的伦理所体现出的缺乏社会相当性〔2〕等观点。在全国人大法工委刑法室相关人员编著的条文解读中,日本《刑法》2017年增加的监护人性交罪作为制定本罪时的比较法上的参考资料被列举了出来,〔3〕也有

---

〔1〕 袁彬教授持此观点,参见赵秉志主编:《〈刑法修正案(十一)〉理解与适用》,中国人民大学出版社2021年版,第50页。(袁彬执笔)

〔2〕 持此观点的参见周详、孟竹:《隐性强制与伦理禁忌:“负有照护职责人员性侵罪”的理据》,载《南通大学学报(社会科学版)》2021年第2期。

〔3〕 参见许永安主编:《中华人民共和国刑法修正案(十一)解读》,中国法制出版社2021年版,第247~248页。

学者以监护人性交罪的保护法益为性自主权为依据,主张本罪的保护法益为性自主权。[1] 那么,能否在日本《刑法》中的监护人性交罪的意义上理解本罪呢?要准确回答这一问题,有必要对日本法中有关性犯罪的规范体系进行介绍。因此,本文首先对日本法中的性犯罪规范体系进行介绍,接着在此基础上就我国负有照护职责人员性侵罪的保护法益和构成要件解释提出本文的看法。

二、日本法中性犯罪的规范体系概述

(一)刑法典中的性犯罪

日本刑法典中的性犯罪被规定在第22章"猥亵、强制性交等及重婚之罪"中,分别是强制猥亵罪(第176条)、强制性交罪(第177条)、准强制猥亵罪及准强制性交罪(第178条)、监护人猥亵及监护人性交罪(第179条)、淫行劝诱罪(第182条),此外就是有关未遂犯(第180条)和致死伤结果加重犯(第181条)的规定。以下,仅在与对未成年人进行性侵害的这一本文主题相关的限度内,对有关强制性交罪、准强制性交罪、监护人性交罪的学说和相关判例进行介绍。[2]

1. 强制性交罪

第177条　对于十三岁以上的人,使用暴行或胁迫而实施性交、肛门性交或口腔性交(以下称为性交等)的,作为强制性交之罪,处五年以上有期徒刑。对于未满十三岁的人实施性交等的,也同样。

强制性交罪是2017年由原来的强奸罪[3]修正而来的。在1907年制定现

---

[1] 参见李立众:《负有照护职责人员性侵罪的教义学研究》,载《政法论坛》2021年第4期。

[2] 在有必要的情况下,也会顺带介绍强制猥亵罪。

[3] 2017年修改前的日本《刑法》第177条条文为:"使用暴行或胁迫奸淫十三岁以上女子的,作为强奸罪,处三年以上有期徒刑。奸淫未满十三岁女子的,也同样。"日本第193回国会于2017年6月16日表决通过的《改正刑法之部分的法律(平成29年[2017年]法律第72号)》对该条进行了修改,构成要件上的修改有:①性别中立化,将行为对象由"女子"修改为"人";②行为类型的扩张,由原来的"奸淫"(自然意义上的性交)扩张为包括"肛门性交"和"口腔性交"。此外,还将本条的罪名由"强奸罪"改变为"强制性交罪"。

行《刑法》时，强奸罪被与公然猥亵罪（第 174 条）、散布猥亵物罪（第 175 条）等侵害社会法益的犯罪规定在一起，而且其前后之章也都是侵犯社会法益的犯罪，[1]因此当时的通说认为，强奸罪是侵犯作为社会法益的"贞操"即风俗的犯罪。[2] 而到了战后，虽然条文位置没有变化，但是认为本罪的法益为"个人的性自由或者性的自我决定权"等个人法益的观点成为支配性学说。[3] 在讨论 2017 年《刑法》修改方案之际，调整强奸罪及强制猥亵罪的条文位置，将其放在杀人之章的后面曾被作为议题，但设置在法务省的"有关性犯罪罚则的检讨会"（下文简称法务省检讨会）经过听证和讨论，最终多数意见认为没有必要调整其位置。[4]

由条文可知，日本《刑法》以 13 岁作为性同意年龄的界限，对该年龄以下的人实施了性交等行为的，不论是否实施了暴行或胁迫行为，也不论被害人是否做出了同意或承诺，行为人均构成强制性交罪。[5] 日本旧《刑法》中性同意的

---

〔1〕 日本《刑法》第 21 章规定的是"诬告陷害之罪"，第 23 章规定的是"有关赌博及彩票之罪"，这些都是针对社会法益的犯罪。

〔2〕 参见［日］小野清一郎：『刑法講義各論』、有斐阁、1950、页 132。

〔3〕 参见［日］平野龙一：『刑法概説』、东京大学出版会、1977、页 179；团藤重光：『刑法綱要・各論』（第 3 版）、创文社、1990、页 490；［日］大塚仁：『刑法概説（各論）』、有斐阁、2005、页 97（中译本参见［日］大塚仁：《刑法概说（各论）》，冯军译，中国人民大学出版社 2003 年版，第 104 页）；［日］山口厚：『刑法各論』、有斐阁、2010、页 105（中译本参见［日］山口厚：《刑法各论》，王昭武译，中国人民大学出版社 2011 年版，第 118 页）；［日］西田典之著、［日］橋爪隆補訂：『刑法各論』、弘文堂、2018、页 97（中译本参见［日］西田典之著、桥爪隆补订：《日本刑法各论》，王昭武、刘明祥译，法律出版社 2020 年版，第 101 页）；［日］松宫孝明：『刑法各論講義』、成文堂、2018、页 115（中译本参见［日］松宫孝明：《刑法各论讲义》，王昭武、张小宁译，中国人民大学出版社 2018 年版，第 93 页）；［日］松原芳博：『刑法各論』、日本评论社、2016、页 85；［日］浅田和茂：『刑法各論』、成文堂、2020、页 119；［日］山中敬一：『刑法各論』、成文堂、2009、页 143；［日］关哲夫：『講義刑法各論』、成文堂、2017、页 113；［日］大谷实：『刑法講義各論』（新版第 5 版）、成文堂、2019、页 118（中译本参见［日］大谷实：《刑法讲义各论》，黎宏译，中国人民大学出版社 2008 年版，第 106 页）；［日］前田雅英：『刑法各論講義』、东京大学出版会、2020、页 95［对于将本罪理解为针对个人法益的做法表示赞同，但认为并不只是单纯侵害性的自我决定（权）的犯罪，认为应当理解为是有关身体和人格尊严上伴随着更加重大侵害的犯罪］；［日］井田良：『講義刑法学・各論』、有斐阁、2020、页 113（认为应当将性犯罪的保护法益理解为在免受想要侵害身体私密领域的性行为的防御权的意义上的性的自我决定权）。

〔4〕 参见「性犯罪の罰則に関する検討会」取りまとめ報告书（2015 年 8 月 6 日）第 37 页，载 http://www.moj.go.jp/content/001154850.pdf。

〔5〕 相应地，根据日本《刑法》第 176 条后段，对未满 13 岁的人实施猥亵行为的，成立强制猥亵罪。

年龄是 12 岁,[1]实际承担立法的法国人波索纳德博士认为,性同意年龄基准的设定要根据国家的风俗习惯,在从日本方面得知日本存在 12 岁结婚的人这一情况后,将性同意年龄设置为 12 岁。[2] 事实上,在近代以前,日本的法律制度就认为在 12 岁以下的年龄段,和奸也是强奸。[3] 在制定现行《刑法》的过程中,一开始的想法是维持旧《刑法》的规定,但是在 1906 年的法律调查委员会上,京都大学的胜本勘三郎教授主张将年龄提高到 14 岁,并提议如果其主张不被采纳的话就提高到 13 岁,13 岁的提议获得了穗积陈重教授的支持,[4]最终在表决时以勉强过半数获得通过。[5] 在讨论 2017 年《刑法》修改方案之际,有意见主张提高现行《刑法》中的性同意年龄,但该意见未能在法务省检讨会上获得多数同意,因此并没有获得通过。[6]

对于本条前段的"暴行"和"胁迫",最高裁判所 1949 年判例[7]要求达到"使被害人的反抗变得显著困难的程度",关于其具体标准,最高裁判所 1958 年判例[8]认为"其暴行或胁迫的行为,即使是如果单纯将其拿出来观察的话被认

---

〔1〕 日本旧《刑法》第 348 条规定:"奸淫十二岁以上妇女的,处轻惩役。使用药物酒精等使人昏睡或者使其精神错乱而奸淫的,以强奸论。"第 349 条规定:"奸淫不满十二岁的幼女的,处轻惩役。若强奸的,处重惩役。"

〔2〕 参见[日]嶋矢贵之:「旧刑法期における性犯罪規定の立法・判例・解釈論」、刑事法ジャーナル45 号(2015 年)、页 135。

〔3〕 参见[日]西原春夫ほか编:『日本立法資料全集 34 卷(旧刑法:明治 13 年)』、信山社、1994、页 371。

〔4〕 参见[日]内田文昭ほか编:『日本立法資料全集 26 卷(刑法:明治 40 年)』、信山社、1995、页 227。穗积陈重教授引用了编纂民法时进行的有关女性月经开始时期的调查。

〔5〕 参见[日]内田文昭ほか编:『日本立法資料全集 26 卷(刑法:明治 40 年)』、信山社、1995、页 227。修改的理由则采纳了穗积教授的意见。参见[日]内田文昭ほか编:『日本立法資料全集 26 卷(刑法:明治 40 年)』、信山社、1995、页 345 ~ 346。

〔6〕 参见「性犯罪の罰則に关する検討会」取りまとめ報告书(2015 年 8 月 6 日)第 26 ~ 27 页,载 http://www.moj.go.jp/content/001154850.pdf。

〔7〕 最高裁判所 1949 年 5 月 10 日第三小法庭判决,最高裁判所刑事判例集 3 卷 6 号 711 页(强奸致伤案。辩护人主张在所有记录的任何地方都不能发现被害人陷入无法抗拒状态的事实,对此,最高裁判所指出"刑法第 177 条所说的暴行或胁迫只要达到使相对方的抗拒变得显著困难的程度就足够")。

〔8〕 最高裁判所 1958 年 6 月 6 日第二小法庭判决,最高裁判所裁判集刑事 126 号 171 页(3 名被告人在深夜没有人的校园、附近公园等地,对原审认定为善良纯真少女的被害人,实施了诸如在该女身边纠缠、为了阻止其回家而等同于逮捕监禁手段的暴行行为,同时通过 3 名被告人集体性的威力暗示被害人根据情况有可能对其生命身体施加危害从而进行胁迫,被害人因该暴行胁迫感到恐惧从而陷入无法抗拒状态,最终受到奸淫侵害。辩护人主张被告人的暴行胁迫并未达到前述最高裁判所 1949 年判例所示的程度,最高裁判所遂做出正文中的判示)。

为并未达到该程度的行为,但是只要结合对方的年龄、性别、平素行为、经历等以及实施行为的时间、场所的四周环境以及其他具体情况,属于使对方无法抗拒或者使抗拒变得显著困难的行为就足够"。或许最高裁判所这两个判例的本意在于明确甚至降低强制性交罪(强奸罪)中暴行和胁迫手段的认定标准,但从效果上来看,不得不说这一标准设置得过于高,在实务中出现了不少以被告人的暴行、胁迫未达到该标准为理由而认定无罪的裁判例,例如下案:

某日晚上8时左右,被告人让第三人将被害人骗出来,在第三人驾车将被害人带到附近没有人家的海岸边广场后,被告人让第三人先回去,自己继续驾车将被害人带到位于该广场的沙堆(高4~5米)背阴面。被害人意识到被告人的谎言后,立即表示想要回去。被告人意识到如果失去这次机会就再也不可能与被害人性交,遂决意要与被害人性交。于是被告人一边说着"求求你了,我想要",一边用左手搭在被害人的肩头将其拉过来,将自己的嘴唇压在被害人的嘴唇上,将被害人推倒在驾驶席上,自己则略微起身压在被害人的上半身,以这样的姿势将其上衣拉起来吮吸其乳房。此时被害人哭了出来,并说"停下来。让我回去"。但是被告人还是拉开了被害人裤子的拉链,连同内裤一起脱至脚下,自己也脱掉长裤和内裤,在车内将被害人奸淫。其后,被告人驾车将被害人送回家,被害人洗了身体后,前往住在隔壁的弟弟家里哭诉,对弟弟告知了被强奸的事实。第二天,被害人前往警察局报案。此外,被害人身高152厘米,体重约52公斤,被告人身高约180厘米,体重约76公斤,两者体型之间存在巨大差距。

本案一审对被告人肯定了强奸罪的成立,二审一方面认为"无论如何都不能说被告人的奸淫行为是基于被害人任意应诺的和奸,虽然被害人并未实施抵抗,但其一开始就没有主动委身的心情,(奸淫行为)是在其困惑且处于某种程度上难以拒绝的状态下实施的,这一点可以说没有疑问";另一方面却认为"就一般男性使坐着的女性仰面躺着完成性交这一点而言,男性实施将手搭在女性肩头将其拉过来、推倒、脱衣服这样的行为,采取压在身上的姿势等行使某种程度的有形力,是在基于合意的性交的情形中也会伴随的情况,而在前述认定的奸淫的过程中,很难发现能够断定被告人使用了前述通常性交的情形中使用的程度的有形力以上的力量……不得不说并不足以认定本案奸淫是在使被害人的抗拒变得显著困难的基础上实施的,结果没有得到这样的心证",进而改判被告人无罪。[1]

在学说上,有认为必须达到压制对方反抗的程度的最狭义的暴行、胁迫的观点,[2]也有观点认为应当不问其强弱程度,[3]不过通说一般支持前述最高裁判所的标准,即虽不必达到现实压制了对方反抗的程度,但也必须达到使对方反抗显著困难的程度。[4] 关于为何对暴行、胁迫要求这么高的程度,有学者说道:"虽然……也有主张不同程度的学说,但是不管是强奸还是和奸,奸淫通常多多少少都会伴随有形力的行使……因此如果根据此说,是否违反意思就成了唯一的标准,损害法的安定性(特别是将女性心理的微妙性考虑进来的话……)。在轻微的暴行、胁迫面前轻易屈服的贞操,应当说像这种东西不值得通过本条来保护。"[5]最高裁判所法官也认为,"如果极其轻度的暴行就足够的话,那么就只有是否违反被害人真实意思这一内心情况成为犯罪成立与否的标准,果然还是不妥当的"。[6]

对于这样一种程度论,一些女性实务人员和刑法学家提出了批判。例如,角田由纪子律师认为,"这种思考方式存在三个错误。第一,忽视了加害人的暴行、胁迫的程度与被害人反抗的程度未必是平行的;第二,以被害人必须抵抗为

---

〔1〕 广岛高等裁判所 1978 年 11 月 20 日判决,判例时报 922 号 111 页。与本案同样以暴行胁迫未达到使被害人的反抗显著困难的程度为理由认定被告人无罪的裁判例,还有札幌高等裁判所 1955 年 9 月 30 日判决,高等裁判所刑事判例集 8 卷 6 号 901 页;广岛地方裁判所 1969 年 3 月 26 日判决,判例タイムズ235 号 285 页;大阪地方裁判所 1971 年 3 月 12 日判决,判例タイムズ267 号 376 页;冈山地方裁判所 1994 年 8 月 31 日判决,LEX/DB25420447;大阪地方裁判所 2008 年 6 月 27 日判决,LEX/DB28145357。

〔2〕 参见[日]泷川幸辰:『刑法各論』、世界思想社、1951、页 79(泷川教授虽然是在强制猥亵罪的项下说的,但他在同书第 80 页指出强奸罪是强制猥亵罪的特殊类型,因此其有关强制猥亵罪中暴行、胁迫的程度要求也适用于强奸罪)。

〔3〕 参见[日]植松正:『刑法概論Ⅱ各論』、劲草书房、1975、页 190;[日]关哲夫:『講義刑法各論』、成文堂、2017、页 118。

〔4〕 参见[日]大谷实:『刑法講義各論』、成文堂、2019、页 125;[日]前田雅英:『刑法各論講義』、东京大学出版会、2020、页 102;[日]团藤重光:『刑法綱要 · 各論』、创文社、1990、页 490;[日]中森喜彦:『刑法各論』(第 4 版)、有斐阁、2015、页 66;[日]林幹人:『刑法各論』、东京大学出版会、2007、页 89;[日]山口厚:『刑法各論』、有斐阁、2010、页 110。

〔5〕 [日]团藤重光責任編集:『注釈刑法(4)』、有斐阁、1965、页 297 ~ 298(所一彦)。

〔6〕 [日]大塚仁ほか編:『大コンメンタール刑法(9)』、青林书院、2013、页 75 ~ 76。〔亀山継夫 = 河村博执笔〕

前提;第三,男性(自作主张地)设置了这些不现实的抵抗要件”。[1] 大阪大学的岛冈真奈教授认为,“其背景是男性支配主义思想,即从男性的观点强调必须要区分无论如何都是异常少数男性实施的例外的强制性交与不可罚的基于合意的性交,因为即便在基于合意的通常的性交中也会允许某种程度的暴行,因此构成犯罪的暴行应当被限定在相当程度的强烈的暴行之中。此外,认为贞洁烈女如果不要的话就应当强烈抵抗,真抵抗的话是能够防止强制性交的这样的‘强奸神话’也是其背景”。[2]

在讨论 2017 年《刑法》修改方案之际,有观点提出应当对暴行、胁迫的要件进行缓和甚至废除,但是法务省检讨会的多数意见并没有采纳该提议,多数意见给出的理由是“判例、实务是以实施的暴行、胁迫作为间接证据来认定是否属于违反被害人意思的性交,仅就能够无疑确信违反了被害人意思的事例中认定成立强奸罪。如此,一般性地废除暴行、胁迫要件的话,就意味着将不能够无疑确信违反了被害人意思的事例也作为强奸处罚,这无非就是适用了存疑时不利于被告人,不应当肯定这样的做法”。[3]

2. 准强制性交罪

第 178 条第 2 款　乘他人心神丧失或无法抗拒或者使其心神丧失或无法抗拒而实施性交等的,依前条之例。

如前所述,日本《刑法》第 177 条强制性交罪要求行为人以暴行或胁迫为手段,并且对暴行和胁迫还要求达到使被害人的反抗变得显著困难的程度,因此若不能认定这种程度的暴行或胁迫手段,就不成立强制性交罪。于是,准强制性交罪便作为强制性交罪的补充条款[4]而被规定,法益也与强制性交罪一样,

---

〔1〕［日］角田由纪子:「性犯罪法の改正——改正の意義と課題」、論究ジュリスト23 号、2017、页 124。

〔2〕［日］浅田和茂 = 井田良编:『新基本法コンメンタール刑法』、日本评论社、2017、页 389。〔島岡まな执笔〕

〔3〕「性犯罪の罰則に关する検討会」取りまとめ報告书(2015 年 8 月 6 日)第 26 ~ 27 页,载 http://www.moj.go.jp/content/001154850.pdf。

〔4〕参见［日］浅田和茂 = 井田良编:『新基本法コンメンタール刑法』(第 2 版)、日本评论社、2017、页 392。〔島岡まな执笔〕

是个人的性自由或性的自我决定权。[1]

一般认为,本罪中的心神丧失与日本《刑法》第 39 条第 1 款的心神丧失含义不同,指的是由于严重的精神障碍、昏迷、睡眠、醉酒等精神障碍或意识障碍而就性行为无法做出正常判断的状态,更明确地说,是指由于前述精神障碍或意识障碍而就对自己实施的性交等行为缺乏认识;本罪中的无法抗拒是指虽然认识到了对自己实施的性交等行为,但由于物理上或心理上的原因,对性交等行为显著难以抵抗的状态,物理上的无法抵抗是诸如因手脚被绑住而在物理上无法抵抗,心理上的无法抵抗是指诸如误认为行为人是丈夫而在心理上无法抵抗的情形。[2] 由于本罪的法定刑与强制性交罪是一样的,因此,通说[3]认为,本罪中心神丧失和无法抗拒程度应达到使被害人的反抗变得显著困难的程度。日本司法实务也是这样理解的,例如,被告人是高尔夫球教练,在被害女性初中三年级起就一直对其进行指导,在被害人 18 岁的时候,被告人利用被害人对其的顺从、尊敬和信任关系,对被害人说"你没有胆量,这不行",将被害人带到情侣酒店,接着说"你没有胆量,所以高尔夫球技没有进步""跟我做爱的话,你的高尔夫球技就会有进展",从而奸淫了被害人。对于本案,一审判决认为"无法排除这样一种可能性,即(被害人)由于不想破坏与被告人一直以来的人际关系而自己没有采取主体性行动的可能性,也就是说,没有陷入显著难以拒绝与被告人之间性交的精神状态,而是仅仅放任事态发展的可能性""因此,就被害人处于无法抗拒状态这一点未能够进行超越合理怀疑的证明,从这一点出发就要对被告人宣告无罪"。[4]

3. 监护人性交罪

第 179 条第 2 款　对于未满 18 岁的人,乘具有是现实监护该人的人而产生的影响力实施性交等的,依第 177 条之例。

---

〔1〕 参见[日]大谷实:『刑法講義各論』、成文堂、2019、页 127。

〔2〕 参见[日]大谷实:『刑法講義各論』、成文堂、2019、页 127。

〔3〕 参见[日]大塚仁ほか編:『大コンメンタール刑法(9)』、青林书院、2013、页 82。〔亀山継夫 = 河村博执笔〕

〔4〕 鹿儿岛地方裁判所 2014 年 3 月 27 日判决,WESTLAW JAPAN 文献番号 2014WLJPCA03279013。本判决结论在上级审中也得到了维持(最高裁判所 2016 年 1 月 14 日决定,搜查研究 779 号 30 页参照)。

本罪是2017年修改《刑法》时增设的犯罪类型。关于设置本罪的宗旨,参与立法的人员是这样表述的:"在亲生父母、养父母等监护人对于未满18岁的人持续性地反复实施猥亵行为、性交等,性行为常态化的案件中,存在由于若只对日期、场所等特定化了的性行为的场面进行观察的话,暴行、胁迫无法认定,而且,也不构成无法抗拒状态,因此难以作为刑法上的性犯罪处罚的情况。但是,一般而言,未满18岁的人在精神上尚未成熟,而且不管是在经济上还是在精神上,就生活的全体而言依赖着监护人,而监护人具有这种依赖、被依赖或者保护、被保护关系产生的影响力对未满18岁的人实施猥亵行为、性交等,这可以说与强制猥亵罪、强制性交罪等同样,也侵害了这些人的性自由或者性的自我决定权。"〔1〕

由此可见,新增本罪的目的是处罚在强制性交罪和准强制性交罪中无法受到处罚的行为类型。如前所述,要成立强制性交罪和准强制性交罪,均要求认定被害人的反抗被压制或变得显著困难,而在监护人与被监护人性交的案件中,往往难以认定这些要件。但是,未满18岁的人,如果反抗监护人或者失去监护人的喜爱,就容易感到不安,认为自己失去了来自监护人的物质上、心理上的保护,因此,为了顺从监护人的意向而扭曲意思决定的危险性可以说在类型上很高。〔2〕 在这种类型化了的高度危险情况中,监护人与被监护人性交侵犯了被监护人的性自主权,因此监护人性交罪将在被监护人的性的自我决定处于危险的类型化情况中,以该危险现实化的形式处于作为保护责任者地位的监护人实现的性行为作为重罚的对象。〔3〕

在本罪的构成要件中,重要的是"现实监护的人""乘具有影响力"这两点。关于前者,通说认为,并不限于亲权者这样的基于法律上的监护权而进行监护

〔1〕 [日]田野尻猛:「性犯罪の罰則整備に関する刑法改正の概要」、論究ジュリスト23号(2017年)、页116。另参见[日]岡田志乃布:「刑法の一部を改正する法律について」、警察学术集70卷10号(2017年)、页72~73;[日]堀田さつき:「『刑法の一部を改正する法律』の概要について」、捜査研究802号(2017年)、页7;[日]今井将人:「『刑法の一部を改正する法律』の概要」、研修830号(2017年)、页42~43;[日]加藤俊治:「性犯罪に対処するための刑法改正の概要」、法律のひろば40卷8号(2017年)、页57等。这些作者都是参与了本次《刑法》修正的政府官员,饶有趣味的是,这些作者论文中关于设置本罪的宗旨的表述除了个别字词外,几乎完全相同。

〔2〕 参见[日]桥爪隆:「性犯罪に対処するための刑法改正について」、法律のひろば40卷11号(2017年)、页9。

〔3〕 参见[日]樋口亮介:「性犯罪規定の改正」、法曹時報89卷11号(2017年)、页115。

的人,只要在事实上现实地监督、保护未满 18 岁的人就足够。但是,必须形成达到能够与亲子关系同等看待的程度,因就提供和指定居住场所、支付生活费用、人格形成等生活全体持续地进行指导和监督而产生的依存关系和保护关系。“影响力”指的是由于监护人就被监护人的生活全体,从衣食住行等经济上的观点和生活上的指导、监督等精神上的观点出发,现实地监督保护被监护人而产生的影响力。至于“乘”具有影响力,则不需要明确提示并积极地利用具有影响力这一点,只要在因具有影响力而可能的状况中实施行为就足够,该要件仅仅用来排除未使对方认识到行为人是监护人这种稀有的案件。[1]

在实际的裁判例中,法院的做法是表明行为人与监护人之间的关系,接着记载诸如“被告人与被害人居住在一起,处于照顾其饮食起居,对其进行指导监督,实际上监护该人的地位”等事实,表明行为人所具有的影响力,进而以行为人“乘具有因实际上监护被害人而产生的影响力,与被害人性交(或肛门性交、口腔性交)”等事实为根据认定行为人构成本罪。[2]

---

〔1〕 参见[日]井田良:『講義刑法学・各論』、有斐阁、2020、页 130~131。

〔2〕 笔者在 Westlaw Japan 裁判例数据库以“监护人性交”为关键词检索到的裁判例有:长崎地方裁判所 2018 年 5 月 16 日判决,WESTLAW JAPAN 文献番号 2018WLJPCA05166004(养父女关系);松山地方裁判所 2018 年 7 月 24 日判决,WESTLAW JAPAN 文献番号 2018WLJPCA07246002(亲生父女关系);鹿儿岛地方裁判所 2018 年 8 月 7 日判决,WESTLAW JAPAN 文献番号 2018WLJPCA08076002(养父女关系);千叶地方裁判所 2018 年 10 月 18 日判决,WESTLAW JAPAN 文献番号 2018WLJPCA10186009(养父女关系);前桥地方裁判所 2019 年 3 月 28 日判决,WESTLAW JAPAN 文献番号 2019WLJPCA03286017(养父女关系);大分地方裁判所 2019 年 8 月 5 日判决,WESTLAW JAPAN 文献番号 2019WLJPCA08056001(养父女关系);岐阜地方裁判所 2019 年 9 月 24 日判决,WESTLAW JAPAN 文献番号 2019WLJPCA09346010(养父女关系);岐阜地方裁判所 2019 年 10 月 1 日判决,WESTLAW JAPAN 文献番号 2019WLJPCA12176004(亲生父女关系);津地方裁判所 2019 年 12 月 17 日判决,WESTLAW JAPAN 文献番号 2019WLJPCA12176004(养父女关系);津地方裁判所 2019 年 12 月 24 日判决,WESTLAW JAPAN 文献番号 2019WLJPCA12246005(亲生父女关系);长崎地方裁判所 2020 年 3 月 24 日判决,WESTLAW JAPAN 文献番号 2020WLJPCA03246003(被害人是被告人事实婚妻子的女儿);岐阜地方裁判所 2020 年 6 月 23 日判决,WESTLAW JAPAN 文献番号 2020WLJPCA06236004(亲生父女关系);高松地方裁判所 2020 年 10 月 2 日判决,WESTLAW JAPAN 文献番号 2020WLJPCA10026010(养父女关系);秋田地方裁判所 2020 年 10 月 5 日判决,WESTLAW JAPAN 文献番号 2020WLJPCA10056003(亲生父女关系);德岛地方裁判所 2020 年 12 月 24 日判决,WESTLAW JAPAN 文献番号 2020WLJPCA12248002(养父女关系);津地方裁判所 2021 年 1 月 13 日判决,WESTLAW JAPAN 文献番号 2021WLJPCA01138004(亲生父女关系);福岛地方裁判所 2021 年 1 月 15 日判决,WESTLAW JAPAN 文献番号 2021WLJPCA01158002(亲生父女关系);金沢地方裁判所 2021 年 1 月 27 日判决,WESTLAW JPAN 文献番号 WLJPCA01276004(养父女关系)。

（二）《儿童福祉法》中的儿童淫行罪

《儿童福祉法》第34条第1款　任何人不得实施下列行为：

……

六　使儿童实施淫行的行为；

……

第60条第1款　违反第三十四条第一款第六项规定的，处十年以下有期徒刑，并处或单处三百万日元以下罚金。

日本刑事立法的特色之一就是存在大量的附属刑法，《儿童福祉法》的上述条文即规定了儿童淫行罪。关于本罪的保护法益，要结合《儿童福祉法》的立法宗旨来解释。通说认为，本罪是为了实现儿童的健康成长（该法第1条），以儿童的健康成长为保护法益，将使具有对儿童身心施加有害影响之虞的行为现实化的行为作为处罚对象。[1] 换言之，本罪与其他规定在《儿童福祉法》的犯罪一样，保护法益都是儿童的身心健康。

就本罪的成立而言，主要涉及对"使……实施的行为"（させる行為）和"淫行"的解释。对于前者，最高裁判所1965年判例[2]将其定义为"不论是直接还是间接，对儿童施加事实上的影响力从而助长促进儿童实施淫行的行为"。根据该判例，"使……实施的行为"要求行为人通过对儿童施加事实上的影响力而实现。在过去的裁判例中，在饭馆、饮食店、旅馆、艺妓屋等经营者通过雇佣关系或身份关系支配了儿童的情形中，往往认为仅凭借这种关系的存在本身就能

〔1〕 参见［日］深町晋也：「儿童に対する性犯罪について」、［日］山口厚ほか編：『西田典之先生献呈論文集』、有斐阁、2017、页321。

〔2〕 最高裁判所1965年4月30日第二小法庭决定，最高裁判所裁判集刑事155号595页［案情是：被告人经营一家艺妓屋，在明知刚买入的艺妓为未满18岁的儿童的情况下，还使其数次接客卖淫，据此使该儿童实施淫行。案件事实的介绍参考了本案一审判决（名古屋家庭裁判所1964年9月25日判决，家庭裁判月报17卷4号123页）］。

够事实上支配儿童的意思。[1] 例如,被告人为饮食店的经营者,其让住在自己家里的女佣向客人卖淫,两人平分嫖资。在本案中,最高裁判所 1955 年判例[2]指出"将儿童留宿在一定的场所内,通过暴行或胁迫或者乘存在预借款之机使其难以逃脱,从而不得不接客,在该犯罪的构成上行为人创出前述这样的有形无形的情势并不总是必要的要件"。

在过去,儿童淫行罪的处罚范围往往被限定在行为人使儿童与第三人实施淫行的类型中(三角关系),[3]但是在一起中学教师对女学生劝诱使用电动按摩棒,并使该学生在自己面前实施自慰行为的案件中,最高裁判所 1998 年判例[4]认为,被告人的行为构成"使儿童实施淫行的行为",此后,在行为人

---

〔1〕 东京高等裁判所 1952 年 8 月 13 日判决,高等裁判所刑事判例集 5 卷 9 号 1537 页[特殊饮食店(妓院。——引者注)的经营者提供场所给多名未满 18 岁的儿童多次卖淫并收取嫖资,并没有直接积极地劝诱卖淫行为,也没有强制卖淫,肯定了本罪的成立];东京高等裁判所 1953 年 7 月 6 日判决,高等裁判所刑事判决特报 39 号 3 页(被告人在自己经营的饮食店为女子店员卖淫提供了场所设备,其中有两名女性儿童,被告人作为监护人当然处于应当保护未成熟的儿童并身心健康地教育两人,但仍实施了前述行为,即便两名女童的卖淫行为是出于自己的自发意志,被告人既没有拘束其自由也没有强制其卖淫,但仍肯定了本罪的成立);札幌高等裁判所 1957 年 6 月 20 日判决,高等裁判所刑事裁判特报 4 卷11 = 12 号 299 页(被告人使自己经营的饮食店雇用的女性儿童卖淫,没有直接或间接的强制,也肯定了本罪的成立);东京家庭裁判所 1954 年 1 月 25 日判决,家庭裁判月报 6 卷 10 号 64 页(被告人在与丈夫一起经营的旅馆中为未满 18 周岁的儿童卖淫提供场所并收取嫖资,肯定了本罪的成立);大阪高等裁判所 1956 年 2 月 21 日判决,高等裁判所刑事判例集 9 卷 2 号 144 页(妓院的经营者提供场所给未满 18 岁的儿童卖淫并收取嫖资,判决认为"即使儿童的卖淫行为本身是出于儿童自愿,被告人既没有强制也没有劝诱,但由于是将儿童置于自己的支配下为儿童提供了淫行的便利,结果也导致其实施了淫行,因此应当认为属于使儿童实施了淫行",肯定了本罪的成立)。

〔2〕 最高裁判所 1955 年 12 月 26 日第三小法庭判决,最高裁判所刑事判例集 9 卷 14 号 3018 页。

〔3〕 [日]泽新 = 长岛裕:「儿童福祉法」、[日]伊藤榮樹ほか編:『注釈特別刑法〔第八卷〕』、立花书房、1990、页 790。明确指出"'使儿童实施淫行的行为'中不包含自己直接与儿童实施淫行的场合"的裁判例有东京高等裁判所 1975 年 3 月 10 日判决,家庭裁判月报 27 卷 12 号 76 页(本案案情是行为人教唆他人,让他人使得儿童与自己实施淫行,判决在指出前面一点后,认为被告人构成儿童淫行罪的教唆犯)。

〔4〕 最高裁判所 1998 年 11 月 2 日第三小法庭决定,最高裁判所刑事判例集 52 卷 8 号 505 页。

自己直接与儿童实施淫行的案件中,肯定成立本罪的裁判例[1]成为主流。在一起高中老师以自己主导的形式采取诸如利用被害儿童放学的机会等方法,逐步加深与被害儿童的性接触,在发生本案性交行为时,明明并没有受到被害儿童的邀请,却还是驾车将被害儿童带到情人旅馆中发生性交的案件中,最高裁判所2016年判例[2]做出了下列判示:

《儿童福祉法》第34条第1款第6项中所说的"淫行",是指依照该法的宗旨(该法第1条第1款),能够认定为具有阻碍儿童身心健康成长之虞的性交或准于此的性交类似行为,以仅能认定为将儿童单纯地作为满足自己性欲而对待的人为对象而实施的性交或者准于此的性交类似行为,包含在该项所说的"淫行"中。

该项所说的"使……实施的行为",指不论是直接还是间接,对儿童施加事实上的影响力从而助长促进儿童实施淫行的行为,而是否属于这样的行为,要综合考虑行为人与儿童的关系、助长、促进行为的内容及其对儿童意思决定影响的程度、淫行的内容以及实施淫行的动机、经过、儿童的年龄以及其他该儿童所处的具体状况来判断。

三、负有照护职责人员性侵罪的法益论及其应用

(一)性自主权说的问题

关于本罪的保护法益,存在性自主权(性的自我决定权)说和身心健康说的对立。两说对立的意义在于如何处理获得未成年女性真挚同意的性行为:若采

---

〔1〕 东京家庭裁判所1998年4月21日判决,家庭裁判月报50卷10号156页(养父女关系);东京高等裁判所2005年6月16日判决,高等裁判所刑事判决速报集平成17年(2005年)125页(亲生父女关系);东京高等裁判所2009年9月14日判决,LEX/DB25463512(初中师生关系);最高裁判所2009年10月21日第一小法庭决定,最高裁判所刑事判例集63卷8号1070页(初中师生关系);东京高等裁判所2010年8月3日判决,高等裁判所刑事判例集63卷2号1页(养父女关系);东京高等裁判所2012年10月17日判决,东京高等裁判所判决特报(刑事)63卷1=12号209页(初中师生关系);名古屋高等裁判所金沢支部2015年7月21日判决,LEX/DB25541033(初中师生关系)。

〔2〕 最高裁判所2016年6月21日第一小法庭决定,最高裁判所刑事判例集70卷5号369页。

取性自主权说,由于这种情形并未侵害到未成年女性的性自主权,则因不存在法益侵害而无罪;若采取身心健康说,由于这种情形仍然具有对未成年女性的身心健康产生不良影响之虞,因而成立犯罪。从现有的文献来看,性自主权说占优势。〔1〕我国的性自主权说是在否定性同意年龄提高的基础上提出的。〔2〕本文也无法赞同提高性同意年龄的说法,〔3〕因为如果是提高性同意年龄,那么行为主体就不应该存在限制,〔4〕"部分"提高的说法不过是法条文本的同义反复,并且与修正后的《刑法》第 17 条存在价值判断上的矛盾。〔5〕但是,负有照护职责人员性侵罪的成立只要求负有照护职责的人员与未成年女性发生性关系,并未要求任何强制手段,也不要求违背该未成年女性的意思,既然认为未成年女性具有性同意能力,那么在未成年女性同意基础上实施的性行为如何能够认为侵犯了该未成年女性的性自主权呢?

于是,性自主权说通过援引对基于照护职责而产生的优势地位的滥用或隐性强制等因素,来论证本罪行为实质上是违反未成年女性意思的,从而说明其侵犯了该未成年女性的性自主权。〔6〕果真如此的话,性自主权说就需要回答这样一个问题:同样是违反女性意思、侵犯性自主权的犯罪,为何本罪的法定刑要比强奸罪轻呢?就好比默示的共谋也被认定为共谋一样,隐性强制既然也是强制,其本身并不能作为本罪法定刑轻于强奸罪的理由。

---

〔1〕 例如,参见李立众:《负有照护职责人员性侵罪的教义学研究》,载《政法论坛》2021 年第 4 期;付立庆:《负有照护职责人员性侵罪的保护法益与犯罪类型》,载《清华法学》2021 年第 4 期;张勇:《负有照护职责人员性侵罪的司法适用》,载《青少年犯罪问题》2021 年第 4 期等。

〔2〕 参见李立众:《负有照护职责人员性侵罪的教义学研究》,载《政法论坛》2021 年第 4 期;付立庆:《负有照护职责人员性侵罪的保护法益与犯罪类型》,载《清华法学》2021 年第 4 期。

〔3〕 认为我国《刑法》第 236 条之一提高了性同意年龄的有张义健:《〈刑法修正案(十一)〉的主要规定及对刑事立法的发展》,载《中国法律评论》2021 年第 1 期;李静、姜金良:《最高人民法院、最高人民检察院关于执行〈中华人民共和国刑法〉确定罪名的补充规定(七)的理解与适用》,载《人民司法》2021 年第 10 期;周光权:《刑事立法进展与司法展望——〈刑法修正案(十一)〉总置评》,载《法学》2021 年第 1 期。

〔4〕 在日本,就监护人性交罪、儿童淫行罪而言,学说上也并不认为这两个罪名提高了性同意年龄,而是认为 13 岁以下是绝对保护年龄,13 岁到 18 岁是相对保护年龄。参见[日]深町晋也:「儿童に対する性犯罪について」、[日]山口厚ほか编:『西田典之先生献呈論文集』、有斐阁、2017、页 318。

〔5〕 参见孙万怀:《刑法修正的道德诉求》,载《东方法学》2021 年第 1 期。

〔6〕 参见周详、孟竹:《隐性强制与伦理禁忌:"负有照护职责人员性侵罪"的理据》,载《南通大学学报(社会科学版)》2021 年第 2 期。

对于本罪的轻罪定位和轻刑配置，付立庆教授给出了两点理由：第一点是本罪是抽象危险犯，而强奸罪是实害犯，因此前者轻；[1]第二点是在本罪中行为人并未实施暴行、胁迫或其他手段等强制行为。[2] 关于前者，付立庆教授论述道："既没有证据证明性行为违背女性意志也没有证据证明性行为符合女性意志的，或者是性行为表面上符合女性意志但内心违背女性意志的，都属于给女性性自主权的行使造成了抽象危险，构成本罪。"[3]关于后者，付立庆教授论述道："规定为轻罪、将其法定刑设置为和强奸罪之间无缝衔接，则是以对行为手段的评价为线索，体现了针对性行为与女性意志之间的不同关系的实体和证据考量之后的区别对待。"[4]

但是，就前者而言，既然付立庆教授也承认"强奸罪的本质特征是性交行为违背女性意志"，[5]那么只要性交行为"内心违背女性意志"，即已经符合了强奸罪的本质特征，即使"表明上符合女性意志"，也理应不影响对性行为性质的评价，而付立庆教授在性交行为"内心违背女性意志"的情况下，又根据是否"表面上符合女性意志"来区分本罪与强奸罪，其理论根据并不明确。可以想象的是，"表面同意"的效果仅仅在于，否定行为人对女性内心不同意的这一真实情况的认识，即因为表面同意的存在，行为人误以为女性对性行为是同意的。[6]于是，付立庆教授所设想的本罪成立情况就是，虽然性行为客观上是违背女性意志的，但由于表面同意的存在，行为人误认为并不违背女性意志。但是，这样的犯罪构成是违背构成要件的故意规制机能的，明明在构成要件上要求性行为违背女性意志，但是在故意的认定上却通过"表面同意"而否定对违背女性意志的认识。反过来说，既然本罪的成立不要求行为人认识到性行为违背女性意

---

〔1〕 参见付立庆：《负有照护职责人员性侵罪的保护法益与犯罪类型》，载《清华法学》2021年第4期。

〔2〕 参见付立庆：《负有照护职责人员性侵罪的保护法益与犯罪类型》，载《清华法学》2021年第4期。

〔3〕 付立庆：《负有照护职责人员性侵罪的保护法益与犯罪类型》，载《清华法学》2021年第4期。

〔4〕 付立庆：《负有照护职责人员性侵罪的保护法益与犯罪类型》，载《清华法学》2021年第4期。

〔5〕 付立庆：《负有照护职责人员性侵罪的保护法益与犯罪类型》，载《清华法学》2021年第4期。

〔6〕 付立庆教授自己就认为，对本罪的构成要件而言，"主观上则需要性行为未明确违背低龄未成年女性的意志"。付立庆：《负有照护职责人员性侵罪的保护法益与犯罪类型》，载《清华法学》2021年第4期。

志,就意味着该要件并非本罪的构成要件要素,既然如此,也就难以认为本罪侵害了女性的性自主权。就后者而言,在"手段行为不过是判断是否违背女性意志的素材而言"〔1〕这一命题下,以是否有证据证明手段行为的存在来区分本罪与强奸罪,从而为本罪较轻的法定刑提供依据的做法,显然在逻辑上难以自洽,同时也存在将实体法问题与程序法问题混为一谈的问题。〔2〕 可见,性自主权说始终无法合理说明本罪与强奸罪之间在法定刑上的差距。

在比较法上,性自主权说以前述日本《刑法》中的监护人性交罪的保护法益为性自主权为依据,认为负有照护职责人员性侵罪与日本的监护人性交罪相同,因此其保护法益也是性自主权。〔3〕 但是,不得不说该观点忽视了中日法律之间的区别。如前所述,在日本判例和通说中,强制性交罪的成立要求作为手段行为的暴行、胁迫达到使被害人的反抗变得显著困难的程度,准强制性交罪的成立也要求作为前提的无法抗拒的状态达到使被害人的反抗变得显著困难的程度,于是,对于监护人利用自己监护产生的影响力与自己监护下的未成年发生性交的案件,如果仅看特定的性行为,难以肯定这种程度的暴行、胁迫和无法抗拒的状态,由此就产生了对未成年人性自主权保护不周延的情况。监护人性交罪正是为了填补这样的处罚漏洞而增设的。监护人性交罪与强制性交罪和准强制性交罪同样,都是处罚违背被害人意思的性交等行为,〔4〕其不法程度等同于强制性交罪,法定刑也相同,因此可以说其保护法益是被害人的性自主权。

但是,我国的强奸罪则不存在这样的处罚漏洞。我国强奸罪虽然规定了"以暴力、胁迫或其他手段",但我国一直以来都是将强奸罪的不法本质理解为违背女性意志的性交,对于暴力、胁迫等手段行为并没有像日本那样,要求达到使被害人的反抗变得显著困难的程度。此外,我国《刑法》第 259 条第 2 款规定,利用职权、从属关系,以胁迫手段奸淫现役军人的妻子的,依照本法第 236

---

〔1〕 付立庆:《负有照护职责人员性侵罪的保护法益与犯罪类型》,载《清华法学》2021 年第 4 期。

〔2〕 诚然,是否违背女性意志在认定上存在困难,但程序法上事实认定的问题与实体法上应该就哪些要素作为犯罪成立要件的问题区别开来,这就好比不能以行为人的非法占有目的难以认定为理由否定其是取得类财产犯罪的要件一样。

〔3〕 参见李立众:《负有照护职责人员性侵罪的教义学研究》,载《政法论坛》2021 年第 4 期。

〔4〕 参见[日]深町晋也:「家庭内における儿童に対する性的虐待の刑法的規律——監護者性交等・わいせつ罪(刑法 179 条)を中心に」、立教法学 97 号(2018 年)、98 页。

条的规定定罪处罚；最高人民法院、最高人民检察院、公安部、司法部《关于依法惩治性侵害未成年人犯罪的意见》第21条第2款规定："对已满十四周岁的未成年女性负有特殊职责的人员，利用其优势地位或者被害人孤立无援的境地，迫使未成年被害人就范，而与其发生性关系的，以强奸罪定罪处罚。"这些规范均是在提示司法机关，对于通过滥用优势地位而与女性发生性关系的，由于违背了女性的意志，应当认定为强奸罪，以充分评价对被害人性自主权的侵害。我国司法实践也贯彻了这一做法。〔1〕可见，即便在《刑法修正案（十一）》增设负有照护职责人员性侵罪之前，我国现有的强奸罪及配套规范也足以周延地保护未成年女性的性自主权，因此我国并不存在前述日本《刑法》上的问题，〔2〕故以日本法上的监护人性交罪保护性自主权为根据，主张负有照护职责人员性侵罪的保护法益也为性自主权，缺乏充分的理由。

除此之外，性自主权说还会造成我国性犯罪罪刑规范之间的冲突和适用上的失衡。既然负有照护职责人员性侵罪与强奸罪的保护法益都是性自主权，那么当负有照护职责的人员违背未成年女性意志与其发生性关系时，应该如何适用法律呢？一种可以想象的方案是，根据《刑法》第236条之一，当行为对象是已满14周岁不满16周岁的未成年女性时，构成负有照护职责人员性侵罪；当行为对象是除此之外的未成年女性时，构成强奸罪。但是这种方案的后果就是，负有特殊职责的人与17周岁的未成年女性发生性关系时，构成较重的强奸罪；而与15周岁的未成年女性发生性关系时，反而构成较轻的负有照护职责人

〔1〕例如，黄某桥强奸案，湖南省靖州苗族侗族自治县人民法院（2019）湘1229刑初6号刑事判决书（一审认定为强奸罪）；湖南省怀化市中级人民法院（2019）湘12刑终368号刑事裁定书（二审维持）。杨某高强奸案，四川省彭州市人民法院（2019）川0182刑初199号刑事判决书（认定为强奸罪）。

〔2〕事实上，日本《刑法》中的上述处罚漏洞并不是立法造成的，而是判例和通说中强制性交罪和准强制性交罪的认定标准过高造成的。早在讨论2017年《刑法》修改方案之时，关于新增监护人性交罪，浅田和茂教授就认为"成为对象的行为已经通过强奸、准强奸……来处罚，没有新增的必要性"。浅田和茂：「性犯罪規定改正案に至る経緯と当面の私見」、犯罪と刑罰26号（2017年）、页6。对浅田和茂教授这个观点的一个佐证是，在一起父亲与自己年满19岁的女儿性交（在此之前，从女儿初中二年级开始两人就发生了性交）案件中，由于被害人已经19岁，不符合监护人性交罪中的"未满18岁"的要件，因此未以该罪起诉，而是以准强制性交罪起诉。一审（名古屋地方裁判所岡崎支部2019年3月26日判决，WESTLAW JAPAN文献番号2019WLJPCA03266001）认为被害人并未处于无法抗拒的状态，宣告行为人无罪；而二审（名古屋高等裁判所2020年3月12日判决，判例时报2467号137页）则认定被害人处于无法抗拒的状态，认定行为人构成准强制性交罪（上告被驳回，判决已生效）。

员性侵罪。另一种方案就是,当行为对象是已满 14 周岁不满 16 周岁的未成年女性时,同时认定构成负有照护职责人员性侵罪与强奸罪,作为想象竞合犯处理。但是由于强奸罪的法定刑高于负有照护职责人员性侵罪,根据想象竞合犯从一重罪处断的原则,就始终按照强奸罪处理,于是负有照护职责人员性侵罪就被实质上架空了。

(二)身心健康说的妥当性

由上可见,无论是从法定刑的角度,还是从规范定位的角度,负有照护职责人员性侵罪与日本的监护人性交罪均不同,因此,两者的保护法益也不相同。监护人性交罪旨在处罚违反未成年人意志而实施,但却不能通过强制性交罪和准强制性交罪来处罚的性交等行为,而负有照护职责人员性侵罪则并非如此。[1] 本文认为,与其在监护人性交罪的意义上理解本罪,不如将本罪理解为前述日本《儿童福祉法》中的儿童淫行罪,理由在于:其一,在处罚不以违反未成年人意志为前提的性行为这一点上,两者具有相似性;其二,在我国,负有照护职责人员性侵罪的法定刑比强奸罪轻,在日本,儿童淫行罪的法定刑也比强制性交罪和准强制性交罪轻,在这一点上,两者具有相似性;其三,虽然从法条文言上看,儿童淫行罪并未规定行为主体,但如前所述,通过对"使……实施的行为"的解释,判例将本罪的成立限定在施加事实上的影响力从而助长促进儿童实施淫行的行为人中,实质上将处罚范围限定在了监护、收养、教育等关系中,与负有照护职责人员性侵罪具有实质上的相似性。基于此,本文认为,负有照护职责人员性侵罪与儿童淫行罪同样,规范定位均是在于处罚对未成年人具有影响的人在不违反未成年人意志的情况下使其发生性关系的行为,两者的保护法益是未成年人的身心健康。[2]

将本罪的保护法益理解为未成年女性的身心健康还可以解释本罪的身份犯性质。根据《刑法》第 236 条之一的文言,本罪是身份犯,行为主体是对已满 14 周

〔1〕 由于本文认为性自主权并非本罪的保护法益,因此认为本罪保护法益同时包含性自主权和身心健康的观点也不为本文所支持。主张并合说的,参见时延安、陈冉、敖博:《刑法修正案(十一)评注与案例》,中国法制出版社 2021 年版,第 314 页。

〔2〕 持相似观点的,参见张梓弦:《积极预防性刑法观于性犯罪中的体现——我国〈刑法〉第 236 条之一的法教义学解读》,载《政治与法律》2021 年第 7 期。该文认为本罪的保护法益为"青少年免受侵扰的性健全发展权"。

岁不满16周岁的未成年女性负有监护、收养、看护、教育、医疗等特殊职责的人员。根据身份犯的基本原理,之所以将某个犯罪主体限定在具有一定身份的人,是因为具有该身份的人与该罪所要保护的法益具有事实上的接近性,[1]因而负有保护该法益的义务。具体到本罪而言,我们可以说,本罪中的负有照护职责的人员对职责之下的未成年女性的身心健康具有保护义务,但却难以说这些人对未成年女性的性自主权具有保护义务。换言之,对他人性自主权的尊重并不以具有这些身份为前提,因此本罪的保护法益必须理解为未成年女性的身心健康。

除此之外,身心健康说还能够合理解释《刑法》第236条之一第2款的规定。该款规定:"有前款行为,同时又构成本法第二百三十六条规定之罪的,依照处罚较重的规定定罪处罚。"据此,行为同时构成本罪与强奸罪时,依照处罚较重的规定定罪处罚。关于本罪与强奸罪的关系,在性自主权说之下,应当认为是法条竞合关系,具体来说,强奸罪是基本法条,而本罪是补充法条。[2]果真如此的话,根据基本法条优于补充法条的原理,强奸罪应当优先适用。在《刑法修正案(十一)(草案)》二审稿中,本款规定为"有前款行为,同时又构成本法第二百三十六条规定之罪的,依照该规定定罪处罚",这体现了法条竞合的观点。立法最终修改了这样的表述,而是采用了体现想象竞合犯从一重处罚的表述,这表明立法者认为两罪处于想象竞合犯的关系中。而只有认为本罪与强奸罪的法益不同,并非保护性自主权,而是保护未成年女性的身心健康,才能够合理解释该款的规定。[3]

---

〔1〕 参见[日]西田典之:「共犯と身分」同『共犯理論の展開』、成文堂、2010、页339。

〔2〕 持性自主权说的李立众副教授认为"本罪与强奸罪不是对立关系,而是竞合关系",但并未明确指出是法条竞合关系。参见李立众:《负有照护职责人员性侵罪的教义学研究》,载《政法论坛》2021年第4期。明确指出两者为法条竞合关系的,参见王彦强:《〈刑法修正案(十一)〉中竞合条款的理解与适用》,载《政治与法律》2021年第4期。

〔3〕 在日本,强制性交罪、监护人性交罪的保护法益是性自主权,儿童淫行罪的保护法益是儿童的身心健康,因此当行为同时构成这两个犯罪时,成立想象竞合犯。与此相关的裁判例有福冈地方裁判所久留米支部2017年1月24日判决,WESTLAW JAPAN 文献番号2017WLJPCA01246002(行为人胁迫事实婚妻子16岁的女儿为自己口交,进而胁迫其与自己性交。判决认定成立强奸罪与儿童淫行罪的想象竞合);札幌地方裁判所小樽支部2017年12月13日判决(判例集未登载){行为人利用自己身为养父的身份与16岁的养女性交。判决认为监护人性交罪与儿童淫行罪属于法条竞合,但这一点遭到了学说的批判,批判意见参见[日]神元隆贤:「判批」、北海学院大学法学研究53卷4号(2018年)、451~452页}。

李立众副教授持性自主权说,并认为该说有其优点,如因为本罪的保护法益是未成年女性的性自主权,所以,本罪才能被规定在《刑法》分则第 4 章侵犯公民人身权利、民主权利罪之中;本罪是发生性关系的犯罪,故被规定在《刑法》第 236 条之后、第 237 条之前。〔1〕

不可否认,作为体系解释的一种,犯罪被规定的章节位置在一定程度上能够反映犯罪的保护法益和不法本质。〔2〕 但是,体系解释的结论并非唯一的根据。其一,刑法中不乏需要通过补正解释对体系解释结论进行修正的。前述日本《刑法》中有关性犯罪的条文位置,就是适例。在我国《刑法》中,例如,被规定在"妨害国(边)境管理罪"中的破坏永久性测量标志罪,张明楷教授就认为本罪并不属于妨害国(边)境管理的犯罪,永久性测量标志也不限于"国家边境的永久性测量标志"。〔3〕 其二,在我国《刑法》中,旨在保护未成年人身心健康的条文采取了分散的结构,〔4〕不宜以体系解释来掩盖该条文保护未成年人身心健康的宗旨。例如,我国《刑法》第 29 条第 1 款后段(教唆未成年人犯罪从重处罚规定)、〔5〕第 301 条第 2 款(引诱未成年人聚众淫乱罪)、〔6〕第 353 条第 3 款(引诱、教唆、欺骗或者强迫未成年人吸食、注射毒品从重处罚规定)等。其三,身心健康说也能够支持本罪被规定在《刑法》分则第 4 章的做法,事实上,该章中已经存在不少旨在保护未成年人身心健康的犯罪了,例如,雇用童工从事危重劳动罪(第 244 条之一)、拐骗儿童罪(第 262 条)、组织儿童乞讨罪(第 262

---

〔1〕 李立众:《负有照护职责人员性侵罪的教义学研究》,载《政法论坛》2021 年第 4 期。采取同样看法的还有袁彬教授,参见赵秉志主编:《〈刑法修正案(十一)〉理解与适用》,中国人民大学出版社 2021 年版,第 49 ~ 50 页。(袁彬执笔)

〔2〕 参见张明楷:《刑法分则解释原理》,中国人民大学出版社 2011 年版,第 58 页。

〔3〕 张明楷:《刑法学》,法律出版社 2016 年版,第 1115 页。

〔4〕 日本的儿童淫行罪被规定在《儿童福祉法》中,因此能够比较容易得出其保护法益是儿童身心健康的结论。我国由于采取将所有犯罪都规定在刑法典中的方针,因此只能够将负有照护职责人员性侵罪规定在第 236 条之后。如果我国刑事立法也承认附属刑法的话,那么负有照护职责人员性侵罪应该会被规定在《未成年人保护法》中,作为该法第 54 条第 1 款后半句"禁止对未成年人实施性侵害"的保障规范。若果真如此的话,相信不会有人否定本罪的保护法益是未成年人的身心健康。

〔5〕 参见张明楷:《刑法学》(第 5 版),法律出版社 2016 年版,第 454 页;黎宏:《刑法学总论》,法律出版社 2016 年版,第 299 页;周光权:《刑法总论》,中国人民大学出版社 2016 年版,第 358 页。

〔6〕 参见黎宏:《刑法学各论》,法律出版社 2016 年版,第 391 页;张明楷:《刑法学》,法律出版社 2016 年版,第 1077 页;周光权:《刑法各论》,中国人民大学出版社 2016 年版,第 377 页。

条之一)、组织未成年人进行违反治安管理活动罪(第262条之二)。

付立庆教授认为,"未成年女性的身心健康"这样的说法不但含混笼统,还存在以下缺陷:(1)完全抹杀未满14周岁的幼女和已满14周岁未满16周岁的低龄未成年女性在成长发育上的不同——低龄未成年女性固然也可能因为与他人发生性关系进而怀孕等原因影响身体发育,或者影响自己的心理健康,但与幼女的场合毕竟有别,不同低龄未成年女性之间更可能存在较大差别;(2)无法解释何以都是侵犯行为对象的身心健康法益,但在对象为幼女时成立强奸罪,为低龄未成年女性时不是成立强奸罪而是成立本罪;(3)将"未成年女性的身心健康"单独理解为本罪保护法益,如坚持认为行为需要对"低龄未成年女性"这一行为对象的性质具有认识,还会被批判为:为什么针对"未成年女性身心健康"的犯罪需要对女性年龄具有认识,而在故意杀害未成年女性这种针对"未成年女性生命安全"犯罪的场合,却不需要对女性年龄具有认识?[1]

本文认为身心健康说并不存在上述缺陷,具体来说:

对于第一个问题,本文认为,由于未满14周岁的幼女不具有性同意的能力,因此,奸淫幼女的行为侵犯了其性自主权,因此成立强奸罪;而在负有照护职责的人员与未成年女性发生性关系的场合中,由于未成年女性具备了性同意的能力,因此并未致其性自主权受到侵犯,而是其身心健康发展的权利受到侵犯,因此成立较轻的本罪。在这个意义上,身心健康说正是注意到了两者在成长发育上的不同,前者由于自始不存在性同意能力,因此对其的侵犯涉及更为严重的性自主权。

对于第二个问题,与第一个问题相联系,当行为对象是幼女时,固然侵犯了其身心健康法益,但由于还侵犯了更加严重的性自主权,因此当然成立强奸罪,而且也只有评价为强奸罪,才能做到充分评价。相反,如果认为其仅侵犯了幼女的身心健康的话,反而难以说明奸淫幼女的行为成立强奸罪。

---

〔1〕 参见付立庆:《负有照护职责人员性侵罪的保护法益与犯罪类型》,载《清华法学》2021年第4期。

对于第三个问题,本文认为,成立本罪之所以需要对女性年龄具有认识,形式上的根据是女性的年龄被规定在罪状中,属于构成要件要素,发挥着规制故意的机能,因此需要认识。而实质上的根据在于,正是由于本罪的保护法益是该年龄段女性的身心健康,因此对年龄的认识奠定了对行为人进行谴责的基础,明明知道女性已满 14 周岁不满 16 周岁,自己对其身心健康负有照护的职责,却仍然与其发生性关系,侵害了其身心健康,因此受到刑法上的谴责。至于为何在杀害未成年女性的场合不需要对女性年龄具有认识,那是因为在形式上,年龄并未被规定为故意杀人罪的构成要件要素中,在实质上,被害人的年龄对于故意杀人罪的不法来说并无意义。

(三)本罪的构成要件解释

以下,在本罪的保护法益为未成年女性的身心健康这一前提下,对本罪的构成要件进行解释。从文言上看,本罪的构成要件就是具有监护、收养、看护、教育、医疗等特殊职责的人员与已满 14 周岁不满 16 周岁的未成年女性发生性关系。在考虑到本罪保护法益以及与强奸罪区分等方面后,对该构成要件可以做出以下解释:

第一,对本罪中“特殊职责”的认定,应当在是否具有保护未成年女性身心健康职责的意义上进行理解。这里的特殊职责,不应当根据民法等前置法律形式地认定,而是要看是否实际承担或接管了对未成年女性的照顾,从而负有对该人的身心健康进行保护的职责。例如,未成年女性离家出走,行为人将其收留,如果该女性自己难以回家,在外期间只能依靠行为人的收留,那么可以认定行为人在事实上具有监护、收养关系,其实际上接管了对该女性的照顾,因此也就负有对该女性的身心健康进行保护的职责。若此时行为人引诱该女性与自己发生性关系的,成立本罪。〔1〕 又如,同样是负责场所安全保安,对于学校等教育机构的保安,能够较容易地确定其职责范围包含了对未成年女性身心健康

〔1〕 在日本存在这样的裁判例:被害儿童家住三重县,离家出走,于位于距离三重县很远的高知县的被告人家中与被告人性交,法院认定行为人构成儿童淫行罪,参见名古屋高等裁判所 2017 年 8 月 9 日判决,LEX/DB25547869。

的保护，而对于医疗机构的保安则较为困难。[1] 因此，学校保安与未成年女性发生性关系的，能够较为容易地肯定本罪的成立；医院保安与作为患者的未成年女性发生性关系的，认定成立本罪就较为困难。从事教育、医疗等行业的人员由于可以一般性地肯定对未成年女性身心健康的保护职责，因此不必具体地认定是否是自己班上或任教的学生、是否为自己实际治疗的患者，只要与自己所在机构的学生、患者发生性关系的，都应当认定本罪。

第二，由于本罪的保护法益不是性自主权，因此本罪中“发生”性关系并不以违反未成年女性意志为前提。性关系的发生至少需要两人的参与，在这种意义上本罪是一种必要的共犯，未成年女性自己也是参与一方，只是由于自己是本罪的保护对象而不具有违法性。因此，对本罪的解释不妨借用共犯理论中的话语。具体来说，若特殊职责的人在性关系的发生过程中起到了类似间接正犯的作用，比如，以特殊职责产生的优势地位相威胁，迫使未成年女性与其发生性关系，[2] 或者欺骗未成年女性，使其误以为不得不与行为人发生性关系，特殊职责的人构成强奸罪；[3] 反之，若特殊职责的人仅起到类似教唆犯和共同正犯的作用，通过言行引诱未成年女性与自己发生性关系的，成立本罪。由于发生性关系这一用语本身即包括了特殊职责的人自己的亲身参与，因此很难想象特殊职责的人仅起到类似帮助犯作用的情形。

第三，关于本罪中发生的“性关系”的解释，劳东燕教授主张包括猥亵行为，其理由包括若限定于自然性交，会导致处罚漏洞，“性侵”概念能够包含猥亵行为，法定刑也可以评价猥亵行为等。[4] 但是，猥亵行为是一个外延十分宽泛的概念，其中既包括抚摸女性胸部、摆弄女性性器官的行为，也包括将手指、舌头

---

〔1〕 虽然不可一概而论，但是医院保安保护的对象应该主要是医护人员，目的主要是防止出现医闹等现象。

〔2〕 比如以克扣零花钱、不准外出等相要挟的，成立强奸罪。在日本，养女问父亲能否去观看烟花大会，父亲说“不跟我发生关系就不让你去”，养女遂与其发生关系，法院认定行为人构成监护人性交罪，参见大分地方裁判所 2019 年 8 月 5 日判决，WESTLAW JAPAN 文献番号 2019WLJPCA08056001。

〔3〕 哪怕对象是成年女性，比如以治病为名，欺骗该女性与自己性交的，我国刑法理论都认为成立强奸罪。参见何洋：《强奸罪：解构与应用》，法律出版社 2014 年版，第 260 页。当对象是未成年女性时，也当然应当认定为强奸罪。

〔4〕 参见劳东燕主编：《刑法修正案（十一）条文要义：修正提示、适用指南与案例解读》，中国法制出版社 2021 年版，第 194 页。（劳东燕执笔）

插入女性性器官、将男性性器官插入肛门等这样具有浓厚的性接触的行为,将前者也解释为“发生性关系”从语义上来说是比较勉强的。以法条中并未出现而仅仅在司法机关确定的罪名中出现的“性侵”为依据来解释构成要件也是不合适的,这就好比不应当根据“传播性病罪”这个罪名来解释《刑法》第 360 条一样。〔1〕而李立众副教授则主张仅指自然性交,其理由在于我国刑法学界、刑事立法与司法解释长期广泛地将“发生性关系”理解为“性交”,而我国强奸罪中的“性交”仅指自然性交。〔2〕这虽然忠实了法条文本和实务习惯,但难免存在造成处罚漏洞,保护不够全面的问题。在修改《刑法》时已经造成这种不周延的情况下,〔3〕本文认为不如借鉴儿童淫行罪中“淫行”的概念,将本罪中的“发生性关系”解释为性交以及准于性交的性交类似行为,具体来说包括自然性交、肛门性交和口腔性交,将这三类行为解释为“发生性关系”也并未超出其词语可能具有的含义。〔4〕

四、结　语

本文通过对日本性犯罪规范体系进行简单的介绍,得出我国负有照护职责人员性侵罪与日本的监护人性交罪的规范定位和保护法益不同,并主张在日本儿童淫行罪的意义上理解我国负有照护职责人员性侵罪,将其法益界定为未成年女性的身心健康,并据此对本罪的构成要件进行解释。

一般认为,设立本罪的契机是“鲍某明涉嫌性侵养女事件”,〔5〕虽然最终查明该事件中不存在未成年女性,但这也使得立法机关意识到对我国未成年女性

---

〔1〕 参见张明楷:《刑法学》,法律出版社 2016 年版,第 1164 页,脚注 217。

〔2〕 参见李立众:《负有照护职责人员性侵罪的教义学研究》,载《政法论坛》2021 年第 4 期。

〔3〕 相较而言,日本在 2017 年修改《刑法》之际考虑得就周延得多,修改后的第 179 条第 1 款规定的是监护人猥亵罪、第 2 款规定的是监护人性交罪。

〔4〕 当然,由于是“发生性关系”,如前所述,是一种必要共犯的关系,要求存在实际的肉体接触,因此像日本最高裁判所 1998 年判例的案件中使女性在自己面前自慰的行为就不包含在内。

〔5〕 明确指出这一点的,参见时延安、陈冉、敖博:《刑法修正案(十一)评注与案例》,中国法制出版社 2021 年版,第 321 页;赵秉志主编:《〈刑法修正案(十一)〉理解与适用》,中国人民大学出版社 2021 年版,第 48 页;劳东燕主编:《刑法修正案(十一)条文要义:修正提示、适用指南与案例解读》,中国法制出版社 2021 年版,第 192 页。(劳东燕执笔)

保护不足的现实,特别是在未使用暴力、胁迫或其他手段违背未成年女性意志的情况下与未成年女性发生性关系的行为,我国的强奸罪难以应对。因此,本罪在立法目的上具有正当性。但是,应当意识到这类犯罪的保护法益并不在于未成年的性自主权,而是在于其身心健康。只有正确认识到这一点,才能对这类犯罪的构成要件进行准确的解释,从而妥当适用该犯罪,实现该犯罪的保护目的。

2 刑事诉讼与司法制度

疑罪从无及其在刑事辩护中的有效运用*

周洪波** 熊晓彪***

内容摘要:作为现代刑事司法的基本裁判原则,疑罪从无在中国的运用却十分艰难。对于"疑案",要么采取"疑罪从轻"的处理方式,要么通过"证据不足"的形式结案。中国刑事证明制度在规范与实践层面形成了两种截然不同的样态,使得疑罪从无也相应地表现为规范上的"形式强纲领"与实践中的"实质强纲领"。司法人员对"疑案"之具体含义及基本类型的含混不清,也阻碍了疑罪从无的贯彻落实。立法上坚持的传统"铁案"证明标准,以及司法责任终身追究制度的推行,为疑罪从无的有效适用提供了空间;规范层面的三种刚性出罪规则和实践层面的裁量性出罪规则,使得疑罪从无在中国落地成为可能。从证明结构内部出发,通过采取良好的辩护思路并掌握"疑案"的辩护技术,就有望真正地实现疑罪从无。

关键词:疑罪从无 证明标准 疑案 出罪规则 辩护技术

一、疑罪从无之艰难

所谓疑罪从无,是指在刑事司法中对被告人是否犯罪既不能排除嫌疑又达不到证明标准时,应作出被告人无罪的判决。疑罪从无被视作现代法治的基石,作为一项刑事司法原则为世界各国所承认并遵照奉行。疑罪从无思想最早

---

* 本文系四川省教育厅—研究基地项目"四川黑恶势力违法犯罪防控研究"(FZFK14 - 07)研究成果。

** 西南民族大学教授,法学博士。

*** 成都理工大学法学院讲师,法学博士。

可追溯至古罗马时期的“有疑,为被告人之利益”,后来发展成为欧陆法的“存疑有利于被告人”原则。[1] 随着启蒙运动时期西方资产阶级对中世纪滥用肉刑与有罪推定的强烈批判,以及天赋人权观念的兴起,“无罪推定”在刑事诉讼中得到确立,“存疑有利于被告人”逐渐演变为“疑罪从无”这一刑事司法原则。我国古代也有关于“疑罪从无”的司法理念与具体做法。例如,《尚书 · 大禹谟》记载“与其杀不辜、宁失不经”;《礼记 · 王制》记载“疑狱,汜与众共之。众疑,赦之”;《尚书 · 吕刑》记载“五刑之疑有赦,五罚之疑有赦,其审克之”。自中华人民共和国成立后,疑罪从无经历了曲折的发展过程。过去,我国刑事司法实践在处理“疑案”之时,由于受到严厉打击犯罪的刑事政策的影响以及被告人权利保障不到位等原因,基本上都是采取“疑罪从有”“疑罪从挂”“疑罪从轻”等做法。直至 1996 年《刑事诉讼法》修改时吸收“无罪推定”的基本精神,[2] 2010 年“两个证据规定”[3] 明确了定罪标准,[4] 并确立了“非法证据排除程序”,以及 2012 年《刑事诉讼法》再修改引入“排除合理怀疑”与“不得强迫自证其罪”之后,疑罪从无作为一项刑事司法原则才开始在我国逐渐确立。2013 年中央政法委发布的《关于切实防止冤假错案的规定》第 7 条明确要求:“对于定罪证据不足的案件,应当坚持疑罪从无原则,依法宣告被告人无罪,不能降格作出‘留有余地’的判决。”尽管我国立法至今也没有明文规定“疑罪从无”原则,但无论是理论界还是司法实务部门,基本都承认该原则作为刑事司法原则的地位。

---

〔1〕 尽管现欧陆国家并没有明文规定“存疑有利于被告人”,但其习惯上被视为刑事司法甚至宪法的一项基本原则。例如在德国,“存疑有利于被告人”被认为是《联邦基本法》第 103 条之(2)、《刑事诉讼法典》第 261 条等条文的应有之义;此外,该原则还被纳入《欧洲人权公约》第 6 条“公正审判”条款的意涵之中。

〔2〕 《刑事诉讼法》(1996 年修正)第 12 条规定:“未经人民法院依法判决,对任何人都不得确定有罪。”第 162 条规定:“证据不足,不能认定被告人有罪的,应当作出证据不足、指控的犯罪不能成立的无罪判决。”

〔3〕 “两个证据规定”具体是指,2010 年最高人民法院、最高人民检察院、公安部、国家安全部、司法部联合发布的《关于办理死刑案件审查判断证据若干问题的规定》和《关于办理刑事案件排除非法证据若干问题的规定》。

〔4〕 参见《关于办理死刑案件审查判断证据若干问题的规定》第 5 条和第 33 条关于“定罪标准”的具体规定。

令人遗憾的是,在我国司法实践中,几乎很难看到适用疑罪从无的案件。一方面,我国无罪判决案件本来就极少。据统计,2008～2012 年,全国法院无罪判决率仅为 0.10%;2013～2016 年,全国法院无罪判决率也只有 0.016%。[1] 有学者从国外 67 个国家的定罪数据发现,多数国家的无罪判决率介于 10%～30%,定罪率最高的芬兰和亚美尼亚,也有 2% 的无罪判决率,美国的无罪判决率保持在 9% 左右,俄罗斯无罪判决率为 25%。[2] 与世界其他法治国家相比,我国无罪判决率可以说已经低至惊人的地步。另一方面,我国无罪判决的主要形态是确定的无罪,而非疑罪从无。在为数不多的无罪判决案件(包括再审改判案件)中,要么以"依法认定被告人无罪",要么是以"证据不足,不能认定被告人有罪"作为裁判理由,后者基本上是援引《刑事诉讼法》对于"证据不足"案件的处理方式。[3] 对于因"证据不足"作出的无罪判决,实际上还是属于确定的无罪判决,而非疑罪从无判决。"证据不足"与疑罪从无的本质差异不仅表现在判断对象上,而且还聚焦于心证的形成过程中。"证据不足"更多地指向控方对犯罪行为的证明未达到法定要求,而疑罪从无则关注对全案证据的综合判断;[4] 控方证明失败将直接导致无罪判决之明确法律后果,而疑罪从无则是在案件事实真伪难以查明时,要求法官作出无罪判决的一种裁判规则。[5] "证据不足"在心证层面表现为一种确定的信念,即"控方的证明达不到法定的证明标准",而疑罪从无在心证层面则属于一种"犹豫不决"状态,即"既不能排除被告人的犯罪嫌疑又难以确定其有罪"。

对于刑事辩护而言,案件能够以疑罪从无的方式获得无罪判决,无疑是中国的法治之幸。这不仅反映了疑罪从无这一刑事司法原则在我国真正获得了生机,而且还彰显了公正司法与尊重并保障被告人权利的现代法治精神。然

---

〔1〕 参见《2019 年最高人民法院工作报告》。

〔2〕 参见陈永生:《冤案为何难以获得救济》,载《政法论坛》2017 年第 1 期。

〔3〕 现行《刑事诉讼法》(2018 年修正)第 200 条第 3 项规定:"证据不足,不能认定被告人有罪的,应当作出证据不足、指控的犯罪不能成立的无罪判决。"第 236 条第 1 款第 3 项规定:"原判决事实不清楚或者证据不足的,可以在查清事实后改判。"

〔4〕 参见郭华:《我国疑罪从无的理论省察及规则重述》,载《政法论坛》2021 年第 1 期。

〔5〕 "证据不足"无罪判决中的"无罪"应自始即属无罪,并非疑罪从无的体现,而是刑事证明运作的内在规律与必然结果。参见王星译:《反思疑罪从无及其适用》,载《环球法律评论》2015 年第 4 期。

而,影响疑罪从无适用的背后原因有许多。中国刑事证明制度与实践的独特性、“疑罪”的界定困境与类型划分不清、疑罪从无原则与现行刚性定罪规则之间的背反,以及现有的程序格局与辩护困境,都在一定程度上削弱了疑罪从无的适用率。要想实现疑罪从无的刑事辩护,不仅需要熟悉我国证明制度的运作机制、厘清“疑罪”的具体含义与类型、明确疑罪从无的规则表现,而且还要掌握疑罪从无的辩护思路与技术。以下,将分别对这些事项展开具体论述。

二、中国刑事证明制度与实践的独特性

要想有效地适用某个法律原则,需要考察与该原则密切关联的制度环境。疑罪从无作为一种案件事实处理方式,其与刑事证明制度与实践是密不可分的。据此,我们首先要弄清楚中国刑事证明制度与实践的独特性。

(一)司法证明制度的核心机制:证明标准

查明案件事实是作出准确判决的前提,也是公正司法的关键所在。“裁决的准确性与事实认定中的准确性不仅是审判的核心价值,也是几乎所有官方裁决的核心价值。”[1]而查明案件事实严重依赖于司法证明制度的有效运行。所谓司法证明,指的是双方当事人在事实裁判者(法官或陪审团)面前,严格依照法定的程序就争议案件事实所进行的一系列举证、质证及认证活动。在这个过程中,认证是最重要的环节。在经过庭审举证与质证之后,裁判者对双方的证据与论证进行评价,结合法定证明标准作出最终的事实判断。在此意义上,证明标准无疑才是司法证明制度的核心机制。证明标准是证明领域的核心问题,同时也是裁判者认定案件事实的最终尺度。诚如有学者所言,证明标准是证据法的灵魂,是司法证明的核心与关键所在。[2]

通说认为,证明标准是指在诉讼活动中承担证明责任的一方对案件事实的

---

〔1〕 [英]威廉 · 特文宁:《反思证据:开拓性论著》,吴洪淇等译,中国人民大学出版社 2015 年版,第 243 页。

〔2〕 参见刘金友主编:《证明标准研究》,中国政法大学出版社 2009 年版,第 11 页。

证明必须达到的程度或要求。[1] 然而，对于证明标准的这种要求或尺度具体为何，学界却存在不同的意见：一是客观真实说，持此观点的学者认为，证明标准旨在实现事实认定的准确性，因此其是一种“客观真实”或者“绝对真实”标准。[2] 二是层次说，赞同该观点的学者主张，由于认识的层次、证明主体、证明对象以及诉讼效率等的不同，所适用的证明标准也应有所差异，具有层次性与多元性。[3] 三是概率说，有学者指出，数字化概率反映与揭示了证明标准的不同程度要求，所以证明标准实际上是一种概率阈值。[4] 四是模糊说，还有学者提出，证明标准本来就是模糊的，它不可能像天平或尺子那样提供精确的度量标准，而只能依赖于法官的具体判断。[5] 我国立法与司法实践，长期以来所秉持的是第一种观点，即把证明标准视为“客观真实”或“绝对真实”的判准。

（二）中国刑事证明标准：“铁案”标准

在中国，无论是学术界还是司法实务部门，一直以来都对“客观真实”抱有近乎偏执的追求。“兹所谓真实不能不认为客观现实之真实，亦即其所指者为绝对的真实。”[6]“公安司法人员运用证据准确无误地认定案件客观事实的内容，通常首先是已查明某人确实实施了犯罪或者没有实施犯罪。我们通常用‘水落石出’、‘真相大白’来形容案件已被侦破，实际上就是承认对案件认识的绝对真实性。承认诉讼证明中的绝对真实，才能确立案件事实是否正确的科学标准，从实体上分清办铁案和办假案、公正司法和司法不公的根本界限。”[7]坚持客观真实，是实现实体公正的表现，有助于增强司法裁判的可接受性，促使办

---

〔1〕 参见龙宗智：《我国刑事诉讼的证明标准》，载《法学研究》1996 年第 6 期；陈瑞华：《刑事诉讼中的证明标准》，载《苏州大学学报（哲学社会科学版）》2013 年第 3 期。

〔2〕 查明案件的客观真实是诉讼证明的任务，这不仅是十分必要地，而且也是完全可能地。参见陈一云主编：《证据学》，中国人民大学出版社 1991 年版，第 114～115 页。

〔3〕 参见李学宽、汪海燕、张小玲：《论刑事证明标准及其层次性》，载《中国法学》2001 年第 5 期。

〔4〕 传统概率论者将证明标准定义为 0～1 区间的阈值，1 代表确定为真，0 代表确定为假，证明标准通常被解释如下：“优势证据”被视为大于 0.5 的概率；“排除合理怀疑”被视为 0.9（或者更高）的概率；“清晰且令人信服的证据”介于二者之间，通常为 0.75 左右的概率。参见［美］罗纳德·J. 艾伦、迈克尔·S. 帕尔多：《相对似真性及其批评》，熊晓彪、郑凯心译，载《证据科学》2020 年第 4 期。

〔5〕 参见李浩：《证明标准新探》，载《中国法学》2002 年第 4 期。

〔6〕 蔡墩铭：《刑事诉讼法学论》，台北，五南图书出版公司 1982 年版，第 22 页。

〔7〕 陈光中、陈海光、魏晓娜：《刑事证据制度与认识论》，载《中国法学》2001 年第 1 期。

案人员积极地查明事实真相。[1]

与此相呼应,我国刑事立法在证明标准设置上也呈现出对“客观真实”的偏好。在 1996 年修正的《刑事诉讼法》第 162 条中,首次规定了有罪判决的证明标准是“案件事实清楚,证据确实、充分”,但却没有对该标准作出具体解释。

2010 年最高人民法院、最高人民检察院、公安部、国家安全部、司法部联合发布的《关于办理死刑案件审查判断证据若干问题的规定》(以下简称《死刑案件证据规定》),在第 5 条首次对“证据确实、充分”作了进一步的明确:“证据确实、充分是指:(一)定罪量刑的事实都有证据证明;(二)每一个定案的证据均已经法定程序查证属实;(三)证据与证据之间、证据与案件事实之间不存在矛盾或者矛盾得以合理排除;(四)共同犯罪案件中,被告人的地位、作用均已查清;(五)根据证据认定案件事实的过程符合逻辑和经验规则,由证据得出的结论为唯一结论。”这种对每一个定案证据都要“查证属实”、由证据得出的结论为“唯一结论”的要求,被形象地称为“铁案”标准。[2] 所谓“铁案”,顾名思义,即证据确凿、不能被推翻的案件。其实际上与“客观真实”“绝对真实”一脉相承,都是意指司法机关根据证据认定的案件事实是“本体”意义上的真相或“百分之百”正确的。2012 年修正的《刑事诉讼法》在吸收《死刑案件证据规定》的基础上,明确了“证据确实、充分”的三个判断条件:(1)定罪量刑的事实都有证据证明;(2)据以定案的证据均经法定程序查证属实;(3)综合全案证据,对所认定事实已排除合理怀疑。[3] 由于我国立法首次引入英美法系具有主观色彩的刑事证明标准“排除合理怀疑”,有学者据此认为,我国刑事证明标准(之实质)已经从“客观真实”“绝对真实”转向了“相对真实”。[4] 然而,同年出台的最高人民法院《关于适用〈中华人民共和国刑事诉讼法〉的解释》(以下简称《刑诉法解释》)第 105 条对“证据确实、充分”作了更加明确的规定,除了对《死刑案件证据规定》第 5 条的内容予以完全保留之外,还要求“证据之间相互印证”。在此

---

〔1〕 参见陈光中、李玉华、陈学权:《诉讼真实与证明标准改革》,载《政法论坛》2009 年第 2 期。

〔2〕 参见雷小政:《“铁案”不“铁”:刑事错案认定标准与责任追究》,载《武陵学刊》2015 年第 2 期。

〔3〕 参见《刑事诉讼法》(2012 年修正)第 53 条。

〔4〕 参见樊崇义:《实体真实的相对性——修改后刑诉法第五十三条证明标准的理解和适用》,载《人民检察》2013 年第 7 期。

意义上,有学者指出,从体系性解释的视角来看,"排除合理怀疑"入法实际上并未降低传统理解的"客观真实"或"铁案"刑事证明标准。[1] 此外,"证据相互印证"这种外部性检验方式,更加强化了我国刑事证明标准的客观化。[2]

现行《刑事诉讼法》(2018 年修正)及《刑诉法解释》(2021 年修正)基本沿袭了之前的做法,并未对证明标准做出实质性改变。因此,我国刑事证明标准仍然是传统意义上的"铁案"标准。

(三)中国语境中疑罪从无的独特"强纲领原则"

综观我国刑事立法与司法实践,在疑罪从无上形成了两种鲜明对比:一是在规范层面的"形式强纲领",即"案件事实存疑皆无罪";二是在实践层面的"实质强纲领",即案疑则作出"疑罪从轻"等留有余地的判决。

1. 疑罪从无的"形式强纲领"原则

根据我国现行法律对于刑事证明标准的规定,需要证据已经查证属实;证据之间相互印证,不存在无法排除的矛盾和无法解释的疑问;全案证据形成完整的证据链;根据证据认定案件事实足以排除合理怀疑,结论具有唯一性,才能认定被告人有罪。[3] 如上所述,这是传统意义上的"铁案"标准,因此是很难达到的。反之,从规范学的视角来看,只要达不到该标准中的任何一项条件,那么裁判者就不能判被告人有罪。也就是说,一旦证据之间不能相互印证,或者存在无法排除的矛盾和无法解释的疑问,又或者结论不具有唯一性,那么裁判者就只能判被告人无罪。结合疑罪从无原则,可以据此推出,只要案件事实存疑,被告人皆应无罪。如果仅从规范视角出发,我们就能够得出疑罪从无在我国是很容易实现的结论。然而,现实却是,适用疑罪从无的案件极为鲜见,以至于规范层面的疑罪从无原则沦为了形式上的强纲领。

2. 疑罪从无的"实质强纲领"原则

一旦对我国刑事司法实践进行考察,将会发现,疑罪从无在实践层面表现出与规范层面截然不同的样态。那种规范上看似很容易实现的疑罪从无,在实

---

〔1〕 周洪波:《迈向"合理"的刑事证明——新〈刑事诉讼法〉证据规则的法律解释要义》,载《中外法学》2014 年第 2 期。

〔2〕 参见陈瑞华:《刑事证明标准中主客观要素的关系》,载《中国法学》2014 年第 3 期。

〔3〕 参见《刑诉法解释》(2021 年修正)第 140 条。

践中却很少出现,而是以"疑罪从轻"等留有余地的判决取而代之。在当前司法实践中,很多证据不足的案件采用了"疑罪从轻"这一有违法治精神的处理方法。媒体披露的"杜某武"案、"孙某刚"案、"佘某林"案、"张氏叔侄"案、"缪某华"案以及"刘某林"案等一大批冤案,基本都采取了"疑罪从轻"的处理方式。尽管2013年中央政法委出台的《关于切实防止冤假错案的规定》和最高人民法院发布的《关于建立健全防范刑事冤假错案工作机制的意见》都明确要求,对于定罪证据不足的案件,应当坚持疑罪从无原则,依法宣告被告人无罪,不能降格作出"留有余地"的判决。然而,实际的效果并不理想。以至于2020年12月13日,安徽省高级人民法院对"左某刚"案作出的再审判决书中,甚至直言不讳地表述道:"鉴于本案现有证据尚达不到判处左某刚死刑立即执行的证明标准,最高人民法院曾两次裁定不核准对左某刚的死刑判决,遂依法作出上述判处死刑,缓期二年执行的终审判决。"[1]在该案的再审判决书中,"疑罪从轻"这种留有余地的处理方式赤裸裸地显现无疑。

我国刑事司法实践对于疑案之所以倾向于采取"疑罪从轻"这种处理方式,主要是因为"疑罪从轻"是一种追求负价值平衡的结果:一方面,"疑罪从轻"的处理方式以轻判为代价但并没有完全放纵犯罪分子,这使得司法人员在心理上产生一种平衡,即通过轻判的方式解决了案件证据不足、存疑等问题;另一方面,"疑罪从轻"这种案件处理方式,是司法人员一种成本较低的最佳选择。[2] 由此,本应疑罪从无的案件,在我国司法实践中异化为"疑罪从轻"这一留有余地的处理方式,此即为疑罪从无的"实质强纲领"原则。不过,致使疑罪不能从无的另外一个主要原因,其实还是实践中裁判者难以准确把握"疑罪"的意涵与基本类型。

三、"疑案"的意涵及基本类型

(一)"疑案"释义

疑罪从无要得到贯彻落实,主要取决于裁判者对"疑案"的准确判断。然

---

[1] 周瑞平:《安徽高院对左德刚故意杀人案再审宣判:依法判决其死刑缓期两年执行》,载《人民法院报》2020年12月25日,第3版。

[2] 参见刘宪权:《"疑罪从轻"是产生冤案的祸根》,载《法学》2010年第6期。

而,对“疑案”的准确判断,首先需要裁判者明晰“疑案”的具体含义。从规范上来看,当案件事实存在无法排除的矛盾或者无法解释的疑问之时,就可以认定为疑案。但是在刑事司法实践中,这种类型的案件要么是被公诉机关进行合理补正,要么是在无法补正的情况下以“证据不足”为理由作出无罪判决,鲜有通过“疑罪从无”方式作出无罪判决的。如前所述,“证据不足”的无罪判决与疑罪从无存在实质区别,在心证层面前者实际上属于“确定的无罪”,而后者则表现为“存疑的无罪”,因此,不能将二者等同。

在认识论层面,存在三种判决状态:一是确定的无罪,即辩方提出的证据与论证清楚地表明被告人是无罪的,或者控方提供的证据与论证达不到认定被告人有罪的法定标准,“证据不足”的无罪就属于此类;二是确定的有罪,控方提供的证据与论证已经达到法定证明标准,且裁判者在综合考量控辩双方的论证之后,能够形成关于案件事实为真的确信;三是既不能确定有罪也不能确定无罪,在综合考虑全案证据与论证之后,裁判者既不能排除被告人有罪,也不能确定被告人无罪,而是处于一种犹疑不决的状态。我们认为,所谓“疑案”,指的就是第三种状态,即裁判者对案件事实既不能形成“真”的确信,也不能形成“假”的确信,而是处于一种“真伪不明”难以作出决定的状态。“疑,谓虚实之证等,是非之理均;或事涉疑似,傍无证见;或傍有闻证,事非疑似之类。”〔1〕当中间值处于真与假之间时,它像接近真一样接近假,是一种真与假的组合。〔2〕疑罪在法官的认识论上处于“灰色地带”,使其无法形成心证。〔3〕此时,根据疑罪从无原则,对于“疑罪”应作出被告人无罪的判决。在此意义上,我国现行《刑事诉讼法》(2018 年修正)第 200 条对“确定的无罪”与“证据不足”的无罪之区分,实际上既将“证据不足”的无罪排除在“确定的无罪”之外,又没有真正厘清“证据不足”的无罪与疑罪从无之间的实质区别。

(二)“疑案”的基本类型

案件事实的内部证明结构由证据、中间待证事实、概括、次终待证事实以及

---

〔1〕 出自《唐律·断狱》,“疑罪”条。

〔2〕 参见[德]鲁茨·盖耳德塞泽:《解释学中的真、假和逼真性》,胡新和译,载《自然辩证法通讯》1997 年第 1 期。

〔3〕 参见郭华:《我国疑罪从无的理论省察及规则重述》,载《政法论坛》2021 年第 1 期。

最终待证事实五个部分构成。它们之间的相互关系如图 1 所示。

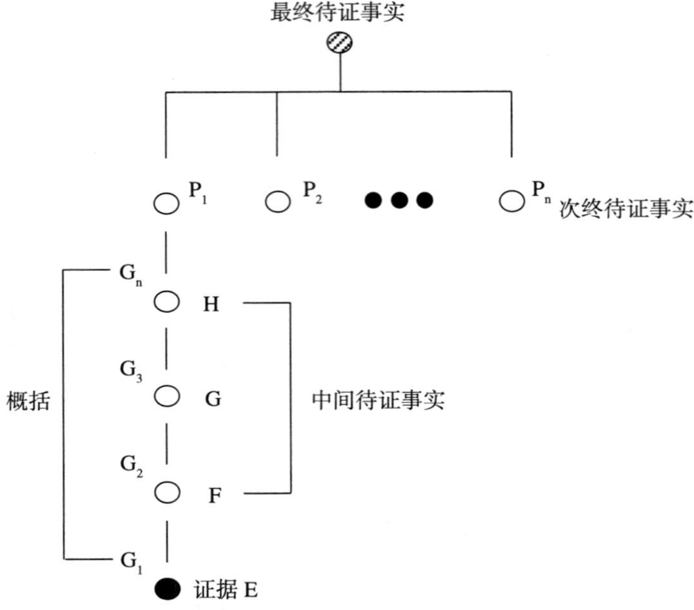

图 1　案件事实内部证明结构

在一个法律论证中,待证事实发生于几个不同的层级。其中有一个存在争议的主要或基本的待证事实,被称为“最终待证事实”(ultimate probandum),在刑事诉讼中也即实体法规定的具体犯罪构成要件,其是满足某个或某些法律规则所要求的条件而必须证明的事实主张或命题。次终待证事实(penultimate probanda)是由最终待证事实分解而成的各个简单命题,也被称为关键事实或要件事实(element facts)。[1] 中间待证事实(interim probanda)是介于证据 E 与要件事实之间的命题。通过概括(generalizations),[2]中间待证事实在证据与

〔1〕 参见熊晓彪:《刑事证据标准与证明标准之异同》,载《法学研究》2019 年第 4 期。

〔2〕 概括又被称为“社会知识库”,其是对事物与事物之间内在联系的经验归纳,发挥着论证的“黏合剂”保障作用。参见[美]特伦斯 · 安德森、[美]戴维 · 舒姆、[英]威廉 · 特文宁:《证据分析》,张保生、朱婷等译,中国人民大学出版社 2012 年版,第 346 ~ 359 页。艾伦甚至直截了当地指出,是概括建立起了证据与待证事实之间的相关性。参见[美]罗纳德 · J. 艾伦:《艾伦教授论证据法(上)》,张保生、王进喜等译,中国人民大学出版社 2014 年版,第 116 ~ 129 页。

要件事实之间建立起了联系。[1] 从证据到最终待证事实(要件)之间的任何一项环节出现问题,就将导致案件事实难以获得认定。因此,"疑案"的基本类型,实际上可以根据介于真与假之间的"存疑"发生在证明结构内部的不同位置进行划分。

1."证据存疑"的疑案

当"存疑"发生在证据(主要是要件证据)环节,并导致相应要件事实难以形成确信之时,我们将此种"疑案"称为"证据存疑"的疑案。证据存疑的情形主要有以下几种:其一,要件证据的来源不可靠。产生该证据的装置可能存在问题,该证据的提取、运输、保管链条可能不完善。其二,证据内容可能不真实。该证据可能是编造或者伪造的,记录、传输或处理过程可能存在错误,提供该证据的人在叙述、诚实性、记忆、感官等某方面可能存在问题。[2] 其三,要件证据缺乏其他证据的印证。根据我国现行《刑事诉讼法》规定以及具体司法实践,倘若要件证据缺乏其他证据的相互印证,司法人员一般不敢认定该证据所推论的要件事实为真。严格的上诉审查以及司法责任终身追究制度,使得裁判者越来越倾向于作出保守判决,"有印证才认定、无印证则不敢认定"成为一种心照不宣的裁判规则。其四,要件证据的可信性被其他证据所削弱。证据与证据之间存在四种基本逻辑关系——矛盾、补强、冲突、聚合。因此,矛盾和冲突证据都可能对要件证据的可信性进行削弱甚至否定。当这些类型证据将要件证据削弱至介于可信与不可信之间时,就会导致证据存疑状态。

2."推论性事实存疑"的疑案

证据经由概括推出的事实命题,我们称为"推论性事实"。在司法证明结构中,"推论性事实"包括中间待证事实和次终待证事实。中间待证事实中存在任何一个"存疑",事实推论链条就面临断裂的风险,也就难以(确信地)推出相应的次终待证事实;任意一项次终待证事实"存疑",将难以组成完整的最终待证

〔1〕 参见[美]特伦斯·安德森、[美]戴维·舒姆、[英]威廉·特文宁:《证据分析》,张保生、朱婷等译,中国人民大学出版社2012年版,第80~82页。

〔2〕 证人证言的可信性涉及叙述、诚实性、感知、记忆四种品质,感知和记忆会影响证人对其亲历过的事件之判断,而叙述、诚实性则会影响裁判者的判断,这一理论被称为"证言三角形理论"。参见张保生主编:《证据法学》,中国政法大学出版社2018年版,第29页。

事实,裁判者随之也就难以对案件事实形成确信。能够导致"推论性事实存疑"的因素主要来自三个方面:一是证据的推论强度(或称证明力),证明力越大,相应推论性事实也就越可信。影响证据证明力的因素除了证据自身的可信性之外,还包括证据的辨识度与控辩双方基于该证据所提出的对抗性假设(或主张)。[1] 二是作为推论桥梁的"概括"。概括是一种囊括自然定理、数学公式、个人印象、主观偏见的"社会知识库",具有强弱程度之分。概括可被置于一个可靠性频谱,其波动范围从诸如那些与万有引力定律相连的精心验证和普遍接受的命题,到很大程度上未经验证和有时无法验证的直觉,诸如把从犯罪现场逃离视为犯罪证据的概括,再到基于错误刻板印象而形成的无根据的成见,诸如基于性别、种族、阶级或年龄的偏见。[2] 一旦概括的强度较弱,又缺乏其他(辅助)证据的支持,或者被其他证据所削弱,那么,也就意味着推论的桥梁不再是牢靠的,相应的推论性事实随之变得"存疑"。三是各项推论性事实的强韧性。即事实认定者对相应要件事实为真所持有的信念之牢固性,这是一种绝对信念(确信)的强度——一个人有多么强烈地绝对相信某个命题,等同于说服他放弃该信念有多困难。对于一个特定待证事实命题而言,其韧性取决于,如果潜在的信息基础发生了改变,那么相信该命题的绝对信念能否存续下去。对某个命题所持有的绝对信念抵御信息基础之潜在变化的能力越强,该信念就越有韧性、越恒定,并且也因此越可靠。[3]

四、疑罪从无在中国刑事审判中的规则表现

作为刑事裁判的一项基本原则,疑罪从无需要通过规则的形式体现在实际的事实认定过程中。在中国,由于疑罪从无存在规范上的"形式强纲领"与实践中的"实质强纲领",因此,其在规范与实践层面也必然表现出两种截然不同的

---

〔1〕 参见熊晓彪:《"发生优势":一种新证明力观——狭义证明力的概率认知与评价进路》,载《交大法学》2020 年第 2 期。

〔2〕 参见[美]特伦斯・安德森、[美]戴维・舒姆、[英]威廉・特文宁:《证据分析》,张保生、朱婷等译,中国人民大学出版社 2012 年版,第 351 页。

〔3〕 参见[美]亚历克斯・斯坦:《证据法的根基》,樊传明、郑飞等译,中国人民大学出版社 2018 年版,第 57 页。

规则体系。结合现行《刑事诉讼法》规范以及具体司法实践,我们认为,疑罪从无在我国刑事审判中表现为两种不同强度的规则——刚性出罪规则与裁量性出罪规则。

(一)刚性出罪规则

如前所述,规范上的"形式强纲领"要求定罪需要证据已经查证属实;证据之间相互印证,不存在无法排除的矛盾和无法解释的疑问;全案证据形成完整的证据链;结论具有唯一性。反之,只要其中任意一项要求存疑,那么就应当基于疑罪从无作出无罪判决。据此,我们可以得出应当适用疑罪从无的三种刚性出罪规则:要件证据缺乏印证无罪规则;要件证据矛盾存在无罪规则;结论不唯一无罪规则。

1. 要件证据缺乏印证无罪规则

"印证"既是我国的证明方法,也是裁判者认定事实的方式与标准。当两个证据的主要信息内容相互支持或者一致,就可以称之为印证,从而认定它们共同指向的待证事实为真。[1] 这是一种客观化且便于把握判断的操作方式,因此深受司法实务部门的青睐,并逐渐上升为正式的法规范。例如,《刑诉法解释》(2021 年修正)第 91 条第 2 款规定"证人当庭作出的证言与其庭前证言矛盾,证人能够作出合理解释,并有其他证据印证的,应当采信其庭审证言",第 96 条第 3 款规定"被告人庭前供述和辩解存在反复,庭审中不供认,且无其他证据与庭前供述印证的,不得采信其庭前供述",以及第 143 条关于"有其他证据印证的证据可以采信"等的规定。根据印证规则,当要件证据没有获得其他证据的印证时,其所指向的待证要件事实就是存疑的。要件事实既然存疑,那么就应当适用疑罪从无原则,作出被告人无罪的判决,此即为"要件证据缺乏印证无罪规则"。

2. 要件证据存在矛盾无罪规则

证据之间既可以相互支持印证,也可以相互冲突矛盾。当辩方提出的证据与控方的要件证据存在冲突矛盾时,裁判者对要件证据所指向的待证要件事实为真之信念,可能就会被削弱至"犹豫不决"状态。当辩方提出的这种矛盾证据

---

〔1〕 参见龙宗智:《印证与自由心证——我国刑事诉讼证明模式》,载《法学研究》2004 年第 2 期。

无法被排除或者否定时,要件证据所指向的要件事实就是“存疑”的,此时,根据疑罪从无原则,应作出被告人无罪的判决。《刑诉法解释》(2021 年修正)第 87 条第 8 项关于“证人证言之间有无矛盾”的规定、第 91 条关于“证人当庭证言与其庭前证言存在矛盾”的规定、第 93 条第 9 项关于“被告人供述和辩解与同案被告人的供述和辩解之间有无矛盾”的规定,以及第 96 条第 2 款关于“被告人当庭翻供与全案证据存在矛盾”的规定等,实际上都属于“要件证据存在矛盾无罪规则”。

3. 结论不唯一无罪规则

如前所述,既然我国刑事审判遵照奉行的还是传统的“铁案”标准,那么,倘若裁判者根据在案证据和控辩双方的主张所得出的事实结论不具有唯一性,显然就达不到该标准。此外,当裁判者同时得出关于案件事实的多个结论或多种可能性时,也就意味着其不能确定哪一种才是“客观真相”,从而陷入一种模棱两可的状态。此时,根据疑罪从无原则,应作出被告人无罪的判决。《刑诉法解释》(2021 年修正)第 140 条第 4 项关于“结论具有唯一性才可以认定被告人有罪”的规定,对此予以了充分体现。

(二)裁量性出罪规则:缺乏特定证据的无罪

除了在规范层面表现出的上述刚性出罪规则之外,疑罪从无在我国实践层面还体现为一种柔性化的裁量性出罪规则类型,即裁判者对某个(些)犯罪事项存疑,但还不能直接作出无罪判决,而是需要整体判断案件证据与控辩双方的论证,结合案件的具体情况进行(集体)评议,从而作出是否适用疑罪从无的最终决定。这种裁量性出罪规则主要是由于缺乏特定证据使得案件事实存疑,从而可以适用疑罪从无作出无罪判决。因此,我们称此类规则为“缺乏特定证据出罪规则”。

从犯罪构成来看,作案工具、犯罪现场、被害人尸首等证据并非要件证据,即认定犯罪并不以必须找到或明确这些事项为条件。然而,在我国司法实践中,许多刑事案件却往往因为缺乏这些类型证据而最终被判无罪。其中的考量主要在于:一方面,尽管作案工具、犯罪现场、被害人尸首并非要件证据,但其仍然是重要的证据,能够提供真凶的具体信息以及作案细节;另一方面,作案工具、犯罪现场以及被害人尸首等证据,也能够为被告人供述、证人证言、其他在案证据等提供印证,以增强裁判者关于犯罪事实的确信。当然,裁判者之所以如此在意这些事项,背后的原因在于,我国审判实践始终坚持的“铁案”标准,以及司法责任终身追究制度,迫使他们不得不查清楚犯罪事实的几乎每一个细节。

近年来,我国法院作出的一些“疑案”无罪判决,就体现了“缺乏特定证据出罪规则”。例如,在“陈某军涉嫌故意伤害案”中,一审法官作出无罪判决的理由主要有:(1)第一作案现场不能确定。发现被害人尸体处的勘验笔录及所提取到的证据,以及证人林某的证言,这些证据既不能证明被害人吴某全是在公司门口附近被打伤头部,也不能排除对其尸体发现地就是他遭殴打致死发生地的合理怀疑。(2)作案工具无法确认。经法医鉴定,被害人吴某全符合被人用条形钝器(棍棒类)打击头部致颅脑损伤合并胃内容物阻塞呼吸道窒息死亡。因此不排除被从被告人陈某军处提取的2把镐把击打造成的可能性。但是,案发次日提取陈某军使用过的镐把后,上面未检出相关血迹和指纹。[1] 在“陈某涉嫌故意杀人案”中,尽管在捆绑被害人尸体的胶带上提取到了被告人陈某的六枚指纹(其中两枚血潜指纹),但一审法官仍作出了被告人无罪的判决,其主要判决理由为:(1)没有证据能够认定被害人死亡的具体时间,对被害人死亡时间只是根据尸检报告推断得出,而且只能得出一个不确切的时间段,公诉机关认定的死亡时间为3月8日夜间不具有唯一性及确定性。(2)没有证据能够确凿认定本案的案发现场,本案案发现场只是推定,据此也无法得出其是封闭现场或是开放现场,也无法具体确定现场的在场人员。(3)本案中没有查获作案工具和被害人的手机,在被告人使用的车辆上也没有检出被害人的血迹,即没有证据证明被告人行凶杀人及运尸掩埋的指控。[2]

五、疑罪从无的辩护思路与技术

通过前述分析,疑罪从无在我国规范层面与实践层面表现出“形式强纲领”

---

〔1〕 参见熊选国主编:《刑事审判参考》,法律出版社2011年版,第27~34页。

〔2〕 参见云南省昆明市中级人民法院刑事判决书,(2014)昆刑一初字第120号。

与“实质强纲领”两种不同样态,后者以疑罪从轻这种实际做法取代了疑罪从无。同时,对于“疑罪”之具体意涵及其基本类型的含混模糊,使得司法人员不敢轻易适用疑罪从无。不过,我国刑事司法长期以来所坚持的“铁案”标准,以及近年来推行的司法责任终身追究制度,实际上为疑罪从无的贯彻落实提供了空间。在此背景下,通过采取良好的辩护思路并掌握一定的辩护技术,就有望实现真正的疑罪从无。

(一)疑罪从无辩护思路

要实现疑罪从无的辩护,关键在于让裁判者认识到当前的案件是“疑案”。通过前述分析,所谓“疑案”,具体指的是裁判者对案件事实既不能形成“真”的确信,也不能形成“假”的确信,而是处于一种“真伪不明”难以做出决定的状态。从证明结构内部来看,其具有“证据存疑”与“推论性事实存疑”两种基本类型。因此,首先,从案件事实证明结构内部出发,指出控方的证明在哪些环节存在问题,向裁判者表明这些环节导致了案件事实存疑、属于何种类型的“疑罪”。其次,基于在规范层面应当适用疑罪从无的刚性规则,具体指出案件符合哪一种疑罪从无刚性规则的构成。最后,倘若案件不符合疑罪从无刚性规则,还可以参照疑罪从无在实践中体现出的裁量性规则——缺乏特定证据无罪规则,结合我国现行法定证明标准,指出案件缺乏哪些重要证据,以至于在某些犯罪事实上“存疑”,从而尽可能地说服裁判者适用疑罪从无作出无罪判决。

(二)疑罪从无辩护技术

1. 基于证明结构指出控方证明的“疑点”

在证明结构内部的每一个环节,都可能因为“证据存疑”或“推论性事实存疑”而导致案件事实“存疑”。对于前者,要件证据的来源不可靠、证据内容可能不真实,要件证据缺乏其他证据的印证,以及要件证据的可信性被其他证据所削弱,都可以使得“证据存疑”;对于后者,证据的推论强度(证明力)、作为推论桥梁的概括和各项推论性事实的强韧性(牢固性),也都可能会导致“推论性事实存疑”。通过深入证明结构的内部,就能够有效地发现控方证明的薄弱环节,并提出相应的证据和主张对这些环节进行削弱,使得裁判者对它们“存疑”,进而对相应要件事实难以形成“确信”。

2. 明确案件“疑点”符合何种刚性出罪规则

如前所述，疑罪从无在规范层面应当适用刚性出罪规则的具体类型有三种：要件证据缺乏印证、要件证据存在矛盾、结论不具有唯一性。在指出控方证明存在的“疑点”之后，还应当进一步向裁判者明确这些“疑点”符合上述三种刚性出罪规则中的哪一种。一般而言，“证据存疑”包含要件证据缺乏印证与要件证据之间存在矛盾，而“推论性事实存疑”则涵盖了结论不具有唯一性。不过，由于刚性出罪规则适用的僵硬性与局限性，显然不可能将所有“疑案”都纳入其中。也就意味着，许多“证据存疑”与“推论性事实存疑”的案件，实际上不能通过刚性出罪规则的方式实现疑罪从无。此时，我们只能借助裁量性出罪规则来争取裁判者对案件适用疑罪从无。

3. 有效借助裁量性出罪规则实现疑罪从无

疑罪从无在刑事司法实践层面表现出的裁量性出罪规则主要是缺乏特定证据的无罪，这些特定证据尽管不属于要件证据，但对于裁判者查明犯罪事实及其各项细节而言，具有举足轻重的作用，主要包括犯罪现场、作案工具、作案时间以及被害人尸首等。在我国法定证明标准仍坚持传统的“铁案”标准之背景下，这些特定证据的缺乏，往往会导致裁判者对犯罪事实的某些方面存疑，从而不敢作出确定的有罪判决，否则，将会面临司法责任终身追究制的潜在风险。对于此类缺乏特定证据的案件，近年来，实践中的做法表现出一种通过无罪判决结案的趋势。因此，当案件存在“证据存疑”或“推论性事实存疑”，但又不符合规范层面的三种刚性出罪规则时，还可以借助裁量性出罪规则的方式来实现疑罪从无。具体而言，可以通过向裁判者指出案件尚缺乏某些特定证据，如找不到犯罪现场、作案工具、被害人尸首，不能确定具体作案时间等，并进一步指出由于这些证据的缺乏使得哪些犯罪事实处于模糊不清、真伪不明状态，从而说服法官适用疑罪从无作出无罪判决。

疑罪从无作为现代刑事司法的一项基本裁判原则，在人权保障、规范司法权以及实现程序公正方面具有重要的功能价值，贯彻落实疑罪从无是法治国家的重要标识，也是遵循诉讼认识规律与防范冤案的必然要求。然而，需要注意的是，在实践中需要准确把握“疑罪”的具体含义，只有裁判者既不能对案件事实形成“真”的确信，也不能形成“假”的确信，而是处于一种介于真与假之间的

“犹疑不定”状态时,才能认定为“疑罪”。将“疑罪”等同于“证据不足”案件,或者扩大解释为“任意怀疑”的案件,都是对疑罪从无原则的背离。此外,对于我国现行刑事法所坚持的“铁案”证明标准,尽管其对于疑罪从无的有效适用具有积极意义,但是,从诉讼认识规律来看,这种要求“结论具有唯一性”或追求“绝对真实”的“铁案”标准,无疑是过于理想化的。

走出司法改革的"乌托邦"：量刑建议精准化的难题与反思

宋　东*

内容摘要：认罪认罚从宽制度的推行，使得检察机关的量刑建议不可或缺，也带来了对量刑建议精准化的鼓噪。然而，热热闹闹地追求量刑建议精准化运动，或多或少都会忽视一些需要冷静思考的问题，容易带来无谓的法检量刑之争。尽管量刑建议精准化的想法很美好，但基于主观知识、评价与判断所存在的正常差异，导致所谓的精准量刑成为奢谈。与此同时，倡导量刑建议精准化，不得不面对"界定难"和"操作难"两大难题。走出量刑建议精准化的误区，避免盲目化，重视用经济学视角审视司法制度以及相关政策的利弊得失，既十分必要，也刻不容缓。

关键词：量刑建议精准化　主观知识　难题　误区

一、引　言

近段时间，在认罪认罚从宽制度入法并全面铺开的大背景下，关于量刑建议精准化的呼声越来越高，最高人民检察院更是大力倡导量刑建议的精准化，而学界与实务界对此也多持肯定态度。[1] 与此同时，还存在一种倾向——将

---

* 成都理工大学法学院讲师，法学博士。

〔1〕 参见施鹏鹏：《借鉴域外经验推动量刑建议精准化》，载《检察日报》2019 年 6 月 10 日，第 3 版；杨先德：《认罪认罚从宽量刑建议精准化的域外启示》，载《检察日报》2019 年 7 月 16 日，第 3 版。

确定刑作为认罪认罚从宽制度下量刑建议精准化之方向,[1]而检察系统的机关刊物——《检察日报》,更是在 2019 年 7 月 29 日第 3 版以"确定刑:认罪认罚从宽制度下量刑建议精准化之方向"为专题刊载了 3 篇文章。其中,卞建林教授认为,"认罪认罚从宽语境下的量刑建议,刑罚和刑期应当尽可能明确,也就是要努力实现最高检提出的量刑建议精准化和规范化",[2]最高人民检察院第一检察厅苗生明厅长指出"确定刑建议更符合认罪认罚从宽制度的内在机理",[3]重庆市检察院李建超副检察长提出"由检察机关提出确定刑量刑建议是认罪认罚从宽制度价值的重要追求和集中体现"。[4] 一时间,量刑建议精准化的观念,乃至于追求确定刑的想法,似乎已风靡检察系统,成为检察官要修炼的"看家本领"。及至 2019 年 10 月 24 日,由最高人民法院、最高人民检察院、公安部、国家安全部、司法部发布的《关于适用认罪认罚从宽制度的指导意见》指出:办理认罪认罚案件,人民检察院一般应当提出确定刑量刑建议。对新类型、不常见的犯罪案件,量刑情节复杂的重罪案件等,也可以提出幅度刑量刑建议。自此,我们不难发现,确定刑俨然成为量刑建议精准化的重要表现。尽管量刑建议精准化的提法已不胫而走,对确定刑量刑的追求亦木已成舟,但是,量刑建议精准化的观念(甚至追求确定刑)真的是可行的吗?且真的是必要的吗?这恐怕不无疑问。

在此,首先看一个案例。案例一:被告人蔡某酒后驾车与另外一辆车发生碰撞,造成两车损坏的交通事故。经鉴定,蔡某血液中乙醇含量为 294mg/100ml,且事故责任认定其负全责。被告人蔡某到案后自愿认罪认罚,在值班律师见证下,同意检察机关提出的"拘役两个月零十五日,并处罚金 6000 元"的量刑建议,并在具结书上自愿签字。一审法院认定蔡某构成危险驾驶罪,但没有采纳检察机关量刑建议,而是判处拘役三个月零十日,并处罚金 8000 元。经抗诉,二审法院作出改判,采纳检察机关的量刑建议。该案被视为浙江省首例对

[1] 参见樊崇义:《关于认罪认罚中量刑建议的几个问题》,载《检察日报》2019 年 7 月 15 日,第 2 版。
[2] 卞建林:《认罪认罚从宽制度赋予量刑建议全新内容》,载《检察日报》2019 年 7 月 29 日,第 3 版。
[3] 苗生明:《认罪认罚量刑建议精准化的理解与把握》,载《检察日报》2019 年 7 月 29 日,第 3 版。
[4] 李建超:《确定刑量刑建议的重庆实践》,载《检察日报》2019 年 7 月 29 日,第 3 版。

认罪认罚案件法院未采纳检察机关量刑建议抗诉后予以改判的案件。[1] 在案例中，检察机关认为，一审法院适用法律错误——无故不采纳量刑建议，违反《刑事诉讼法》，二审法院认为，检察机关的量刑建议不属于明显不当，应当采纳。那么，这是否意味着一审法院的法官判决错误呢？依据2018年《刑事诉讼法》第201条的规定，法院“一般应当”采纳人民检察院指控的罪名和量刑建议，但被告人的行为不构成犯罪或者不应当追究其刑事责任的，被告人违背意愿认罪认罚的，被告人否认指控的犯罪事实的，起诉指控的罪名与审理认定的罪名不一致的，以及存在其他可能影响公正审判的情形除外。与此同时，法院认为量刑“明显不当”的，如果检察院不调整量刑建议或者调整后仍然明显不当的，法院应当依法作出判决。[2] 就此而言，从程序上来看，一审法院的做法确有不妥当之处。但是，从实体上来看，一审法院判处的“三个月零十日”刑期，与检察机关的“两个月零十五日”的量刑建议，谁更合理和精准？这似乎难以一概而论。如此，量刑建议精准化这一提法本身就不严谨。倘若以之为论说起点，不免容易引发争议。例如，刑事法领域讨论激烈的“余某平交通肇事案”，一个深层次、但容易被忽视的问题，就是在（检察机关）推进量刑建议精准化过程中出现的“法检量刑之争”。北京市门头沟区检察院认为自己的量刑建议是精准的，但一审法院却没有接受，因此提出抗诉；二审法院不但不接受检察机关的抗诉，

---

〔1〕 参见范跃红：《认罪认罚了，量刑从宽建议为何未采纳》，载《检察日报》2019年9月21日，第1版。

〔2〕《刑事诉讼法》第201条规定：

“对于认罪认罚案件，人民法院依法作出判决时，一般应当采纳人民检察院指控的罪名和量刑建议，但有下列情形的除外：

（一）被告人的行为不构成犯罪或者不应当追究其刑事责任的；

（二）被告人违背意愿认罪认罚的；

（三）被告人否认指控的犯罪事实的；

（四）起诉指控的罪名与审理认定的罪名不一致的；

（五）其他可能影响公正审判的情形。

人民法院经审理认为量刑建议明显不当，或者被告人、辩护人对量刑建议提出异议的，人民检察院可以调整量刑建议。人民检察院不调整量刑建议或者调整量刑建议后仍然明显不当的，人民法院应当依法作出判决。”

还改判加重被告人余某平的刑罚。[1] 事实上,余某平交通肇事案所呈现的法检之间的量刑争议,与案例一几乎如出一辙,而两个案件仅相隔数月时间,这也说明对量刑建议精准化的仔细检讨迫在眉睫。而且,要实现量刑建议精准化,还须面对诸多有待解决的难题。鉴于此,本文将着重对量刑建议精准化的难题展开论述,并尝试结合奥派经济学的主观知识、价值理论分析量刑建议精准化难题的产生根源,以澄清错误的观念。

二、量刑建议精准化的难题及其产生根源

不得不说,当下对量刑建议精准化的鼓吹,与认罪认罚从宽制度的全面推开,以及由此带来的检察机关的职能调整息息相关。此前,尽管量刑建议早在 2010 年就已在全国范围内推开,[2]但检察机关提出量刑建议主要是以幅度刑为原则,相关的规范性文件也就此予以明确。例如,2009 年最高人民法院《人民法院量刑程序指导意见(试行)》提出,"量刑意见应当具有一定幅度";[3]2010 年最高人民法院、最高人民检察院、公安部、国家安全部、司法部联合发布的《关于规范量刑程序若干问题的意见(试行)》指出,在公诉案件中,检察机关可以提出量刑建议,且一般应当具有一定的幅度,[4]同年最高人民检察院公诉厅的

---

〔1〕 参见北京市门头沟区人民法院刑事判决书,(2019)京 0109 刑初 138 号;北京市第一中级人民法院刑事判决书,(2019)京 01 刑终 628 号。

〔2〕 我国的量刑建议改革,以 2005 年为分界点,大体上区分为自发探索阶段(1999 ~ 2005 年)和试点推广阶段(2005 年后)。参见付磊:《量刑建议改革的回顾及展望》,载《国家检察官学院学报》2012 年第 5 期。

〔3〕 最高人民法院《人民法院量刑程序指导意见(试行)》第 3 条规定:"在法庭审理过程中,审判人员应当注意听取公诉人、当事人、辩护人和诉讼代理人提出的量刑意见。

量刑意见应当具有一定幅度,并应当有相应证据和理由。"

〔4〕 最高人民法院、最高人民检察院、公安部、国家安全部、司法部《关于规范量刑程序若干问题的意见(试行)》第 3 条规定:"对于公诉案件,人民检察院可以提出量刑建议。量刑建议一般应当具有一定的幅度。

人民检察院提出量刑建议,一般应当制作量刑建议书,与起诉书一并移送人民法院;根据案件的具体情况,人民检察院也可以在公诉意见书中提出量刑建议。对于人民检察院不派员出席法庭的简易程序案件,应当制作量刑建议书,与起诉书一并移送人民法院。

量刑建议书中一般应当载明人民检察院建议对被告人处以刑罚的种类、刑罚幅度、刑罚执行方式及其理由和依据。"

《人民检察院开展量刑建议工作的指导意见(试行)》更是明确检察机关提出量刑建议一般应当是一个相对明确的量刑幅度,只有当确有必要时,才可以提出确定的刑期。[1]按照最高人民检察院的这一指导意见,幅度刑是原则,确定刑反而是例外。2012 年《人民检察院刑事诉讼规则(试行)》提出:“建议判处有期徒刑、管制、拘役的,可以具有一定的幅度,也可以提出具体确定的建议。”值得一提的是,虽然《刑事诉讼法》于 2012 年经历一次大修,但却没有在法典中提及量刑建议。直到 2018 年修订《刑事诉讼法》时,量刑建议才“入法”。[2] 时过境迁,随着认罪认罚的大力推广,对量刑建议精准化的追求呈现出一种“趋之若鹜”的态势,确定刑反倒从当年的“例外”摇身一变,成为“原则”。不可否认,量刑建议精准化确是一个美好的愿景,但终归只宜停留在理想层面,一旦要付诸实践,不仅困难重重,而且恐怕得不偿失。

(一)难题

主张量刑建议精准化论者,多从激励的角度来谈。其逻辑在于:对于被追诉人而言,如果不能对量刑有明确的预期,那么他们是没有足够的动力来认罪认罚的,没有足够的动力来与检察机关做认罪协商。换言之,量刑建议越具体、越精准,被追诉人及其辩护律师与检察机关协商的动力越大,因此达成一致的概率越高。例如,有观点即认为“从认罪认罚协商的过程来看,确定刑建议更符合犯罪嫌疑人对‘罚’的期待,更有利于其做出认罪认罚的选择,也就更有利于认罪认罚制度的推进和稳定适用。可以说,认罪认罚从宽制度内含了确定刑建

---

〔1〕《人民检察院开展量刑建议工作的指导意见(试行)》第 5 条规定:“除有减轻处罚情节外,量刑建议应当在法定量刑幅度内提出,不得兼跨两种以上主刑。(一)建议判处死刑、无期徒刑的,应当慎重。(二)建议判处有期徒刑的,一般应当提出一个相对明确的量刑幅度,法定刑的幅度小于 3 年(含 3 年)的,建议幅度一般不超过 1 年;法定刑的幅度大于 3 年小于 5 年(含 5 年)的,建议幅度一般不超过 2 年;法定刑的幅度大于 5 年的,建议幅度一般不超过 3 年。根据案件具体情况,如确有必要,也可以提出确定刑期的建议。(三)建议判处管制的,幅度一般不超过 3 个月。(四)建议判处拘役的,幅度一般不超过 1 个月。(五)建议适用缓刑的,应当明确提出。(六)建议判处附加刑的,可以只提出适用刑种的建议。

对不宜提出具体量刑建议的特殊案件,可以提出依法从重、从轻、减轻处罚等概括性建议。”

〔2〕 2018 年《刑事诉讼法》第 176 条第 2 款规定:“犯罪嫌疑人认罪认罚的,人民检察院应当就主刑、附加刑、是否适用缓刑等提出量刑建议,并随案移送认罪认罚具结书等材料。”

议的要求和精神”。[1] 还有观点认为,确定刑量刑建议“有助于达成控辩协商,并增强认罪认罚适用的稳定性”。[2] 有观点更是指出,“特别是对被告人及其辩护人而言,如果不能对量刑有确定的预期,是无法进行真正协商的。换言之,如果被告人及其辩护人无法准确地知道认罪之后将会得到怎样的结果,就无法决定是否要选择认罪认罚及其相应的程序(如简易程序、速裁程序)。量刑协商中,检察官原本就处于相对强势的地位,如果检察官只给出一个幅度量刑建议,那无异于将被告人的命运置于不确定之中。被告人在这种不确定中无法进行真正而有效的协商,从而导致量刑协商流于形式,进而会影响认罪认罚从宽制度立法初衷的实现”。[3]

这些观点乍一看很合理,一旦仔细推敲,却容易发现一些有待检讨的问题。长时间以来,在中国的刑事司法实践中,犯罪嫌疑人、被告人的认罪率很高,被追诉人与侦查机关、检察机关和法院的对抗不多,反倒多是配合。尤其是在缺少辩护律师的有效协助下,本身就不具备专业法律知识的被追诉人,如何与控诉方达成有效的协商,在这样的背景下,只要控方给予了量刑“优惠”,被追诉人通常都愿意接受检察机关的量刑建议。也就是说,量刑建议的精准与否,与被追诉人是否愿意认罪认罚,两者之间的关联性有被夸大之虞。真正对被追诉人有影响的,是他们是否可以得到量刑优惠,如果有量刑优惠,即便不是确定刑,被追诉人通常也会接受。如果量刑优惠不能满足被追诉人的预期,那么纵然是确定刑,也于事无补。对此,不宜张冠李戴。认罪认罚从宽制度,并没有必然要求量刑建议精准化,更没有要求确定刑。所以,倘若以此来作为量刑建议精准化(确定刑)的依据,恐怕难以让人信服。其实,量刑建议精准化,如果只是作为一种“愿景”,似乎也无伤大雅;但要作为一项举措全面推行,必须直面如下两个难题。

---

〔1〕 苗生明:《认罪认罚量刑建议精准化的理解与把握》,载《检察日报》2019 年 7 月 29 日,第 3 版。

〔2〕 陈国庆:《量刑建议的若干问题》,载《中国刑事法杂志》2019 年第 5 期。此外,该文作者认为确定刑量刑建议“是控辩双方协商合意最直接、最充分的体现”“有助于诉讼分流,并助益法官对重大疑难复杂案件的办理”“认罪认罚案件在审前阶段已经解决定罪量刑的争点,具有提出确定性建议的可能”“符合量刑建议制度的发展趋势”。

〔3〕 李勇:《量刑建议“精准化”的原理与路径》,载《检察日报》2019 年 9 月 17 日,第 3 版。

第一,界定难。何为量刑建议精准化(精准量刑)? 就目前而言,检察机关的量刑建议主要分为幅度刑与确定刑。一般而言,要确定精准量刑,其逻辑前提在于有客观的标准,然后若达到该标准,则可称为精准量刑。这就好比日常生活中,我们用尺子来测量物体的长宽高,相比于目测后估算,用尺子测量显然更为精准。然而,当我们谈论“量刑建议精准化”或者“精准量刑”的时候,其所指究竟是什么呢? 回到案例一,我们可以说,相比于以往的仅根据《刑法》的刑罚幅度提出宽泛的量刑建议而言,检察机关提出确定刑的量刑建议似乎更为精准了。[1] 但是,我们如何知道检察机关提出的“拘役两个月零十五日”的量刑建议,比法院“三个月零十日”的判决更精准呢? 除非存在一个客观的标准,否则很难对两种同为确定刑的判断做评判。或许还有一种办法,以检察机关的量刑建议的“采纳率”来判断是否精准。“当前,在量刑建议精准度大幅提高的前提下,采纳率能够达到64.9%,部分地区量刑建议采纳率能够超过80%,有的地区采纳率甚至超过90%。四川成都大邑县检察院等部分基层检察院在全部提出确定刑量刑建议的情况下采纳率达到100%。”[2]这似乎给人一种“量刑建议越精准,量刑建议越容易得到法院采纳,采纳率会更高”的感觉。可是,量刑建议的精准化与采纳率之间究竟属于何种关系,很难一概而论。实际上,在倡导量刑建议精准化之前,有些地方的量刑建议的采纳率就已经很高了,如黑龙江省哈尔滨市松北区检察院的量刑建议采纳率达到98%。[3]因此,难以通过采纳率的高低来反推量刑建议是否精准。总而言之,当我们谈论量刑建议精准化的时候,究竟指代什么,这是一个绕不开的问题。

第二,操作难。如何精准量刑? 量刑建议精准化,其主要目标在于准确量刑,提升量刑建议的采纳率,实现司法公正。但是,目标并不能保证手段的合理。在笔者看来,量刑建议精准化的想法和初衷是美好的,但其实现路径却是困难重重,甚至是一种“异想天开”,很容易让检察官的工作沦为“无用功”。以

---

〔1〕 有观点认为“‘确定刑’无疑是最为精准的一种量刑建议”。参见曹坚:《确定刑量刑建议适用范围、程序与内容》,载《检察日报》2019年8月12日,第3版。可是,即便量刑建议是确定刑,也只能说它比通常的幅度刑更为精准而已。

〔2〕 陈国庆:《量刑建议的若干问题》,载《中国刑事法杂志》2019年第5期。

〔3〕 参见刘宜俭:《98%量刑建议被采纳》,载《检察日报》2012年6月13日,第10版。

司法实践中频繁出现的醉驾案件为例,应当说,醉驾案件属于"轻罪案件",通常都不复杂。在这一类案件中,检察机关应当提出确定刑量刑建议。但是,如同案例一所反映的那样,即便是这种简单的案件,检察官与法官也存在量刑认识上的差异,那么一些更为复杂的案件,岂不是会差异更大？再者,虽然说现在提倡"智慧量刑",也就是通过专门的量刑软件辅助检察官提出量刑建议,但是,即便如此,恐怕也难以保证检察官根据量刑软件得出的量刑建议会与法官一致。且不说检察官与法官是否使用同样的量刑软件,纵然他们使用同样的量刑软件,是否就能保证量刑建议的精准和明确呢？大数据、人工智能时代,是否意味着早些年被批评的异想天开的"电脑量刑",变得更接近现实了呢？恐怕答案仍然不得而知。有观点认为,通过"量刑指南机制""量刑协商机制""量刑沟通机制""量刑调节机制"来保证检察官精准地提出确定的量刑建议,这些机制是实现量刑建议精准化的"路径"。[1] 事实上,无论是量刑指南机制、量刑协商机制,还是所谓的量刑沟通与调节机制,都无法保障量刑建议精准化的实现。这除了因为量刑建议精准化难以界定之外,更重要的是量刑涉及主观知识的运用,涉及主观评价和判断问题,这是量刑建议无法实现精准化的根本原因之所在。例如,从比较法上看,20 世纪 80 年代的美国《联邦量刑指南》应该算是一个"标杆",但是,经过多年的实践,由于《联邦量刑指南》难以避免的机械性,引发了大多数联邦法官的不满,最终使得美国联邦最高法院在"布克案"中将原本属于"强制性"的规则变为"参考性"规则。[2] 归根结底,再"精致"的量刑指南,也无法替代法官发挥其主观知识和能动性。与此类似,指望通过量刑指南机制让检察官实现精准量刑,也犯了同样的错误。

(二)为何量刑精准化只能是一个美好的愿景

对于量刑,即便检察官和法官同为"法律人",由于量刑涉及主观评价和判断的问题,因此出现"因人而异"是很正常的。换言之,量刑差异是不可避免的。例如,对于同样是"自首"的法定量刑情节,有的检察官、法官给予的积极评价更高,因此会给更大的从宽量刑幅度。而有的检察官、法官给予的积极评价没那

---

〔1〕 参见李勇:《量刑建议"精准化"的原理与路径》,载《检察日报》2019 年 9 月 17 日,第 3 版。

〔2〕 参见汪贻飞:《量刑程序研究》,北京大学出版社 2016 年版,第 19 ~21 页。

么高,由此造成量刑上的从宽幅度也没那么高。无论是检察官之间,还是法官之间,抑或是检察官与法官之间,面对同一自首情节,都可能会因为主观评价和判断上的不同而导致量刑上的差别。甚至,同一个检察官、法官,在不同时刻,也会对“自首”的主观评价不同。最高人民法院于 2017 年修订的《关于常见犯罪的量刑指导意见》中要求:“对于自首情节,综合考虑自首的动机、时间、方式、罪行轻重、如实供述罪行的程度以及悔罪表现等情况,可以减少基准刑的 40% 以下;犯罪较轻的,可以减少基准刑的 40% 以上或者依法免除处罚。恶意利用自首规避法律制裁等不足以从宽处罚的除外。”显然,针对自首,检察官、法官减少基准刑的 40% 以下(如 20% 或 30%),或是减少基准刑的 40% 以上(如 50% 或 60%),都符合量刑指导意见的要求,而具体减多少,无疑取决于检察官、法官的主观评价和判断。〔1〕

实际上,更进一步而言,量刑问题涉及道德法律评价。而道德法律问题不是客观计算的,离不开主观知识的运用,需要法官运用主观知识和判断来考虑量刑。道德的合宜性,量刑的合适性,这种“计算”是机械的计算代替不了的,计算机也没有主观知识,法官的判断就如同企业家的判断一样。〔2〕 与此同时,检察官与法官也是不同群体,对于同样或者相似情况的评价有差异也是正常的,毕竟价值是序数的。“每个个体都有共同的心智结构,但个体处理知识的模式或过程是不同的,同样的信息会被不同人以不同方式处理,在此意义上,我们说,认知对每个个体来说都是独特的。”〔3〕可以说司法实践中,检察官与法官在量刑上的差异是一种正常现象。为了进一步说明这个问题,笔者借助案例二来阐释。

案例二:〔4〕在被告人马某骅、王某丰等 10 人共同诈骗案中,被告人马某骅

---

〔1〕 不可否认,在主观评价和判断过程中,很难避免因为检察官、法官的偏私而出现量刑的畸轻或畸重,倘若因此而追求所谓的量刑评价客观化,既不现实,也有因噎废食之嫌。

〔2〕 在此感谢浙江工商大学朱海就教授从“主观知识”视角所给予的指点与启发。

〔3〕 朱海就:《大数据、认知与计划经济——与何大安教授商榷》,载《浙江工商大学学报》2018 年第 5 期。

〔4〕 该案例系笔者在 G 省 F 市 N 区检察院调研时收集,在此感谢承办检察官提供素材。尽管该案的承办检察官对法院的判决不满,但最终也没有提出抗诉。可以说,该案之所以能挽回被害人的损失,检察官确实做了大量工作,认罪认罚从宽制度的正面效果也得以发挥出来,可法院并没有完全采纳检察官的量刑建议,承办检察官对此颇为不解,并认为自己的工作没有得到法院的理解,抱怨法官没有看到他们为了全力挽回被害人的损失所付出的一系列努力。

等在 YY 直播平台上冒充摩登兄弟主播的助理、客服,向被害人谎称有“提升爵位、充值返利”的活动,把 Y 币充值付款二维码发给被害人并骗其扫码充值,后将被害人的 YY 号发送给冒充客服的同案犯添加,冒充客服的同案犯通过发送链接等方式,以充值后能马上返利为借口继续诈骗被害人付款,最后主要由马某骅进行赃款变现和分赃。其中,共骗得被害人黄某美人民币 145,599 元、次某拉吉人民币 24,635 元、苏某颖人民币 184,285 元、王某云人民币 43,055 元和林某斌人民币 19,800 元。本案中,所有被告人均已赔偿并取得被害人的谅解。最终的量刑与判决情况见表 1。

由表 1 可以看出,即便检察机关和法院所认定的量刑情节相同,检察机关与法院的量刑也存在差异。虽然检察机关的量刑建议不是确定刑,而是幅度刑,但幅度都比较小,也算比较精准了。但是,法院基本没有采纳检察机关的量刑建议,甚至判决的刑期与检察机关的量刑建议差距很大。例如,最明显的是,在案例二中,针对被告人“刘某 2”,检察官认定其属于从犯,具有认罪认罚和坦白情节,提出了 1 年零 10 个月到 2 年的量刑建议。尽管法院也认定“刘某 2”具有从犯、认罪认罚和坦白情节,却判处其有期徒刑 3 年。再如,针对被告人王某宝,检察官认为其属于从犯,具有认罪认罚、坦白情节,提出 1 年零 10 个月到 2 年的量刑建议。然而,纵使法院认可检察机关对情节的认定,可却最终判处 1 年有期徒刑。面对检察机关与法院在量刑上的明显差别,也许我们很难直接评价谁更合理、精准。如果说针对“刘某 2”的量刑,法院判得比检察院请求的要重情有可原的话——法院认定“刘某 2”多次诈骗,故酌情从重处罚,那么针对王某宝判得比检察院的建议要轻很多,就能说明些问题了。毕竟,法院与检察院对王某宝所认定的情节完全一致,且不像“刘某 2”那样有额外考量,但却出现明显不同的结果,这反映出针对同样的量刑情节,检察官与法官有不同的主观评判。这样的主观知识/主观判断,是人之常情。如同经济学中的“偏好”,偏好是主观的,因为它与具体的个人密不可分。并且,偏好可以揭示出人们目标的高低排序,而不能对其测量或者定量研究,不能进行算术运算。[1]

---

〔1〕 参见[美]罗伯特 · 墨菲:《第一本经济学》,程晔译,海南出版社 2018 年版,第 32 ~40 页。

表1　案例二最终量刑与判决情况

被告人 被害人	马某骅	王某丰	刘某1	刘某2	韩某晟	李某	张某	韩某伟	王某宝	郭某斌
1. 黄某美	√	√	√	√	√	√				
2. 次某拉吉	√	√	√				√		√	
3. 苏某颖	√			√						√
4. 王某云	√	√		√			√	√		
5. 林某斌		√			√					
参与数额（元）	397, 574	233, 089	170, 234	372, 939	165, 399	145, 599	67, 690	43, 055	24, 635	184, 285
检察院认定情节	主；认；坦	从；认；坦	从；认；首	从；认；坦	从；认；坦	从；认；坦	从；认；坦	从；认；坦	从；认；坦	从；认；首
法院认定情节	主；认；坦	从；认；坦；立功	从；认；首	从；认；坦	从；认；坦	从；认；坦	从；认；坦	从；认；坦	从；认；坦	从；认；首
检察院量刑建议	3年零9个月~4年	1年零10个月~2年	1年零10个月~2年	1年零10个月~2年	1年零8个月~1年10月	1年零10个月~2年	1年零10个月~2年	1年零10个月~2年	1年零10个月~2年	1年零8个月~1年10月
法院判决刑	4年	2年零6个月	2年零3个月	3年	2年零3个月	2年	1年零6个月	1年零3个月	1年	2年零6个月

三、走出量刑建议精准化的误区

在认罪认罚的案件中,强调量刑建议精准化,其价值与意义在于敦促检察官勤勉履行职责,避免因为量刑建议不当而被法院否决,从而导致程序变得烦琐,影响认罪认罚案件的效率。可是,在此却存在几个障碍:

一是长时间以来,量刑是法官的工作,无论是在经验上,还是在"技艺"能力上,让检察官提出精准量刑,都是一种新的挑战。当然,或许我们可以认为,通过提倡精准量刑,反向要求检察官提升量刑水平和能力,而只要不断地加大对量刑工作的重视和投入,就能取得成效。不可否认,如果说检察官能够多投入些时间和精力在精准化量刑建议上,那么或多或少都能改进量刑质效。但是,常识告诉我们,检察官的办案时间和精力是有限的,不能不考虑成本问题。尤其是在案件量巨大的基层检察院,在人案矛盾突出的情况下,要求检察官提出确定刑,势必会增加工作量,从而带来抵触情绪。并且,当增加这样的工作量是否必要、是否有意义都有待讨论时,强行推进量刑建议的精准化,更会令人怨声载道。此外,在司法实践中存在一种不好的现象,即通过行政指令的方式,比如明确数据指标,以此强制要求检察官做精准量刑。诚然,按照中国现行的制度运作模式,表面上看这样一种方式很"有效",因为行政指令这一指挥棒的效果可以立竿见影,但实质上,通过强制要求的方式所带来的负面效果,不可不察。其中,最大的问题在于,在缺少真正的激励机制下,即便检察官不得不精准量刑,提出确定刑,也很有可能由于敷衍了事或力不从心而无法达到量刑建议精准化的初衷。

二是检察官未必比法官更适合量刑。应当说,通过量刑建议制衡法官量刑权,是证成该制度的重要原因之一。但是,这样不但成本很高,而且事前制约不见得比事后抗诉有效,属于多余的制度设计。[1] 并且,如同案例一所反映的问题那样,即便检察机关提出了确定刑,也可能因为不符合法官的判断而遭到否决。如此,原本是想通过提精准量刑,增加法官认可的概率,结果却是在增加大

---

〔1〕 感谢四川大学法学院万毅教授的观点启发。

量工作之后仍然得不到法官的认可,最后南辕北辙、得不偿失。假如检察机关为此抗诉的话,又增加了工作量,使得通过认罪认罚从宽、精准量刑提升效率的愿望落空。此外,从比较法来看,“大陆法系国家历来有所谓‘检察官管事实,而法官管法律’的法谚,言下之意,检察官虽然与法官一起并称司法官,但在具体司法职能和角色上仍有功能上的差异,这主要表现在:检察官在刑事诉讼活动中主要负责将案件事实及其证据引渡到法庭,至于这些事实和证据该当如何评价即法律如何适用的问题,则由法官决定”。[1] 检察官的角色定位应侧重于“事实官”,关于量刑,还是应交由法官决定。并且,“在欧洲大陆,检察官很少提出具体的量刑……而在普通法国家,澳大利亚禁止检察官提量刑建议;在加拿大,检察官如今通常与辩护律师联合提交量刑建议,但近到20世纪70年代仍然是不容许的;在英格兰,直到最近,仍然普遍认为量刑建议侵犯司法权威,检察官可以提供信息,但很少主张具体量刑;爱尔兰的检察官近年来已经抵制为个案提出推荐量刑的司法压力”。[2] 应当说,在追求量刑建议精准化的当下,重新审视检察官量刑的必要性和正当性问题,似乎并非吹毛求疵。

三是可行性方面。如今的量刑建议精准化,与多年前法院的量刑精准,其根本思路如出一辙——渴望客观精确。这仿佛是十几年前“电脑量刑”的翻版。季卫东教授曾指出:“电脑量刑固然能在很大程度上排除在行使自由裁量权方面的主观任意性,但同时也会排除诸如自然法、人权保障、‘有耻且格’、预防为主之类的思辨性要素,还倾向于排除对各种不同利益进行权衡、考量等的政策性调整机制。可是司法的本质决定了诸如此类的思辨和整合化作业不仅无法排除,甚至还有必要在社会日益复杂化、动态化以及价值观越来越多元化的背景下有所加强。”[3]追溯法律史,我们也不难发现,追求量刑精确一直是人类的梦想。但是,这样的想法,本身就是一种遥不可及的念想,甚至是一种幻想。即便是处在大数据、人工智能时代,也难以让量刑像数学那样精确。因为只要存

---

〔1〕 万毅:《论检察制度发展的“东亚模式”——兼论对我国检察改革的启示》,载《东方法学》2018年第1期。

〔2〕 Michael Tonry, “Differences in National Sentencing Systems and the Differences They Make”, *Crime & Just* 45, 2016, pp. 3 – 4.

〔3〕 季卫东:《电脑量刑辩证观》,载《政法论坛》2007年第1期。

在人的主观知识和判断的地方,就无法精准量化。换言之,企图量化不可量化的东西是荒谬的想法。因此,最好仅将量刑建议精准化理解为一种期待,一种对检察官的工作指引,而不宜作为硬性指标,否则将产生诸多负面影响。如同美国学者杰瑞·穆勒(Jerry Z. Muller)教授所言:"专业人士大多很讨厌不合理的目标要求,因为这很可能会与他们的职业特性及判断产生冲突,因此降低了他们的品德。"〔1〕

上述这些障碍的存在,使得我们对量刑建议精准化的追求成为一个误区。此外,将量刑建议精准化理解为确定刑(并刻意追求)、夸大量刑建议精准化的必要性和作用,也是误区。法国经济学家巴斯夏曾言:"优秀经济学家与糟糕经济学家之间的区别只有一点:糟糕经济学家目光短浅,他们只看得见目前能够看到的后果,而优秀经济学家却思虑深远,兼顾眼前的同时还能考虑到那些只能推测到的后果。"〔2〕对于经济政策,不仅要注意看得见的结果,还应该考虑看不见的结果。其实,不论是经济政策,还是其他政策,在决策时都不能仅仅着眼于看得见的结果,还应该考量那些看不见的结果。古语所说的"凡事预则立,不预则废"亦是同理。只不过,既然有些结果不容易看得见,且看得见的那些结果又看起来不错(甚至很"诱人"的话),那么要注意看不见的结果就更为困难了。即便如此,人为忽视或避讳看不见的结果,也不是明智之举,因为那会适得其反。如前所述,倡导量刑建议精准化,虽然旨在敦促检察官认真对待量刑,提升认罪认罚制度的适用率,并在一定程度上制衡法官的自由裁量权。〔3〕但一方面量刑建议精准化能否实现这些目标仍有待审视,另一方面量刑建议精准化本身的含义模糊与难以操作,强行推广将会带来不必要的法检量刑冲突,会增加检察官办案的工作负担,还会造成司法资源的浪费(例如,投入诸多的人力和财力来研究如何实现量刑建议精准化,好比缘木求鱼)。为了避免做"无用功",面对声势浩大的量刑建议精准化运动,我们要同时考虑看得见与看不见的结果,并

〔1〕 [美]杰瑞·穆勒:《失控的数据》,张国仪译,台北,远流出版事业股份有限公司2019年版,第37页。

〔2〕 [法]巴斯夏:《看得见的与看不见的》,刘霈译,台海出版社2018年版,"原序"第1页。

〔3〕 有学者称检察院的量刑建议对法院的量刑裁判存在"锚定效应"。See Lin Xifen, Ma Yong, "Sentencing Recommendations, Anchoring Effect and Fairness in Criminal Justice—An Empirical Study Based on a Sample of 520 Sentences in K City", *Social Sciences in China* 39, 2018, pp. 149 - 170.

走出量刑建议精准化的误区。

四、结　语

随着“人案矛盾”的加剧、认罪认罚从宽制度的确立,检察官“法官化”[1]的现象在加剧,检察官提出量刑建议成为一种趋势。也就是说,这本身是检察官“法官化”发展的结果。并且,与域外法治国家和地区的量刑协商程序不同,我国的认罪认罚从宽制度,适用于所有刑事案件,不限于轻罪案件。而一旦适用认罪认罚从宽制度,检察官就必须提出量刑建议。由此无论是在轻罪领域还是在重罪领域,都属于对传统检察官角色的突破。毕竟,传统上,法官才是量刑权的主体。以前,检察官的量刑建议的地位没那么重要,现如今,在认罪认罚从宽的大背景之下,检察官的量刑建议的地位陡然上升。从制度设计来看,在审查起诉阶段,检察机关与犯罪嫌疑人的量刑协商十分关键,毕竟唯有双方达成一致,犯罪嫌疑人才能签署具结书,认罪认罚才能进入审判阶段。不过由于法院执掌量刑权,所以检察机关的量刑建议,最终需要得到法院的认可。这样一种制度设计,在于平衡检察机关的量刑建议权与法院的量刑权,尽量避免检法矛盾与冲突。但是,如同本文所指出的那样,指望通过量刑建议精准化来减少冲突、实现平衡,从根本上来说是不现实的。只要主观价值与判断存在,法官与检察官之间就量刑问题存在差异都是正常的,并不是什么匪夷所思之事。反倒是为了追求所谓的量刑一致、客观精准,而抹杀量刑中存在的正常差异,才难以让人理解。也许量刑建议精准化的初衷很好,防止人为的偏差,可真要实现它,又是不可能完成之举。因此,投入大量的人力、物力和财力来推进量刑建议精准化,是否必要,是否得不偿失,是值得我们深思的问题。在司法改革的进程中,

---

〔1〕 正如德国托马斯·魏根特教授所言:“检察官已经成为‘法官之前的法官’,也就是实际上在许多案件中决定是否加以制裁,以及制裁的轻重的官员。”Thomas Weigend, *A Judge by Another Name? Comparative Perspectives on the Role of the Public Prosecutor*, in Erik Luna and Marianne Wade, eds., The Prosecutor in Transnational Perspective, Oxford, Oxford University Press, 2012, p. 378.

我们切不能忽视基本的经济学规律和教义。[1] 在笔者看来,只要检察官不存在贪赃枉法、失职渎职,那量刑建议为诸检察官职业伦理、良心裁判即可,不必过于苛求。与此同时,针对法官量刑自由裁量权的制衡,通过事后的抗诉也足够了,无须再多的事前制约,即可以减少制度上的叠床架屋,且事后抗诉的针对性更强。

---

〔1〕 长久以来,我们对经济学的认知主要还是来自金钱和财富角度。但实际上,经济学的视域没那么狭隘,经济学事关如何分配具有多种用途的稀缺资源,即便不涉及任何金钱交易的事务,也可能是一个经济学问题。参见[美]托马斯·索维尔:《经济学的思维方式》,吴建新译,四川人民出版社 2018 年版,第 5 ~ 7 页。如今,在司法制度领域,因为忽视经济学规律而导致的政策失误问题,并不鲜见,甚至有愈演愈烈之势。因此,笔者强烈主张要多用经济学视角审视司法制度以及相关政策的利弊得失,这也是本文所做的尝试,希望能引起更多的学界同人的关注和共鸣。

十九世纪美国司法联邦制的发生*

——以马伯里案为中心

徐舒浩**

内容摘要：现有关于马伯里诉麦迪逊案的讨论较少结合美国建国初期司法改革这一历史背景，因此极易将该案看作党派斗争的产物。实际上，马伯里案应当在美国建国初期联邦法院系统改革的内在脉络中得到安置和阐释。美国联邦司法改革以商业国家主义与司法联邦制为方针。1789年《司法法》作为政治妥协的产物，虽然开启了美国联邦司法改革的序幕，但并未促进改革延续。1801年《司法法》大刀阔斧地扩张联邦法院管辖权范围，却由于党派政治的掣肘而以失败告终。马伯里案中，马歇尔大法官以释宪权为工具，通过论证宪法的真实含义确认联邦最高法院初审管辖权的范围，为此后以法官解释来塑造联邦法院管辖权确立了先例，因而在构建和守卫司法联邦制上有效摆脱了对立法机关赋权的依赖。

关键词：马伯里诉麦迪逊案　1801年《司法法》　司法联邦制　初审管辖权　宪制

一、问题缘起与现有研究述评

在美国联邦司法制度的早期形成史中，大概没有一个案件能像马伯里诉麦迪逊案（Marbury v. Madison）那样引起经久不衰的讨论。美国联邦最高法院前

* 本文系中国人民大学重大项目"司法制度原理研究"（18XNL001）的阶段性成果。

** 中国人民大学法学院博士研究生。

首席大法官伦奎斯特(Rehnquist)曾说:"要理解联邦最高法院在我们国家历史中的地位,一个人需要了解的案件数量非常有限,但他必须准确把握的案件是马伯里诉麦迪逊案。"[1]伦奎斯特的表述显然不仅仅是向我们提示马伯里案的重要性,更是要强调,无论一位学者如何考察和评价马伯里案(认为它创造了什么,或者认为它没有创造什么),都应当将其置于司法联邦制在美国联邦法院改革的发生过程中把握和领会。本文接下来的讨论将在这一整体理解中展开。

近年来,有关马伯里案的研究大抵分布在以下三个方面:第一是探究马伯里案与司法审查制度(judicial review)的联系,其中的核心关切是,联邦法院首席大法官约翰 · 马歇尔(John Marshall)在马伯里案中所作之判决究竟是否开启了司法审查的实践,以及它在何种程度上为司法审查的正当性提供了证成。该方面的研究构成了大多数文献的主要论域,有趣的是,由于近几年主张"马伯里案一举奠定司法审查制度在美国联邦权力架构中之作用"的激进支持论越发稀少,[2]因此这类研究的主要对立观点发生在温和支持论与激进反对论之间。激进反对论宣称,马歇尔在马伯里案或者其他地方都没有创制司法审查的先

---

〔1〕 Rehnquist William H., *The Supreme Court: How It Was, How It Is*, New York, William Morrow, 1987, p. 99.

〔2〕 激进支持论在美国学术界的影响力可能要归功于爱德华 · 考文(Edward Corwin)在 1910 年前后发表的一系列文章,但正如徐爽所指出的,考文本人并不属于激进支持论的一员。参见徐爽:《马伯里案的起航——爱德华 · 考文著〈马伯里诉麦迪逊案与司法审查原则〉解读》,载《政法论坛》2014 年第 3 期。20 世纪 50 年代以后,随着民权运动的发展,马伯里案与司法审查的关系再次成为热点,激进支持论甚嚣尘上,比如,美国宪法学者亚历山大 · 比克尔(Alexander Bickel)在 1962 年的一本著作中宣称:"如果有任何社会进步敢称为在一个特定的时间,经由一个特定的行为而被'做完',那么这一定就是马歇尔的那项成就,这个时间是 1803 年,这个行为是马伯里诉麦迪逊案中的判决。" Alexander Bickel, *The Least Dangerous Branch: The Supreme Court at the Bar of Politics*, The Bobbs-Merrill Company, inc, p. 1. 又如,加利福尼亚州最高法院前首席大法官唐纳德 · 怀特(Donald Wright)在 1972 年的一篇演讲中认为,马歇尔大法官通过马伯里诉麦迪逊案的判决理由"宣告了司法审查原则的诞生"(announced the doctrine of judicial review)。See Donald Wright, "The Role of the Judiciary: From Marbury to Anderson", *California Law Review*, Vol. 60, No. 5, p. 1265. 但是,20 世纪 80 年代以后,随着一些晚近加入的学者开始找到一些对司法审查原则的确立更具奠基意味的先例(其中既有早于马伯里案的,也有晚于该案的),激进支持论开始逐渐衰落。而在国内,激进支持论多见于 20 世纪 90 年代初期的一些论述,例如,程梧认为,马伯里诉麦迪逊一案的价值,就在于它确定了司法审查的宪法原则。参见程梧:《马伯里诉麦迪逊》,载《外国法译评》1994 年第 3 期。

例,实际上,司法审查制度是在其他先例、观念或者制度实践中诞生的。例如,有学者指出,规定最高法院拥有司法审查权的第一部法律其实是1789年《司法法》,其依据是该法第25条的规定,即当州最高法院的决定违反了“合众国或者其下属权威机构所签订的条约或制定的法律之有效性时,联邦最高法院有权确认州最高法院的决定无效,或者撤销该决定”。〔1〕也有学者通过考证得出,司法审查的理念和实践于1782年前后就已经在弗吉尼亚州的司法运作中被广为接受,作为弗吉尼亚州人,约翰·马歇尔在其大学时期(1780年前后)接受了这些实践和理念的灌输。〔2〕不过,也有激进反对论者直接否定马伯里案的价值,认为司法审查制度是由制宪会议设计并经美利坚合众国宪法确认的,而“马伯里诉麦迪逊案是司法审查制度的一次坏的实践,是欺软怕硬的典范。马歇尔对马伯里诉麦迪逊案的审理,超越了美国宪法规定的最高法院的初审范围,是违宪行为”。〔3〕与之形成对立的是,温和支持论虽然承认马歇尔大法官没有在马伯里案中创设司法审查的先例,但它确实深刻启发了联邦最高法院的制度实践。例如,朱苏力认为,马伯里案对司法审查制度形成的意义可能被夸大了,但它“在一定程度上为此后司法机关审查国会立法的合法性铺了路”。〔4〕历史学者戈登·伍德(Gordon Wood)也认为,虽然马歇尔本人并没有创造司法审查制

〔1〕 Saikrishna Prakash and John Yoo, “The Origins of Judicial Review”, *The University of Chicago Law Review*, Vol. 70, No. 3, 2003, p. 979. 这一观点的缺陷在于,它混淆了两种根本上不同的司法审查制度:第一种是联邦司法审查,其审查范围是州议会或者州法院的决定是否违反联邦宪法;第二种是专属性司法审查,即最高法院审查国会立法与总统行政权是否违反宪法。实际上,1789年《司法法》第25条更像是确认了联邦司法审查,而非专属性司法审查,后者在论证难度上也要大于前者,支持者需要说明,在地位平等的三权之中,为什么释宪权要交由司法,而不分享给其他两项权力。例如,杰斐逊和麦迪逊就对联邦最高法院解释(interpret)宪法的专属性权利秉持彻底的批判态度,他们认为,司法虽然能够解释宪法和法律,但它无权在高于立法和行政的意义上决定宪法的限度,实际上(广义)美国政府三权中的任何一个部门都有平等的权威(equal authority)去解释宪法中的基础性内容。See Gorden Wood, “The Origins of Judicial Review Revisited, or How the Marshall Court Made More out of Less”, *Wash. &Lee Law Review*, Vol. 56, pp. 795 – 796. 我们所讨论的狭义上的司法审查,其实就是指最高法院的专属性司法审查制度。

〔2〕 See William Michael, “ Case of Prisoners and the Origins of Judicial Review”, *University of Pennsylvania Law Review*, Vol. 143, 1994, p. 568.

〔3〕 刘大生:《美国司法审查制度是如何产生的——对一种流行说法的质疑》,载《法学》2006年第8期。

〔4〕 朱苏力:《制度是如何形成的?——关于马歇尔诉麦迪逊案的故事》,载《比较法研究》1998年第1期。

度,但他的确在这项制度的开端之上做了一些工作。〔1〕新近则有学者形象地比喻道:“马伯里诉麦迪逊案既不是最早的司法审查案例,也不是唯一重要的案例,它是司法审查制度这条长江大河中的一朵耀眼的浪花。”〔2〕

第二是将考察重心放在马伯里案本身的来龙去脉、裁判说理及其历史影响上。例如,罗伯特·克林顿(Robert Clinton)在一篇论文中颇具新意地将博弈论模型引入马伯里案前后杰斐逊阵营与马歇尔阵营的回合制互动中,指出只有当杰斐逊拒绝向马伯里发送委任状,马歇尔拒绝签发强制令,并宣告扩大联邦最高法院初审管辖权的《司法法》条文违宪时,双方才能实现博弈平衡。〔3〕强世功则尝试将马伯里案同时作为政治事件与法律案件来理解,深入探究“政治斗争是如何通过法律技艺的过滤而在价值意义上展示为原则的斗争”。〔4〕刘晗认为,马伯里案不仅开创了宪法意义上的司法审查,其作为行政法案件,也开启了行政法层面的司法审查。〔5〕徐斌尝试从知识社会学角度讨论作为法治文化符号的马伯里案,并分别找寻马伯里案在美国镀金时代、民权运动时期以及里根时期法院中被叙述和建构的方式。〔6〕

第三是在美国建国初期联邦法院系统改革的内在脉络中,安置并且阐释马伯里案。目前来看,从这一角度切入的文献并不多见,陈晴的《马伯里诉麦迪逊:打造联邦最高法院》一文,较为认真地梳理了马伯里案与联邦司法系统改革之间的内在关联。〔7〕美国学者贾斯丁·克罗(Justin Crowe)在2012年出版的《建构司法:法律、法院以及制度发展的政治》(*Building the Judiciary: Law,*

〔1〕 See Gorden Wood, “The Origins of Judicial Review Revisited, or How the Marshall Court Made More out of Less”, *Wash. & Lee Law Review*, Vol. 56, p. 789.

〔2〕 雷安军:《马伯里诉麦迪逊案新论》,载《法治论丛》2011年第5期。

〔3〕 See Robert Clinton, “Game Theory, Legal History, and the Origins of Judicial Review: A Revisionist Analysis of Marbury v. Madison”, *American Journal of Political Science*, Vol. 38, No. 2, 1994, pp. 285-302.

〔4〕 强世功:《司法审查的迷雾——马伯里诉麦迪逊案的政治哲学意涵》,载《环球法律评论》2004年第4期。

〔5〕 参见刘晗:《宪制整体结构与行政权的司法审查——“马伯里诉麦迪逊案”再解读》,载《中外法学》2014年第3期。

〔6〕 参见徐斌:《“马伯里诉麦迪逊案”的多重叙事与逻辑——基于知识社会学的考察》,载《华东政法大学学报》2015年第3期。

〔7〕 参见陈晴:《马伯里诉麦迪逊:打造联邦最高法院》,载《清华法治论衡》2013年第2期。

Courts, and the Politics of Institutional Development)一书中,非常详尽地描述了制宪会议以后美国联邦司法系统改革的整体逻辑及其具体过程,并考察了马伯里案在其中所扮演的角色。在某种程度上,该书对于我们从司法过程内部进入马伯里案的讨论,并为马伯里案在美国建国初期司法改革的谱系中找到一个坐标提供了丰富的史料基础。此外,美国学者艾力森·拉克罗伊斯(Alison LaCroix)尝试证明从1801年到1835年,马歇尔的联邦最高法院运用法官造法原则来填补1801年《司法法》被撤销后联邦司法管辖权辐射范围不足的问题,通过个案解释扩大联邦下级法院的听审权限。〔1〕 应当说,上述研究均为一种"基于美国建国初期司法改革之视角"的整体性进路提供了有益指引。

笔者认为,相较而言,前两种讨论虽然能够涵盖马伯里案的诸多重要面向,但它们均无法回应一些关键提问:马歇尔大法官为何要选择审理马伯里案?他的裁判说理究竟是在何种背景下展开的?他预设的理论对手是谁?为了回答这些提问,人们必须梳理18世纪末至19世纪初与该案直接或者间接关联的司法改革,其中包括了埃尔斯沃思主导的1789年《司法法》、由兰道夫发起但最终失败的18世纪90年代司法改革、联邦党人的1801年《司法法》以及民主共和党推动的1802年《司法法》等。实际上,将马伯里案看作一个案件、一个政治事件,或者一个创设司法审查制度的先例,都是在某种孤立的讨论氛围中描述和评判该案的。我们应当将马伯里案看作一系列司法改革事件中的一个阶段或者环节,马歇尔大法官的判决构成了该阶段或环节的一个特殊转折点。对于这一点,陈晴虽然有过较为细致的叙述,但其主张马伯里案之目的是"延续改革,并将联邦最高法院打造为真正上诉法院"的观点乃是具有误导性的。〔2〕 实际上,美国建国初期,联邦法院系统司法改革有着深刻的内在逻辑,简言之,司法改革的先驱们意图使联邦司法成为一个独立、强大并且羽翼丰满的,能够服务于联邦宪制的体系,他们尝试通过扩展联邦各级法院的管辖范围来促进法律适用的统一,并最终服务于这个新生国家的商业经济发展。本文接下来将对这一立场进行证成,并尝试说明,在这一内在逻辑之下,马伯里案究竟发挥了何种作用。

---

〔1〕 See Alison LaCroix, "Federalists, Federalism, and Federal Jurisdiction", *Law and History Review*, Vol. 30, No. 1, 2012, p. 210.

〔2〕 参见陈晴:《马伯里诉麦迪逊:打造联邦最高法院》,载《清华法治论衡》2013年第2期。

二、18 世纪末的司法改革

当美国的缔造者们在 1787 年费城制宪会议中坐下来重新讨论一个统一的联邦国家何以可能时,他们看待美国政制以及司法的方式很显然受到孟德斯鸠(Montesquieu)的深刻影响。[1] 在孟德斯鸠看来,一个政体的司法权独立与贸易自由具有唇亡齿寒的关系。他认为,当仅仅受到法律约束而不受其他任何强力或权威约束时,公民才能保有政治自由,而政治自由使得一个公民能够摆脱对另一个公民的恐惧状态。按照孟德斯鸠的说法,政治自由是"享有安全,或者至少是自认为自己享有安全",[2]保有政治自由意味着独立而强大的司法保障公民仅仅受法律约束,故司法发挥着守护政治自由的功能,由于政治自由使商人有胆量和意愿从事各种贸易活动,[3]因此独立而强大的司法是商业社会繁荣的前提。孟德斯鸠的这个论断对于一个致力于建立商业共和国的政体而言

---

〔1〕《联邦党人文集》中,"孟德斯鸠"一共被提到了 11 次,其中汉密尔顿(Alexander Hamilton)写作的第 9 篇提到了 4 次,麦迪逊(James Madison)写作的第 43、47 篇分别提到了 2 次和 5 次,第 9 篇和第 43 篇均是引用孟德斯鸠对联邦共和国政制优点的评论,第 47 篇则专门讨论了孟德斯鸠权力分立思想的实质,提出权力分立之要害在于对掌握权力的人或部门进行切割与分置。有趣的是,《联邦党人文集》中专门论述司法部门与司法权的部分(从第 78 篇开始直至第 83 篇)对孟德斯鸠只字未提。乍一看,似乎孟德斯鸠与联邦党人司法观念的形成并没有建立直接的联系。但笔者认为,孟德斯鸠至少在三个方面影响了后者。第一,孟德斯鸠对联邦共和国政体的推崇(按照他的说法,联邦共和国既有小共和国政体在内部治理上的优越性,又具备大君主国的外在力量)与权力分置思想相结合,客观上支持了一种联邦司法体系,这为司法在联邦政体层面作为一个独立分支被规定到《宪法》中奠定了基础,进而形成了一种法律主治的法治观念;第二,孟德斯鸠主张权力分置实质上是掌握权力之人的分立,这为三权之间彼此渗透与制衡提供了依据,尤其是它解释了针对立法与行政事务进行司法审查的正当性;第三,也是最隐蔽的一点,孟德斯鸠的司法观念潜在地支持着司法服务于商业与贸易繁荣的功能,而这恰恰与美国联邦司法体制在 19 世纪前后的内在逻辑相一致。See Alexander Hamilton et al., *The Federalist Paper*, New York, Oxford University Press, 2008, pp. 44 – 244.

〔2〕[法]孟德斯鸠:《论法的精神》,许明龙译,商务印书馆 2012 年版,第 222 页。

〔3〕孟德斯鸠下面的论述说明了政治自由是如何带来经济繁荣的:"宽和政体下最合乎情理的赋税是商品税。尽管商人预先垫付了商品税,因而等于把这笔钱借给了买主,可是,商品税的实际缴纳者却是买主。所以,应该把商人看作既是国家的总债务人,又是所有个人的总债务人。商人向国家缴纳了买主迟早总要付给他的税,他替买主缴付了商品税。由此不难看出,政体越宽和,越充满自由精神,财产越安全,商人就越愿意把大笔税金预缴给国家,也就是未来的买主。"[法]孟德斯鸠:《论法的精神》,许明龙译,商务印书馆 2012 年版,第 262 页。

独具吸引力,它给出了联邦党人在建国初期力推司法权独立并且扩大联邦司法管辖权的重要理由。

联邦党人自1789年开始的一系列司法改革都在一定程度上受到这种商业国家主义(commercial nationalist)的驱动,而与商业国家主义相配套的司法体制则被称为司法联邦制(judiciary-centric federalism)。[1] 顾名思义,一个独立、集中、成体系并且管辖范围宽广的联邦法院系统,对于自由主义氛围下联邦的经济与金融政策而言至关重要。[2] 此外,对于这些司法改革的推动者而言,扩大联邦司法权的管辖范围还能够促进法律适用的统一,而一个"在法律适用上达致高度统一"的司法制度,之所以要摆在司法改革的首要位置,是因为它能够使司法摆脱地方性偏见(或称地方保护主义),增强经济交易,尤其是州际贸易的可预期性和稳定性。贾斯丁·克罗提醒我们,一个国家的商业经济要实现稳健强盛,应当包含三个核心要素,分别是投资(investment)、创业(entrepreneurship)以及风险承担(risk)。[3] 这三个要素均仰赖可预期商业交易的实现和巩固,而交易(尤其是州际贸易)的可预期性本身就要求法院在法律适用上具有一致性。埃尔斯沃思所主导的1789年司法改革,某种程度上就是这一内在逻辑的具体展开。

(一)埃尔斯沃思与1789年《司法法》

1787年费城制宪会议确立了联邦司法权(federal judicial power)在三权之中的位置。美国国父们在当时的共识是,相比于脆弱的司法权,更加需要忌惮的是强大的行政权与立法权,但他们均相信司法体系对于法律的适当实施与纠纷解决发挥着必要作用。这种"必要作用"在《宪法》文本中大体体现在两个方面:第一是联邦司法权的内容和范围;第二是联邦法院体系的结构。只不过,最终体现联邦司法权配置的美利坚合众国《宪法》第3条,仅仅只是列举式地回答了第一个方面的问题,而在第二个方面的问题上则干脆不予回答——它在第1

---

〔1〕 See Alison LaCroix, "Federalists, Federalism, and Federal Jurisdiction", *Law and History Review*, Vol. 30, No. 1, 2012, p. 206.

〔2〕 See Justin Crowe, *Building the Judiciary: Law, Courts and the Politics of Institutional Development*, Princeton University Press, 2012, p. 31.

〔3〕 See Justin Crowe, *Building the Judiciary: Law, Courts and the Politics of Institutional Development*, Princeton University Press, 2012, pp. 63 - 64.

款就将这一问题抛给了国会。克罗认为,美国《宪法》第 3 条是一系列政治妥协的结果:一部分制宪者希望宪法能够确立强大的国家司法权,另一部分人则努力让州法院保留更多权力,或者让司法部门依附于另外两个权力部门。[1] 最终的妥协便是将司法权的配置问题与法院的建制问题留给未来的司法改革来补充完善。

美国 1787 年《宪法》的框架性和模糊性使它无法自行运作(self-executing),[2] 因此司法权行使的具体细则就需要以国会立法的方式出台,而这就使联邦法院的管辖范围与权力边界依赖参众两院的形塑。1789 年美国联邦政府开始独立运作以后,制定《司法法》(Judiciary Act)就被提上日程,主持这项立法工作的是康涅狄格州参议员奥利弗·埃尔斯沃思(Oliver Ellsworth)。在当时国会内部的国家主义(nationalist)与地方主义(localist)之争中,埃尔斯沃思的法案代表了国家主义立场,即他所推动建立的国家司法体系要克服"地方性的偏见"(local bias),以及确保一个由联邦最高法院领导的"统一决策体系"。[3] 而在国家主义者看来,这种统一化司法决策体系的目标就是支撑一个具有稳定可预期性的商业经济社会。但是另一方面,埃尔斯沃思又要顾及国会内部对《宪法》第 3 条持反对意见的那些反联邦党人(也即地方主义者)可能的抵制,这些人担心联邦司法体系的强大很可能褫夺地方法院的权力。为了使法案最终能够在参众两院通过,埃尔斯沃思必须让自己成为一个温和的国家主义者。其中"国家主义"体现为要打造一个具有权威性、层级分明并且运行高效的联邦法院体系;"温和"则是指在管辖范围上让利于州系统法院。

对于埃尔斯沃思而言,首要任务是创制一个联邦法院系统及其配套的法官序列。1789 年《司法法》在联邦最高法院之下设置了两级法院——联邦地区法院(federal district court)与联邦巡回法院(federal circuit court)。联邦地区法院

---

[1] See Justin Crowe, *Building the Judiciary: Law, Courts and the Politics of Institutional Development*, Princeton University Press, 2012, p. 27.

[2] See Wallace Mendelson, "The Judicial Act of 1789: The Formal Origin of Federal Judicial Review", *Judicature*, Vol. 76, No. 3, 1992, p. 133.

[3] Richard Law to Oliver Ellsworth, May 4, 1789, reprinted in DHSC. See Justin Crowe, *Building the Judiciary: Law, Courts and the Politics of Institutional Development*, Princeton University Press, 2012, p. 32.

设在每个州，与各州的地方法院体系形成对应关系，从而避免某些地区的公民在向联邦法院起诉时需要长途跋涉而造成争议。同时，为了加强设在华盛顿的联邦最高法院对大量联邦地区法院的监督和制约，埃尔斯沃思的方案（类似但不同于普通法起源时期的王室法院巡回审制度〔1〕）要求联邦最高法院的法官，在全国范围内骑马巡回（ride circuit），这些法官需每年到全国各地审理联邦地区法院的上诉案件。克罗将1789年《司法法》草案所设计的这个联邦司法体系概括为"三个审级，两套人马"，〔2〕其中三个审级分别为联邦最高法院、联邦巡回法院与联邦地区法院，两套人马指的是联邦最高法院序列的法官与联邦地区法院序列的法官，联邦最高法院法官因兼顾两级法院的案件审理而舟车劳顿、诉累缠身，为之后的司法改革埋下伏笔。

在建立了一定规模的联邦法院体系后，国家主义者也向地方主义者做出了妥协，主要体现在管辖范围上。联邦地区法院的案件管辖的第一审案件包括海事海上案件、罚金与财产没收案件以及部分刑事案件；联邦巡回法院除了审理联邦地区法院的上诉案件外，还需审理部分以美国人作为原告，或者当事人一方是外国人，或者争议发生在各州公民之间的案件以及部分刑事案件。美国联邦最高法院除了对《宪法》第3条第2款规定的情况享有初审管辖权外，还在其审查范围内受理所有审级法院的上诉案件，包括联邦系统法院的上诉案件与州系统法院的上诉案件。除了上述规定的案件范围外，其余情况均由地方法院管辖，这样一来，地方法院系统实际上掌握了绝大多数案件的管辖权。而联邦法院则保留了那些最重要的涉及外交、州际以及海事海商案件的审理权。〔3〕据称，由联邦地区法院负责海事海商案件初审的理由是该类案件充满了专业技术

---

〔1〕 类似之处在于，埃尔斯沃思改革中创制的骑马巡回与英格兰亨利二世时期逐步形成的巡回审制度均有助于形成中央集权的、法律适用达致高度一体化的司法体系。但两者区别也较为显著，骑马巡回导致联邦最高法院一级的法官要同时听审最高法院和上诉法院的案件，而英格兰的王室法院巡回审则没有出现这种职责重叠。正如学者范·卡内冈所言，英格兰的王室法院"由国王及其法官分两部分运作，一部分留在威斯敏斯特不动，坐堂问审；另一部分是流动的，巡游全国，并将王室法庭的司法运送到民众家门口"。［比］范·卡内冈：《英国普通法的诞生》，李红海译，商务印书馆2017年版，第52页。

〔2〕 See Justin Crowe, *Building the Judiciary: Law, Courts and the Politics of Institutional Development*, Princeton University Press, 2012, p. 40.

〔3〕 *Judiciary Act of* 1789, September 24, 1789, 1 Stat. 73.

问题,需要查阅大量法律工具书以及条约,因此由联邦地区法院法官来检索和处理更加妥当。而州际案件由联邦巡回法院作为初审法院则是考虑到联邦最高法院大法官(巡回坐审时则成为巡回法院法官)没有与任何特定的州建立一对一的关系,因此能够克服地方保护主义而做到中立裁判。[1]

1789 年《司法法》是秉持国家主义的联邦党人与地方主义者之间妥协的产物,埃尔斯沃思虽然致力于在最大限度上扩展联邦司法系统的权威,从而形成统一的法律适用体系以服务于商业社会发展,但其最终方案依然选择了一条温和的折中路线。这个法案的特点在于,它没有让任何人满意,"司法因为没有变得足够强大而让国家主义者们感到失望,同时又因为太过强大而让地方主义者们感到担忧"。[2] 但恰恰是这部没有令任何人满意的法案,在短短几个月时间通过了参众两院审议,最终得以幸运出台。之所以说幸运,是因为短短一年之后,由检察总长艾德蒙 · 兰道夫(Edmund Randolph)力推的一部更加具有野心的司法改革方案,在同一批议员面前铩羽而归,地方主义者对联邦司法权扩张的担忧也开始在国会蔓延,导致 18 世纪 90 年代的司法改革均以失败告终。

(二)兰道夫改革:另一种命运

在这些失败的改革尝试中,兰道夫改革是最瞩目的一个。1790 年前后,国会众议院要求兰道夫递交一份关于联邦司法体系现有缺陷的报告,在其呈交的报告中,兰道夫对埃尔斯沃思确立的一整套司法制度提出了尖锐的批评和改革建议,因此在内容上相当于提出了一个新的司法改革法案。兰道夫对 1789 年《司法法》的修改主要有两个方面:第一,针对 1789 年《司法法》将部分原本由联邦法院管辖的案件同时交由地方法院管辖,导致联邦法院系统与地方法院系统在管辖范围上混同和重叠的状况,提出要完全厘清两者的边界,赋予联邦法院在 6 种案件(由《宪法》第 3 条第 2 款所确认的条约、外交、海事海商、合众国为一方当事人、州际诉讼、涉外民事纠纷 6 类案件)上的排他性管辖权(exclusive jurisdiction)。第二,针对埃尔斯沃思通过"骑马巡回制度"将联邦最

---

[1] See Wilfred Ritz, *Rewriting the History of the Judiciary Act of* 1789, University of Oklahoma Press, 1990, p. 66.

[2] Justin Crowe, *Building the Judiciary*: *Law*, *Courts and the Politics of Institutional Development*, Princeton University Press, 2012, p. 42.

高法院法官编排进巡回法院的做法，兰道夫提出废除骑马巡回制度，并以相应数量的联邦地区法院法官递补进这些巡回法院作为替代措施。兰道夫认为，联邦最高法院大法官的职责是成为法律适用领域的学者和专家，而骑马巡回将会耗费大法官们大量的时间和精力，使他们难以静下心在图书馆钻研学问。此外，兰道夫指出，同一序列法官在两级法院听审的一个巨大弊端是，大法官们可能会遇到自己所在巡回法庭上诉的案件，因而需要频频回避，有损司法的权威性。[1] 扩展联邦系统司法管辖权与废除骑马巡回制度这两大建议在兰道夫的报告中占据了醒目位置，因此相比于埃尔斯沃思，兰道夫改革旨在构建一个强大联邦法院体系的意图更为明显。与埃尔斯沃思一样，兰道夫也向地方主义者做出了让步，他在报告中建议限制1789年《司法法》所赋予的联邦最高法院对州最高法院上诉案件的管辖权。

即便如此，兰道夫改革依然因其大幅度强化联邦司法权的企图而激怒了地方主义者，又因为其自我设限的一系列举措而无法打动国家主义者，备受冷落之下，他的报告最终石沉大海。同样是谋求折中路线的司法改革，兰道夫改革却与埃尔斯沃思改革命途迥异，其中或许有一些深层原因：一方面，没有了"若法案不通过，联邦司法体系将永远不会被建立起来"的紧迫感，国会有更多时间和资源来审查改革法案的正当性与可行性，而不是急于谋求妥协，因此也不会轻易忽视其中的缺陷弊病；另一方面，随着18世纪90年代以后汉密尔顿阵营与杰斐逊阵营在政治立场上分道扬镳，党派政治开始在美国抬头，兰道夫在两大派别之间所选择的中间道路没有拉拢任何一方，最后"在两张凳子中间坐了个空"。

三、党派政治阴影下的司法改革

（一）1801年《司法法》与未竟的改革

整个18世纪90年代美国国家层面的司法改革大体处于停滞状态，这对于

---

〔1〕 有关兰道夫报告的梳理可参见怀斯·霍尔特（Wythe Holt）的专门讨论。See Wythe Holt, "'Federal Courts as the Asylum to Federal Interests': Randolph's Report, The Benson Amendment and the 'Original Understanding' of the Federal Judiciary", *Buffalo Law Review*, Vol. 36, 1987, pp. 341 - 372.

一个新生的联邦制国家而言显得并不正常,因此在 19 世纪的开端,司法改革的突然加速颇具触底反弹的意味。19 世纪初是美国政党政治诞生的年代,随着 1800 年总统大选中托马斯 · 杰斐逊代表的民主共和党战胜了约翰 · 亚当斯,联邦党人在众议院与参议院的多数席位也面临自身难保的局面,这一年政党轮替的变革来得如此剧烈,以至于后来许多人都将其称为"1800 年革命"(revolution of 1800)。

学者们对这一段历史的理解大抵以下面几句话作为开场白:节节败退之下,为了保住对联邦司法系统的控制,联邦党人抓住总统和这一届国会最后的掌权时光,在 1801 年 1 月令众议院急速起草并通过一部有关司法改革的法案,参议院收到议案后只用了 3 周便表决放行,亚当斯总统因此得以在 1801 年 2 月 13 日签署并公布了这部法律,凭借这部以急剧扩张联邦司法系统规模为本旨的法律,联邦党得以将大量人马安插在法院中,这些新任命的法官一旦走马上任,就可手握终身任期而不受总统和国会的威胁,同时又可伺机反扑。

这里所提到的这部法律(案)就是 1801 年《司法法》。但是平心而论,1801 年《司法法》并不是一部纯粹为了党争而制定的法律,在一定程度上,它的使命是在司法联邦制的思路下继续推进前面 10 年未完成的司法改革。

1801 年《司法法》主要包含了两项改革措施:第一是调整法官序列。例如,为了缓解"三个审级,两套人马"背景下联邦最高法院大法官们诉累缠身的境况,1801 年《司法法》取消了联邦法院大法官的"骑马巡回"机制,而在巡回法院一级增设了一个 16 人规模的巡回法院法官序列,将联邦司法管辖区域分成 6 个巡回区,并将联邦最高法院大法官的人数(从 6 人)缩减为 5 人。第二是扩张联邦系统的司法管辖权。改革法案扩大了低级别联邦法院法官要求管辖涉及联邦问题案件的权力(通常称为"联邦问题初审权",即 federal question jurisdiction),使得在联邦系统法院进行初审的案件大幅增加;同时又将提审权授予低级别的联邦法院,从而让大量在州法院进行初审的案件能够在联邦法院完成终审。[1] 可以发现,与 1790 年兰道夫改革相比,1801 年《司法法》并没有增加实质性的东西,其中大部分改革内容与兰道夫报告的建议如出一辙。

---

〔1〕 Judiciary Act of 1801, February 13, 1801, 2 Stat. 89.

在这个意义上，和埃尔斯沃思、兰道夫一样，1801 年《司法法》的目标依然是扩张联邦司法体系的辐射范围，并贯彻司法权对美国经济社会的保护。例如，通过增设一批联邦巡回法院序列的法官来取代骑马巡回的联邦最高法院法官，联邦法院系统得以厘清各层级法院法官的职责，并建立更高效公正的审级体系。通过将联邦问题初审权和提审的权力下放给低级别的联邦法院，联邦司法系统重心下沉，美国普通民众得以有更多机会直接向联邦法院提起诉讼，或者将案件上诉到联邦法院，以此来减少对州系统法院的依赖，打击司法的地方保护主义。[1] 克罗敏锐地指出，这一系列改革举措实际上是在兑现联邦党人的商业国家主义政策："拓展人民诉诸司法的渠道就可以增加联邦司法的业务，联邦党人希望联邦司法业务量的增加能够促进法律的统一适用。法律的统一适用具有头等重要性，是因为它使得稳定并且可预期的经济交易成为可能。"[2]

但不可否认的是，1801 年《司法法》确实极易被贴上"党派政治"的标签，毕竟，通过 1801 年《司法法》而增设的巡回法院法官全部被联邦党人填满，削减之后的联邦最高法院大法官也无一例外均是联邦党人，[3] 并且削减大法官数量的行为本身就像是在阻挠杰斐逊任命新的大法官。此外，亚当斯还在其任期最后时刻认命了总共 42 名联邦党人担任哥伦比亚特区治安法官。转瞬之间出现的这一大批"半夜法官"（midnight judges）让杰斐逊以及民主共和党人大为光火。由于法官任期终身制的桎梏，杰斐逊确实有理由认为联邦党人的残余"已经退守到司法系统这个大本营中"。[4]

（二）改革停滞

为了瓦解盘踞在联邦司法系统的联邦党人，同时也为了遏制司法权在联邦层面的扩张，杰斐逊阵营采取了一大一小两个措施。

---

〔1〕 See Kathryn Turner, "Federalist Policy and the Judiciary Act of 1801", *The William and Mary Quarterly*, Vol. 22, No. 1, 1965, pp. 3 – 32.

〔2〕 Justin Crowe, *Building the Judiciary: Law, Courts and the Politics of Institutional Development*, Princeton University Press, 2012, p. 64.

〔3〕 参见［美］爱德华·考文：《司法审查的起源》，徐爽等译，北京大学出版社 2015 年版，第 63 页。

〔4〕 Kathryn Turner, "Federalist Policy and the Judiciary Act of 1801", *The William and Mary Quarterly*, Vol. 22, No. 1, 1965, pp. 3 – 32.

大的措施是“破旧立新”,即废除 1801 年《司法法》并出台一部新的司法法。杰斐逊以及民主共和党人主张废除 1801 年《司法法》的理由主要有两个:第一是组建新的法官序列花费太大,过于劳民伤财。在对“是否废除 1801 年《司法法》”进行国会辩论时,民主共和党人曾估计新法官职位的增设预计要花费 13,700美元,这为国家带来了不必要的财政负担。第二是在民主共和党政府中横亘着的联邦党最高法院会阻挠杰斐逊的施政计划,尤其是,它把大量民主共和党人挡在了法院职位之外。杰斐逊曾在与他人信件往来中指出:“共和党的律师和司法官们都认为,法院现在变得如此像是联邦党人的法院,并且固若金汤,犹如一道门挡在法院入口处,不可避免地排挤着我们共和党的人民,我相信被排挤的这些人占了人民中的大多数。”[1] 此外,废除 1801 年《司法法》还有一个独具吸引力的地方,即虽然美国《宪法》第 3 条第 1 款规定了联邦最高法院及其下级法院法官“得依据其良好表现保有其职位”(judges hold their offices during good behavior)的任期终身制原则,但其并没有说明当依据国会立法废除(abolish)该职位时,法官是否还能保有职位,[2] 因此就为“通过立法渠道调整法官规模”留下了操作空间。杰斐逊在 1801 年春夏之交入主白宫后,便着手废除 1801 年《司法法》的工作,废除表决的顺序是先参议院后众议院,杰斐逊阵营在众议院之中占据了绝对多数的席位,因此成功与否主要看参议院的表决(其中民主共和党人占据 17 席,联邦党人 14 席)。在最终投票中,虽然来自南卡罗来纳州的一位民主共和党人参议员背叛其党团投了反对票,民主共和党依然以 16 比 15 的微弱优势通过了废除案。随后,众议院在 1802 年 5 月 8 日也通过了对这部法律的废除表决,正式宣告 1801 年《司法法》作废。此时,距离该法律实行仅 13 个月。

1801 年《司法法》废除后,新上任的 16 名(联邦党)巡回法院法官职位被撤销,联邦最高法院的骑马巡回制度又死灰复燃,同时联邦问题初审权和提审权的下放也宣告作废。一个月之后,国会通过了 1802 年《司法法》,这部法律重申

---

〔1〕 William Carpenter, “Repeal of the Judiciary Act of 1801”, *The American Political Science Review*, Vol. 9, No. 3, 1915, pp. 519 – 522.

〔2〕 See William Carpenter, “Repeal of the Judiciary Act of 1801”, *The American Political Science Review*, Vol. 9, No. 3, 1915, p. 524.

国家被分为6个司法巡回区,每个巡回区包含一个巡回法院,其中每个巡回法院由一名联邦最高法院大法官骑马巡回审判,并由一名联邦地区法院法官驻守。这样一来,1802年《司法法》又撤回到1789年《司法法》出发的位置,一切原封未动。应当说,1801年《司法法》的废除以及1802年《司法法》对骑马巡回制度的复辟,在美国司法改革史上影响深远。实际上,直到后来南北战争时代的司法改革(以1866年《司法法》与1869年《司法法》为标志),美国才基本终结了自1789年以来形成的骑马巡回制度,中间上诉法院(intermediate appellate courts)才得以在此基础上建立,美国联邦司法系统才因此逐步实现真正意义上的三级三审制(1891年联邦上诉巡回法院建立,1911年巡回法院最终与联邦地区法院合并)。[1] 学者埃尔文·萨伦西(Erwin Surrency)不无叹息地说:"1801年《司法法》的废除对于联邦法院体系以及司法的组织运作而言是一个严重的倒退,因为司法体系再像这样完整地重组起来,几乎花费了整整一个世纪。"[2]

此外,作为党派斗争的产物,1802年《司法法》最大的要害在于它对联邦最高法院年会(annual sessions)时间的修改,即从每年6月与12月召开两次年会改为每年2月召开一次年会。做出这种修改的动机在于,国会针对1801年《司法法》的废止令直到1802年7月才生效,而杰斐逊们必须防止联邦最高法院的大法官们在1802年6月坐下来一起探讨和审查国会废止令的合宪性,因此1802年《司法法》出台就可以让联邦党阵营的大法官们应对这一危机的时间延后到1803年2月,那时候1801年《司法法》的废除基本已成定局。[3]

---

[1] 以1866年《司法法》与1869年《司法法》为标志的19世纪60年代后期司法改革,虽然没有像在林肯时期那样受到普遍关注,但却对美国联邦司法制度形成了更深远的影响:一方面,它基本终结了自1789年《司法法》以来形成的骑马巡回制度,使美国联邦司法系统向真正意义上的三级三审制迈进;另一方面,它最终确立了联邦最高法院大法官的9人制模式,这一规模持续150年之久,时至今日依然未改变,体现了足够的制度韧性。

[2] Erwin Surrency, "The Judiciary Act of 1801", *The American Journal of Legal History*, Vol. 2, No. 1, 1958, p. 65.

[3] 民主共和党人的这一企图似乎过于明显,以至于特拉华州众议院代表詹姆斯·白亚德(James Bayard)在当年5月的国会上破口大骂,指责这份法案的设计初衷"就是为了阻止最高法院在6月的年会,可见民主共和党人出台这部法律就是为了一党私利,而非出于增进人民福祉的动机"。See Justin Crowe, *Building the Judiciary: Law, Courts and the Politics of Institutional Development*, Princeton University Press, 2012, pp. 73 - 74.

另一个小的措施来得更加迅速。亚当斯在卸任之前最后时刻匆匆任命了一批"半夜法官",委任状已经签发,唯独没来得及完成的是将这批委任状送交被任命的法官,杰斐逊有意阻挠,令其国务卿麦迪逊扣押这批委任状,并宣布不予送交。这一系列举措带有试探联邦最高法院容忍度的意图。马伯里原本被任命为哥伦比亚特区治安法官,在白宫宣布扣押委任状后,他随即向联邦最高法院提起了强制执行之诉,而联邦最高法院受理该案的依据便是 1789 年《司法法》第 13 条,该条最后部分授予了联邦最高法院向一切美国公职人员颁布强制令的权力。

(三)马歇尔的裁判选择

民主共和党人的政府与国会联手对付联邦党人的法院,联邦最高法院的地位因此也变得岌岌可危,这个难题摆在了马歇尔面前。在 1801 年从亚当斯政府国务卿的位置上离任并接手联邦最高法院后,马歇尔的目标便是按照美国宪法最初的规划来塑造一个与立法、行政同样强大的联邦司法体系,他必须结束过去的惯性,这个惯性正像第一任首席大法官约翰 · 杰伊说的那样,根源于一种"没有活力、力量和威望并且有缺陷的司法制度"。[1] 同时,联邦党人以及国家主义者还期望他开启一个新的惯性,以此全面提升司法在三权之中的地位。1802 年《司法法》的出台让联邦最高法院年度会议推迟到了 1803 年年初,但恰恰在这个时间点上,马歇尔获得了反击杰斐逊的机会,当时有两个摆在他面前的案件:

第一个是斯图亚特诉莱德案(Stuart v. Laird)[2],这个案件发生在一位马里兰州的公民与一位弗吉尼亚州的公民之间,该案原本在东弗吉尼亚地区的第四巡回法庭审理,但由于 1801 年《司法法》被废止,原本审理该案的法官职位遭到撤销,因此案件管辖权移转给第五巡回法庭。被告向联邦最高法院诉求撤销原审第五巡回法庭的判决,理由有二:首先,国会通过废止《司法法》来撤销法官职位的行为违背了《宪法》所确立的法官忠于职守得继续保有职位的任期终身制原则,因此废止令的撤销行为违宪;其次,《宪法》规定"涉及州或者外使为当

---

〔1〕 [美]伯纳德 · 施瓦茨:《美国法律史》,王军等译,法律出版社 2011 年版,第 35 页。

〔2〕 See Stuart v. Laird, 5 U.S. (1 Cranch) 299 (1803).

事人”的案件联邦最高法院拥有初审权，除此之外，联邦最高法院法官对其他案件仅仅具有上诉管辖权，因此骑马巡回制度的恢复无疑是扩大了联邦最高法院法官的初审范围，并且不利于法官独立审判，因此废止令恢复骑马巡回是违宪的。可见，该案实际上对1801年《司法法》的废止令提出了两个合宪性挑战：第一，撤销巡回法院法官的职位涉嫌违宪；第二，恢复骑马巡回涉嫌违宪。

第二个案件是人们所熟知的马伯里诉麦迪逊案。原告马伯里申请联邦最高法院强制执行委任状的送交工作。要注意，马伯里被任命为哥伦比亚特区治安法官所依据的法律并非1801年《司法法》，而是与该法几乎同时颁布的《哥伦比亚特区组织法》。〔1〕

马歇尔原本可以同时审理这两个案件，并且，如果在两个案件之中选择一个进行审理，从构建司法审查先例的明确性来看，也是斯图亚特诉莱德案更优。但问题是，以这种积极的方式建立联邦最高法院针对国会立法的专属审查制度，无疑是在政治层面向杰斐逊政府正式宣战。

最终，马歇尔选择审理马伯里诉麦迪逊案，而回避（recusal）了斯图亚特诉莱德案。回避的原因是他本人（作为联邦最高法院在弗吉尼亚第五巡回法庭进行骑马巡回的大法官）在进行巡回审理时已经听审过该案。但这个回避理由站不住脚，因为当时联邦法院大法官在两个审级审理同一个案件的情况非常常见，更重要的是，似乎马歇尔回避马伯里诉麦迪逊案的理由更加充分，因为在委任状签发之后，作为当时的国务卿，是他本人在委任状上加盖国玺，且有义务将其送交马伯里。〔2〕 总之，人们认为，马歇尔在两案中选择审理马伯里诉麦迪逊案时，很可能已经计划放弃正面阻击杰斐逊阵营了。从审理结果来看，在马伯里案中，马歇尔宣布1789年《司法法》第13条授予联邦最高法院颁布强制执行令状的规定僭越了《宪法》第3条第2款中联邦最高法院初审权的范围，因此该条规定违宪，法院撤销了案件。而一周以后斯图亚特诉莱德案的判决结果则是法院驳回了被告的诉求，并且宣布国会1802年的废止案符合《宪法》。

马歇尔的联邦最高法院在1803年2月的这场宪法危机中没有选择激进的

---

〔1〕 参见胡锦光：《在必然与巧合之间——马伯里诉麦迪逊案解读》，载《法学家》2006年第4期。

〔2〕 参见强世功：《司法审查的迷雾——马伯里诉麦迪逊案的政治哲学意涵》，载《环球法律评论》2004年第4期。

斗争策略。然而,一种较为流行的温和观点认为,马歇尔以非常隐蔽的、消极的方式,确立起了专属司法审查制度的先例,虽然这种先例的力量是非常微弱的,它仅仅确认了联邦最高法院最有限的(most limited)司法审查权。[1] 人们往往从两方面来论述这种隐蔽性与消极性:一方面,马歇尔此番妥协的主要目的与其说是确立司法审查制度,不如说是避免灾难性的政治后果,[2]因此它对于确立一项权力而言支持性的力量是微弱的;另一方面,它也没有为司法审查先例的确立提供明显的线索,这说明了为何从马伯里案到第二起专属性司法审查案例"斯科特案"(Dred Scott v. Sandford)整整跨越了 54 年,其间,联邦最高法院没有宣布任何联邦法律或者条款违宪,[3]并且,直至美国内战结束很久以后,马伯里案才作为一个标志性的宪法性先例被人们所熟知,[4]而联邦最高法院在司法审查问题上第一次提到马伯里案则是在 1887 年的穆勒诉堪萨斯案(Mugler v. Kansas)上,[5]此时距离马歇尔作出判决已经过了 84 年。

笔者认为,上述观点或许是不准确的。马歇尔在马伯里案中并非意图以某种消极的方式来确立司法审查的先例(虽然这并未彻底否认其客观上产生了这种效果),实际上,如果将马伯里案看作美国建国初期司法改革进程中的一个环节,那么就有理由认为,马歇尔确实在该案中尝试寻求某种转折,只不过,这种转折既不是旨在建立任何司法审查机制,也不是做出某种政治妥协。表面上,马伯里案与斯图亚特案一样,均是联邦最高法院对司法联邦制的一种自我否定,甚至也是对联邦党人商业国家主义施政方针的自我否定,但实际上,马歇尔赢得了一样至关重要的东西——他通过司法解释(judicial interpretation)的方式重新界定了美国《宪法》第 3 条第 2 款的联邦法院初审管辖范围。这一微妙的变化背后是极为深刻的策略转向,它为联邦法院系统在国会制定法以外寻求司

---

〔1〕 See Mark Graber, "Establishing Judicial Review: Marbury and the Judicial Act of 1789", *Tulsa Law Review*, Vol. 38, No. 1, 2003, p. 629.

〔2〕 See Justin Crowe, *Building the Judiciary: Law, Courts and the Politics of Institutional Development*, Princeton University Press, 2012, p. 76.

〔3〕 参见[美]亨利 · 亚伯拉罕:《司法的过程》,泮伟江等译,北京大学出版社 2009 年版,第 274 页。

〔4〕 See Wallace Mendelson, "The Judicial Act of 1789: The Formal Origin of Federal Judicial Review", *Judicature*, Vol. 76, No. 3, 1992, p. 133.

〔5〕 See Mugler v. Kansas, 123 U. S. 623 (1887).

法管辖问题的主导权打开了一个通道,使法院不再完全依赖立法的赋权机制。为了理解马歇尔的策略及其意义,我们不妨对马伯里案的判决意见作一番考察。

四、马伯里案与联邦最高法院的策略转向

(一)马伯里案的裁判策略

在马伯里案判决意见的开头部分,马歇尔的法庭提出了三个对本案裁判至关重要的问题:第一,申请人(马伯里)是否有权获得委任状?第二,如果申请人有权获得委任状,当其权利受到侵犯时,法律是否应当给予他救济?第三,如果法律应当给予他救济,强制令是否应当由本法庭发布?[1]众所周知,马歇尔在第一个和第二个问题上给出了肯定答案,但坚决否认联邦最高法院有权就委任状的送达发布强制令。原因在于,授权联邦最高法院发布强制令(writs of mandamus)的1789年《司法法》第13条超出了美国《宪法》第3条第2款授予联邦法院的初审管辖权范围,违反了《宪法》规定。由于法院必须依照《宪法》和法律来断案,而法院据以断案的法律之间或者法律与《宪法》之间可能会相冲突,因此法院有义务决定当这些法律以及法律与《宪法》发生冲突时,法官应当如何适用。马歇尔的论断是,法官应当适用《宪法》,因为《宪法》是"高级的、至高无上的法律""立法机关制定之法律若与宪法相抵触,则应无效",故《宪法》"高于立法机关所颁布的任何一般法律,是宪法,而不是这些一般法律,在同时被适用时,才真正应当决定案件的结果",[2]由此可以推出,法院有义务不服从违反《宪法》的法律,因此马歇尔的法庭有义务宣告自己在马伯里案中不享有初审管辖权。一部分学者认为,论证到这一步,马歇尔基本完成了对违宪审查原则的确认。然而,人们必须注意到上述论证的一个关键前提,即法院拥有解释"宪法是什么"的权力。反之,若法院无权向人们告知《宪法》的内容是什么,那么普通法律是否违反《宪法》就无从判断。马歇尔显然明白这一点,因此他铺垫

---

〔1〕 See Marbury v. Madison, 5 U.S. (1 Cranch) 137 (1803).

〔2〕 Marbury v. Madison, 5 U.S. (1 Cranch) 137 (1803), at 178.

道:"宣告法律是什么很显然是司法部门的职责和义务范围,那些将规则适用到特殊案件中的人,有必要详析和解释该规则。"[1]在判决意见的最后部分,他又反复举例说明法官为何拥有解释适用《宪法》的职权和义务,并且一如既往地实践它。可见,违宪审查原则的前提是释宪权。

浏览过马伯里案判决书的人都大抵会有这样一个印象,在马歇尔对第三个问题(联邦最高法院是否有权发布强制令)的回答中,论证释宪权并且详析释宪权具体适用对象的篇幅大约占到了 2/3,而讨论普通法律违宪之后果的部分只占据 1/3。这一安排或许并非偶然,马歇尔论证的大致顺序首先是释宪权的对象(联邦法院初审管辖权),其次是违宪审查原则,最后是对法院释宪权的证成,三部分的篇幅大致相当。笔者认为,这表明,马歇尔在判决书中最关注的理论问题既不是释宪权的证成,也不是违宪法律的无效:第一,之所以不是对释宪权的证成,是因为马歇尔的论证恰好与逻辑上的论证顺序相反,毕竟,若无释宪权便无违宪审查权,若无违宪审查权便不存在对普通法律是否违宪的解释和认定,故逻辑上的论证顺序当是先证成法院释宪权,而后证成法院审查违宪法律的权力,最后证明本案中适用的法律确实违反《宪法》,应宣告无效。马歇尔显然不会因疏忽大意而颠倒逻辑,最明显的例证是,本案判决意见开头处的三个提问就是按照缜密的逻辑步步递进的。一个写作者打破论证的自然逻辑,往往意味着他要将逻辑上最末尾但又是最重要的部分提前,以示开宗明义。反之,若释宪权在马歇尔的论证中占有核心地位,他无须打破论证的逻辑顺序。第二,之所以不是对违宪审查原则的确立,是因为这一解释不符合正常的写作策略,一个经验老到的写作者往往不会将他最渴望拿来说服别人的文字以不大的篇幅安插在文章的中间部分,如此布局既难以引起注意,又容易在论证上惹人误解。况且,在三层次的逻辑推演中,逻辑起点与逻辑结论都可以是作者论证的焦点,唯独将推演的中间部分作为论证核心显得怪异且让人不得要领。

其实,主张马歇尔论证的焦点是联邦法院初审管辖权的范围,既可以与 19 世纪初美国联邦司法改革的大背景相契合,又能够据此融贯地理解他选择审理马伯里案而非斯图亚特案的理由。前面已经提到,1801 年《司法法》的废除意

〔1〕 Marbury v. Madison, 5 U. S. (1 Cranch) 137 (1803), at 177.

味着联邦党人尝试扩张联邦问题初审权并建立稳固的联邦法院审级体系的努力付诸东流,马歇尔曾在当时的一封信件中怒不可遏地写道:“让这部废止法案得以通过的权力能够干出任何事情!”[1]可见,在马伯里那里,管辖权的范围对于联邦司法的建构及其权威而言乃是生死攸关的。另外,与马伯里案不同,斯图亚特案主要提出的两个违宪事由是“撤销巡回法院法官的职位涉嫌违宪”以及“恢复骑马巡回涉嫌违宪”,它们均没有对联邦最高法院初审管辖权的范围提出强有力的挑战,因此未给法官机会来说明《宪法》第3条第2款是否留下了足够的解释空间。综合各方面来看,联邦最高法院选择在马伯里案中凭借释宪权来介入联邦法院初审管辖权范围的讨论,可谓用心良苦。

一旦人们承认联邦最高法院在初审管辖权问题上拥有释宪权,就等于承认联邦最高法院在《宪法》条文的语义射程内能够决定自身及其下级法院的受案范围,而无须听命于国会的朝令夕改。马歇尔的论证虽然没有明示这一点,但确实隐含着该结论。马歇尔首先指出,1789年《司法法》第13条确实授权联邦最高法院向保有公职的个人发出强制执行令。但这一规定没有包含在《宪法》第3条第2款所规定的联邦最高法院初审管辖范围内,根据美国《宪法》规定:“最高法院对一切有关大使、公使、领事以及州为一方当事人的案件享有初审管辖权。在所有其他案件中,最高法院享有上诉管辖权。”乍一看,《宪法》的表述是非常明确的,但这种明确性建立在马歇尔选择性舍弃该条文之末尾的基础上,该条末尾的表述是“但依国会规定为例外或者另有规定的,不在此限”。虽然从句法来看,关于国会例外之规定的表述只及于上诉管辖权,但它依然造成了两种理解:第一种理解是,国会分配的管辖权限于上诉管辖权,而不及于初审管辖权;第二种理解是,国会分配的管辖权既包括上诉管辖权,也包括《宪法》明文规定以外的初审管辖权。在马伯里案的法庭上,有人就采取了第二种理解,他们认为,由于授予联邦最高法院及其下级法院初审管辖权的条款是一般性条款,而授予联邦最高法院初审管辖权的条款中并未包含否定性的或者限制性的表述,因此立法机关依然有权将《宪法》未规定的其他案件的初审管辖权配置给

---

[1] Marshall to Oliver Wolcott, April 5, 1802, in Hobson, The Paper of John Marshall, 6:104. See Alison LaCroix, "Federalists, Federalism, and Federal Jurisdiction", *Law and History Review*, Vol. 30, No. 1, 2012, p. 224.

联邦最高法院。马歇尔对此的反驳是,肯定性的表述在使用时经常包含着对其肯定范围以外之对象的否定,在这个意义上,否定性的或者排他性的意思必须被包含在这些肯定性的表述中,否则这些表述就无法被适用了。马歇尔认为,如果不采取上述理解,那么《宪法》有关法院管辖权的规定就会显得多余:"如果国会始终有自由授予该法院上诉管辖权,而宪法宣称这本应当是初审管辖权;或者国会授予初审管辖权,而宪法宣称其是上诉管辖权,那么宪法中有关管辖权分配的规定就徒有形式而无其实质了。"〔1〕他据此主张,应当坚持《宪法》的显明含义(obvious meaning),认定联邦最高法院对《宪法》明示范围以外的案件(包括申请强制令)仅享有上诉管辖权。

表面上看,马歇尔的上述解释略显牵强,按照他的说法,一旦肯定性的表达中不包含否定或者排除其他内容的含义,似乎会导致该表达本身失去实质性。人们为此可以找到很多反例,法律明确规定"自行车可以进入公园",并不必然意味着要排除其他车辆(如救护车)在紧急情况下驶入公园,并且这些例外情况的存在也不会使该肯定性的内容失去意义,在通常情况下,自行车依然是唯一能够驶入公园的车辆。同理,《宪法》对联邦最高法院的初审管辖权范围作出肯定规定后,被肯定的内容也不会因为国会在初审管辖权上增添其他规定而失去意义,无论如何,例外都不可能替代常态。〔2〕

笔者认为,不能仅仅在字面上理解马歇尔的上述论证。其实,马歇尔真正要主张的是,必须认真对待《宪法》条款本身,尤其是要将《宪法》对管辖权的授权和限定看作对立法机关具有实质约束力的。这种"约束力"意味着国会不能在罔顾《宪法》规定之意旨和原则的情况下,通过立法或者作出例外规定的形式

---

〔1〕 Marbury v. Madison, 5 U.S. (1 Cranch) 137 (1803), at 174.

〔2〕 爱德华 · 考文指出马歇尔在管辖权论证中的另外两个漏洞:第一,按照马伯里案所确立的原则,联邦最高法院对于《宪法》规定以外的案件不享有初审管辖权而享有上诉管辖权,并且初审管辖权与上诉管辖权是互斥的,按照这个逻辑,则联邦最高法院对于《宪法》规定享有初审管辖权的案件不享有上诉管辖权,但后者显然是与联邦最高法院后来的司法实践矛盾的,并且它也违背了审级制度的一般原理;第二,更重要的是,1789 年《司法法》第 13 条实际上并没有扩大联邦最高法院的初审管辖范围,因为"强制执行令并非(起码通常情况下不是)法院获取管辖权(甚至也包括对上诉案件)的工具,而只是行使常规管辖权的一个补救措施,类似于人身保护令或禁制令。参见[美]爱德华 · 考文:《司法审查的起源》,徐爽等译,北京大学出版社 2015 年版,第 135 ~ 140 页。

任意地(马歇尔用到的表达包括“自由裁量”“任凭意志”“自由地”等)改变《宪法》所明示的法院管辖范围。很显然,虽然马歇尔批评的直接对象是1789年《司法法》,但更符合其批评要旨的则是民主共和党人推动的1801年《司法法》废止案以及1802年《司法法》。那么,究竟谁有职责和义务(province and duty)来辨识、解释符合宪法原则或者由《宪法》所明示的联邦法院管辖范围呢?马歇尔坚定地认为,是拥有释宪权的联邦最高法院。

(二)通过判例扩张联邦系统法院司法管辖权

在马伯里案中,马歇尔结束了一个旧的惯性,其中联邦法院系统在初审范围问题上必须听命于国会的立法控制,无论这种控制是基于改革诉求、利益妥协还是党派斗争。同时,他又开启了一个新的惯性,即联邦最高法院拥有职责和义务来解释和适用宪法所赋予的法院初审管辖权,这意味着,联邦党人秉承的司法联邦制的改革任务,现在转由以联邦最高法院为核心的司法系统自身来完成。尚需注意,司法联邦制的主要任务是为联邦司法系统争取更多的案件管辖权,加强国家司法在州的辐射力,实现法律适用的统一以及全国范围内商业交易的可预期性。

在马伯里案以及随后的许多案件中,马歇尔以及其他联邦党人大法官的中心立场均是在更具普遍性的意义上解释联邦司法权,并致力于打造一个管辖范围更广的联邦司法体系,而非仅仅打造一个联邦最高法院。[1] 有两个案件较为典型地证明了这一点,分别是美国银行诉德沃案(Bank of United States v. Deveaux)和奥斯本诉美国银行案(Osborn v. The Bank of United States)。

德沃案关注的是,当某个州注册的公司起诉该州公民时,其可否以该公司的组成人员属于另一个州为由要求联邦巡回法院根据美国《宪法》第3条第2款行使异州管辖权(diversity jurisdiction)。[2] 联邦最高法院最终承认了此种情

〔1〕 在这一点上,我的立场区别于陈睛,在他看来,马歇尔的裁判选择“不在于建立违宪审查或者避免与其他部门的冲突,而在于马歇尔对最高法院初审权的限制,也是对最高法院作为全国上诉法院的定位”。参见陈睛:《马伯里诉麦迪逊:打造联邦最高法院》,载《清华法治论衡》2013年第2期。这一观点是片面的,从马歇尔的司法联邦制立场出发,他的野心显然不仅仅是限制联邦最高法院初审权,将联邦最高法院打造为全国的上诉法院。我在前面已经指出,马歇尔的裁判实际上是以释宪权来夺取联邦问题初审管辖的话语权,从而为未来通过法院解释来扩展联邦法院系统的管辖权范围确立先例。

〔2〕 The Bank of United States v. Deveaux, 9 U. S. 61(1809).

况下的异州管辖权。马歇尔在陈述意见中指出,当事人能够向联邦系统法院提起诉讼的原因并非公司组织法属于联邦法律,而是基于公司代表的是公司成员,后者以公司的名义提起诉讼,因此实际的诉讼发生在公司名义下的一方当事人与另一方当事人之间,诉讼结果最终由公司成员承担,因此异州管辖权在本案中适用,联邦巡回法院应当管辖该案。[1]

奥斯本案聚焦于美国第二银行能否基于其自身章程条款授权,而向联邦巡回法院提起诉讼,该银行章程由国会法案(an act of Congress)创制,但美国《宪法》第 3 条第 2 款仅仅授权联邦制定法(federal statue)调整联邦法院管辖权范围,当时的联邦制定法只授予银行"公司权利能力",未明确其是否有权在联邦巡回法院起诉或者应诉。[2] 上诉人认为这种情况不应受联邦法律调整,因为该案中的一些问题必须用衡平法的一般原则解答,不受国会法案调整。马歇尔反讥道,如果这是将案件从联邦法院管辖范围中剔除的理由,那么几乎任何案件,只要有法律所规定的管辖权,都会被剔除,因为没有任何一个案件,其所有部分都受到宪法、制定法以及合众国条约的调整。[3] 根据马歇尔的立场,一个案件是否属于联邦法院管辖,主要考察联邦问题是否构成初始诉因的主要要素(ingredient),只要联邦问题在诉因中占据主导(但无须扩展至案件整体),联邦法院对该案就具有管辖权。而联邦制定法授予银行权利能力的表述足以构成银行任何行为的要素。[4] 因此奥斯本案属于美国《宪法》规定的联邦法院管辖权范围。

这些先例的确立让众多联邦巡回法院和联邦地区法院受益。拉克罗伊斯指出,联邦最高法院是这个全新联邦司法图景的中心大厦,但它被其他类似的联邦司法大厦包围和支撑着,它们共享着一个承诺,即通过建构和解释的方式服务于一个实质性的联邦党人理念——捍卫一个由多层次政府权威所组建的

---

[1] See The Bank of United States v. Deveaux, 9 U. S. 61(1809), at 43 – 45.

[2] See Osborn v. The Bank of United States, 22 U. S. 738 (1824).

[3] See Osborn v, The Bank of United States, 22 U. S. 738 (1824), at 820.

[4] See Anthony Bellia, "The Origins of Article Ⅲ 'Arising Under' Jurisdiction", *Duke Law Journal*, Vol. 57, No. 2(2007), pp. 333 – 334.

统一体。[1]

五、结　论

1821 年,约翰·马歇尔曾在一封信件中写道:“对司法的攻击实质上是对政治共同体的攻击……每一次减损司法的管辖权,都会给政府带来致命的创伤。”[2]政治共同体要兑现宪制,一项重要的任务就是为统一的司法体制争取更多话语权,保障司法的独立性。19 世纪初叶,美国政党政治阴影下的立法实践提供的是一个鲜明的反例,因此,联邦最高法院在马歇尔的布局下开辟了另一条全然不同的道路,即运用司法部门自身的资源来建构司法,依靠法院解释例扩大联邦法院初审管辖的范围,让联邦的法律救济渠道离普通美国民众更近,让统一的联邦国家更加稳固。只不过,很难因此认为马歇尔的法院是秉持积极主义、能动主义的法院,因为“大部分时间里,它都审慎地追求其严格的法律事业,小心翼翼地远离喧嚣浮躁的政治。当然,恰恰是在这漫长时期的静默中,法院夯实了它的制度统一性和权威性,这也为美国人接受它在创造宪法性法律上所扮演的角色提供了条件”。

---

〔1〕 See Alison LaCroix, “Federalists, Federalism, and Federal Jurisdiction”, *Law and History Review*, Vol. 30, No. 1, 2012, p. 236.

〔2〕 *Marshall to Story*, September 18, 1821, in Hobson, The Paper of John Marshall, 9:184. See Alison LaCroix, “Federalists, Federalism, and Federal Jurisdiction”, *Law and History Review*, Vol. 30, No. 1, 2012, p. 244.

美国刑事案件中的简易程序

弗洛伊德·F. 菲尼* 劳伦斯·赫尔曼**

陈娇杨*** 译

一、序 言

首先,美国作为一个联邦制国家,这一事实致使讨论美国刑事案件中的简易程序成为一个相当复杂的问题。美国50个独立的州及哥伦比亚特区各自拥有独立的刑法典、刑事诉讼法典和刑事法院系统。中央(联邦)政府也有自己独立的刑事司法系统,辅之以独立的刑法典、刑事诉讼法典和刑事法院系统。

刑事犯罪,包含大多数普通犯罪在内,超过95%在各州法院提起公诉。[1] 担保诈骗、反垄断违法、所得税避税等白领犯罪,跨州犯罪以及针对联邦政府的犯罪属于典型的联邦犯罪。[2] 其他犯罪如毒品犯罪,可在任意法院提起诉讼。

无论是州还是联邦的司法管辖权都必须遵守联邦《宪法》。[3] 联邦《宪法》保障的刑事权利,包括获得律师辩护、陪审团审判、同原告对质、保释、传唤对其有利的证人作证、不受不合理的搜查和扣押、不被强迫自证其罪以及法律正当程序和平等保护的权利。[4] 其中许多权利设置限制了简易程序。所有的法

---

* 加州大学戴维斯分校法律教授。

** 俄亥俄州立大学法学院名誉主席。

*** 中国人民大学法学院博士研究生。

〔1〕 See Wayne R. LaFave and Jerold H. Israel, *Criminal Procedure*, 1992, 2rd ed., p. 4.

〔2〕 See, e. g., Norman Abrams and Sara Sun Beale, *Federal Criminal Law and Its Enforcement*, 1993, 2rd ed., pp. 1 – 15.

〔3〕 这个结果是由联邦《宪法》最高条款规定。See U. S. Const. art. Ⅵ.

〔4〕 See U. S. Const. amends. Ⅳ, Ⅴ, Ⅵ, Ⅷ, and ⅩⅣ.

院——普通审法院与上诉审法院、州法院与联邦法院——都有义务解释和遵守宪法权利。美国最高法院的判决,即有关联邦宪法事项的最高法律依据,所有法院必须遵守。此外,各州拥有各自的宪法和法律制度。部分州法律还保障附加权利并对适用简易程序设定了额外的限制性条件。联邦《宪法》保障的权利具有一致性,尽管如此,各州诉讼程序仍有较大的变通。

二、简易程序的种类

庭审拖延和刑事案件数量庞大亟待处理一直是美国刑事诉讼关注的要点问题。[1] 这些问题促使了大量缩短时间和成本的刑事程序在自然人刑事案件中的发展。主要刑事程序种类包括:(1)定额罚款在轻微犯罪中的运用,如超速和违章停车;(2)控方自由裁量权的运用从而降低刑事诉讼的比例;(3)协商和调解代替起诉和审判;(4)略去一些传统的程序步骤;(5)认罪答辩代替庭审;(6)辩诉协商作为一种加强有罪答辩的方式;(7)缓刑或撤销假释代替审判。

案件管理和其他被设计用于加速案件处理的普通刑事诉讼程序不包含在本文讨论范围内,因此本文不做赘述。[2] 要实现非刑事化或消除犯罪,运用行政法规、行政许可、民事责任、公共卫生措施等手段处理,也许会获得更好的效果。[3] 这些通过非刑事化手段或者努力消除犯罪来解决刑事诉讼庭审拖延和案件数量庞杂问题的方式,本文也不做讨论。

三、定额罚金

包括简易程序在内的法律体系,通常基于不同的目的将犯罪进行划分。在

---

〔1〕 See Barrett, "Criminal Justice: The Problem of Mass Production", in Harry W. Jones ed., *The Courts, The Public and the Law Explosion*, Englewood Cliffs, Prentice Hall, 1965, p. 85.

〔2〕 See Barry Mahoney, *Changing Times in Trial Courts*, 1988.

〔3〕 See President's Comm'n on Law Enforcement and Administration of Justice, *Task Force Report: The Courts*, 1967, pp. 97 – 107.

美国,所有的司法管辖区将犯罪区分为重罪和轻罪,在一些司法管辖区,规定犯罪行为的最高刑为 1 年以上监禁即为重罪,低于这一惩罚限度即为轻罪。[1] 一般而言,重罪案件所需的程序较轻罪案件更为复杂。[2]

为了更加迅速地处理轻微犯罪,近年来,一些司法管辖区创设出了一种新的犯罪类型称为"违警罪"或"违章犯罪"。[3] "违警罪"与"违章犯罪"通常只需要较轻的罚金进行处罚。交通犯罪,例如,超速和违章停车,组成了大部分违警罪,如表 1 所列。[4] 在大多数情况下,罪犯被收押时会从警方手中收到一张"法院传票"或者"警方传票"。从形式上看,这张传票既是一项正式的指控,也是一张出庭通知,还是一张权利告知书。然而,在现实中,大多数传票接受者不会选择去法院争辩罪名,极高比例的人仅仅是选择按照传票规定的数额支付小额的罚金。到目前为止,支付交通罚金或者违章罚金从而避免庭审,已经成为美国简易程序的一种普遍方式。[5]

尽管交通犯罪在"违警罪"和"违章犯罪"中所占比例最高,一些司法管辖区也逐步将一些非交通犯罪纳入适用简易程序的范围。近年来,一些州致力于将罪刑由轻罪降低为违章犯罪或非刑事犯罪来提升简易程序所占的比例。一些州已经将这种转变运用到持有少量大麻的案件中。[6]

虽然定额罚款的程序因司法管辖区不同而异,但对处罚存在争议的情形均提供了一些救济方法。对那些希望对罚金刑进行抗辩从而得到令其满意的结果的人,安排听证会进行救济。然而,人们偶尔会听到有人抱怨这些司法管辖

---

〔1〕 See Wayne R. LaFave and Austin W. Scott, Jr., *Criminal Law*, 1986, 2rd ed., pp. 9 – 37.

〔2〕 See Wayne R. LaFave and Jerold H. Israel, *Criminal Procedure*, 1984, pp. 6 – 7. 在某些司法管辖区,惩罚少于 6 个月的轻罪被归类为轻微犯罪。历史上,陪审团审判的权利并不适用于"轻微犯罪",Duncan v. Louisiana, 391 U. S. 145 (1968),最高法院决定涉及联邦宪法权利的案件由陪审团审判,如果惩罚可能少于 6 个月,则不适用陪审团审判。Baldwin v. New York, 399 U. S. 66 (1970).

〔3〕 Model Penal Code § 1.04 (1985); Cal. Penal Code § 17 (West 1988).

〔4〕 表 1 是基于加利福尼亚州的数据。尽管这些数据各州间的差别很大,但实际上所有的司法管辖区都使用某种形式的简易程序来处理这些罪行。

〔5〕 将此类违法行为归类为"违警"或"违规行为",为这些违法行为的轻微性质提供了明确的概念。这种分类也可以通过避免某些州的《宪法》规定以保证简易处理。然而,许多州使用简易程序来处理此类案件,但不使用"违警罪"或"违章犯罪"进行分类。

〔6〕 See National Governor's Conference, Marijuana, *A Study of State Policies and Penalties*, 1994, pp. 40 – 44.

区故意安排听证会为公民制造不便或浪费公民时间，其目的是激励公民去交罚金而不是提请法院审判。

四、控方自由裁量权

在一些欧洲国家的传统诉讼中，所有的刑事案件都需要控方参与，[1] 在美国，检察官对于是否提出指控享有自由裁量权。[2] 无论是轻罪案件还是重罪案件通常开始于警方侦查，如果警方认为证据足够充分，通常会逮捕嫌疑人，将他们扣押在警察局，随后将他们的涉案信息移交检察官，由检察官做出是否起诉的决定。

在美国，由于检察官通常由地方选举的官员担任，检察实践在州与州之间甚至一州之内都有多种多样的形式。[3] 警方提交的案件，检察官对其中 20% 拒绝提出指控或者对更多的重罪案件提起诉讼都是正常的。[4] 检察官可以基于任何原因拒绝提出指控，然而，其自由裁量权的范围并不限于决定是否提起诉讼。[5] 不提起指控最常见的原因莫过于证据不够充分不足以定罪。[6] 其他拒绝提起诉讼的原因包括被害人不愿意合作、对案件公平性的考量、案件移交其他机构管辖的合理性以及犯罪嫌疑人的年龄或健康状况。[7] 虽然这种行使自由裁量权的方式通常并不被认为是简易程序，但既避免了庭审又避免了审判，同时还

---

〔1〕 See, e. g. , Herrmann, "The Rule of Compulsory Prosecution and the Scope of Prosecutorial Discretion in Germany", *U. Chi. L. Rev* 41, 1974, p. 468; Pizzi and Marafioti, "The New Italian Code of Criminal Procedure: The Difficulties of Building an Adversarial Trial System on a Civil Law Foundation", *Yale J. Int'L L* 1 17, 1992, p. 11.

〔2〕 See Abraham S. Goldstein, *The Passive Judiciary: Prosecutorial Discretion and the Guilty Plea*, 1981; Vorenberg, "Decent Restraint of Prosecutorial Discretion", 94 *Harv. L. Rev* 94, 1981, p. 1521.

〔3〕 See William F. McDonald, U. S. Dep't of Justice, *Plea Bargaining: Critical Issues and Common Practices*, 1985, pp. 9 – 48.

〔4〕 See, e. g. , U. S. Dep't of Justice, Bureau of Justice Statistics, *The Prosecution of Felony Arrests*, 1987, p. 1990.

〔5〕 See Floyd Feeney, Forrest Dill and Adrianne Weir, U. S. Dep't of Justice, *Arrests Without Conviction: How Often They Occur and Why*, 1983, pp. 195 – 223.

〔6〕 See Frank W. Miller, *Prosecution: The Decision to Charge a Suspect with a Crime*, 1969.

〔7〕 See, e. g. , Kathleen Brosi, U. S. Dep't of Justice, *A Cross-City Comparison of Felony Case Processing*, 1979, p. 16.

具备了简易处理的特征。

尽管特定案件中不时存在关于自由裁量权合理的适用范围的争议,但实际上,几乎所有的争议者均接受行使自由裁量权的普遍规则。〔1〕 其实,多年来,学术界权威敦促检察官在程序早期运用自由裁量权筛选并排除不可能定罪的案件,人们通常认为,这种做法既促进了公平,又提高了效率。〔2〕

五、司法分流和调解

同其他国家一样,在美国,将案件从刑事审判程序和判决程序中分流出来是有可能的。这种被分流出来的案件通常有两种处理方式,即交付社会服务项目处理和通过替代性纠纷解决机制(如调解方式)处理。〔3〕 在某些情形下,司法分流还包含运用自由裁量权不起诉和利用法院权威解决问题的方式。一些分流程序由成文法授权,〔4〕一些程序则是非正式的;〔5〕一些程序适用范围限于未成年犯,〔6〕一些程序也适用于成年犯;〔7〕一些程序仅适用于轻罪,一些程序

〔1〕 See National Advisory Comm'n on Criminal Justice Standards and Goals, Courts, 1973, pp. 17 - 26; I American Bar Association Project on Standards for Criminal Justice, The Prosecution Function, 1980.

〔2〕 See Joan A. Jacoby, *The American Prosecutor: A Search for Identity*, 1980, pp. 64 - 65. This book also gives a typology of screening policies that have developed. Id. at 205.

〔3〕 For general discussions of diversion and mediation in the United States and elsewhere. See Martin Wright and Burt Galaway (eds.), *Mediation and Criminal Justice*, 1989.

〔4〕 See for example, Conn. Gen. Stat. Ann. § 54 - 56m (West 1985); N. Y. Crim. Proc. Law § 170.55 (McKinney 1993); N. Y. Judiciary Law § 849 - b(4)(f) (1992); Iowa Code Ann. § 679.5 (West 1987).

〔5〕 See Palmer, "Pre-Arrest Diversion: The Night Prosecutor's Program in Columbus, Ohio", *Crime & Delinq* 21, 1975, p. 100. 帕尔默教授引用了一项始于哥伦布市律师与首都大学法学院之间的合作项目,其目的是研究刑事案件的司法分流和调解。A somewhat similar California program is described in Hederman, Jr. and Dahlinger, "Citation Hearing System", 12 *Hastings L. J* 12, 1961, p. 275.

〔6〕 See Smith, "Mediation and the Juvenile Offender", *Update on Law Related Education*, *ABA Special Committee on Youth Education for Citizenship*, Spring/Summer 1991, p. 7 (在涉及少年犯和其他少年犯的案件中,描述审前分流和调解,如逃课者、逃学者和被称为"身份犯"的罪犯); Umbreit, "Mediation of Youth Conflict: A Multi-System Perspective", *Child & Adolescent Soc. Wk* 8, April 1991, p. 141.

〔7〕 The Columbus Night Prosecutor's Program, briefly described at nn. 35, infra, involves adults who, but for the diversion, would face criminal charges.

适用范围包含少量重罪。[1]

最广泛运用司法分流的方案之一的情形是对因毒品或醉酒犯罪的罪犯采取强制医疗。[2] 在这种分流方式之下,被告人同意参加治疗程序,检方则暂停对其起诉。如果犯罪人成功地完成治疗程序,案件将被永久搁置。

成年人犯罪也可以分流到就业服务、咨询服务以及各种其他类型社会服务项目上。一些司法管辖区分流了大量的案件,一些管辖区则未分流。[3] 尽管缺乏数据,但似乎20世纪90年代案件分流少于70年代。原因之一在于,90年代可提供用于成年人的社会服务和治疗方案的司法分流制度少之又少,部分是因为项目经费缺少,部分是因为对犯罪更严厉的惩罚措施的运用,其他原因还包括对司法分流的潜力不甚乐观的态度。20世纪60年代末70年代初,司法分流的想法引发了社会极大的热情,激发出一系列主要的司法分流方案,然而,对这些主要的分流方案进行评估,引发了对其在减少累犯方面的质疑。[4] 评估结果还表明,部分被分流的被告人罪行尚未被证实。这些评估结果引发了许多观察者对分流过程公正性和分流成本的严重质疑。[5]

虽然人们对将案件分流到社会服务项目的热情有所下降,[6] 但对调解类

---

〔1〕 See Palmer, "Pre-Arrest Diversion: The Night Prosecutor's Program in Columbus, Ohio", *Crime & Delinq* 21, 1975, p.103. 在1993年6月25日与劳伦斯·赫尔曼(Lawrence Herman)教授的电话交谈中,负责哥伦布市夜间检察官项目的助理城市检察官罗伯特·莱韦林(Robert Levering)说,尽管该项目的现行版本仍然包括一些被认为是重罪的行为,但这种行为将被指控为轻罪,而不是重罪。

〔2〕 See, e.g., Cal. Penal Code § 1000 (West 1988).

〔3〕 See, e.g., Barbara Boland, Catherine Conly, Paul Mahanna, Lynn Warner & Ronald Sones, The Prosecution of Felony Arrests, 1987, at 7 (1990).

〔4〕 See, e.g., Zimring, "Measuring the Impact of Pretrial Diversion from the Criminal Justice System", *U. Chi. L. Rev* 41, 1974, p.224.

〔5〕 Vorenberg and Vorenberg, "Early Diversion from the Criminal Justice System: Practice in Search of a Theory", in, Lloyd E. Ohlin (ed.), *Prisoners in America*, 1973, p.151; Statement of Daniel J. Freed on Proposed Federal Legislation Regarding Pretrial Diversion, Before the Subcommittee on Courts, Civil Liberties and Administration of Justice of the Committee on the Judiciary, U.S. House of Representatives, 93rd Cong. 2d Sess. Feb. 12, 1974; Joan Mullen, U.S. Dep't of Justice, T*he Dilemma of Diversion*, 1975; "Pretrial Diversion", in Sanford H. Kadish (ed.), *Encyclopedia of Crime and Justice* 3, 1983, pp.1184–1189. 少年司法系统中的分流呈现出不同的问题,超出了本文的讨论范围。

〔6〕 另一个导致司法分流项目热情下降的原因是美国对康复治疗的普遍怀疑。

型解决方案的兴趣却在增加。[1] 俄亥俄州的哥伦布市推行的夜间检察官计划(NPP)举例说明了一种基于检察自由裁量权的调解方案。[2] 根据这一方案,接受过专业训练的顾问审查公民申诉的轻微案件,以决定是否提出刑事指控或者采用调解听证会方式解决。如选择调解方式,则听证会在检察官的私人办公室举行,出席听证会的人员包括听证官(通常为法学学生)、申诉人、答辩人、代理律师、辩护律师(很少有这种情况)和目击证人(如有需要)。听证官用以下方式主持听证会:各方都有机会不间断地陈述他/她的观点,听证会安排 30 分钟一次,一周 7 次。如果听证会没有成功地解决问题,其他应对申诉的选择包括正式的刑事指控,由被害人衡量。在 1988 年,安排了 6930 场听证会。[3]

该方案在当事方出席听证的案件中有 93% 达成了一致的解决办法。[4]

六、略去一些传统的程序步骤

美国传统的重罪诉讼程序在两个不同的法院系统有许多不同的步骤。通常这些步骤包括被告人在下级法院出庭、预审、大陪审团起诉、被告人在初审法院出庭、陪审团审理,以及判决。[5]

第一次出庭时,法院会通知被告人对他的指控,告知他享有的宪法和法律

---

〔1〕 Umbreit and Cates, "Cross-Site Analysis of Victim-Offender Mediation in Four States", *Crime & Delinq* 39, 1993, pp. 565 –566. 在美国有超过 100 个受害者调解项目。他们指出,其中大部分是青少年司法程序,但也有越来越多的成人项目。See"Dispute Resolution Program", in Sanford H. Kadish (ed.), *Encyclopedia of Crime and Justice* 2, 1983, p. 623.

〔2〕 关于哥伦布市夜间检察官计划的讨论是基于 1980 年的斯考特 · E. 迪沃斯特(Scot E. Dewhirst)撰写的一份未注明日期的备忘录,当时他是负责夜间检察官计划的助理城市检察官。这份备忘录的副本现存于俄亥俄州立大学法学院的法律图书馆里。

〔3〕 Dewhirst memorandum, supra n. 35, at 21. 在备忘录中,"自然人案件"一词是指涉及实际或威胁人身或财产伤害的案件。在 NPP 中,与依靠人际关系解决案件相比,糟糕的检察案例要多得多。

〔4〕 在 NPP 项目中,依靠人际关系解决案件可以节省数百万美元。supra n. 35 at 8. See also Harris & Ray,法官需要了解替代性纠纷解决机制(ADR)"30 Judges' J. 30, 33 –34 (1991)"。其他情况下对非正式进程的研究表明,在刑事司法系统中使用调解可能会出现一些问题。See, e. g., Erlanger, Chambliss and Melli, "Participation and Flexibility in Informal Processes: Cautions From the Divorce Context", *Law & Soc'y Rev* 21, 1987, p. 585.

〔5〕 See Wayne R. LaFave and Jerold H. Israel, Criminal Procedure, 1984, pp. 11 –32. 轻罪的程序通常发生在下级法院,不包括起诉或初步审讯。

权利,主要包括获得律师辩护权,以及设定审前释放的条件。[1] 预审听证会是一项司法程序。其目的是由法官判断是否有理由相信被告人犯了被指控的罪行,如果法官认为证据足够支持指控的重罪,则将案件移送有普通管辖权的初审法院,以进行正式的重罪指控。而传统诉讼程序中,正式指控需要大陪审团的起诉。

大陪审团是一个古老的机构,它完全不同于负责审理案件是非曲直的陪审团,它由多达 23 名公民组成。大陪审团听证的参与者是大陪审员、检察官、控方证人,通常还包含一名法庭记录员。法官不参与大陪审团听证,被告人也无权出席。与预审听证会一样,大陪审团程序的目的是确定是否有足够的证据来证明被告有罪。如果大陪审团找到足够的证据,就会向审判法庭提起公诉,正式指控被告人。[2] 之后,被告人第一次出庭受审,由 12 名成员组成的陪审团进行审判,如果被告人被判有罪,则由法官宣判。

为了加快刑事案件的处理,许多州试图消除这一程序的某些步骤,超过一半以上的州不再需要大陪审团起诉。一些州允许警方人员基于犯罪报告或目击者证言作证,从而简化预审程序,[3]这消除了亲身经历案件事实的证人在预审中亲自出庭的必要性。[4] 有几个州已经基本消除了大陪审团在例行处理时的预审和起诉程序,[5]许多州允许使用少于 12 人的陪审团审判。[6]

---

〔1〕 在描述这一程序的细节时,我们将自由地引用劳伦斯·赫尔曼教授在俄亥俄州立大学法学院的刑事诉讼法课程中写给学生的材料。应当指出的是,在程序的大部分阶段,都会执行筛选功能。也就是说,有关的工作人员试图剔除那些无罪的人,并将可能的罪行传给下一阶段的人。既然目标是要描述所有的阶段,那么就会假定嫌疑犯总是被传递到下一个阶段,而不是被排除在这个过程之外。

〔2〕 See Marvin E. Frankel and Gary P. Naftalis, *The Grand Jury*: *An Institution on Trial*, 1977.

〔3〕 在涉及严重犯罪的联邦案件中,大陪审团提出了一项宪法权利。See U. S. Const. amend. V. 这包括所有的重罪。联邦权利不适用于国家诉讼。Hurtado v. California, 110 U. S. 516 (1884). 然而,大约有 20 个州将起诉作为州法律的一项宪法或法定权利。See Charles H. Whitebread and Christopher Slobogin, *Criminal Procedure*, 1993,3rd ed., pp. 546 – 547. 在其余的州,检察官可以选择起诉。在大多数情况下,检察官会行使自由裁量权,这是一个比大陪审团的听证会更迅速的程序。

〔4〕 See, e. g., Berend, "Proposition 115 Preliminary Hearings: Sacrificing Reliability on the Altar of Expediency?", *Pac. L. J* 23, 1992, p. 1131.

〔5〕 Fla. R. Crim. P. 3. 133 允许使用非对抗性的初步审讯方式,通过向法官出示犯罪报告来满足他们的要求。规则 3. 140 允许使用任何信息或起诉。在许多司法管辖区,作为一个实际的问题,既没有证据的初步审理,也没有起诉。Floyd Feeney, Forrest Dill and Adrianne Weir, U. S. Dep't of Justice, *Arrests Without Conviction*: *How Often They Occur and Why*,1983, pp. 65 – 76.

〔6〕 See Wayne R. LaFave and Jerold H. Israel, Criminal Procedure, 1984, p. 695.

即使在保留了传统程序的司法管辖区,也有缩短程序的方式。在大多数司法管辖区,如果被告人之前被大陪审团起诉过,就没有权利进行预审听证。由于检察官通常会控制大陪审团的审理时间,如果没有必要在大陪审团开会前举行预审听证会,那么许多检察官会绕过预审听证会直接进入起诉阶段。

在所有司法管辖区,该程序可能因被告人放弃权利而进一步缩短。在一个需要大陪审团起诉的司法管辖区,被告人可以放弃预审听证会和由大陪审团起诉的权利。[1] 当然,被告人也可以放弃陪审团审判的权利,这将导致法官审判或认罪协商代替陪审团审判。

在一些大陆法系国家中,执法部门在调查"明目张胆"的罪行(正在实行或最近犯下的罪行)时,可以获得比在调查其他犯罪中更大的自由。[2] 这种增强权力的方式在某种意义上被认为是一种简易程序。在美国,警方可以在没有搜查令的情况下逮捕正在实施轻罪的罪犯。[3] 除此之外,这一原则并不适用于公然违法的恶劣犯罪以及与之类似的其他犯罪行为。

七、认罪答辩替代审判

80%至90%的重罪和轻罪案件均通过认罪答辩处理完毕,[4]在这些事实主张中有许多明确地作为辩诉谈判的一部分提出,但许多事实主张是在没有明确的辩诉谈判的情况下进行的。本部分讨论接受认罪协商的一般要求,无论是否起因于辩诉交易。下一部分(八、辩诉交易作为增加认罪答辩的方式)讨论由

---

〔1〕 See supra n. 41. 为了鼓励放弃初步听证会的权利,加利福尼亚州地区的律师经常在初步听证会之前就提出请求。

〔2〕 See, e. g. , *The French Code of Criminal Procedure*, trans. by Gerald L. Kock and Richard S. Frase, 1988, pp. 9 - 11.

〔3〕 See Wayne R. LaFave and Jerold H. Israel, *Criminal Procedure*, 1992, 2rd ed. , pp. 169 - 170.

〔4〕 See U. S. Dep't of Justice, Bureau of Justice Statistics, *The Prevalence of GuiltyPleas*, 1984.

辩诉交易引起的认罪协商的特殊要求。[1]

(一)认罪答辩的宪法标准

一项有罪答辩的结果是免除被告人享有的大部分审判权利。[2] 这些权利有许多都是宪法权利,因此,认罪必须符合《宪法》规定的放弃宪法权利的标准。[3] 宪法标准有两个:第一,认罪答辩必须是自愿的;第二,认罪答辩的被告人必须是知情的,即被告人必须意识到认罪答辩的重要后果。[4] 此外,除了放弃宪法权利外,被告人还必须意识到他所承认的任何罪行的关键的犯罪构成要件,在某些情况下,检察机构有宪法义务为认罪建立事实依据。

1. 自愿

"自愿"一词可以分为广义和狭义的定义。根据广义的定义,无论何时,只要认罪答辩人认罪时是有意识的,认罪即为自愿的。根据狭义的定义,只有在没有任何政府诱因的情况下,认罪才会是自愿的。这两种定义都有致命的缺陷。广义的定义将会导致几乎所有的认罪答辩都被认为是自愿的,即使这些答辩是为了逃避残暴的政府行为,如酷刑。狭义的定义会导致所有认罪答辩因为非自愿而被拒绝。毕竟,所有的有罪答辩都是在被起诉的压力下做出的,而许多人是为了换取一个让步承诺而做的认罪。如果仅威胁或允诺就认定认罪答

---

〔1〕 我们不应分开讨论不争辩答辩。这一答辩——有时被称为 nolo contendere 或 non-vult——在联邦和大约一半的州均被承认。有罪答辩与不争辩答辩之间的主要区别在于有罪答辩是一种承认,可以在随后的诉讼中当作证据使用。不争辩答辩不是承认,也就没有证据价值,由于这个原因,深受两类被告人青睐:其一是那些预计他们会被民事起诉的人,其二是那些想要给公众制造以下印象的人,即他们之所以认罪,不是因为他们有罪,而是因为其他一些原因,例如,为了让他们的家庭节省开支或因为对审判的不安情绪。从权利的放弃和简易处理的立场来看,两者是一样的。因此,确定不争辩答辩的合宪性标准应该与那些适用于认罪答辩的标准相同。尽管没有最高法院的案例明确地表明,但 Brookhart v. Janis, 384 U. S. 1 (1966)一案,强烈暗示标准是一样的。在 Brookhart 案中,被告人在法庭上坚称他不想认罪。然而,辩护律师同意了简易审判,要求起诉只需要证明一个初步的事实,以获得定罪。法院认为"如果当事人在法庭上公开表示不认罪,辩护律师不能代替他的当事人的意愿去认罪,不能以他的委托人的名义进行另一个诉讼请求——从而剥夺被告人与对方证人对质的宪法权利,以及他做无罪抗辩的机会。"384 U. S. at 7 – 8 (footnote omitted). 为了简捷而高效地讨论不争辩答辩, See Wayne R. LaFave and Jerold H. Israel, Criminal Procedure, 1984, pp. 636 – 639。

〔2〕 See Boykin v. Alabama, 395 U. S. 238 (1969); McCarthy v. United States, 394 U. S. 459 (1969); Steven A. Saltzburg and Daniel J. Capra, *American Criminal Procedure*, 1992, 4rd ed., p. 803.

〔3〕 See id.

〔4〕 See id.

辩是非自愿的,那么所有的有罪答辩和辩诉交易均是非自愿和违反宪法的。〔1〕

“自愿”一词是在认罪的语境中使用的,因此是一种专业术语。只有在“不适当”的压力下,有罪答辩才是不自愿的。例如,如果认罪是基于暴力、暴力威胁或贿赂诱导而做出的,则认罪是不自愿的。〔2〕 然而,并非所有的压力都是“不适当的”。检察官可以合法地提出指控,也可以提出辩诉交易,即使这些活动给予了被告人压力,促使被告人接受辩诉交易。事实上,最高法院已经表明,在谈判过程中被告人承受相当大的压力是默许的。在 Bordenkircher 诉 Hayes 案中,〔3〕法院是在审查了一个控告的基础上维持了对惯犯的有罪判决,控告的内容是检察官在辩诉交易过程中威胁要提起诉讼,并在被告人拒绝承认伪造文件后提起了诉讼,被告人认为检察官提起诉讼是报复性行为。法院驳回了被告人关于检察官的报复行为的主张,认为对惯犯的指控是有事实根据的,在这种情况下,检察官在传统上有权酌情提出累犯指控。法院认为,这一案件与检察官提出撤销已提交的累犯指控从而换取有罪答辩并没有区别。法院将“一个简单的事实即检察官在谈判桌上的作用(利益)是说服被告人放弃他不认罪的权利”定性为“宪法上正当”。〔4〕 简言之,尽管检察官曾试图施加压力以诱导被告人认罪,但压力并非“不恰当”。因此,被告人认罪以避免累犯的指控,认罪将被认为是自愿的。

甚至可能被处以死刑也不是“不适当的”压力。在布雷迪(Brady)诉美国案中,〔5〕被告人对绑架罪的认罪使他免予死刑,如果他出庭受审,他可能会被处以死刑。尽管有这种不可否认的压力,最高法院仍然认定认罪是自愿的。

美国最高法院仅裁定了少量涉及自愿认罪的案件。因此,大部分确定有罪答

---

〔1〕 The analysis in the text is based on Justice Stewart's analysis in Schnecklothv. Bustamonte, 412 U. S. 218, 224 (1973). 然而,斯图尔特大法官并没有写关于认罪的内容,而是写正当程序规则排除“非自愿”的证据供认。并非所有的压力都能使供认非自愿从而不被承认。如果一名警官告诉忏悔者,认罪是他避免死刑的唯一途径,那么他的供认将被视为非自愿的,然而,为了逃避死刑而认罪实际上被认为是自愿的。See Brady v. United States, 397 U. S. 742 (1970); Saltzburg & Capra, supra n. 50, at 805.

〔2〕 See Brady v. United States, supra n. 53; Joshua Dressler, *Understanding Criminal Procedure*, 1991, p.415.

〔3〕 See 434 U. S. 357, reh'g denied, 435 U. S. 918 (1977).

〔4〕 Ibid. at 364. 1994.

〔5〕 See 397 U. S. 742 (1970). See also Parker v. North Carolina, 397 U. S. 790 (1970).

辩是否基于自愿的责任留给了州法院及下级法院承担。这些法院判决的案件会出现三种情况。第一种情况,检察官提出一项有罪答辩,承诺对与被告人有利害关系的第三人给予宽大处理。通常情况下,第三人是被告人的妻子。在这种情形下,固有的风险是不可靠性。被告人可能会为了保护爱人而虚假地承认罪责。[1]尽管下级法院声称对不可靠性感到担忧,但他们拒绝承认,只要是通过对第三人宽大处理的承诺引起的认罪,这种认罪就是非自愿的。相反,他们只是把承诺和风险看作是整体情况的一部分,在此基础上,确定这种答辩是否是非自愿的。[2]

第二种情况,反复出现在下级法院案件中,涉及司法影响力在认罪答辩中的发挥。法官和被告人之间关系的内在不平衡性会导致辩诉交易充满胁迫的危险。[3] 出于这个原因,一些司法管辖区,通过程序规则或司法决定,禁止法官参与辩诉交易。在没有禁令的司法管辖区,上诉法院倾向于仔细审视法官参与的认罪答辩程序。[4] 然而,他们的判决并不仅仅基于法官参与的事实。更确切地说,在对第三方宽大处理换取被告人认罪的情况下,判决将基于所有的情况作出,[5]包括法官是否发起了这次会面,法官是否使用恐吓的语言,[6]以

---

〔1〕 See The Supreme Court has recognized the risk. See Bordenkircher v. Hayes, 434 U.S. 357, 364 n. 8 (1978).

〔2〕 See LoConte v. Dugger, 847 F.2d 745 (11th Cir. 1988); United States v. Usher, 703 F.2d 956 (6th Cir. 1983); United States v. Nuckols, 606 F.2d 566 (5th Cir. 1979). 在 LoConte 案中,被告人的妻子已经被指控谋杀。但法院认为,被告人的认罪是自愿的,尽管他认罪的目的是换取一个承诺,即撤销对他妻子的指控。法院唯一关心的在于是否保留了这一承诺。See 847 F.2d at 752. 在 Usher 案中,尽管法院认为,丈夫的认罪是自愿的,同时指出,丈夫和妻子的律师已经分别向检察官提出了这一方案。但检察官只有在她丈夫认罪时才同意接受妻子的认罪。在 Nuckols 案中,被告人认罪以换取不起诉妻子的承诺。法院指出,除非检察官有理由相信妻子犯下了罪行,否则这种承诺将是欺诈的。相较于认罪的可靠性,法院似乎更加关注检察官给被告人提供的真实的价值。在诸如 Nuckols 案之类的情况下,对认罪可靠性以外的因素的重视可能并不完全没有道理。虽然认罪自愿性要求具有事实依据,但它并不是联邦刑事案件认罪过程中唯一需要保护的价值。《联邦刑事诉讼法》第 11(f)条禁止联邦法官在没有查明事实依据的情况下对有罪答辩作出判决。这一要求的明显目的是确保认罪的可靠性。考虑到第 11 条的可靠性保护,联邦法院在联邦案件中做出关于认罪自愿性的决定时,可能会强调其他价值。

〔3〕 See Fed. R. Crim. P. 11(e)(1); State v. Cross, 270 S. Car. 44, 240 S.E. 2d 514(1977); Commonwealth v. Evans, 434 Pa. 52, 252 A. 2d 659 (1969).

〔4〕 See LaFave & Israel, supra n. 9, at 583.

〔5〕 See Damiano v. Gaughan, 770 F.2d 1 (1st Cir. 1985).(认罪是自愿的。州法官没有发起讨论,只是说他将遵守双方之间的任何协议)

〔6〕 See Caudill v. Jago, 747 F.2d 1046 (6th Cir. 1984).

及是否有辩护律师在场。[1]

第三种反复出现的情况,由第三人——通常是被告人的亲戚或共同被告——向被告人施加压力,且第三人与政府没有关系。[2] 如果控方与第三人向被告人施压没有牵连,就不存在国家或政府的行动,因此也没有违反宪法。[3] 如果控方施加了压力,那就有了国家或政府的行动,[4]在这两种情况下,这一行动是否违宪将视情况而定。

2. 意识到认罪的后果

判定认罪合宪性的第二个标准是,在他认罪时,被告人必须意识到认罪的重要后果。这个标准充满了不确定性。原则上,除非被告人知道每一项在认罪答辩中被放弃的宪法权利,否则认罪就应该是无效的,这是不容置疑的。然而,事实上,最高法院从未采取过这种立场。此外,法院从未明确界定因被告人不知情致使认罪答辩无效的权利范围。

在博伊金(Boykin)诉亚拉巴马州案中,[5]被告人因五项普通法上的抢劫罪被起诉。律师被任命为他辩护,3天后,被告人承认所有指控的罪行。法院以认罪为依据,判处被告人死刑。诉讼记录反映了认罪和判决听证,但在其他方面没有记录。它既没有对抗辩的自愿性进行任何记录,也没有显示被告人对认罪后放弃的权利有任何认识。鉴于记录反映的内容不足,有7名法官投票否决了这一定罪和量刑。[6]

在Carnley诉Cochran案中,道格拉斯大法官(William Orville Douglas)写下了重要的意见。[7] 道格拉斯大法官认为,法庭通过被告人的沉默来推测被告人在审判中放弃了律师辩护的权利,这是违反《宪法》规定的。同样地,道格

---

〔1〕 See Caudill v. Jago, 747 F.2d 1046 (6th Cir. 1984).

〔2〕 See LoConte v. Dugger, supra n. 59,举个例子,共同被告中的一个被告为避免死刑而认罪。

〔3〕 See Id. at 753.

〔4〕 See Id.

〔5〕 See 395 U.S. 238 (1969).

〔6〕 哈兰法官和布莱克法官表示,由于被告人从未声称他的认罪是无意识的或不知情的事实,所以认罪记录的不足是无关紧要的。395 U.S. at 244 -49.

〔7〕 See 369 U.S. 506 (1962).

拉斯说道,这一标准也适用于法院确定被告人的认罪自愿性。[1] 从认罪自愿到对认罪后果的了解,道格拉斯观察到,认罪能免除不被强制自证其罪的权利、陪审团审判的权利,以及与原告对质的权利。道格拉斯断言,对这些权利的放弃不能从无声的记录中推定。[2] 道格拉斯的结论是:"一名面临死亡或监禁的被告人需要最大限度的关怀,任何利害攸关的问题都需要法院给予最大的关注。确保他对认罪的内容和结果有充分的了解。"[3]

在认罪后,Boykin 因非杀人罪名被判处死刑,这肯定会影响大多数人。没有认罪答辩程序记录,必然会使大多数案件更加容易起诉。毕竟,没有人能确定被告人为什么认罪(显然是没有与判决有关的交易),也不知道被告人是否理解他在做什么。因此,Boykin 明确地主张,在没有任何记录的情况下,复审法庭不能支持认罪答辩。然而,假设有一个记录在案的诉讼程序,它必须显示什么?法官必须与被告人进行对话,还是允许其他调查?如果需要与被告人进行一场对话,内容应该多详细?法官必须提示 Boykin 每一项指控所享有的权利,还是一般的提示就足够了(例如,你是否意识到你在认罪后放弃的权利)?道格拉斯大法官的意见并没有明确地回答这些问题。此外,他的意见没有提及被告人认罪放弃的其他宪法权利:推定无罪的权利,要求控方证明每一个定罪因素以排除合理怀疑,予以迅速和公开的审判,强迫控方证人出庭以及以自己的名义作证的权利。如果法官被要求给予权利建议,是必须包括所有认罪答辩放弃的权利,还是仅仅在 Boykin 中提到的权利?最后,除了放弃宪法权利之外,认罪还涉及其他几乎所有被告人都应该知晓的重要后果。这些后果包括最高刑罚、强制性最低刑期、缓刑或假释。Boykin 案中如果被告人没有意识到认罪答辩的结果中的一个或多个,那么是否认罪答辩具有宪法性缺陷。

从判决作出的那一天起,Boykin 案就是有问题的。[4] "除了要做一个关于

---

〔1〕 See 395 U. S. at 242.

〔2〕 See Id. at 243.

〔3〕 Ibid. at 243 – 44.

〔4〕 For an early effort to cope with Boykin's vagueness, see "The Supreme Court, 1968 Term", *Harv. L. Rev* 83, 1969, pp. 181 – 187.

认罪答辩的记录,Boykin 案并没有明确地告诉各州要做什么。"[1]在接下来的两年内,法院两次强调了有记录的重要性,但又一次都没有说明(被告人意识到认罪答辩的后果)是否是宪法要求的内容。[2] 直到今日,法院仍然没有明确诉讼记录是否必须显示被告人对认罪答辩中放弃的权利的认识。法院的沉默导致下级法院处理案件时基于两条线得出截然不同的结果。[3] 一条线从广义上看,要求法官为被告人提供 Boykin 案所提到的权利并给予他们豁免。[4] 事实上,这些案件中有一部分通过要求其他权利而超越了 Boykin 案提出的权利范围。[5] 另一条线从狭义上解读,强调尽管诉讼记录没有记录对 Boykin 案提出或放弃的权利有建议行为,但是只要诉讼记录记录了辩诉交易的进程以及被告人认罪程序即可。但事实上,涉及刑事诉讼基本问题时,这种截然不同的权威理念是不能忍受的。[6] 在 Boykin 案后,已经有许多地方出台了刑事诉讼程序法规或规定,指令法官对被告人的权利建议至少要同 Boykin 案中所反映的广

〔1〕 Saltzburg & Capra, supra n. 50, at 804. 博伊金并没有被告知在认罪时已经制作了认罪记录。如果记录是在诸如人身保护令这样的附属程序中进行的,就已经足够了。Id.; Buckley v. Butler 825 F. 2d 895, 900 (5th Cir. 1987); Roddy v. Black, 516 F. 2d 1380, 1384 (6th Cir. 1975); Wilkins v. Erickson, 505 F. 2d 761, 765 (9th Cir. 1974). See North Carolina v. Alford, 400 U. S. 25, 29 n. 3 (1970).

〔2〕 See North Carolina v. Alford, supra n. 75; Brady v. United States, 397 U. S. 742, 747 – 48 n. 4 (1970).

〔3〕 For a discussion of the split of authority and references to cases in both lines, see State v. Ballard, 66 Ohio St. 2d 473, 423 N. E. 2d 115 (1981); James B. Haddad, James B. Zagel, Gary L. Starkman, and William J. Bauer, *Criminal Procedure*, 1992, 4rd ed., pp. 1042 – 1043.

〔4〕 See, for example, In re Sutherland, 6 Cal. 3rd 666, 100 Cal. Rptr. 129, 493 P. 2d 857 (1972); State v. Bugbee, 161 Conn. 531, 290 A. 2d 332 (1971); Brainerd v. State, 222 N. W. 2d 711 (Iowa 1984); Brown v. Warden, 88 Nev. 166, 494 P. 2d 959 (1972); State v. Ballard, supra n. 77.

〔5〕 See, for example, State v. Ballard, supra n. 77 (compulsory process).

〔6〕 See, for example, Neyland v. Blackburn, 785 F. 2d 1283 (5th Cir.), cert. denied, 479 U. S. 930 (1986)(没有关于自我定罪和陪审团审判的特权的建议); Wilkins v. Erickson, 505 F. 2d 761 (9th Cir. 1974)(没有任何关于 Boykin 权利的建议); Stinson v. Turner, 473 F. 2d 913 (10th Cir. 1973)(没有任何关于反对自证其罪的建议); State v. Laurino, 106 Ariz. 586, 480 P. 2d 342 (1971)(没有针对 Boykin 提出的权利的建议); State v. Turner, 186 Neb. 424, 183 N. W. 2d 763 (1971)(没有关于抗辩和反对自证其罪的特权的建议); People v. Harris, 61 N. Y. 2d 9, 459 N. E. 2d 170 (1983)(没有任何关于反对自证其罪的建议).

义理解一样全面。[1]

如前所述,Boykin 案并没有提到当认罪答辩人不知道放弃宪法权利的后果时,是否认罪存在宪法缺陷的问题。[2] 其他联邦最高法院的案件也没有直接解决这个问题。因此,下级法院在没有指导的情况下,再次创设法律规则。[3] 一般情况下,法院根据不知情与判决之间的间接关系和直接关系进行区分。如果判决结果与不知道认罪后果只存在间接关系,被告人的不知情将永远与他认罪的合宪性无关。如果判决结果与不知道认罪后果之间存在直接关系,则可能存在合宪性问题,但部分法院要求提供不利的证据来认定违宪。[4]

法院认为,以下后果是间接性的,因此被告人对它们不了解是无关紧要的,即失去选举投票权、[5] 失去获得护照和出国旅行的权利、[6] 丧失担任公职的权利、[7] 丧失获得企业经营执照[8] 和机动车驾驶证的权利,[9] 法院同时也忽略

〔1〕 For a discussion of these statutes and rules of criminal procedure, see text at nn. 121 – 141 infra.

〔2〕 For a very useful discussion of these consequences, see Budeiri, "Collateral Consequences of Guilty Pleas in the Federal Criminal Justice System", *Harv. C. R. – C. L. L. Rev* 16, 1981, p. 157 (hereafter referred to as Budeiri, "Collateral Consequences").

〔3〕 在 Hill v. Lockhart 案中, 474 U. S. 52, 56 (1985), 有一个原则,适用正当程序规则不需要告知被告人可获假释的日期。这一原则可能受到了这样一个事实的影响:如果被告人知道他的假释日期,他有可能就不会认罪。在 United States v. Timreck 案中, 441 U. S. 780 (1979), 法官建议被告人认罪,他面临最高 15 年的监禁。然而,根据 Fed. R. Crim. P. 11 的规定,法官没有告知被告人其还面临着 3 年的强制性最低特别假释期限。在被告人认罪后,法官判处他 10 年有期徒刑,外加 5 年的特别假释期限。累积惩罚 15 年,这与法官先前给予的最高刑罚建议相同。被告人未对此判决提出上诉。两年后,他声称法官违反了第 11 条规则,自己有权从有罪答辩中获得救济。他没有声称受到特别的偏见,也没有声称他的宪法权利受到了侵犯,他甚至没有声称自己没有意识到特别的假释规定。最高法院一致认为他不享有权利救济。法院认为,法官的第 11 条违例行为既不是违法的误判,也不是违法程序,更不是司法上的缺陷。Hill 案和 Timreck 案是一个非常极端的例子,它对下级法院的指导意义并不大。

〔4〕 See Budeiri, "Collateral Consequences of Guilty Pleas in the Federal Criminal Justice System", *Harv. C. R. – C. L. L. Rev* 16, 1981, p. 169, 181, 187 – 89.

〔5〕 See Stinson v. Turner, 473 F. 2d 913, 917 (10th Cir. 1973); Meaton v. United States, 328 F. 2d 379 (5th Cir. 1964).

〔6〕 See Meaton v. United States, supra n. 85.

〔7〕 See Stinson v. Turner, supra n. 85. 94. State v. Golden, 226 Neb. 863, 415 N. W. 2d 469 (1987); Rosemond v. State, 756 P. 2d 1180 (Nev. 1988).

〔8〕 See United States v. Casanova's, Inc., 350 F. Supp. 291 (E. D. Wisc. 1972).

〔9〕 See Moore v. Hinton, 513 F. 2d 781 (5th Cir. 1975).

被告人因没有意识到可能面临连续的刑期而认罪。[1] 相反,当被告人没有意识到认罪答辩的“直接”后果时,法庭宣告有罪是无效的。这些直接后果包括所犯罪行不适用缓刑、[2]认罪后法官有权判处监禁、[3]认罪后有一个强制性的最低刑期、[4]法官必须强加连续执行的判决,[5]而且在监禁之后想要假释还有适用特殊的监禁后假释条款。[6] 大多数法院也将直接后果视为对被告人不适宜假释的原因。[7]

从定罪中可能产生的各种后果来看,最让美国法院恼火的是驱逐出境。多数规则认为,即使在定罪时驱逐出境只是一项间接后果,因此被告人认罪时没有意识到驱逐出境的后果,也不影响其认罪的合宪性。[8] 这一规定基于两个相关联的理由:(1)驱逐出境由一个审判法官无权干涉的机构执行,法官对此不负责任;[9](2)认罪答辩可能导致的“间接后果”如此之多,以至于任何庭审中出现的法律问题都需要联邦地区法院法官就这些问题的后果通知被告人,如驱逐出境,将会给审判法官带来难以控制的负担。[10]

这种理由是无法证明以上规则的。如果认为理由具有正当性,则表明,直接和间接后果之间的区别并不是确定有罪答辩合宪性的充分依据。相反,考量认罪后果更有意义,即使这一认罪后果是间接后果或者是由法院无权干涉的机构处理,法官对此也不负责任。认罪答辩后果是否如此重要,以至于一个理性

---

〔1〕 See United States v. Wills, 881 F. 2d 823 (9th Cir. 1989); State v. Johnson, 40 Ohio St. 3rd 130, 532 N. E. 2d 1295 (1988), cert. denied, 489 U. S. 1098 (1989).

〔2〕 See Meyer v. State, 95 Nev. 855, 603 P. 2d 1066 (1979).

〔3〕 See Chavez v. Wilson, 417 F. 2d 584 (9th Cir. 1969).

〔4〕 See Hunter v. Fogg, 616 F. 2d 55 (2d Cir. 1980).

〔5〕 See State v. Golden, 226 Neb. 863, 415 N. W. 2d 469 (1987); Rosemond v. State, 756 P. 2d 1180 (Nev. 1988).

〔6〕 See Carter v. McCarthy, 806 F. 2d 1373 (9th Cir. 1986).

〔7〕 See, for example, Bye v. United States, 435 F. 2d 177 (2d Cir. 1970).

〔8〕 See, for example, United States v. Montoya, 891 F. 2d 1273 (7th Cir. 1989); Michel v. United States, 507 F. 2d 461 (2d Cir. 1974). Contra, P. v. Superior Court, 11 Cal. 3rd 793, 523 P. 2d 636 (1974). Montoya 和 Michel 认为第 11 条规则的限制在于无须告知驱逐出境的后果,然而,这些权利范围广泛,足以涵盖宪法问题。

〔9〕 See Michel v. United States, supra n. 97, at 465.

〔10〕 See Fruchtman v. Kenton, 531 F. 2d 946, 949 (9th Cir. 1976). See also Michel v. United States, supra n. 97, at 466.

的刑事被告人认为自己有罪时,会毫不犹豫地考虑通过不承认有罪来避免有罪的判决结果,在特殊案件中,甚至不惜以牺牲任何利益为代价,承认控方证据,希望无罪开释。在这一准则下,被告人没有意识到驱逐出境的后果将会导致他的认罪答辩无效。为了防止这一结果,审判法官必须告知被告人有驱逐出境的风险,但这将是一个狭隘的先例,对法官施加的负担有限,需要参照其他后果做出。

3. 对犯罪要素的考量

在亨德森(Henderson)诉摩根(Morgan)案中,[1]被告人不知道他所犯的罪行的关键因素,因此他的认罪具有宪法上的缺陷。然而,亨德森的语言使被告人很难证明他不知道这样一个因素。在亨德森案中,被告人被控一级谋杀罪,承认犯有二级谋杀罪,并被判刑。8 年后,他寻求联邦人身保护令的救济。在证据听证后,联邦地区法院发现被告人的辩护律师和审判法官均没有告知被告人其犯罪意图仅构成二级谋杀,而且被告人有精神障碍,并没有意识到这一事实。

联邦地区法院法官驳回了被告人的认罪答辩,联邦最高法院也以 7 - 2 号判决确认了这一结果。虽然大多数人都认为这一案件的缺陷是认罪是非自愿的,但实际上,真正的缺陷是认罪是没有意识的。也就是说,被告人没有收到"对其指控的真正本质的通知,这首先也是最普遍公认的正当程序的要求"。[2]因为被告人没有意识到这一点意图因素,他的认罪不能被解释为自认。没有自认(或其他关于这一方面的证据),审判法官作出被告人有罪的裁判是违宪的。[3]

考虑到意识因素在宪法层面的问题,法院很快对这一案件的适用范围施加了两项限制,以回应政府的观点,即承认意识因素如同打开大量人身保护令诉讼的水闸,因为大多数案件"假定"正当程序不需要意识到定案的每一个因素。然而,"意图是二级谋杀犯的关键因素,必须注意到这一点"。[4] 由于强加了一个限制,大多数人加快了强加第二种限制,即尽管没有辩护律师明确地表示已经向被告人解释清楚了这些因素,应该适当地假设,大多数情况下,辩护律师通常应以

---

〔1〕 See 426 U. S. 637 (1975).

〔2〕 See Id. at 644 - 45 quoting from Smith v. O'Grady, 312 U. S. 329, 334 (1941).

〔3〕 See Id. at 646.

〔4〕 Ibid. at 647 n. 18.

足够详细的方式解释犯罪的性质,使被告人知道他被要求承认的内容。这个案件是独一无二的,因为(人身保护令)审判法官认为意图因素没有向被告人解释。[1]

与之相一致的观点旨在施加第三种限制,即意识到被告人已经承认了较轻的罪行,即使"这一轻罪的要素在任何提起指控的文件中都没有被提及"。[2] 四位观点一致的法官认为,在这些案件中,法院在传讯被告人或被告人答辩前向被告人宣读起诉书,被告人的有罪答辩可能被视为他对被指控的罪行的承认,哪怕对他的定罪可能不利。[3]

以上三种限制中,第三种限制被证实是最不重要的。如果对一项犯罪的定义相对简单,那么只需要将起诉书向被告人宣读即可。[4] 然而,如果这个定义比较复杂,就像通常所说的那样,仅仅宣读起诉书是不够的,还需要更详细的解释。[5]

在亨德森案讨论的第一个限制下,确定一个未被解释的因素是否是"至关重要"的,这一问题困扰着下级法院。亨德森案在没有加以定义的情况下使用了这个词,随后最高法院的判决也没有解决这个问题。由于控方哪怕有一个因素不能证明,也可能会导致被指控的罪行不成立,从这种意义上说,所有的因素都是至关重要的。然而,这一宽泛的定义与上面亨德森案的表达截然相反,必须被驳回。有些案件认为关键的因素能将认罪罪行从较轻罪行中区分出来。[6] 这些案件与亨德森的案件在关键因素方面实际上是一致的——谋杀意

---

〔1〕 See 426 U. S. 637 (1975), at 647 (bracketed material added).

〔2〕 See Id. at 649 n. 2 (concurring opinion of Justice White, joined by Justices Stewart, Blackmun, and Powell).

〔3〕 See Id. at 649 - 50 n. 2.

〔4〕 See LaFave & Israel, supra n. 9, at 643.

〔5〕 See Id:LaFave 和 Israel 教授都把预谋作为一个例子。然而,其他犯罪的定义也可能很复杂,需要解释。在 Harned v. Henderson 案中, 588 F. 2d 12 (2d Cir. 1978)被告人被控的入室盗窃行为的一个要素是实际伤害或实际的暴力。在联邦人身保护诉讼程序中,审判法官发现,尽管起诉书的条款是这样,但被告人并不了解这个因素。法庭还发现,如果被告人知道,他就不会认罪。

〔6〕 See Evenstad v. United States, 494 F. Supp. 196 (D. Minn. 1980); Commonwealth v. McGuirk, 376 Mass. 338, 380 N. E. 2d 662 (1978), cert. denied, 439 U. S. 1120 (1979). 在其他情况下,具有关键特征的因素具有这种效果,但法院没有强调它, 707 F. 2d (7th Cir. 1983) (mens rea of murder); Harned v. Henderson, 588 F. 2d 12 (2d Cir. 1978)(实际的暴力或伤害作为加重入室盗窃的因素)。在后亨德森时代,犯罪嫌疑人的意识,最有可能使有罪答辩无效。See United States v. Frye, 738 F. 2d 196 (7th Cir. 1984).

图——根据纽约州法律区分二级谋杀与过失杀人罪。然而，亨德森案在区分一个影响案件的因素的程度时并没有特别的作用。此外，即使这种作用是有效证据的关键因素，也不能从任何一个案例中判断其他因素是否也能证明该证据的合理性。[1] 因此，尽管亨德森已经年满18周岁，但这方面问题仍然亟待解决。

在亨德森允许的前提下，下级法院推定被告人的辩护律师已经向他提供了关于认罪因素的相关建议，在此推定下，下级法院的麻烦少了许多。法庭特别愿意援引这样一种推定，即在案件中，如果被告人没有主张他对这个问题一无所知，[2]或者没有主张律师未给他提供建议，[3]以及律师不能胜任，则推定被告人这些权利已经得到保障。[4] 在这些案件中使用推定似乎是完全正当的，因为被告人没有提出主张表明真实意图。然而，如果被告人坚持主张他没有被告知，而且他的主张并没有被代理他认罪的律师反驳，[5]或者，在与被告人辩护律师有利益冲突的案件中，这种推定是绝对不合理的。[6]

4. 认罪要求存在事实基础

查明事实依据旨在保护偶然犯罪的嫌疑人，他们了解指控和案件事实，但不知道指控的事实并不构成犯罪。尽管出于善意的目的，但接受认罪答辩的法官在

---

〔1〕 怀特布莱德教授和斯劳博金教授建议："应该告知任何可能会影响被告人抗辩的因素。" Whitebread & Slobogin, supra n. 41, at 641. 这种方法存在两个问题。第一个是法官通常不知道什么会影响被告人改变他的请求。第二个是告知的方法将在很大程度上依赖于被告人在定罪后的证词，即如果被告人知悉，他会做什么。在亨德森案中，最高法院将这样的证词描述为"假设性的"，并说"没有办法可以确定，他会拒绝接受认罪答辩的条件"。426 U. S. at 644 n. 12.

〔2〕 111. See Oppel v. Meachum, 851 F. 2d 34, 37 (2d Cir. 1985).

〔3〕 See United States ex rel. Salisbury v. Blackburn, 792 F. 2d 498, 499 (5th Cir. 1986). 法院怀疑被告人没有要求进行证据听证会，而被告人可能试图证明他的律师没有告知他这项权利。See Stewart v. Peters, 958 F. 2d 1379, 1386 (7th Cir. 1992).

〔4〕 See Stewart v. Peters, supra n. 112; Oppel v. Meachum, supra n. 111; United States ex rel. Salisbury v. Blackburn, supra n. 112.

〔5〕 Notwithstanding the point made in the text, the court in Ames v. New York State Board of Parole, 772 F. 2d 13 (2d Cir. 1985)，尽管被告人作证说他的律师没有给他提供建议，而且律师作证说他不记得，但使用推定和否认救济。法院可能会受到这样一个事实的影响，即这一事实是一种辩护，而不是一项罪名。

〔6〕 See United States v. Frye, 738 F. 2d 196 (7th Cir. 1984)（被告人有证据证明她的律师未能向她提供一项检查建议，并且她的律师与在同一案件中代表被告人丈夫的律师有利益冲突。法庭从未提及亨德森的推测）.

宪法上并不被要求去查明事实依据,除非是在一种情况下。[1] 这种情况被称为阿尔福德局势,它的名字来自北卡罗来纳州诉 Alford(阿尔福德)案。[2] 在阿尔福德案中,被告人被控一级谋杀,死罪,但被告人承认二级谋杀,非死罪。在认罪答辩过程中,阿尔福德否认谋杀,但坚持做有罪答辩,以避免死罪。在听取了一些起诉证据后,这些证据确认了案件事实,法庭认定阿尔福德杀害了被害人,接受了认罪答辩。在美国最高法院阿尔福德主张,接受一个坚称自己是无辜的人的认罪是违反宪法的。法院拒绝了阿尔福德的主张,认为,"鉴于州法院提供了这一认罪答辩有力的事实依据,且阿尔福德明确表达了认罪的意愿,尽管他声称自己是无辜的,但我们认为,审判法官在接受认罪时并没有犯宪法上的错误"。[3] 这个声明暗示,依靠未经证实的事实依据接受阿尔福德的认罪是违反《宪法》的。

在阿尔福德案中隐藏的内容已经在下级法院的案件中显现,当认罪答辩的被告人主张无罪时,正当程序要求建立事实依据。[4] 另外,如果被告人没有主张无罪,那么在宪法上就不需要事实基础。[5]

(二)有罪答辩的法定标准

在试图确定有罪答辩的宪法标准方面,上文提到的困难在很大程度上因所在司法管辖区法则或刑事诉讼规则影响而减轻。这些法规或规则告诉法官要做什么调查,给什么建议。在美国的联邦制下,每个州都可以独立地建立自己的法定标准,各州之间也各不相同。在这篇文章中,我们将简要讨论在联邦法院和俄亥俄州法院适用的标准。这两个司法管辖区都有全面的刑事诉讼程序规则。[6]

---

〔1〕 See LaFave & Israel, supra n. 9, at 652.

〔2〕 See 400 U. S. 25 (1970).

〔3〕 See 400 U. S. at 38.

〔4〕 See Rodriguez v. Ricketts, 777 F. 2d 527, 528 (9th Cir. 1985) (dictum); United States ex rel. Dunn v. Casscles, 494 F. 2d 397 (2d Cir. 1974).

〔5〕 See United States v. Newman, 912 F. 2d 1119, 1123 (9th Cir. 1990); Smith v. McCotter, 786 F. 2d 697 (5th Cir. 1986); Wallace v. Turner, 695 F. 2d 545 (11th Cir. 1983).

〔6〕 在这两个司法管辖区,法院经常解释刑事诉讼的规则,他们的决定已经成为规范的注解,下级法院对规范文本进行注释。然而,讨论联邦和俄亥俄州规则的司法解释将会过分地延长这篇文章。因此,我们将讨论限制在规则的文本中。The reader who is interested in judicial gloss should consult 8 *Moore's Federal Practice*, 1993, 2rd ed., p. 11; 1 Charles A. Wright, *Federal Practice and Procedure-Criminal*, 1982, 2rd ed., pp. 171 – 190; 2 Lewis R. Katz, Ohio Criminal Law and Practice, *Criminal Rules*, 1989, pp. 56 – 74. In both systems, Rule 11 is the rule applicable to guilty pleas. It applies to pleas of no contest as well.

1. 认罪自愿性

在这两个司法管辖区,法官必须亲自与被告人对话,以确认认罪的自愿性。[1] 而联邦规则更为详细,它规定法官必须确认认罪不是"武力、威胁或除了认罪协议以外的承诺"的结果。[2] 此外,法官还需要确认被告人有认罪意愿是否是先前与公设律师讨论的结果。[3]

2. 被告人对重大事项的认识

这两组规则都要求法官亲自告知被告人某些事项,以避免被告人的意识问题。[4] 在这两个司法管辖区,法官必须确定被告人了解指控的性质[5]和最高刑罚。[6] 此外,联邦法规还要求法官告诉被告人是否有强制性的最低刑期,是否有特殊的假释或监督释放的期限,是否要对受害人进行赔偿,以及法官是否需要考虑适用量刑指南。[7] 根据俄亥俄州的法律规定,当被告人不适用缓刑的时候,法官需要告知被告人。[8]

俄亥俄州法律要求法官告知被告人认罪的后果,法官在被告人接受认罪后,可以进行判决。[9] 虽然联邦法律中没有相同的条款,但俄亥俄州要求的实质可能在联邦法官必须给予的其他建议中找到,例如,认罪答辩即放弃了审判的权利。[10] 在这两个司法管辖区,法官必须告知被告人享有辩护律师为其辩护的权利、[11]享有陪审团审判的权利、[12]享有与不利的证人对质和交叉询问证人的权利,[13]以及不被强迫自证其罪的特权。[14]

---

〔1〕 See Fed. R. 11(d); Ohio R. 11(C)(2)(a).

〔2〕 See Fed. R. 11(d).

〔3〕 See Id.

〔4〕 See Fed. R. 11(c); Ohio R. 11 (C)(2).

〔5〕 See Fed. R. 11(c)(1); Ohio R. 11(C)(2)(a).

〔6〕 See Id.

〔7〕 See Fed. R. 11(c)(1).

〔8〕 See Ohio R. 11(C)(2)(a).

〔9〕 See Ohio R. 11(C)(2)(b).

〔10〕 See Fed. R. 11(c)(4).

〔11〕 See Fed. R. 11(c)(2); Ohio R. 11(C)(1).

〔12〕 See Fed. R. 11(c)(3); Ohio R. 11(C)(2)(c).

〔13〕 See Id. The Ohio Rule does not specifically refer to cross-examination.

〔14〕 See Id.

与俄亥俄州的规则不同,联邦法规要求法官建议被告人有权作无罪答辩,[1] 如果法官对被告人的有罪宣誓有质疑,在随后的伪证罪起诉中,被告人的答辩可能被用来反驳他。[2] 不同于联邦规则,俄亥俄州的规则要求告知被告人有权强制证人出庭,[3] 以及被告人有权强迫原告证明有罪以排除合理怀疑。[4]

这两个司法管辖区都试图通过要求逐字记录诉讼程序来避免"Boykin 问题",[5] 而且这两个司法管辖区都认识到无害错误的原则,即特别告诉法庭忽略与第 11 条规定不同但不影响实质性权利的差异。[6] 这两个司法管辖区之间最重要的区别是,联邦法官在不确定认罪是否有事实根据的情况下,不得对认罪进行判决。[7] 俄亥俄州则没有类似的规定。

八、辩诉交易作为增加认罪答辩的方式

与许多遵循欧洲大陆模式的国家的规则相反,美国的法院可以在不需要审判的情况下接受有罪的答辩。[8] 这使许多刑事案件可以一种简易的方式处理。然而,同样重要地是,检察官和辩护律师能够通过谈判达成协议,阐明被告人可以通过认罪获得的利益。这种辩诉交易的处理方式大大增加了认罪答辩的数量。

在美国,辩诉交易达成认罪至少在一个世纪的刑事案件处理中发挥了重要作用。[9] 然而,在 20 世纪 60 年代之前,这个过程基本上是隐匿的,部分原因是不清楚这个过程是否符合宪法。[10] 认罪答辩被要求是"自愿的",这一术语在很大程度上是根据忏悔发展来的。"自愿"是一个复杂的概念,有时被描述为禁

---

〔1〕 See Fed. R. 11(c)(3).

〔2〕 See Fed. R. 11(c)(5).

〔3〕 See Ohio R. 11(C)(2)(c).

〔4〕 See Id.

〔5〕 See Fed. R. 11(g); Ohio R. 22.

〔6〕 See Fed. R. 11(h); Ohio R. 52(A).

〔7〕 See Fed. R. 11(f).

〔8〕 See Mirjan R. Damaska, *The Faces of Justice and State Authority*, 1986, p. 2.

〔9〕 See, e. g., Alschuler, "Plea Bargaining and Its History", *Law & Society Rev* 13, 1979, p. 211.

〔10〕 See Id. at 217 – 227.

止任何暴力或暴力相威胁,并禁止政府官员承诺任何利益。[1] 既然辩诉交易的实质是一种认罪答辩的利益承诺,如果没有认罪答辩,就有被起诉的威胁,那么就有人怀疑,认罪谈判是否违反了自愿原则。[2]

20 世纪 20 年代的刑事调查者是第一批对美国刑事司法进行重要的实证研究的人,他们惊讶地发现,大多数案件都是通过认罪而不是陪审团审判处理的,[3] 总体来说,他们觉得辩诉交易不太好,一些人呼吁废除辩诉交易。[4] 然而,到了 20 世纪 60 年代,一些学者和一些主要的官方团体,如美国犯罪调查委员会和美国律师协会(American Bar Association)的最低刑事司法标准项目,已经得出结论,不可能取消辩诉交易。他们认为,让这个过程变得清晰可见和规范化,比继续假装它不存在更好。[5]

(一)认罪协议的宪法标准

1970 年,联邦最高法院第一次审议了辩诉交易的合宪性。在布雷迪诉美国案中,法院作出了两个重要的判决:首先,法院认为,根据认罪协议作出的认罪答辩的标准与所有其他认罪答辩是一样的,即答辩必须是"自愿的"和"明智的"。[6] 其次,在辩诉交易案件中确定"自愿"的标准不应遵循自愿认罪案件的标准。尽管官方承诺的利益或起诉的威胁可能会导致供认"非自愿",因此违反宪法,但法院表示,这些做法并没有对基于辩诉交易所做的认罪答辩产生同样

---

〔1〕 Bram v. United States, 168 U. S. 532, 542 – 543 (1897),"不能以任何形式的暴力或暴力威胁,或通过任何直接或暗示的承诺,或任何不正当的影响的,来获得认罪"。

〔2〕 See Mirjan R. Damaska, The Faces of Justice and State Authority, 1986, pp. 237 – 238. See also the opinion of Justice Brennan in Parker v. North Carolina, 397 U. S. 790, 808 & n. 11 (1970); President's Comm'n on Law Enforcement and Administration of Justice, Task Force Report: The Courts 9 (1967).

〔3〕 See, e. g. , Alschuler, "Plea Bargaining and Its Histor", Law & Society Rev 13, 1979, p. 229.

〔4〕 See, e. g. , Alschuler, "Plea Bargaining and Its History", Law & Society Rev 13, 1979, pp. 229 – 235; William F. McDonald, U. S. Dep't of Justice, Plea Bargaining: Critical Issues and Common Practices, 1985, pp. 2 – 6.

〔5〕 See President's Comm'n on Law Enforcement and the Administration of Justice, The Challenge of Crime in a Free Society 134 – 136 (1967); American Bar Association Project on Minimum Standards for Criminal Justice, Standards Relating to Pleas of Guilty (1968).

〔6〕 See 397 U. S. 742, 747, 751 (1970). 虽然布雷迪的认罪实际上是一种法定诱因的结果,而不是宽大处理的起诉承诺的结果,但最高法院的意见显然也适用于宽大处理的检察承诺(一般的辩诉交易情况)。

的效果。因为在律师的协助下,在公开的法庭上做出认罪,被告人不会出现与在警署中相同的心理和其他方面的压力。[1] 随后的案件已经表明,至少在那些有事实依据的情况下,控方可以利用其权力来发布特许状迫使被告人认罪。[2]

1.谈判破裂

将辩诉交易公开化已经带来了许多积极的好处。大多数州已经制定了更清晰、更详细的法律或法庭规则,以掌握认罪答辩。[3] 新开放政策还迫使法院关注在达成认罪协议后可能出现的许多不同类型的执法问题。例如,如果一名检察官承诺在辩诉谈判中提出宽大的判决,但在被告人认罪后拒绝履行这一承诺,会产生什么后果?被告人可否强迫检察官履行承诺?被告人可否撤回他的认罪?作为认罪协议的一部分,如果被告人承诺与执法部门合作,提供信息或作对另一名嫌疑人不利的证人,而被告人拒绝合作,或就被告人是否履行了协议的部分发生争议,又会产生什么结果?虽然这些执法问题与普通合同执行中出现的问题不一样,但有许多相似之处,许多补救措施都是有相关性的。[4]

(1)检察官的义务

管理和执行认罪协议的许多规则都是各州的事宜而不适用联邦法律。但是,联邦《宪法》要求遵守一些基本原则。其中一个原则是,控方必须履行其承诺。在被告人实际出庭并做出有罪答辩之前,允许检察官撤销认罪协议。[5] 然而,一旦被告人认罪,检察官必须履行他们之间的协议。作为认罪协议的一部分,如果检察官承诺对判决不提建议,但在被告人认罪后,却向法官建议适用最高刑罚,则被告人的宪法正当程序权利受到侵犯。[6] 然而,美国联邦最高法院尚未决定,联邦《宪法》针对违反辩诉交易是否需要一项特殊的补救措施。一

---

〔1〕 See 397 U. S. 742, 747, 751 (1970), at 742, 754 -55.

〔2〕 See discussion of Bordenkircher v. Hayes, 434 U. S. 357 (1978) in section Ⅶ(A)(1) supra.

〔3〕 关于审判法官在接受有罪答辩时所必需做的事,第七部分所讨论的规则比在布雷迪案中作出决定之前要具体得多。

〔4〕 See, e. g., Westen and Westin, "A Constitutional Law of Remedies for Broken Plea Bargains", *Cal. L. Rev* 66, 1978, p.471.

〔5〕 See Mabry v. Johnson, 467 U. S. 504 (1984). 国家法律当然可以赋予被告人更大的权利。如果被告人在认罪前对检察官的承诺有不利的考量,即使是联邦《宪法》也可能限制检察官撤销该认罪的权力。

〔6〕 See Santobello v. New York, 404 U. S. 257 (1971).

些权威人士认为,被告人有权撤回他的认罪答辩,其他人则认为,被告人可以要求检察官执行原协议,也有一部分人认为,可由被告人选择撤回认罪答辩或要求特定履行。甚至还有一些权威人士认为,补救措施应该由州法律而不是联邦《宪法》来决定。[1]

(2) 被告人的义务

第二项宪法原则是,如果被告人未能履行其对检察官的承诺,则检察官可以解除对被告人的承诺,并可以重新提起已撤销的任何指控。和检察官一样,被告人通常在出庭认罪答辩前就会从认罪协议中退出。一旦被告人出庭并认罪,通常与被告人是否履行承诺无关,因为被告人的唯一承诺是认罪。然而,被告人偶尔也会做出一些其他的承诺,例如,同意提供信息协助执法或作对另一名嫌疑人不利的证言。[2] 如果被告人未能履行这一认罪承诺,则在不考虑认罪协议的情况下,检方可以自由地提起诉讼。[3]

2. 辩诉交易中的司法参与

多年来,大多数权威人士的立场是法官不应该参与辩诉谈判。[4] 他们认为,法官的裁判权以及权力地位使司法权本质上是强制性的。他们质疑法官在没有达成协议的情况下进行公正审判的能力。他们认为,司法权参与辩诉交易会引起公众对司法程序公正性失去信任。一些司法管辖区继续遵循这种观点。[5] 然而,另一些权威人士则主张,在辩诉交易中,司法参与是有好处的。[6] 一些人支持的司法权参与基于:(1)恢复法官在判决过程中的主要作用;(2)促

---

〔1〕 See Wayne R. LaFave and Jerold H. Israel, Criminal Procedure, 1992,2rd ed., pp. 916 – 921. See also Ejzak, Note, "Plea Bargains and Nonprosecution Agreements: What Interests Should Be Protected When Prosecutors Renege?", *U. Ill. L. F*, 1991, p. 107.

〔2〕 辩诉协议提出了许多重要问题,有时可能非常复杂。See Hughes, "Agreements for Cooperation in Criminal Cases", *Vand. L. Rev* 45, 1992, p. 1.

〔3〕 See Ricketts v. Adamson, 483 U. S. 1 (1987). 一个更常见的问题是,被告人对法官的判决感到失望,是否可以在判决宣布后撤回认罪。在这种情况下,法官可能会允许被告人撤销检察官的自由裁量权,但法院一般规定,除非检察官或法官违背承诺或有其他明显不公正的罪行,否则被告人没有权利撤回认罪, Standard 14 – 2.1 (1980)。

〔4〕 See, e. g., American Bar Ass'n Project on Standards for Criminal Justice, Standards Relating to Pleas of Guilty § 3.3(a) (1968).

〔5〕 See Fed. R. Crim. P. 11(e)(1).

〔6〕 See, e. g., LaFave & Israel, supra n. 1, at 928.

进了信息的流动;(3)消除了被告人面临的不确定性,即不了解法官立场的情况下做有罪答辩;(4)鼓励检察官公开档案,讨论案件强度;(5)确保量刑的因素进行了讨论;(6)允许法官对起诉状、警察和辩护律师进行有效地监督,从而使所有被告获得谈判的机会均等;(7)提高法院的效率。[1]

(二)辩诉交易的制定法标准

为了补充辩诉交易的宪法标准,所有司法管辖区都有制定法或法庭规则来管理认罪协议。一般来说,首先要求辩诉协议必须在公开的法庭上披露,并作为正式法庭记录的一部分。[2]

在公开法庭上披露认罪协议后,法官决定是否接受认罪。在做出这一决定时,法官必须首先确定认罪符合所有有罪答辩所要求的宪法和法定标准(前文第七部分讨论的)。如果这些标准没有达到,法官必须拒绝被告的认罪。即使达到了标准,法官也可以选择拒绝认罪答辩。法官对判决结果负责,不需要遵守检察官与被告人之间的协议。如果法官拒绝认罪,法官必须通知被告人,并给予被告人一个撤销有罪答辩的机会。[3]

如果法官决定接受认罪,法官需要告知被告人他的决定。如果认罪协议涉及有检察官关于判决的建议,许多司法管辖区要求法官在最终接受有罪答辩前通知被告人,法官并不需要遵循检察建议,如果被实施更严厉的判决,被告人将不被允许撤回他的认罪。[4]

(三)辩诉交易的争论

辩诉交易长期以来一直备受争议,至少自 20 世纪 20 年代的犯罪调查开始。早些时期,检察官、辩护律师和法官被迫在法庭上假装它不存在,[5]这并

---

[1] See, e. g., LaFave & Israel, supra n. 1, at 928, at 929 – 930. See also Alschuler, "The Trial Judge's Role in Plea Bargaining, Part I", *Colum. L. Rev* 76, 1976, p. 1059.

[2] See, e. g., Fed. R. Crim. P. 11(e).

[3] See Fed. R. Crim. P. 11(e); Cal. Penal Code § 1192.4 (West 1988).

[4] See, e. g., Fed. R. Crim. P. 11(e)(2).

[5] A similar reluctance openly to acknowledge plea bargaining is reported for Great Britain and Germany. See John Baldwin and Michael McConville, *Negotiated Justice: Pressures to Plead Guilty*, 1977; Herrmann, "Bargaining Justice: A Bargain for German Criminal Justice?", *U. Pitt. L. Rev* 53, 1992, p. 755.

不是因为他们没有意识到这一做法,而是因为人们普遍怀疑其是否符合宪法。

承认这种做法的宪法合法性,并将辩诉交易公开化,结束了之前假装辩诉交易不存在的情形。知名团体呼吁废除辩诉交易,而同样重要的权威人士则认为,这是刑事司法制度运作的必要条件。

也许最常见的支持辩诉谈判的论点是实务的观点,即不大量增加刑事司法资源,没有其他办法处理大量刑事案件。前首席大法官沃伦·伯格(Warren Earl Burger)曾经说,如果认罪案件的百分比从90%的比例下降到80%,这将需要"配备两倍的司法人力和设备——法官,法庭记录员,司法警察,书记员,陪审员和审判室"。[1]

其他支持辩诉交易的参数是:(1)通过允许罪犯在辩诉交易早期阶段悔改,促进罪犯改造;(2)可以避免因出庭作证给被害人造成的不必要的创伤;(3)提高司法的权力外观,使其可以更快地处理案件;(4)增加判决的威慑作用以更快地处理案件;(5)通过对结果进行细微的调整获得更加公平的结果;(6)降低了正式量刑的过度苛刻情况;(7)允许控辩双方避免审判过程的不确定性;[2](8)提高个人自主权。[3] 有些人甚至认为,辩诉交易在确定无辜者时与审判相比效果相同,甚至更好。[4]

国家刑事司法标准和目标咨询委员会是强烈声明支持废除辩诉交易的成员之一,它认为"检察官与被告人之间的交易——无论是个人进行还是通过他们的律师进行——为换取认罪而做出让步应该被禁止",这个组织彻底谴责了辩诉交易。[5] 国家刑事司法标准和目标咨询委员会发现辩诉交易:(1)制造了

---

〔1〕 Address of Chief Justice Burger at American Bar Association Annual Convention, N. Y. Times, Aug. 11, 1970, p. 24, col. 4. 关于辩诉交易是否主要来自案件压力或其他原因,一直存在相当大的争议。See, e. g., Woolredge, "An Aggregate-Level Examination of the Caseload Pressure Hypothesis", *J. Quantitative Crim* 5, 1989, p. 259. 关于辩诉交易是否不可避免的问题,与这场辩论和同样具有争议性的问题有关。See, e. g., Milton Heumann, *Plea Bargaining*, 1978, p. 157, 162, 170.

〔2〕 在各种优势中,有相当多的争论被认为是有利的,而部分不是。See, e. g., Ⅲ American Bar Ass'n Standards for Criminal Justice, Pleas of Guilty, Standard 14 - 1.8 and commentary (1980).

〔3〕 See Scott and Stuntz, "Plea Bargaining as Contract", *Yale L. J* 101, 1992, p. 1909.

〔4〕 See, e. g., Easterbrook, "Plea Bargaining as Compromise", *Yale L. J* 101, 1992, p. 1969; Church, "In Defense of 'Bargain Justice'", *Law & Soc'y Rev* 13, 1979, p. 509.

〔5〕 See National Advisory Comm'n on Criminal Justice Standards and Goals, Courts 46 (1973).

一种无辜的人被判有罪的风险;(2)辩诉交易妨碍案件的有效审理,使法院的行政工作复杂化;(3)对社会需要保护的部分法益构成威胁。引用一项研究结果发现,许多囚犯对辩诉交易是"深恶痛绝"的,因为他们不相信法官判决会遵守检察官诱导他们认罪时所做的承诺,以及在认罪协商过程中,他们会获得有效的法律代理。国家刑事司法标准和目标咨询委员会得出结论,法律激励被告人认罪,促使他们避免审判和放弃争辩有合理争议的问题是不恰当的。国家刑事司法标准和目标咨询委员会还认为,辩诉交易:(1)认定有罪不是基于证据,判决也不是基于相关的量刑因素,因此降低了程序的合理性;(2)创造了一种动机,促使检察官对被告过度起诉。国家刑事司法标准和目标咨询委员会承认,废除辩诉交易后将需要更多的司法资源,但认为这项任务是可行的,所需的额外资源远没有人们普遍认为的那样多。[1]

其他常用来支持废除辩诉交易的实践有:(1)降低公众对法律的尊重,因为辩诉交易如同出售司法权;(2)实际上将审判权从法官转移到检察机关;(3)创造不公平和不平衡,因为不同的检察官关于什么是一个合适的协议有不同的想法;(4)增加了判决的差异。

这些论证使"辩诉交易"听起来是一种单一的、标准的做法,在任何地方都是一样的。事实上,在不同的州之间甚至一州之内,都有很多不同的辩诉交易,谈判的方式各不相同。辩诉交易的两种常见类型是起诉交易和判决交易。[2] 起诉交易涉及检察官提出的指控。在这种辩诉交易的最简单的版本中,检察官同意将最严重的指控减少成一些较轻的指控,如抢劫减少至加重盗窃。或者,如果已经提出多项指控,检察官可能同意放弃一项或多项指控。在判决交易中,交易关系到判决本身。例如,双方可能同意判决两年监禁,由于检察官无权判决,因此该协议必须被法官接受才能生效。而在许多司法管辖区,法官普遍接受检察官建议。

---

〔1〕 See The principal academic proponents of abolition have been Professors Alschuler and Schulhofer. Alschuler, "The Changing Plea Bargaining Debate", *Cal. L. Rev* 69, 1981, p. 652; Alschuler, "Implementing the Criminal Defendant's Right to Trial: Alternatives to the Plea Bargaining System", *U. Chi. L. Rev* 50, 1983, p. 931; Schulhofer, "Plea Bargaining as Disaster", *Yale L. J* 101, 1992, p. 1979; Schulhofer, "Is Plea Bargaining Inevitable?", *Harv. L. Rev* 97, 1984, p. 1037.

〔2〕 See Herbert S. Miller, William F. McDonald and James A. Cramer, U. S. Dep't of Justice, *Plea Bargaining in the United States*, 1978, pp. 25 –46.

辩诉交易的做法在其他不太明显的方面也有所不同。在许多司法管辖区，检察官显然会对认罪的被告人做出让步。无论这些让步是通过减少指控还是通过减刑的方式做出的，很明显，认罪的被告人比那些在审判后被定罪的被告人获得的刑期更少。[1] 在一些司法管辖区，检察官做出了很大的让步以获得认罪答辩，而其他检察官则做出了更小的让步。[2]

第三种模式是"不让步"或"降低风险"模式。在美国，诉讼当事人没有经过审判，也有很高的定案率。[3] 尽管在民事案件中没有审判而和解的比例与刑事案件中认罪答辩的比例相差无几，但几乎没有人认为，如此高的民事和解率是由一方或另一方的不当让步造成的。研究表明，民事案件和解的一个主要原因，是当事人想要避免审判的风险和不确定性。根据他们对该制度的经验，参与的律师能够确定案件的可能结果，并根据这一结果达成和解。在刑事司法体系中，这种制度至少在理论上是可行的。[4] 由于很难衡量在谈判中的"让步"是什么或不是什么，所以无法知道刑事司法系统中风险降低模式的发生频率。但是，这样的例子似乎很可能存在。[5]

(四)废除辩诉交易

由于对辩诉交易的看法和对这种做法的强烈批评，许多司法管辖区都禁止了判决交易或对辩诉交易施加了其他限制。[6] 一些司法管辖区走得更远，试

---

[1] See, e. g. , Hans Zeisel, *The Limits of Law Enforcement*, 1982, pp. 34 – 44.

[2] See Peter F. Nardulli, James Eisenstein, and Roy B. Flemming, *The Tenor of Justice: Criminal Courts and the Guilty Plea Process*, 1988, pp. 246 – 248. 表明9个司法管辖区的主要收费标准从4.9个百分点下降到4.32个百分点。Kobayashi & Lott, Jr. , "低概率—高惩罚的执行策略和高效运作的多价议价系统",12 INT'L Rev. Law. & Econ. 69 (1992) 认为高惩罚制度更倾向于鼓励无辜的被告人认罪。

[3] See Barry Mahoney, *Changing Times in Trial Courts*, 1988, p. 52.

[4] 衡量辩诉让步、审判费用和量刑差异都存在巨大的困难。在辩诉交易和量刑文献中，这些困难未被充分讨论。See, e. g. , Yellen, "Comment: Two Cheers for A Tale of Three Cities", *So. Cal. L. Rev* 66, 1992, p. 567, 572.

[5] See Peter F. Nardulli, James Eisenstein, and Roy B. Flemming, *The Tenor of Justice: Criminal Courts and the Guilty Plea Process*, 1988, pp. 246 – 248. 这项研究比较了三个不同州九个中等大小的司法管辖区的辩诉交易行为。他得出的结论是，"共识、社区规范和共同的认知是比让步、胁迫等更重要的步骤"。两位作者同意，"在某些认罪谈判中，会出现真正的指控和判决让步"，但他们发现，"大多数被告人对他们的主要指控的罪行认罪"。Id. at 373.

[6] See, e. g. , Cal. Penal Code § 1 192. 7 (West 1988).

图完全废除辩诉交易。[1] 最著名的例子是阿拉斯加州。1975 年,阿拉斯加州首席检察官下令禁止其工作人员以减刑换取认罪。他还禁止了一名高级检察官在事先批准的情况下,仅为获得认罪答辩而减少指控。1978 年对这项政策的评估发现,在禁令的最初几年里,辩诉交易大大减少了。虽然案件起诉到法院审判的比例增加了一倍,但实际上案件的处理速度比禁令颁布的前一年要快。这项禁令似乎延长了对未成年犯的审判时间,但没有对先前的犯罪行为进行大量记录,但对更严重的违规者的判决却未受影响。[2] 有趣的是,尽管有禁令,大多数被告人仍继续认罪。尽管检方不愿意做出让步,以获得认罪协议,但研究发现,法官对认罪的被告人会给予比受审后被判有罪的被告人更短的刑期。[3]

1991 年,一项新的评估发现,阿拉斯加州仍然有一个反对辩诉交易的官方政策。该评估发现,这种政策对判决交易仍然有效,但在国家大部分地区,这种判决交易已经相当普遍。[4]

在许多情况下,被告人会在没有任何事先协商的情况下认罪,在某些情况下,被告人提出认罪是因为众所周知,法官对认罪的被告人会给予比那些审理后被判有罪的人较轻的判决。一些研究人员将这种情况称为"隐性辩诉交易"。[5] 即没有明确的协议,但是因为律师知道认罪的被告人将会得到更宽大地处理,从而促使被告认罪,这是一种隐性的协议。虽然隐性的辩诉交易比显性的辩诉交易受到更少的分析和审查,但它似乎避免了一些批评,例如,辩诉交易有了一个不那么像集市的公共形象。然而,由于没有显性的沟通,而且所涉及的认识因素都是隐性的,因此隐性的辩诉交易存在很大的不公平的可能性。

---

[1] See McDonald, supra n. 16, at 9.

[2] See Michael L. Rubinstein, Stevens H. Clarke, and Teresa J. White, Alaska Judicial Council, The Effect of the Official Prohibition of Plea Bargaining on the Disposition of Felony Cases in Alaska Criminal Courts (1978).

[3] See Id. at 213 – 218. 在盗窃案中,认罪的被告人与经过审讯定罪后被判有罪的被告人所判刑罚相似。

[4] See Teresa W. Cams and John Kruse, *Alaska's Plea Bargaining Ban Re-Evaluated*, 1991; Cams and Kruse, "A Re-evaluation of Alaska's Plea Bargaining Ban", *Alaska L. Rev* 8, 1991, p. 27.

[5] See, e. g., Padgett, "Plea Bargaining and Prohibition in the Federal Courts, 1908 – 1934", *Law & Soc'y Rev* 24, 1990, p. 413. The term appears to have been introduced by Donald J. Newman, *Conviction: The Determination of Guilt or Innocence Without Trial*, 1966, pp. 60 – 66.

在大多数明确禁止辩诉交易的司法管辖区,会不遗余力地禁止隐性谈判,但隐性的辩诉交易仍然存在。[1] 得克萨斯州埃尔帕索(El Paso)法官提供了一个关于禁令的例子,试图消除显性和隐性的辩诉交易。[2] 可以得到的评价是,这项禁令在消除显性的辩诉交易方面是有效的,然而,现有的评估数据尚不清楚禁令对隐性辩诉交易的影响。一项评估发现,隐性的辩诉交易仍在继续,然而,也有数据显示,隐性的辩诉交易受到了限制,所有的数据都显示,接受审判的案件数量有了大幅的增加。[3]

卡普兰教授(Kaplan)提出了另一个禁止显性辩诉交易的模式。他没有就每一个案件的认罪协议进行讨论,而是提出了一个对所有被告人都适用的谈判标准。这个标准将提前公布,任何被告人均可获悉并可以通过认罪来获得。[4] 卡普兰教授认为,这样的体系将比单独地辩诉谈判更明显、更公平。

虽然没有完整地阐明卡普兰教授的模式,但如果一些被告人愿意放弃接受陪审团审判的权利,这将是他们的法定量刑折扣条件。然而,要确定这些量刑折扣是否符合宪法,并不是那么容易。在美国诉杰克逊(Jackson)案中,[5]最高法院制定了一项绑架案的法令,即绑架案中将死刑限制在陪审团审理的案件中,如果被告人认罪或放弃陪审团审判,并由法官审判,则不可能被判处死刑。法院认为,这一规定的宪法缺陷不在于它会强迫认罪答辩和陪审团豁免,而在于不必要地鼓励认罪答辩和陪审团豁免。因为政府主张的限制死刑的目标本可以通过其他手段实现,所以这种鼓励是不必要的。杰克逊的案件没有涉及认

---

〔1〕 See supra n. 184.

〔2〕 在这一禁令中,埃尔帕索法官裁定,如果被告人认罪,陪审团将作有罪判决。See Callan, "An Experience in Justice Without Plea Negotiation", *Law & Soc'y Rev* 13, 1979, p. 327, 333 – 34.

〔3〕 See Holmes, Daudistel and Taggart, "Plea Bargaining Policy and State District Court Caseloads: An Interrupted Time Series Analysis", *Law &Soc'y Rev* 26, 1992, p. 139. See also Weninger, "The Abolition of Plea Bargaining: A Case Study of El Paso County, Texas", *U. C. L. A. L. Rev* 35, 1987, p. 265; Daudistel, "On the Elimination of Plea Bargaining: The El Paso Experiment", in, William F. McDonald and James Cramer (eds.), *Plea Bargaining*, 1980, p. 57; Callan, "An Experience in Justice Without Plea Negotiation", *Law &Soc'y Rev* 13, 1979, p. 327, 333 – 34.

〔4〕 See Kaplan, "Observation: American Merchandising and The Guilty Plea: Replacing the Bazaar With The Department Store", *Am. J. Crim. L* 5, 1977, p. 215.

〔5〕 See 390 U. S. 570 (1968).

罪,然而,两年后,法院在判决布雷迪诉美国案时,[1]被告人在杰克逊被判决之前承认犯有绑架罪。法院一致认为布雷迪的认罪是自愿的,尽管死刑的威胁可能是"或者是"认罪的原因,但法院被说服,认为认罪的主要动机是布雷迪的认知,即他的共同被告人已经认罪,并可以作证指控他。布雷迪案的判决在科比特诉新泽西州的案件中得到了有力地确认,[2]即在法庭上,法院认为,法定的量刑折扣鼓励认罪,通常不会使认罪成为非自愿的。

《联邦量刑指南》阐明了另一种方法,即为有罪的人提供更多或更少的量刑折扣。该指南允许法官在被告人对犯罪行为承担责任的情况下降低两级判决。在实践中,如果被告人认罪,该条款通常也适用。[3]

九、缓刑和假释撤销

如果被定罪,许多罪犯被判缓刑或监禁以外的刑罚以代替监禁,[4]服刑时间较长的犯人通常会被假释。适用缓刑或假释的罪犯通常被指定缓刑或假释官,他们的职责是协助罪犯重回自由生活并监视罪犯的行为。适用缓刑或假释被释放的罪犯在一些条件下通常也会受到一些行为限制。通常情况下,罪犯不会再犯罪。[5]

适用缓刑或者假释的犯罪分子犯新罪,当然可以依照正常的程序进行起诉。当局也可以撤销罪犯的缓刑或假释,并恢复先前的判决。[6] 一般来说,撤销缓刑和假释的程序比一般程序要简单得多。在被指控犯新罪的情况下,被告人将有权获得证据听证和律师辩护,[7]但是,无权获得陪审团审判,控方必须

---

[1] See 397 U. S. 742 (1970).

[2] See 439 U. S. 212 (1978).

[3] See Nagel and Schulhofer, "A Tale of Three Cities: An Empirical Study of Charging and Bargaining Practices Under the Federal Sentencing Guidelines", *So. Cal. L. Rev* 66, 1992, p. 501, 549 – 550.

[4] 在加利福尼亚州,因重罪被逮捕的人中,有近75%的人被判缓刑或监禁。See California Dep't of Justice, Crime and Delinquency in California, 1992, Table 40.

[5] See Neil P. Cohen and James J. Gobert, *The Law of Probation and Parole*, 1983, p. 220.

[6] See Id. at 407ff.

[7] See Morrissey v. Brewer, 408 U. S. 471 (1972); Gagnon v. Scarpelli, 411 U. S. 778 (1973). See also Black v. Romano, 471 U. S. 606 (1985).

证明案件的标准远远低于正常程序,通常是优势证据规则,而不是排除合理怀疑规则。在更早的时候,撤销或不撤销假释的问题,通常是由监管部门根据监管标准而非起诉标准做出。检察官做出是否对新罪行提起公诉的决定是独立的。然而,最近一些司法管辖区的检察官开始与监管部门进行更密切的合作,在某些情况下,检察官经常使用撤销程序而不是正常的起诉程序,来加快案件的处理速度。[1]

十、结　　论

在美国,绝大多数刑事案件都是通过某种形式的简易程序来处理的,如表2所示。即使是重罪,即最严重的刑事案件,90%或更多的案件都是通过某种形式的简易程序来处理的。

不同形式的简易程序在适用过程中存在广泛的差异,有其合理性并被普遍接受。其中一些如支付定额罚金,已经被广泛接受并呈现相对较少的问题。另外一些如辩诉交易,争议较大,并被视为是司法公平和公众保护所面临的重大问题。到目前为止,最重要的简易程序是当局接受有罪答辩和辩诉交易。

广泛运用简易程序的积极方面是,法院和刑事司法系统能够利用有限的资源每年处理数以百万计的案件。最重要的消极方面之一是,对辩诉交易的依赖致使公众轻视刑事司法系统,并导致对司法丧失信心,主要的选区群体,如警察、犯罪受害者和刑事被告人,也对这种简易程序持否定态度。

在美国有许多可以采取的步骤,以进一步简化刑事司法程序,加速处理刑事案件。虽然许多检察官采用了现代的筛选程序,限制了对极有可能定罪的案件提出刑事指控,但许多人几乎对所有案件都提起诉讼。在许多司法管辖区,正式的刑事诉讼程序也可以进一步简化。尽管蓝丝带研究小组对法庭统一标

---

〔1〕 一个由阿拉米达县(加利福尼亚州)地方检察官办公室创建了打击毒品违法行为的特别小组,例如,针对因犯毒品罪而被逮捕的个人,这些人已经被判决过重罪。“在新系统中,检察官重新逮捕罪犯,并以相对较少的代价迅速处理,将新的情况视为违反缓刑的条件,而不是作为一个新的犯罪……”See Rosann Greenspan, Richard A. Berk, Malcolm M. Feeley and Jerome H. Skolnick, *Report on the Targeted Urban Crime Narcotics Task Force*, April 1988, p. 2. See also Thomson. “How Plea Bargaining Shapes Intensive Probation Supervision Policy Goals”, *Crime & Delinq* 36, 1990, p. 146, 153.

准提出了长足的建议,[1]但许多州仍然保留着两级制审判法庭。许多州仍然要求对重罪指控提起诉讼,尽管这一程序在大多数情况下没有什么用处。如果谨慎地选择,则可以进一步增加司法分流、调解和使用定额罚款的做法。

在刑事司法中,既需要公平程序来保障人权,又需要高效的司法系统,这两者之间的紧张关系一直存在。这种紧张关系必然会因广泛运用简易程序而加剧。然而,如果基本制度本身是公平的,那么在不造成不公平的情况下,就有可能大量运用简易程序。虽然在这篇论文中不可能指出避免不公平所需要的所有条件,但如果被告人请求,就必须给被告人一个适当的听证机会。理想的情况是,这个机会将允许被告人选择是否使用简易程序或使用普通程序。如果被告人可以自由地做出这样的选择而不受重大处罚,那么被告人就享有了使用完整的、正当的程序来实现公平的权利。然而,如果被告人不能自由选择,或者如果被告人被允许选择但选择会面临重大损失,那么就有潜在的不公平。

对于简易程序本身来说,似乎也需要包括一些要求,以证明判决具有事实根据。更困难但也是更可取的一种简易程序结构,是确保被告不仅了解程序,还了解程序的特点,从而促使简易程序更加公平。[2]

表1 在加利福尼亚州法院提交的案件——1991年

案件类型		数量(件)	定额罚款	认罪答辩	审前结案	审判
重罪案件	—	219,924	0%	72%	25%	3%
轻罪案件	非交通案件	635,437	4%	71%	23%	1%
	交通案件	1,180,561	9%	72%	17%	1%
违规案件	非交通违规	171,814	25%	36%	28%	11%
	交通违规	5,723,389	40%	17%	38%	5%
	违章停车	5,050,233	NA	NA	NA	2%
总计	—	12,981,358	31% *	31% *	34% *	3%

注:* 不包括违章停车。

---

[1] See, e.g., Baar, "Trial Court Unification in Practice", *Judicature* 76, 1993, p.179.

[2] See, e.g., Casper, Tyler & Fisher, "Procedural Justice in Felony Cases", *Law & Soc'y Rev* 22, 1988, p.483.

表 2 加利福尼亚州简易程序与非简易程序案件——1991 年

重罪逮捕		
案件类型	简易程序	非简易程序
警察释放	7.00%	—
定额罚款	—	—
检察官不起诉	15.00%	—
司法分流	3.00%	—
缓刑	0.10%	—
在审判前结案	11.00%	—
认罪	62.00%	—
审判	—	3.00%
总数(447,681)	97.00%	3.00%

轻罪案件		
案件类型	简易程序	非简易程序
警察释放	—	—
定额罚款	8.00%	—
检察官不起诉	—	—
司法分流	—	—
缓刑	—	—
在审判前结案	19.00%	—
认罪	72.00%	—
审判	—	1.00%
总数(1,815,998)	99.00%	1.00%

违章案件		
案件类型	简易程序	非简易程序
驳回起诉	38.00%	—

续表

违章案件		
案件类型	简易程序	非简易程序
定额罚金	39.00%	—
认罪	17.00%	—
审判	—	4.00%
总数(10,945,436)	96.00%	4.00%

检察权运行监督机制完善研究*

宋 强** 范思力***

内容摘要：在规范层面上，检察机关作为国家法律监督机关一直在试图回答“谁来监督监督者”这个问题。以1996年国家正式将依法治国确立为发展战略作为研究起点，梳理这一过程不难发现，以最高人民检察院为代表的检察机关，在不同历史阶段结合当时国家社会的发展需要以及党中央对检察工作的要求，制定了一系列旨在规范检察权运行，强化检察人员办案监督的自身监督工作机制。通过长期不懈地努力，以2007年为标志，检察机关自身监督已渐成体系，并具有符合中国司法实践需要的特点，形成了内部自身监督与外部自身监督相结合，检察系统内部辅助决策、执行、监督三种权能由三类不同类型部门分别负责，不断强化侦查权的上级监督和外部监督，以案件信息公开为抓手自觉接受媒体舆论监督，不断改进和提升内部监督的技术性、科学性等值得借鉴传承的经验做法。在推进国家治理能力和治理体系现代化的当下，现阶段检察权运行监督机制按照事物发展的一般规律，原本就存在的一些困境和调整正随着时代演进逐步显现。比如，大量规范性文件的出台和不断累积带来了监督资源投入“内卷化”的疑虑。媒体舆论监督力量的加强倒逼检察机关必须做出相应改变。信息技术的进步在带来监督技术变革的同时，也暴露出创新与惯性、现实与预期的矛盾冲突。党和国家监督体系的构建要求检察机关自身监督体系不能继续固守自我完善，还要与之有机贯通，相互协调。这些问题的显现说明

* 本文系2020年度最高人民检察院检察理论研究一般课题“检察权运行监督机制完善研究”(GJ2020C02)研究成果。

** 贵州民族大学法学院教授，法学博士。

*** 贵州省人民检察院一级检察官助理。

目前检察工作距离现代化建设的目标还有一定差距，同时给下一步完善检察权运行监督机制指明了路径与方法。比如，提升监督规则执行和遵守的可操作性、实行依职权与依申请并重的案件信息公开模式、加强对各级院检察长办案权力行使的技术监督、完善自身监督机制与检察官惩戒、党委政法委执法监督等其他外部监督机制的衔接等举措，都可考虑作为今后检察机关完善自身监督工作机制的重点。

关键词：检察权　检察办案　监督机制　自身监督

任何国家权力在运行过程中都要受到监督与制约，这是现代社会保证权力不被滥用的唯一方法。检察权作为一种国家监督权，同样要受到监督与制约。虽然监督与制约常被一并使用，但法学理论界普遍认为，监督与制约并不是同义反复。首先，法理学观点认为，监督与制约不能等同，监督具有统一性、突然性和可选择性。制约是权力分工、职责分工之后国家机关之间的权力约束关系。[1] 其次，《刑事诉讼法》规定人民法院、人民检察院和公安机关分工负责，互相配合，互相制约。诉讼法学观点认为，这里的制约是一种双向行为，只能在参与诉讼各部门相互发生工作联系、衔接，处在互动过程时才能发生作用，这种互动作用是彼此之间的。[2] 在诉讼进程中，前者是后者存在的前提条件，后者是前者发展的必然结果。[3] 基于以上共识，法学理论在探讨一系列以限制防范检察权滥用为目的的监督机制时，一般会限缩其外延，避免与制约机制相混同。简言之，检察权运行监督机制应是仅以一方主体意志为主的单向活动，不涉及多种权力互相牵制制衡的状态。理论上认为，检察权运行监督机制一般包括内部监督机制和外部监督机制。内部监督机制主要指，检察系统内以控权为目的的各种工作流程、规范和制度。比如，有的学者认为，检察权内部监督机制主要包括落实办案纪律责任、案件质量评查、检务督察、内部纪检监察、执法规

---

〔1〕 参见葛洪义：《“监督”与“制约”不能混同——兼论司法权的监督与制约的不同意义》，载《法学》2007 年第 10 期。

〔2〕 参见周理松：《公检法三机关互相制约与人民检察院对刑事诉讼的法律监督》，载《法学评论》1997 年第 1 期。

〔3〕 参见樊崇义：《法律监督职能哲理论纲》，载《人民检察》2010 年第 1 期。

范化建设等。[1] 有的学者则认为,检察权内部监督机制包括专职部门对其他部门权力行使合法性的审查,以及上级检察机关对下级权力行使合法性的审查。[2] 外部监督机制更多地源于现行法律规定,既包括检察机关自身推动建立的制度机制,也包括国家专门推动建立的其他权力监督制度机制。比如,目前以检察权为对象的外部监督机制一般包括人大监督、监察监督、审计监督、党委政法委执法监督、人民监督员监督,以及社会舆论监督等。本文讨论关注的外部监督机制以检察机关自行推动建立的制度机制为主。比如,人大代表联络制度、人民监督员制度、检务公开制度等。在监督领域和对象方面,检察权运行监督机制主要针对办案活动和检察办案人员。意识形态、公用经费、工作作风、公车管理、干部选拔任用等非业务领域,以及针对非检察办案人员的各项监督管理制度机制不在本文的讨论范围之内。

一、检察权运行监督机制规范化建设的历程

从法学视角看,自 1949 年《中央人民政府最高人民检察署试行组织条例》出台后,检察制度一度受各种政策影响,处在一个不稳定状态,期间还发生过中断,可以说是"三起三落"。[3] 检察权并没有完全按自身工作需要来运行,难以遵循现代检察制度运行的基本规律,同时由于缺乏法制保障和内部规则指引,当时检察机关执法办案的监督更多地靠政治监督、党纪监督。直到 1979 年通过《中华人民共和国人民检察院组织法》(以下简称《组织法》)后,检察机关才开始随着国家法制的健全,逐步提升法治方式在规范检察权运行中的分量。以 1996 年 3 月第八届全国人大第四次会议通过的《国民经济和社会发展"九五"计划和 2010 年远景目标纲要》载入"依法治国,建设社会主义法治国家"为标志,国家正式宣布将法治作为治国理政的手段,法治建设正式上升为国家发展战略。作为国家政治制度的组成部分,政治大环境的变化有助于我们找到检察

---

〔1〕 参见杨圣坤:《检察权内部监督的调整与发展——以检察官办案责任制改革为背景》,载《时代法学》2014 年第 6 期。

〔2〕 参见单民、薛伟宏:《检察权监督制约机制研究》,载《人民检察》2012 年第 17 期。

〔3〕 参见王松苗主编:《检察史的新闻阅读》,中国检察出版社 2011 年版,第 41 页。

工作发展的关键历史坐标。本文也试图以 1996 年作为此次研究的历史起点,通过各种理论观点、制度设计、实践探索,梳理和分析检察权运行监督机制规范化建设的历程,以期从中得到启示。

(一)检察权运行监督机制规范化建设的实践探索(1996 年至 1998 年)

1978 年 12 月党的十一届三中全会后,中国开始确立实行对内改革、对外开放的政策。改革开放十几年后,国内形势开始发生一些新变化。一方面,经济建设形势喜人;另一方面,一定数量的干部被腐蚀。[1] 一手抓改革开放,一手抓打击各种犯罪活动,惩治腐败已成为这一时期国家的重要任务。为落实党中央的决策部署,最高人民检察院在这一时期先后确立了“严格执法,狠抓办案”“严格执法,狠抓办案,加强监督”方针,将查处贪污贿赂犯罪作为这一时期检察工作的重点。一个佐证便是,在 1996 年至 1998 年《最高人民检察院工作报告》中,查办贪污贿赂案件情况均作为报告的第一部分内容并占据较大篇幅。同时为了便于适应和执行修改后的《刑事诉讼法》,检察机关进行了内设机构改革,[2] 各业务部门分工更加明晰,办案程序也各不相同,一些在办案中出现的不规范甚至违法犯罪问题,要靠新的监督模式——完善工作规范来解决。比如,1996 年《刑事诉讼法》颁布实施后,仍有少数检察机关不按法定程序办案。有的以办案为名,长期占用发案单位财产;有的违反“收支两条线”的规定,截留、坐支、挪用甚至私分扣押款物;还有的甚至将应逮捕、起诉的犯罪嫌疑人做罚款处理,以罚代刑。[3] 这一时期以规范侦查权运行、督促检察人员依法办案为重点,检察权运行监督机制规范化建设开始了法治意义上的初步探索。

1. 该时期检察权运行监督机制规范化建设的特点

第一,以侦查权运行为重点建立内部监督机制。在加大职务犯罪侦查力度的同时,由于侦查权运行带有主动性、扩张性、隐秘性等特征,[4] 相较其他检察职权滥用可能性更高,因此一直备受最高人民检察院关注,各时期围绕侦查权

---

〔1〕 参见《江泽民文选》(第 1 卷),人民出版社 2006 年版,第 321 页。

〔2〕 参见《关于地方各级人民检察院机构改革意见的实施意见》(高检发〔1996〕16 号)。

〔3〕 参见最高人民检察院《关于认真贯彻执行中共中央、国务院〈关于治理向企业乱收费乱罚款和各种摊派等问题的决定〉的通知》(高检发〔1997〕16 号)。

〔4〕 参见卞建林、张可:《侦查权运行规律初探》,载《中国刑事法杂志》2017 年第 1 期。

运行的内部监督机制建设力度也最大。该时期为规范立案环节，制定了《关于要案线索备案、初查的规定》等规定，将不同类型案件的线索备案、初查权限进行划分，适当限缩下级院侦查权限。为规范扣押物品管理，制定了《人民检察院立案侦查案件扣押物品管理规定（试行）》等规定，首次将保管、使用扣押物品权力从侦查部门剥离，发挥其他部门的日常监督作用。制定了《关于完善人民检察院侦查工作内部制约机制的若干规定》等规定，将审查逮捕、审查起诉与侦查职能分离，内部监察督察与侦查职能分离，发挥刑事检察部门对侦查部门的侦查监督功能，监察部门对侦查部门人员违纪违法的调查追究功能。另外还建立了专门针对侦查部门负责人的定期轮岗制度等。

第二，建立上级检察院对下级检察院检令执行的内部监督机制。虽然1979年《组织法》已经明确了上下级检察机关之间的领导关系，但在具体工作中实现领导关系则是一个缓慢的历史过程。由于当时地方的条块关系，事权支出还没有理顺，导致上级检察机关的指令、政策、决定有时不能得到下级检察机关的坚决执行。有的下级检察机关对上级的指示、决定、批复敷衍塞责、故意拖延，甚至顶着不办、公然违抗。[1] 为有效解决这一问题，1998年最高人民检察院建立了一系列监督工作机制。一方面，在全国范围内组织开展执法大检查。由上级检察机关负责对下级检察机关案件办理情况进行抽查检查、评估评价，丰富上级检察机关的业务领导方式。另一方面，出台了《人民检察院错案责任追究条例（试行）》《对违法办案、渎职失职若干行为的纪律处分办法》等规定，丰富上级检察机关的监督措施，增强业务监督的针对性。1999年《最高人民检察院工作报告》显示，1998年上级检察机关在执法大检查中对3773件有问题的案件进行了纠正，对729名犯罪嫌疑人超期羁押问题进行了纠正，清查处理了全部涉案暂扣款。

第三，自觉畅通各级人大代表、社会各界对检察工作的外部监督渠道。随着1979年废除党委案件审批制度，[2] 各级人大及其常委会、各级人大代表对检察机关履职的监督有所加强。比如，个案监督曾一度成为地方实践探索的热

[1] 参见最高人民检察院《关于坚决纠正有令不行有禁不止行为的通知》（高检发〔1995〕10号）。

[2] 参见《中共中央关于坚持保证刑法、刑事诉讼法切实实施的指示》（中发〔1979〕64号）。

点,地方人大及其常委会有时会对检察机关办理个案的合法性进行审查。1989 年时任全国人大常委会副委员长彭冲在全国人大常委会的工作报告中指出:"人大如果对法院、检察院处理的特别重大的案件有意见,可以听取法院、检察院的汇报,也可以依法组织调查,如确属错案,可以责成法院、检察院依法纠正或处理。"〔1〕为配合人大个案监督,最高人民检察院还曾出台规定,要求各级检察机关在支持抗诉、提出抗诉时向同级人大常委会报告。〔2〕不过在 1999 年全国人大内务司法委员会向全国人大常委会提出的《关于对审判、检察机关重大违法案件实施监督的决定(草案)》因广泛争议中止审议后,再到 2006 年《中华人民共和国各级人民代表大会常务委员会监督法》没有确立个案监督制度,个案监督并没有成为法律明确的监督手段。除此之外,为保障人大代表顺利开展视察、调查、评议,检察机关还采取了一系列措施畅通人大代表对检察工作的监督渠道,规范代表意见办理答复程序等。〔3〕在加强社会监督方面,检察机关也采取了案件办理回访、设立意见箱、举报电话等方式,自觉接受社会监督。〔4〕值得一提的是,这一时期最高人民检察院正式在全国实行检务公开,虽然初期公开局限于职责、规定、程序、公民权利义务等法律条文内容,〔5〕但这无疑具有开创性历史意义。

2. 该时期检察权运行监督机制的总体评析

以今天的眼光看,1996 年至 1998 年建立的一系列旨在监督检察权运行的工作机制,其规范性、可操作性、全面性、合理性上还有所欠缺。比如,在加强内部监督机制建设时,对专职部门的监督职能、监督重点、专业性要求不够重视,也没有达成共识,〔6〕导致监督范围涵盖太广,业务监督、政治监督、纪律监督之

---

〔1〕 谢小剑:《人大对司法案件监督的前世今生》,载《甘肃政法学院学报》2014 年第 5 期。

〔2〕 参见最高人民检察院《关于抗诉案件向同级人大常委会报告的通知》(高检发〔1995〕15 号)。

〔3〕 参见《最高人民检察院与全国人民代表大会代表联系工作管理办法(试行)》(高检发办字〔1998〕7 号)、最高人民检察院《关于进一步加强同全国人民代表大会代表联系接受监督的通知》(高检发〔1998〕10 号)。

〔4〕 参见最高人民检察院《关于弘扬检察职业道德热情为群众服务主动接受社会监督的几项规定》(高检发办字〔1997〕12 号)。

〔5〕 参见最高人民检察院《关于在全国检察机关实行"检务公开"的决定》(高检发〔1998〕29 号)。

〔6〕 参见王尽忠、陈辉:《检察机关内的监察部门行使监督职能的调查与思考》,载《检察理论研究》1996 年第 3 期。

间的界限不明。在接受人大监督过程中,检察人员自己也认为应将个案办理是否合法交由人大决定。[1] 认识不足、理论准备不充分除了因检察权运行监督机制刚步入法治轨道,思想还不够统一,各种制度设计还有待时间检验外,还受限于当时各项法律制度还不完备,没有形成合理分工、相互补充、协同高效的权力运作体系。虽然这一时期的工作机制整体较为粗放,但这些探索还是为今后很多监督机制的设计理念、工作方向、工作重点奠定了基础,指明了方向。比如,当时强调外部监督和内部监督并重的思路,基本奠定了今后加强自身监督机制的设计格局。发挥上级对下级办案的控制、评价作用,增强检察工作透明度,主动接受人大监督等工作方法也得以一直延续,逐步成为日后加强自身监督的重要抓手。总体来看,在法制不够健全、法律意识还未普及的大环境下,检察机关一开始就坚持用法治思维和法治方式回答"谁来监督监督者"这个问题,是这一时期检察权运行监督机制规范化建设的闪光之处。

(二)检察权运行监督机制规范化建设的延续发展(1999 年至 2002 年)

以中国顺利加入 WTO 为标志,中国经济发展进入了新阶段。国内市场体系建设全面展开,宏观调控体系不断完善,财税、金融、流通、住房和政府机构等改革继续深化。开放型经济迅速发展,商品和服务贸易、资本流动规模显著扩大。[2] 面对国内经济发展的良好势头,党中央审时度势,要求政法机关一方面要继续加大严打整治力度,整顿维护社会经济秩序;另一方面还要发挥教育、管理和综合治理的作用,[3]更有效地化解各种社会新矛盾。这一时期,全国检察机关按照"公正执法、加强监督、依法办案、从严治检、服务大局"的方针,在惩治和预防腐败、积极参与"严打"专项斗争、维护司法公正方面发挥了重要作用。在充分履职的同时,最高人民检察院还积极借鉴世界各国先进司法经验,制定了《检察改革三年实施意见》,推出了一系列旨在提升工作能力、维护司法公正、切实保障人权的改革举措,并将改革检察权运行监督机制作为内容之一。检察权运行监督机制改革在当时成功遏制了检察干警滥用权力的现象。2003 年《最

---

〔1〕 参见叶沁常、广星正、光海军:《试论人大对行政检察的监督》,载《政法论丛》1997 年第 2 期。

〔2〕 参见《全面建设小康社会,开创中国特色社会主义事业新局面——在中国共产党第十六次全国代表大会上的报告》。

〔3〕 参见《江泽民文选》(第 3 卷),人民出版社 2006 年版,第 210 页。

高人民检察院工作报告》显示,全国检察干警违纪违法逐年减少,从1998年的7‰下降到2002年的1.4‰。

1.该时期检察权运行监督机制规范化建设的特点

第一,1996年至1998年建立的各项内部监督机制进一步细化。这一时期的内部监督机制继续延续原来的设计思路和关注重点加以丰富和完善。比如,由上级检察机关主导的执法大检查得以继续坚持并不断扩大范围。2002年《最高人民检察院工作报告》显示,1999年至2001年全国共自查和交叉检查55万多起案件。最高人民检察院仍继续加强侦查权的内部监督,制定了《关于检察机关反贪污贿赂工作若干问题的决定》《关于加强和改进控告申诉检察工作的决定》《人民检察院扣押、冻结款物管理规定》等规定,完善举报控告、涉案财物监管、侦查监督、审查起诉等环节对侦查权运行的监督。制定了《人民检察院监察工作条例》,规定各级检察机关监察部门有错案责任追究的执法监察职责,细化内部监督的方式、程序、范围、效力。制定了《检察机关办理案件必须严格执行的六条规定》等规定,进一步细化了各业务条线检察人员的办案责任。

第二,监督主诉检察官行使权力成为这一时期地方检察机关内部监督机制建设的重点。1999年,最高人民检察院先后召开试点工作座谈会、专家论证会总结主诉检察官办案责任制试点经验。2000年,最高人民检察院先后下发了《关于在审查起诉部门全面推行主诉检察官办案责任制的工作方案》《关于在民事行政检察部门推行主诉检察官办案责任制的意见》,正式推行主诉检察官办案责任制。主诉检察官办案责任制作为一项21世纪初期检察机关大胆尝试与国际通行做法接轨的改革举措,是这一时期对检察工作模式产生较大影响的改革举措。相应地,在放权的同时如何监督主诉检察官行使权力,也是这一时期的热点问题。各地在探索主诉检察官办案责任制时也建立了一些配套监督机制。比如,四川省检察机关采取备案审查、办案动态抽查、定期述职报告、出庭跟踪考核等措施,加强检察长、副检察长、部门负责人对主诉检察官的监督。[1]

---

〔1〕 参见万春:《改革,为了司法更公正——对四川省刑事检察改革的调查与思考》,载《人民检察》2002年第8期。

上海市检察机关在探索建立主诉检察官督导制方面，制定了《主诉检察官办案责任制督导条例》，在全市范围内抽调检察人员作为督导员，从选任、办案、培训、考核、奖惩等方面开展督导。[1]

第三，逐步建立健全自觉接受社会舆论监督的工作机制。这一时期检察机关继续深化检务公开，建立了检察工作情况通报制度，[2]规范了检务公开工作的程序，[3]设立了新闻发言人，定期召开新闻发布会，主动与媒体建立了常态化的工作联系机制，使舆论监督具备了一定可行性。在2001年《最高人民检察院工作报告》中，就历史性地专门介绍了最高人民检察院与中华全国新闻工作者协会开展的"公正执法基层行"活动，邀请了150多个中央和省级新闻单位深入到350多个基层法院实地采访，揭露和批评执法不严，执法不公现象。除此之外，检察机关还积极探索将各业务条线办案过程向社会适当公开，部分案件接受社会公众评议。最高人民检察院先后制定了《人民检察院办理民事行政抗诉案件公开审查程序试行规则》《人民检察院办理不起诉案件公开审查规则（试行）》《人民检察院刑事申诉案件公开审查程序规定（试行）》等规定，创新性地在办理案件过程中设立双方现场陈述、听证、辩护人参与等程序，将倾听意见、证据开示、阐述理由等过程适当公开，并聘请听证员参与办案决策。以今天的眼光看，公开审查可以说是一项极具司法民主色彩的改革举措。

2. 该时期检察权运行监督机制的总体评析

基于"严打"和反腐败斗争形势需要，这一时期检察权运行仍较为活跃，同时在推行主诉检察官办案责任制后，检察机关有了分散行权的空间，承办检察官的自主权得到了一定程度的加强，相应地，学术界对检察权滥用的担心也开始出现。[4] 1999年至2002年的《最高人民检察院工作报告》也曾将部分检察干警有特权思想、霸道作风作为工作中存在的问题，并提出要加以解决。当时围绕如何加强检察权运行监督进行的实践探索形成了一些成果，具有一定成

---

〔1〕 参见林仪明：《新中国公诉制度史——以上海检察机关的实践为中心》，上海人民出版社2020年版，第52页。

〔2〕 参见最高人民检察院《关于建立检察工作情况通报制度的通知》（高检发办字〔1999〕5号）。

〔3〕 参见最高人民检察院《关于"检务公开"具体实施办法》（高检发研字〔1999〕1号）。

〔4〕 参见宋伟、郝银钟：《论检察权的滥用及其法治》，载《法学》1999年第9期。

效,期间提出的观点,抛出的问题直到今天也具有参考价值。比如,公开听证的扬弃、案件信息公开的程度、司法与舆论的关系、放权给承办检察官后如何监督、不规范办案行为如何整治等问题,都成为之后不断推动检察权运行监督机制发展的动因。这一时期检察机关响应国家开放政策,学习借鉴了大量国外司法文明成果,检察人员的思想理念、知识储备得到了更新,从上到下都认为检察制度未来有必要进行一系列适应经济全球化、适应中国市场经济体制改革需要的设计和改造。[1] 总体来看,1999年至2002年各项监督机制的规范化建设,为下一步形成符合21世纪检察工作规律的自身监督体系奠定了基础。

(三)检察权运行监督机制规范化建设的初成体系(2003年至2007年)

自2003年以来,我国社会主义市场经济体制日趋完善,社会主义物质文明、政治文明、精神文明建设和党的建设不断加强,综合国力大幅提高,人民生活显著改善,社会政治长期保持稳定,[2] 基于这一形势判断,国家对政法工作的要求也从严厉打击违法犯罪逐渐转变为妥善处理各类社会矛盾,服务和谐社会建设。比如2004年中央政法工作会议明确提出,实行"宽严相济的刑事政策"。2005年中央政法工作会议进一步阐明,宽严相济的刑事政策是指对刑事犯罪区别对待,做到既有力打击和震慑犯罪,维护法制的严肃性,又尽可能减少社会对抗,化消极因素为积极因素,实现法律效果和社会效果的统一。[3] 相应地,这一时期检察机关除了实现国家意志,还要重视社会观感和舆论反映,一些内部外部监督机制建设也因此注入了社会参与元素。同时,检察机关执法办案时对程序正义的要求愈加明显。

1. 该时期监督机制规范化建设的特点

第一,内部监督机制建设的重点更突出。检察机关建立健全内部监督机制时,一直容易出现的问题就是业务监督功能泛化,检察机关内部的党纪监督、审计监督、作风监督、廉政监督等常与业务监督相互交织。随之而来的就是责任类型的混同,纪律责任、违法责任、办案责任、廉政建设责任等责任在同一类事件中有时难以区分,执法过错的追责范围甚至被其他法律和纪律覆盖,错案责

---

〔1〕 参见最高人民检察院《关于印发〈检察工作五年发展规划〉的通知》(高检发〔1999〕4号)。

〔2〕 参见《中共中央关于构建社会主义和谐社会若干重大问题的决定》。

〔3〕 参见高铭暄:《刑法体现宽严相济刑事政策》,载《人民日报》2015年8月28日,第7版。

任追究制度容易失去适用价值。[1] 该时期以社会主义法治理念为指导，在总结过去执法大检查经验的基础上，最高人民检察院组织开展了规范执法行为专项整改，并以此为契机突出了内部监督机制对办案程序、案件实体质量的约束作用，强化了执法行为与责任人之间的联系。比如，修订《检察人员纪律处分条例》《检察人员执法过错责任追究条例》，将处理结果没有错误但程序违法的情形纳入责任追究范围，合理界定执法过错责任与其他责任类型的区别。制定了《人民检察院讯问职务犯罪嫌疑人实行全程同步录音录像的规定（试行）》《人民检察院扣押、冻结款物工作规定》等规定，加强职务犯罪侦查活动的内部监督。强化上级检察院的执法办案监督作用，将刑事赔偿确认案件拟作不确认，直接受理侦查案件撤销、不起诉的审批权限上收至上级检察院。[2] 与纪检监察工作相区别，推行检务督察制度，检务督察重点针对执法中存在的不规范问题，包括枪支、警械、警车使用是否规范，不批捕、不起诉、撤销案件质量是否存在问题等。[3]

第二，将监督案件作为落实内部监督的一项重要工作。主诉检察官责任制改革给检察工作带来的思想冲击是全方位的，其中之一就是各地对以检察长、副检察长、部门负责人为主的"三级审批制"进行了各种反思。比如，有观点认为，在一个单位内部，"三级审批制"并不能真正起到监督承办检察官的作用，部门审核、领导审批的监督往往流于形式，各部门均代表检察长意志，依靠相互制约保证案件质量也容易被有意淡化。[4] "三级审批制"容易重"长官意识"轻"法律意识"。[5] 既然不能依赖行政化的模式监督检察官办案，又该如何加强监督呢？为了解决这些问题，最高人民检察院陆续制定了《关于加强案件管理

---

〔1〕 参见杨复晗、赵伟：《〈检察人员执法过错责任追究条例〉解读》，载《人民检察》2008 年第 5 期。

〔2〕 参见《关于人民检察院办理刑事赔偿确认案件拟作不予确认决定报上一级人民检察院批准的规定》（高检发刑申字〔2005〕1 号）、《关于省级以下人民检察院对直接受理侦查案件作撤销案件、不起诉决定报上一级人民检察院批准的规定（试行）》（高检发办字〔2005〕15 号）。

〔3〕 参见最高人民检察院《关于完善检察机关监督机制促进公正执法情况的报告》。

〔4〕 参见陈聪：《检察机关内部监督制约制度的构想与实践——福州市检察机关"检务督察"制度改革之思考》，载《国家检察官学院学报》2005 年第 3 期。

〔5〕 苏志广、张永杰：《建立检察权内部制约机制的思考》，载《国家检察官学院学报》2006 年第 1 期。

的规定》《检察机关职务犯罪侦查部门办案质量考评办法》等规定,从整体、系统的角度,指导各地将监督案件分为业务数据的考评、办案流程的监督、个人办案情况的考评三个层次。各地也围绕这三个层次开始探索,比如,有的地方探索设立专门的业务管理机构负责案件质量、办案流程的监督,[1]有的地方探索建立检察人员执法档案,重点记录个人办案工作情况,强化对检察权行使过程的记录和监督,[2]有的地方制定了办案质量考评标准,规定了各业务条线考核的加减分值。[3]

第三,侦查权外部监督机制建设取得重要突破。过去对侦查权的监督主要靠内部监督机制,对此理论上一直有所质疑。比如,认为侦查权的监督主体跟监督对象是同一个机关,以内部监督机制为主控制侦查权,不太符合现代刑事诉讼制度侦、控、辩、审外部分离,相互制约的通行做法。[4] 为切实防止和纠正职务犯罪侦查中的执法不公问题,最高人民检察院从 2003 年开始试行人民监督员制度,探索引入社会公众监督侦查活动。先后制定了《关于实行人民监督员制度的规定(试行)》《关于人民监督员监督"五种情形"的实施规则(试行)》等规定,明确了检察机关从社会各界选任的人民监督员可对职务犯罪侦查过程中拟作撤案、不起诉处理和犯罪嫌疑人不服逮捕决定的"三类案件",以及立案不当、超期羁押、违法搜查扣押、不依法给予刑事赔偿和检察人员违法违纪办案等"五种情形"提出监督意见,检察机关负责核查纠正。截至 2007 年年底,全国已有 86% 的检察机关试行了人民监督员制度,人民监督员监督案件达 21,270 件,其中不同意办案部门处理意见 930 件,检察机关采纳 543 件。[5] 人民监督员制度跳出了检察机关在内部寻求职务犯罪侦查权监督路径的惯性思维,改变了检察机关侦查权封闭运行的状态,是一项具有中国特色的制度创新举措。

---

〔1〕 参见罗昌平:《论建立专门的检察业务管理机构》,载《法治论丛》2007 年第 6 期。

〔2〕 参见曹志刚、刘剑刚:《建立检察人员执法档案拓展内部监督工作领域》,载《中国检察官》2007 年第 12 期。

〔3〕 参见"案件质量保障制度研究"课题组:《论检察机关案件质量保障制度的发展与完善》,载《华东政法学院学报》2004 年第 4 期。

〔4〕 参见赵旭光:《检察机关自侦案件侦查监督论》,载《莱阳农学院学报(社会科学版)》2004 年第 3 期。

〔5〕 参见刘方:《新中国检察制度史概略》,法律出版社 2013 年版,第 317 页。

2. 该时期监督机制规范化建设的总体评析

经过长期坚持和提炼总结,到 2007 年最高人民检察院向全国人大常委会作《关于完善检察机关监督机制促进公正执法情况的报告》时,以规范检察权运行为主题,检察机关正式将各项监督机制作内部外部、纵向横向、执法活动与执法人员的划分,就监督机制和制约机制进行了区别。其中,内部监督机制包括执法活动的经常性监督,执法活动的专项监督、检察队伍监督,外部监督机制包括人民群众监督、人大监督。纵向监督机制包括上级检察机关监督、人大监督等,横向监督机制包括流程监督、人民监督员监督等。执法活动监督包括逮捕工作专项检查、公诉案件质量专项检查等,执法人员监督包括检务督察、绩效管理、建立执法档案等。制约主要表现为与公安机关、人民法院等国家机关之间的权力制衡关系。该报告对各项监督机制的梳理、归纳、总结,标志着检察权运行监督机制规范化建设已形成一条符合检察工作规律的发展路径,各项监督机制能相互补充呼应,基本形成了一套逻辑自洽,运转顺畅的自身监督体系。这一时期的努力也取得了令人满意的成效。2008 年《最高人民检察院工作报告》显示,全国检察人员违纪违法被查处人数从 2003 年的 424 人下降到 2007 年的 207 人,检察官利用职权贪赃枉法,徇私舞弊的,从 2003 年的 277 人下降到 2007 年的 92 人。在此之后,检察权运行监督机制规范化建设基本围绕该体系展开,未有颠覆式、重塑式的调整。

(四)检察权运行监督机制规范化建设的巩固完善(2008 年至 2013 年)

随着全面建成小康社会目标的临近,作为小康社会的重要指标之一,法治建设开始进入一个快速发展时期。党的十七大报告明确提出,这一时期政治建设的目标之一就是依法治国基本方略深入落实,全社会法治观念进一步增强,法治政府建设取得新成效。2011 年 3 月 14 日,第十一届全国人民代表大会第四次会议批准的全国人大常委会工作报告正式宣布中国特色社会主义法律体系已经形成。2012 年,《刑事诉讼法》《民事诉讼法》等一批重要法律进行了较大幅度修订。这一时期法治建设的力度和广度使司法工作的地位得以更加凸显,社会各界对规范检察权运行有了更为清晰明确的要求。为回应社会期待,最高人民检察院出台了《关于贯彻落实〈中央政法委员会关于深化司法体制和工作机制改革若干问题的意见〉的实施意见——关于深化检察改革

2009—2012年工作规划》,正式将强化自身监督机制建设提高到与强化法律监督制度机制建设同等重要的位置。与此同时,网络信息技术的快速发展应用也为检察机关拓展自身监督的深度和广度提供了可能。

1. 该时期监督机制规范化建设的特点

第一,案件管理部门正式作为检察机关的内部监督专职部门。2003年《关于加强案件管理的规定》出台后,各地在探索办案流程监督、案件实体质量监督过程中逐渐意识到,必须专门成立一个监督机构尽可能同步嵌入所有办案流程中,按照"事前防范、事中约束、事后控制"的理念集约管理所有案件,对办案流程实行实时动态监控。[1] 随后,在总结各地案件管理工作模式的基础上,最高人民检察院在《"十二五"时期检察工作发展规划纲要》中正式选择将设置专门案件管理机构作为案件管理改革的路径,并在2011年成立案件管理办公室。2013年《最高人民检察院工作报告》显示,到2012年全国已有2667个检察院成立案件管理机构。案件管理部门的成立延续了自身监督体系对监督执法人员和监督执法活动的划分,案件管理部门的监督针对的是"事",即办案程序是否规范、案件实体质量是否存在问题、办案是否超期等。同时,案件管理部门对办案人员没有处分权限、不负责核实违法责任等设定,也意味着按组织实施主体划分,内部监督机制已能清晰地划分为案件管理机制与检务督察机制两大类。

第二,研发统一业务应用系统引发了内部监督工作技术的变革。无论是上级检察机关的监督还是案件管理部门的监督,过去一直面临制度设计初衷不能完全付诸实践的问题。比如,上级检察机关监督有一定随意性,[2] 对下级院办案情况大多采取听汇报、抽查等方式随机监督,覆盖面始终不够。很多地方的案件管理部门监控办案流程仍要靠办案人员提供书面材料和填录表格,[3] 信息不对称甚至不真实的情况难以避免。为了解决上述问题,最高人民检察院在

---

[1] 参见郭祖祥、张一薇:《检察机关案件管理机制改革刍议》,载《重庆交通大学学报(社会科学版)》2011年第6期。

[2] 参见高继明:《加强检察机关执法办案自身监督制约机制的思考》,载《中国检察官》2009年第7期。

[3] 参见柴俊华、付贵根:《检察机关内部监督工作机制刍议》,载《山西省政法管理干部学院学报》2013年第3期。

考察总结国内先进发达地区办案系统信息化建设经验的基础上，按照“统一规划、统一标准、统一设计、统一实施”的要求，从2012年试点开始，逐步在全国推行统一业务应用系统。该系统包含信息填录、文书制作、业务流转、业务监管、统计管理等功能，通过程序操作系统使办案程序客观物理化、非人格化，排除了执法人员任意选择办案流程的可能。[1] 统一业务应用系统打破了部门、上下级之间的信息壁垒，[2]为案件管理部门流程监控提供了平台。2014年1月1日，统一业务应用系统正式在全国运行，实现了对全国四级检察机关所有执法办案活动的全程、统一、实时、动态管理和监督。内部监督技术变革在一定程度上解决了一些靠更新理念无法解决的操作难题，为完善检察权运行监督机制提供了新的方法论。

第三，侦查权运行监督机制规范化建设得以延续加强。该时期侦查权仍是最高人民检察院规范的重点，比如，再次修订《人民检察院扣押、冻结款物工作规定》，每年组织全国范围内的专项检查，健全和规范了违法违规扣押、冻结和处理涉案款物长效机制。制定了《关于办理直接立案侦查案件安全防范工作及责任追究暂行规定》，制定了“十个依法、十个严禁”，[3]对职务犯罪侦查工作责任界定更加严格。会同公安部制定了《关于在看守所设置同步录音录像讯问室的通知》，继续加强同步录音录像硬件建设。继续加强上级检察机关监督力度，

---

〔1〕 参见卞宜良、许娟娟：《检察机关统一业务应用系统的程序机理与功能完善》，载《西南政法大学学报》2014年第6期。

〔2〕 参见姜琪、从鑫莎、徐凯：《依托统一业务应用系统提升案件管理水平》，载《人民检察》2014年第17期。

〔3〕 “十个依法，十个严禁”是指：一是坚持依法初查，严禁未经检察长批准擅自接触被调查对象，并以任何方式违法限制、剥夺其人身自由。二是坚持依法在法定时间讯问、询问，严禁违反法律规定在其他场所进行讯问、询问。三是坚持依法文明讯问、询问，严禁采用刑讯逼供等非法方法讯问犯罪嫌疑人、被告人，或采用暴力、威胁等非法方法获取证人证言、被害人陈述。四是坚持依法传唤、拘传犯罪嫌疑人，严禁未经批准、无法律手续传唤、拘传，或以连续传唤、拘传的方式变相拘禁犯罪嫌疑人，或超过法定时限连续讯问犯罪嫌疑人。五是坚持依法执行送押制度，严禁在办案工作区或其他办案场所留置已经决定拘留、逮捕的犯罪嫌疑人。六是坚持依法提审、还押，严禁将在押犯罪嫌疑人提押到办案工作区等场所讯问。七是坚持依法看管，严禁为获取犯罪嫌疑人供述，唆使、放纵他人对在押犯罪嫌疑人进行殴打、虐待。八是坚持依法调查取证，严禁违法勘验、检查和搜查、扣押，发生有伤风化、侵犯当事人人身权利和合法财产权利等行为。九是坚持依法理性办案，严禁为片面追求办案业绩而采用刑讯逼供等非法方法侦查取证。十是坚持依法独立公正办案，严禁受任何个人的授意、干涉或者挟私报复，对涉案人员刑讯逼供、暴力取证。

制定了《关于省级以下人民检察院立案侦查的案件由上一级人民检察院审查决定逮捕的规定(试行)》,将基层检察机关逮捕权与侦查权进行外部分离,进一步回应社会各界对检察机关集侦查权、批捕权和起诉权于一身,权力相对集中,缺乏有效外部制约的问题。[1] 修订了《人民检察院刑事诉讼规则(试行)》,限制地市级检察机关指定侦查管辖权,将职务犯罪案件的撤案、不起诉、指定居所监视居住的审批权限上收至上级检察机关。制定了《关于实行人民监督员制度的规定》,扩大人民监督员的选任范围,调整优化监督范围。将程序启动权交由上级检察机关,避免了地方"运动员选裁判员"的弊端。可以说,1996 年以来检察机关以权能分离为路径,监督规范自身侦查权的探索与努力从未中断,侦查权与其他检察权能一体化集中行使的情形一直在减少。

2. 该时期监督机制规范化建设的总体评析

2014 年,最高人民检察院时隔多年再次以加强自身监督为主题向全国人大常委会作了《关于人民检察院规范司法行为工作情况的报告》。报告就过去几年检察机关开展自身权力监督制约规范化建设情况进行了回顾和总结。总体来看,检察权运行监督机制规范化建设在原有体系上得到了巩固完善,比如,在权力配置方面更加科学。按照党中央对国家权力内部运行机制的部署,[2] 该时期检察机关内部权力配置基本形成了决策权、执行权、监督权相互制约又相互协调的格局。从机构设置就可以看出,检察机关在设立辅助决策部门(主要为办公室、政工部门和研究室)、执行部门(主要为办案部门和后勤保障部门)的基础上,专门设立了监督部门(主要为案件管理部门和检务督察部门)。同时编撰修订了《检察机关执法工作基本规范》,在形式上基本做到了办案各环节有章可循,有规可依。权责不对应,有权无责的制度机制漏洞基本杜绝。同时以研发统一业务应用系统为契机,借助各种信息技术手段基本确保上下级检察机关信息对称。各种监督措施能够借助各种信息平台迅速传导到基层一线,办案流程不再无迹可循,司法责任核实更加精准。另外,以人民监督员、检务公开为抓

---

〔1〕 参见朱孝清:《检察权监督制约制度化》,载《今日中国论坛》2010 年第 5 期。

〔2〕 党的十七大提出:"建立健全决策权、执行权、监督权既相互制约又相互协调的权力结构和运行机制。"党的十八大提出:"要确保决策权、执行权、监督权既相互制约又相互协调,确保国家机关按照法定权限和程序行使权力。"

手的监督机制规范化建设在这几年继续优化,检察权运行的封闭性持续减弱,检察机关与社会各界的互动逐渐常态化,得到了社会广泛认同和信任理解。2008年至2013年检察机关一系列强化自身监督的举措,使检察权运行更加规范透明,社会对检察机关的尊重和法治期待也日渐提高,这些均为下一步党中央决策部署深化司法体制改革营造了良好的法治环境和社会氛围。

(五)检察权运行监督机制规范化建设的改革创新(2014年至2020年)

按照党中央的决策部署,2014年至2020年成为落实全面依法治国战略,保障按期实现全面建成小康社会奋斗目标的冲刺阶段。以党的十八届三中全会、十八届四中全会分别通过《中共中央关于全面深化改革若干重大问题的决定》《中共中央关于全面推进依法治国若干重大问题的决定》为起点,党中央决定对检察权再度进行大范围的体制性、结构性调整。短短7年时间,检察机关先后经历了司法体制改革、国家监察体制及纪检监察派驻机构改革、司法体制综合配套改革、政法领域全面深化改革、司法责任制综合配套改革等一系列顶层设计,仅党的十八届三中全会、十八届四中全会涉及的司法体制改革任务就有131项。[1] 检察职能有了深度调整,检察权的运行模式也发生了重大变化,形成了刑事、民事、行政、公益诉讼等职能并行的法律监督总体布局。作为检察制度有机组成部分的检察权运行监督机制也受到了影响,一些延续至今的工作机制必须中断或重构,比如,围绕规范侦查权运行的信息公开机制、人民监督员制度、审批备案机制等。与此同时,按照中央政法委安排部署,最高人民检察院陆续出台了一些开创性监督机制,一些新的司法制约监督机制也正在酝酿。[2]

1. 该时期监督机制规范化建设的特点

第一,以案件管理部门和检务督察部门为实施主体的内部监督机制得到了丰富和加强。结合2014年至2018年连续5年规范司法行为专项整治工作形成的经验,最高人民检察院专门建立了一批工作机制以丰富案件管理部门的监督措施。比如,制定了《关于开展检察官业绩考评工作的若干规定》,明确了案件管理部门的业绩评价职责,突出业绩对办案人员行为的规范指引作用。制定、

---

〔1〕 参见陈卫东:《司法体制综合配套改革若干问题研究》,载《法学》2020年第5期。

〔2〕 参见汤瑜:《加快推进执法司法制约监督体系改革和建设 全面提升执法司法公信力》,载《民主与法制时报》2020年8月29日,第1版。

修订了《人民检察院案件流程监控工作规定(试行)》《人民检察院刑事案件办理流程监控要点》,强化了案件管理部门的程序监督职能。制定了《人民检察院刑事诉讼涉案财物管理规定》,突出了案件管理部门对涉案财物处理的监督。制定了《人民检察院案件质量评查工作规定(试行)》,强化了案件管理部门的案件质量管控职责。另外,最高人民检察院还单独或与其他部门联合制定了一系列指引检察人员主动规范办案行为,自觉防止检察权不当使用的规定,〔1〕进一步为检务督察部门开展内部监督工作提供了方法、路径、抓手。比如,制定了《人民检察院检务督察工作条例》《人民检察院司法办案廉政风险防控工作指引》《人民检察院司法责任追究条例》等规定,明确了检务督察部门是检察机关专司内部监督的综合业务部门,负责督察法律和上级决定执行情况、指导防控司法办案廉政风险、追究司法责任等。值得一提的是,该时期两个部门的工作机制与一些外部监督机制开始有了一定程度的衔接。比如,制定了《人民检察院案件信息公开工作规定(试行)》,借助案件信息公开平台拓宽媒体舆论监督渠道。制定了《关于建立法官、检察官惩戒制度的意见(试行)》,指导各省组建检察官惩戒委员会及其办事机构,打通内部司法责任追究与检察官惩戒的衔接渠道。

第二,部门负责人案件审核权经历"否定之否定"。与其他检察改革任务的持续性相比,从2000年开始的主诉检察官办案责任制改革可以说一直处在进行时,后续的"升级版"——主任检察官办案责任制改革、检察官办案责任制改革,仍沿着之前的既定路径探索。多年的持之以恒使得突出检察官办案主体地位的理念已深入人心,不可逆转。司法责任制改革开始后,各地检察官行使权力的自主性很快得到加强,学界也是以支持为主。相应地,也出现了废除部门负责人案件审核权的声音。比如,有观点认为,应让办案检察官获得独立办案的权力,审核虽然是监督制约机制,但从司法活动的特质来看弊大于利,〔2〕认

---

〔1〕 比如出台了《关于加强执法办案活动内部监督防止说情等干扰的若干规定》(高检发纪字〔2014〕6号)、《关于进一步规范司法人员与当事人、律师、特殊关系人、中介组织接触交往行为的若干规定》(高检发纪字〔2015〕6号)、《关于对检察机关办案部门和办案人员违法行使职权行为纠正、记录、通报及责任追究的规定》(高检发〔2015〕16号)、《关于建立过问或干预、插手检察办案等重大事项记录报告制度的实施办法》(高检发〔2019〕10号)等文件。

〔2〕 参见董玉庭:《检察机关去行政化审批模式改革探析》,载《吉林大学社会科学学报》2015年第6期。

为主任检察官和部门负责人不应再对案件进行审核。[1] 受此影响,2015 年最高人民检察院制定的《关于完善人民检察院司法责任制的若干意见》中没有明确部门负责人的审核案件职责。2017 年制定《关于完善检察官权力清单的指导意见》时也强调:"基层人民检察院业务部门负责人的审核权原则上应当严格限制并逐步取消。"不过随着认罪认罚从宽制度的建立,"捕诉一体"工作机制的调整,以及一系列放权后带来的监督制约难题,单靠检察官联席会议为检察官提供参考意见,显然难以满足现实需求。在这样的背景下,部门负责人的案件审核权得以回归。最高人民检察院先是在 2019 年修订的《人民检察院刑事诉讼规则》中规定:"需报请检察长决定的事项和需要向检察长报告的案件,应当先由业务机构负责人审核。"后续制定《人民检察院办理认罪认罚案件监督管理办法》等规定时,也专门明确了部门负责人的案件审核职责。

第三,自觉接受社会舆论监督的机制建设向纵深推进。在进一步深化人民监督制度改革过程中,受国家监察体制改革影响,在检察机关侦查权范围大幅缩减的情况下,人民监督员制度面临适用上的困境。为此,最高人民检察院制定了《人民检察院办案活动接受人民监督员监督的规定》,将人民监督员参与办案活动的范围由原来的侦查活动拓展至所有业务条线,监督的范围也由侦查措施拓展至公开审查、公开听证、出庭支持公诉、巡回检察、检察建议等工作。从 2019 年 8 月至 2020 年 8 月的数据看,人民监督员监督案件次数达 14,298 次,[2]已超过 2013 年至 2017 年人民监督员监督案件数量的总和(9241 件),人民群众参与检察办案活动的深度和广度得到了明显加强。不仅如此,在吸取过去公开审查经验的基础上,最高人民检察院还制定了《人民检察院审查案件听证工作规定》,明确将听证作为审查案件的工作方式,进一步削弱了检察办案的封闭性。一些容易产生争议的案件,得以借助听证会较为完整地展示检察官"内心确信"的形成过程。同时开通中国检察听证网,将听证案件进行网上直播,进一步畅通了社会舆论监督检察官办案的渠道。2020 年 1 月至 9 月,最高

---

[1] 参见李军等:《厘清检察官权力清单相关问题——以部分试点单位权力清单的比较为视角》,载《人民检察》2016 年第 24 期。

[2] 参见孙风娟、刘亭亭:《意见就是"令箭" 监督既实又"刚"——〈人民检察院办案活动接受人民监督员监督的规定〉实施一年来(下篇)》,载《检察日报》2020 年 10 月 27 日,第 1 版。

人民检察院对 13 件案件组织了听证会,地方三级检察院对 16,354 件案件组织了听证会。其中,基层检察院占 87.8%,省级检察院、市级检察院占 12.2%。[1]

2. 该时期监督机制规范化建设的总体评析

在所有历史事件中,越近的事件越难评价。现在评价该时期监督机制规范化建设似乎为时过早。不过比较起来,该时期相较其他阶段时间跨度最长,经历的体制性变革也最多,各种检察权运行监督机制的严密程度、开放程度、理性程度、科技程度较以往都有明显加强或提升,各项机制之间还有了一定程度的衔接互动。在推进国家治理体系和治理能力现代化进程中,检察权运行监督机制除继续实现防范权力滥用、提升司法公信力等功能性目的外,还正以一种务实的态度向世界展现出一个有别于西方司法文明的中国特色社会主义司法文明。比如,采取建立过问或干预、插手检察办案等重大事项记录报告制度的办法,保障依法独立公正行使检察权。采取听证、公开审查、网上直播等方式有序地将舆论监督嵌入检察办案的决策、管理、监督各环节。检察机关一系列正在起步的改革创新既是对过去经验的继承和发扬,又是一种新的做法,其合理性、科学性需要继续观察和研究。

在梳理检察权运行监督机制规范化建设历程时可以发现,1996 年至 2020 年的发展主线大体以检察一体、分权制衡、绩效管理等理论为指导,在检察机关层面形成了以上级监督为主导的工作思路,在内设机构层面形成了以案件管理部门和检务督察部门为主的专司监督主体,在检察人员层面形成了以办案绩效评估为主的质效控制模式。各时期工作机制的落实最终要落脚到检察系统组织结构的调整,比如权限配置、部门设置、岗位设计、人员划分等。检察机关自身监督体系的形成应以 2007 年最高人民检察院《关于完善检察机关监督机制促进公正执法情况的报告》为标志,此后基本延续该体系框架。从 1996 年至 2020 年形成的以检察权运行监督机制为题的理论研究成果来看也是如此。目前国内以检察机关自身监督体系为题已大体形成了一种研究范式。这种研究范式主要涉及三个领域:一是不断揭示现行监督机制蕴含的原理或规律;二是

---

〔1〕 参见张璁:《在最高检统一部署下,各级检察机关积极开展检察听证工作——让司法公正"看得见听得到"》,载《人民日报》2020 年 11 月 5 日。

不断用理论阐述或实例论证现行监督机制的合理性或科学性；三是不断提出优化细化监督机制的建议。除非该研究范式因现存知识体系核心受到挑战而发生改变,[1]比如,发现某种监督机制没有存在的必要、发现一种监督机制无法解决的滥用权力现象、论证优化细化监督机制后没有产生任何有益的效应等,否则目前检察机关自身监督理论的研究范式也不会发生重构式改变。正因如此,本文主要也是从完善角度探讨分析检察权运行监督机制。

二、当前检察权运行监督机制面临的困境和挑战

从2020年开始,中国即将进入建设社会主义现代化国家的新阶段,推进国家治理体系和治理能力现代化的步伐正在加快。实践证明,通过宪法法律确认和巩固国家根本制度、基本制度、重要制度,并运用国家强制力保证实施,保障了国家治理体系的系统性、规范性、协调性、稳定性。[2] 检察工作作为法治工作的重要组成部分,面对新时代的各项要求,如何保证权力运行公正高效权威,是检察机关今后需要认真考虑的重要问题。在加强自身权力监督方面,从1996年延续至今的各项自身监督机制,在现有体系和理论范式框架下虽然一直在不断改进完善,但对一些已经显现的根源性困境还不够敏感,对经济社会发展造成的外部环境变化应对还不充分,这些都直接或间接给自身监督的效果带来了消极影响。

(一)检察权运行监督机制规范化建设可能面临投入"内卷化"的困境

从管理角度看,检察机关无疑是现代化进程的产物,是一种包含各种现代理念的公共组织。只要检察机关作为国家机关的运转惯性依旧存在,无论如何解构检察机关及其运转原理,都无法脱离经典管理理论对现代组织最基本的定义,即两个或两个以上的个体进行合作,系统地协调彼此之间的行为时,一个组

---

〔1〕 参见[美]托马斯·库恩:《科学革命的结构》,金吾伦、胡新和译,北京大学出版社2012年版,第55页。

〔2〕 参见习近平:《推进全面依法治国,发挥法治在国家治理体系和治理能力现代化中的积极作用》,载《求是》2020年第22期。

织便形成了。[1] 若继续以现代组织视角审视检察机关,按结构又可进一步将其归类为等级组织,即一种纵向、垂直的组织结构。除了最高一层,其他各层都依赖于更高级的一层,除了最低一层,其他各层都以更低层级作为基础。[2] 等级组织的概念应用在检察机关具体表现为检察一体原则,即上下级检察机关是领导关系,级别越高的检察机关对下级检察机关的权威性越强,各上级检察机关对下决策必须以下级检察机关能够作为为前提。涉及等级组织管理问题的研究,管理学家曾提出"彼得原理""帕金森定律"等一系列经典理论阐述。指出等级组织管理不当容易导致组织臃肿、"官僚主义"盛行、欺上瞒下、工作执行力减弱、[3]组织内人与人之间容易形成内耗等。[4] 为防止上述现象,加强公共组织的自我管理、自身监督必不可少。因此检察权运行监督机制也可被视为一种公共组织为防止上述情况的自我管理行为。具体表现为,检察机关上下级之间借助规划、岗位、制度、等级、奖惩、培训等一系列手段,进行复杂的交往、协作、合作,以保障检察办案活动运转顺畅、有序、公正、清廉、高效。从近年来关于如何加强等级组织行为约束的研究成果看,除一贯坚持的方法论、对策论外,研究者以问题意识为导向提得最多的就是"内卷化"概念在各行业领域管理发展研究中的工具性应用。

内卷化,又译为"过密化",最早出自美国人类学家吉尔茨(Clifford Geertz)的《农业内卷化——印度尼西亚的生态变化过程》。吉尔茨提出:

> 爪哇农民在人口压力下不断增加水稻种植过程中的劳动投入,但劳动的超密集投入并未带来产出的成比例增长,而是出现了单位劳动边际报酬递减的现象,人均产值长期原地踏步,以致爪哇农业几百年停滞不前。[5]

---

〔1〕 参见[美]切斯特 · 巴纳德:《组织与管理》,曾琳、赵菁译,中国人民大学出版社 2009 年版,第 6 页。

〔2〕 参见[美]切斯特 · 巴纳德:《组织与管理》,曾琳、赵菁译,中国人民大学出版社 2009 年版,第 83 页。

〔3〕 参见陈彩虹:《"彼得原理"和等级激励》,载《中国发展观察》2017 年第 9 期。

〔4〕 参见曾豪杰:《组织内耗理论分析》,南京大学 2014 年博士学位论文,第 85 页。

〔5〕 Clifford Geertz, *Agricultural Involution: The Process Ecological Change in Indonesia*, University of California Press, 1963, p. 31.

他将这种状态称为“内卷化”。1985 年,美国学者黄宗智(Philip C. C. Huang)在研究中国华北小农经济发展时,认为华北农村劳动力相对过剩导致农业经济发展也出现类似“内卷化”的现象,使得农民劳动边际报酬急剧递降。[1]由此国内兴起的“内卷化”研究范式不再局限于人类学研究,开始逐步介入经济、社会、历史等研究领域。在法治建设方面,也有学者以“内卷化”研究范式审视各项法治工作举措,并得出了一些有学术价值的结论。比如,认为法律数量近年来不断扩容,“有法而无治、有法而无序”的尴尬现象并没有改善;[2]认为司法体制改革存在“内卷化”效应,不少改革措施相对碎片化、相互冲突和彼此不连贯,使得一旦遇到体制壁垒之后,又不得不折返原点。[3] 笔者在梳理检察权运行监督机制规范化建设历程时发现,目前各项监督机制运行也有类似“内卷化”的现象,即检察机关加强自身监督的资源投入一方面不断加大,另一方面却没有取得相应的正相关效果,反而呈衰减趋势。

为了便于阐述该现象,需结合检察权运行监督机制的表现形式和基本功能选择相关变量对比分析。首先,从监督机制的表现形式看,主要是以最高人民检察院及各级检察机关制定的各种业务工作制度为主。在各种业务工作制度中,辐射范围最广、最具有权威性,对检察人员履行职权约束效果最明显地,应是最高人民检察院公开发布的各种司法解释、业务规范性文件。所以通过观察不同时期最高人民检察院发布的各种司法解释和业务规范性文件数量,可以在广义上代表检察机关加强自身监督意愿的强烈程度和工作力度的大小。其次,在对比变量的选择上,监督机制的基本功能之一就是遏制检察人员违纪违法办案。虽然按照党纪、检察工作纪律和各种法律法规规定,检察人员构成违纪违法的情形不一定直接与司法办案活动有关,但总体上还是以滥用司法职权、利用办案岗位及其影响力以权谋私为主。因此可将历年全国查处检察人员违纪违法人数作为对比变量。受年代资料收集完整度的影响,为增强数据统计的准

---

〔1〕 参见[美]黄宗智:《略论华北近数百年的小农经济与社会变迁——兼及社会经济史研究方法》,载《中国社会经济史研究》1986 年第 2 期。

〔2〕 参见蒋华林:《公民法律意识现代化转型与法治建设“内卷化”祛离研究》,载《广西财经学院学报》2009 年第 5 期。

〔3〕 参见杨力:《从基础司改到综配司改:“内卷化”效应纾解》,载《中国法学》2020 年第 4 期。

确性、权威性、客观性,第一个变量的数据从 2002 年开始节选,通过“北大法宝”查询 2002 年至 2019 年最高人民检察院每年单独或联合其他单位出台的司法解释及规范性业务文件数量。后勤保障类、人事管理类、党务工作类等与检察职权行使没有直接关系的规范性文件均不计入,形成了图 1。另外,考虑到最高人民检察院各项工作机制建立后需要一段时间来体现效果,在统计检察人员违纪违法人数时,假设以下一个年度作为效果展现期,将下一年度查处检察人员违纪违法人数作为对应变量。故在数据统计时,笔者选择 2003 年至 2020 年全国查处的检察人员违纪违法人数作为对比数据的区间,其中 2003 年至 2019 年数据来源于《最高人民检察院工作报告》,2020 年 1 月至 11 月查处检察人员违纪违法人数来源于最高人民检察院在第十五次全国检察工作会议上向社会公布的数据,形成了图 2。

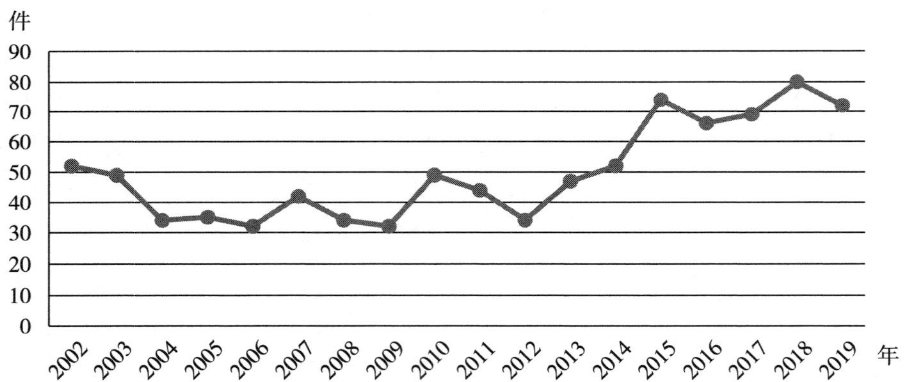

图 1　2002 年至 2019 年最高人民检察院出台司法解释及规范性业务文件数量变化

通过将本年度出台的工作机制数量与下一年度查处检察人员违纪违法人数进行比较可以发现,最高人民检察院出台的司法解释及规范性业务文件数量与查处检察人员违纪违法人数均呈上升趋势。也就是说,各类监督机制随着时间推移积累得越来越多(包括新出台和过去未失效的工作机制),并没有让检察人员违纪违法人数呈现低位运行趋势。这种对比效果的描述,在国内经济社会

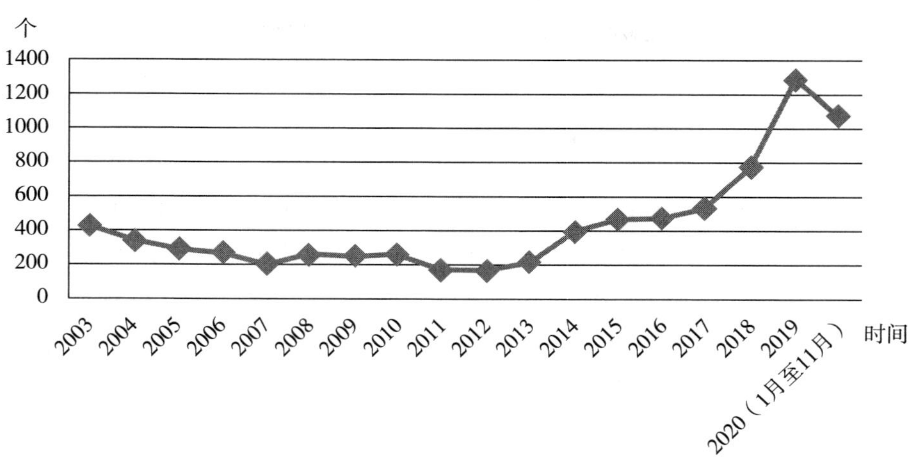

图 2　2003 年至 2020 年查处检察人员违纪违法人数分布

研究领域大量关于“内卷化”现象的研究成果中均有所提及。比如，认为国家调控政策的密集投入已不能提高房地产市场效应，反而在某种程度上发挥了刺激房价上涨的负功能；〔1〕有研究发现，农村家长越是向教育中投入，子女反而越不努力；〔2〕政府对村庄输入的公共服务资金数额逐年提升并未带来治理效果的同步提高等。〔3〕从公共组织自我管理的角度审视“内卷化”现象无疑是消极地。一旦出现“内卷化”，组织的无效管理行为会增多，无效管理行为会消耗组织的有限资源，导致有效行动活力进一步减弱。〔4〕检察权运行监督机制规范化建设一旦真正陷入“内卷化”状态，将面临很大困境，一方面最高人民检察院受监督路径依赖影响，仍要继续出台新的司法解释或规范性业务文件，用于权力的规范和监管；另一方面又要面临新建立工作机制效果不如预期的困扰。

〔1〕　参见纪军令、朱力：《走出调控权力的内卷化困局——当前房地产市场交易性深层矛盾及治理》，载《探索与争鸣》2017 年第 11 期。

〔2〕　参见雷望红：《阶层流动竞争与教育风险投资——对甘肃宁县“陪读”现象的解读》，载《中国青年研究》2018 年第 12 期。

〔3〕　参见陈义媛：《国家资源输入的内卷化现象分析——基于成都市村公资金的“行政吸纳自治”》，载《北京工业大学学报（社会科学版）》2020 年第 1 期。

〔4〕　参见高学敏、姬雄华：《组织管理内卷化成因及突破进路》，载《领导科学》2019 年第 15 期。

（二）检察办案自觉接受媒体舆论监督的工作机制还不够完善

在构建检察权运行外部监督机制时，如何发挥各类社会组织和个人的监督作用，一直是外部监督机制的主要设计思路。延续这一思路，近年来，检察机关建立了案件信息公开、人民监督员、公开审查、公开听证等工作机制，将检察工作最核心的内容——办案活动的封闭性逐渐减弱。随后在 2018 年新修订的《组织法》第 7 条、第 11 条、第 27 条等规定中，对上述工作机制进行了立法确认。现实中，除与案件有直接利害关系的当事人及其家属外，真正代表社会履行舆论监督权利，并实质上对检察权形成约束效应的并不是一般公民个体，而是以信息传播、信息流量为生的各种新闻媒体以及自媒体。西方甚至将新闻媒体称为“第四种权力”。随着 21 世纪互联网信息技术的快速发展，在宣传报道检察机关办案活动的反应速度和扩大效应上，国家媒体已逐渐不如社会媒体。从近年于某辱母杀人案、8 · 27 昆山杀人案、辽宁盘锦公诉人发言不当事件、内蒙古包头市王某涉黑案等一系列以检察办案活动为新闻热点的报道看，社会媒体的反应发布速度、热点挖掘能力，以及能在较短时间内穿透科层制限制引发高层级国家机关关注等特点，都间接证明了媒体舆论监督相比于内部监督有不可替代的优越性。这些优越性表现在：第一，媒体舆论监督能发现检察机关自身监督的盲点。实践证明，只要媒体报道真实客观，即便部分用语有一定渲染色彩，在报道时机上给检察机关应对造成了一定程度的被动，最终都会帮助上级检察机关发现一些单凭日常监督检查很难发现的违纪违法线索或问题。比如，内蒙古包头市王某涉黑案的报道披露了主办检察官违纪违法办案的线索，后经查证属实，实现了媒体舆论监督检察官办案的预期效果。第二，倒逼检察机关提升信息公开的质效。目前检务公开制度对办案活动信息的公开，仍是一种以检察机关意志为主的活动。如有观点认为，检务公开尤其是案件信息公开，检察机关还是一种“公开权力”的主导型观念，而不是一种“公开权利”的保障服务型观念。[1] 什么时候公开，哪些内容公开，仍是以检察机关自由裁量为主，还未与社会形成对等的信息反馈沟通机制。从近年媒体关注的案件看，虽

〔1〕 参见安晨曦：《检务公开立法的中国表达》，载《福建农林大学学报（哲学社会科学版）》2015 年第 2 期。

然检察办案信息发布仍是"主动公开多,申请公开少""案件程序信息多,案件实体信息少",不过,随着官方背景自媒体的大规模设立、政法机关依法办理、舆论引导、社会面管控"三同步"工作机制的落地落实,检察机关除发布案件办理程序性信息外,还会根据社会公众反映,类似于公安机关发布"警情通报"般主动解读披露案情、释法说理。案件信息公开的全面性、灵活性、及时性、针对性均有所增强,在平息社会负面评论,获得社会理解支持上也取得了较好效果。比如2015年湖南省检察机关对陆某销售假药案做出不起诉决定后,及时在各网络平台公布不起诉释法说理书,阐明案情和做出决定的理由,取得很好的社会反响。2017年甘肃省"沈六斤"故意杀人案再审宣判申诉人无罪后,面对自媒体的评论质疑,最高人民检察院及时披露案件办理过程,适时邀请媒体报道后续追责、赔偿等工作开展情况,甘肃省检察机关及时在网络上有针对性地解答社会质疑,从引发热议到舆论平复仅用了15天。

虽说媒体舆论监督存在优越性,但同时也存在负面性,主要表现在:第一,国内新闻媒体经历市场化浪潮后不易坚守职业伦理底线,有的在利益驱动下沦为毫无社会责任感的工具。媒体市场化、商业化程度一旦过高,为获得投资和利润,在意识形态领域容易受资本和利益集团的控制,[1]新闻报道的中立性、客观性难以保持,甚至会扭曲社会主流价值观,有计划、有目的地误导社会公众,操纵舆论向政府或司法机关施压。比如,近年来发生的薛蛮子、秦火火等人利用网络炒作舆论、散布谣言事件,被曝光后引发了中央媒体和全社会关注。对于自媒体而言,为谋求经济利益和流量关注,制造假新闻,要求有偿报道,利用调查掌握的信息实行敲诈勒索等事件也普遍存在。[2] 比如,安徽省2018年曝光的5起自媒体传播有害信息典型案例,涉案人员为博取流量关注,断章取义、歪曲夸大,传播不实消息,误导广大网民,干扰正常社会事务。[3] 第二,有的媒体难以恪守中立报道立场,滥用话语权不当干预司法、行政活动和公民正常生活。新闻传播,说到底是有组织地搜集、选择、整理、加工、提供信息的活

[1] 参见《经济导刊》编辑部:《中国媒体现状检讨》,载《经济导刊》2014年第5期。

[2] 参见燕道成、陈叶艳:《论有偿不闻的本质:新闻敲诈》,载《新闻研究导刊》2014年第8期。

[3] 参见张理想:《省网信办再次通报自媒体传播有害信息5起典型案例》,载《安徽日报》2018年8月18日。

动,而媒体是专职于此的组织形式和实体。人类总是不自觉地把信息搜集、处理、加工、传播活动委托于新闻机构这样的组织形式与活动形式来完成,这样的委托实施后,新闻机构及其活动为呈现自己的特性与发展要求,不可避免地会对个体与群体产生干预,对社会运行产生影响。[1] 媒体在掌握舆论话语权后,一方面代表社会公众反映民意给政府,另一方面代表政府向社会传达解读意图。一旦媒体在充当信息传递中介时过于沉迷一方角色,就会导致倾向性报道。比如,有的媒体想代表民意左右司法裁判结果,引导、发动舆论评论批评时过于偏激,造成"舆论审判"。近年发生的药家鑫故意杀人案、许霆盗窃案、张扣扣故意杀人案等,均有一些媒体在法院未判决前就在报道中"未定先判"。又如,有的媒体主动扮演政府角色实行"执法式采访",[2]不尊重公民个人隐私和其他合法权益,采取现场采访、同步直播、跟踪暗访等方式报道公民行为,对公民的不当行为在没有经法律程序处理定性前就公开评论,给公民个人工作生活带来困扰,甚至造成采访者与受访者之间发生暴力冲突。

结合媒体舆论监督上述特性分析,目前检察机关因部分工作机制不够完善,易造成媒体舆论监督的优越性不能充分体现,其消极性不能很好遏制。主要表现为:第一,约束检察人员履行案件信息公开职责的工作机制可操作性不强。尽管检察机关早在1998年就开始实行检务公开机制,随后2015年《关于全面推进检务公开工作的意见》中,更是进一步强调检务公开将侧重于案件信息公开。修订后的《检察人员纪律处分条例》也规定,不按照规定公开检察事务,侵犯群众知情权应给予处分。但在《人民检察院案件信息公开工作规定(试行)》等配套规定中,并未提供具体标准或行为指引用于判断检察人员不主动向社会公开案件信息达到何种程度属于违纪,目前也没有配套法律法规明确检察人员不公开案件信息的法律责任。比如,检察人员不公开案件信息多少次属于情节严重、向社会公开案件信息是否需要达到完整程度、不按规定公开案件信息造成哪些后果构成渎职、部分检察人员一旦擅自扩大不公开范围如何有效救济公民知情权等。[3] 法律责任缺失,加之检察系统内部配套规定对公开案件

[1] 参见崔保国等主编:《传媒经济与管理研究前沿》,清华大学出版社2012年版,第22页。
[2] 参见安克娴:《媒体道德责任研究》,南京大学2014年博士学位论文,第62页。
[3] 参见廖伟:《我国检务公开制度研究》,重庆大学2019年博士学位论文,第57页。

信息违规违纪认定缺乏清晰、可操作性的指引,实践中追责问责的操作难度很大。相反,一直以来检察机关对泄露案情和检察工作秘密、[1]泄露案件秘密[2]等情况,一直规定有具体严格的追责问责情形和操作程序,对检察人员公开案件信息造成舆情的也有严肃的追责问责机制,且目前国家相关涉密法律规定、司法解释也有配套规定用于判断、认定法律责任。两相比较,容易在实践中造成检察人员“公开风险大,不公开风险小”的思想倾向。约束机制可操作性不强,一旦检察办案人员消极、拖延履行案件信息公开职责,故意公开不完整信息,无正当理由拒绝向媒体公开案件信息,媒体自然难以发挥舆论监督的优势。第二,检察机关对媒体报道不当的处置对抗色彩过浓。检察官基于指控犯罪、诉求保护国家利益、社会公共利益、维护个人和组织的合法权益等职责需要,在庭审现场不可避免地会与被告人、诉讼代理人、辩护律师等诉讼参与方进行一定程度的诉讼对抗。可这种对抗不应蔓延至庭审之外的媒体身上,更不要因部分媒体报道失当而过度强调、渲染检察机关与媒体的对立斗争关系,这样不仅不能减少媒体对检察办案的不当报道,还会破坏舆论监督的氛围。各地检察机关在处置媒体报道引发的检察案件舆情(主要源于网络平台)时,主要按照“三同步”工作要求,通过组织投放针锋相对的网评文章或发帖评论,适当管控负面敏感信息传播等方式,在网络上与相关媒体进行一种对抗博弈,以达到平息舆论的目的。检察机关在对抗中能否视为成功,主要看大部分网民的评论是否支持检察机关,案件是否继续成为炒作热点等。本质上这种对抗不是检察职能的延伸,也不能归结为围绕检察权运行开展的业务活动,应属于一种以直接争取“网络民意”为目的的“舆论阵地争夺战”。以检察院的立场来看,这种官民之间在网上互相“斗嘴”“斗法”,并不是现代国家维护司法权威的长久之道。国外对媒体舆论的不当报道,除上述方法之外,更多靠专门立法以及法院颁布司法报道限制令(restrictive orders)、判处媒体藐视法庭等法治方式予以规制。[3]

---

〔1〕 参见最高人民检察院《关于弘扬检察职业道德热情为群众服务主动接受社会监督的几项规定》(高检发办字〔1997〕12号)。

〔2〕 参见《检察人员执法过错责任追究条例》(高检发办字〔2007〕12号)。

〔3〕 参见张涛:《危害法庭秩序行为之刑法规制研究》,西南政法大学2018年博士学位论文,第42页。

如美国在司法实践处理上,只要不是有“明显而即刻的实质重大危险”或“重大损害的实质可能”,美国法院一般不会禁止媒体言论。[1] 从其他国家经验看,网络不是法外之地,媒体不当报道案件的治理最终仍要在法治轨道上进行。

(三)监督检察办案的信息技术应用趋势既开放又保守

在目前国内关于权力监督的各类研究成果中,“以法律监督权力”“以权利监督权力”“以民主舆论监督权力”“以制度机制监督权力”“以纪律监督权力”等提法常见于各项研究结论,这些结论大多是从人文社会科学的视角为解决权力监督难题提供方案。随着人类科学技术的不断发展,以信息技术为代表的新兴技术开始逐步被应用于国家权力监督的实践,并取得了一定实效。例如,贵州省贵阳市人民政府利用大数据技术开发的“数据铁笼”系统,通过汇集分析2250 项执法和服务事项产生的数据,梳理权力运行风险点,为政府权力监督提供了决策参考。[2] 2015 年国务院印发的《促进大数据发展行动纲要》也提出:“完善大数据监督和技术反腐体系,促进政府简政放权、依法行政。”同时,如何利用科技手段在操作层面提升以往单靠制度难以实现的监督效果,逐渐成为新的理论研究热点。譬如,有学者通过分析历年工程领域权力监督效果欠佳的问题,认为偏重制度建设忽略技术应用,容易造成制度难以贯彻实施,执行效率低效果差。[3] 从全国前沿信息技术应用市场的反映看,辅助政府提升公共治理能力,已成为各种商业开发的重点关注领域之一。以人工智能应用领域为例,根据专门从事企业咨询业务的上海艾瑞集团出具的研究报告,2020 年,中国人工智能市场的主要份额来自政府城市治理和运营(公安、交警、司法、城市运营、政务、交运管理、国土资源、监所、环保等)。见图 3。

检察权运行监督领域的信息技术应用也大体遵循这一发展轨迹。2014 年统一业务应用系统启动后带来的监督技术变革,为检察机关加快推进信息技术应用增强了信心。以 2015 年最高人民检察院召开“互联网 + 检察工作”座谈会

---

〔1〕 参见杨先德:《刑事司法中的律师庭外言论法律问题探讨》,载《政法论坛》2015 年第 2 期。

〔2〕 参见谭海波等:《基于大数据应用的地方政府权力监督创新——以贵阳市“数据铁笼”为例》,载《中国行政管理》2019 年第 5 期。

〔3〕 参见黄其松:《权力监督的类型分析——基于“制度—技术”的分析框架》,载《中国行政管理》2018 年第 12 期。

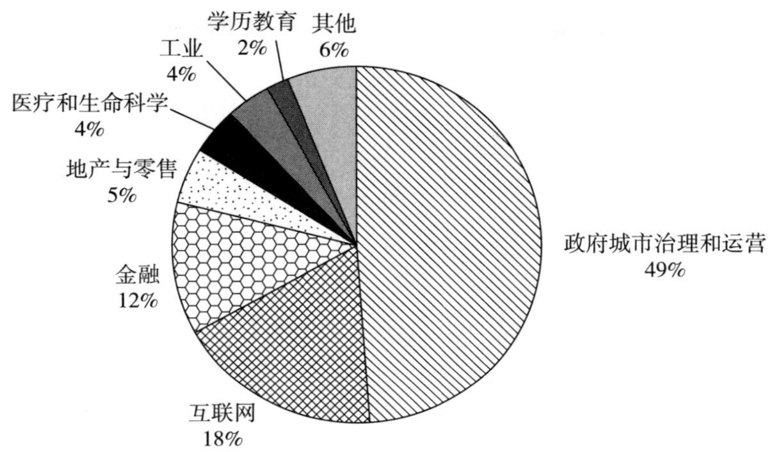

资料来源：艾瑞长期政府及企业服务数据监测，结合行业专家访谈，根据数据测算模型，自主研究绘制。

图 3　2020 年中国人工智能市场行业份额

为标志,[1]检察机关开始探索将大数据、云计算、移动互联、人工智能等信息技术应用于自身权力监督。最高人民检察院相继制定了《检察大数据行动指南(2017—2020 年)》《关于深化智慧检务建设的意见》《全国检察机关智慧检务行动指南(2018—2020 年)》等文件,指导全国各级检察机关拓展信息技术应用领域。相应地,一批信息技术产品开始用于监督检察权运行。如山东省检察机关研发廉政风险防控系统,实现办案场所实时监督。[2] 贵州省检察机关研发案件质量评查系统,实现全省范围内办结案件的实时、交叉评查。在发展方式上,检察机关与科技企业达成战略合作意向后,一般采取“投资外包 + 成果共享”的发展模式推动技术应用。从合作企业分布看,科大讯飞、通达海、科达、同方赛威讯等大型企业已成为检察机关目前主要的合作对象。[3]

---

〔1〕 参见赵志刚、金鸿浩:《智慧检务的演化与变迁:顶层设计与实践探索》,载《中国应用法学》2017 年第 2 期。

〔2〕 参见薛杉:《我国司法大数据应用现状观察报告:成就与挑战》,载《广播电视大学学报(哲学社会科学版)》2019 年第 3 期。

〔3〕 参见朱桐辉、王玉晴:《顶层设计与绩效改革——检察机关电子卷宗的应用效果透视》,载《昆明理工大学学报(社会科学版)》2019 年第 6 期。

然而从历史经验看,在司法活动领域并不是单纯提高技术应用水平就会产生积极有益影响,反之,有的纯粹以提高技术应用水平为目的的改进,可能还会对司法的价值追求、运行模式带来不利影响,在计算机科学、生物学、医学、化学、心理学等学科技术帮助下,侦查人员获取真实口供的难度明显降低。若只考虑获取口供技术的真实性、高效性、便利性、可行性,以及使用者的可接受度、使用的热情程度,对公民权利造成的伤害不可估量。当前,在以市场发展为核心驱动力的信息技术应用热潮下,以监督检察权运行为目的的技术应用呈现出一种较为开放的态势。这种态势在有力推动监督技术革新的同时,也暴露出检察机关信息技术应用在理性选择、统筹兼顾、持续发展等方面的不足。比如,一些还未在相关学科领域被认可的新技术概念,在监督语境下被各种法学研究成果所提倡。有的新技术在其他领域都还处于实验和未上市阶段,就开始用于监督一线办案人员。有的技术潜在的法律风险、社会风险评估还不充分却被视为一种成熟技术,在未征求当事人意见,未让其知晓的情况下,便用于案件办理,并将此做法视为规范司法办案的创新举措。具体而言,当下人工智能的司法应用为大量法学研究成果所提倡,“极速司法”“算法裁判”“公诉智能化”“智能量刑”“人工智能司法责任”等旨在规范司法自由裁量权的概念和命题被相继提出。对此,有学者认为,“人工智能”本身还不是个清晰、共识度很高的科学概念。国内法学界经常将人工智能最基本的“自主性”与现代工业的“机械自动化”混淆,形成许多牵强附会的法学概念和法学命题。〔1〕 现有司法人工智能产品小范围的成功源于成熟人工智能技术的普适性适用,实际还未能适应司法规律与特征。〔2〕 又如,有的地方检察机关尝试利用大数据技术生成统一化的证据审查模式及自动化量刑建议,对在办案件事实和证据认定进行风险预警和监督纠正。〔3〕 在司法责任制改革背景下,要求检察人员无视乃至偏移量刑辅助系统出具的量刑建议,需要更大的勇气。〔4〕 类似算法形成的自动化决策给司

〔1〕 参见刘艳红:《人工智能法学研究的反智化批判》,载《东方法学》2019 年第 5 期。

〔2〕 参见左卫民:《从通用化走向专门化:反思中国司法人工智能的运用》,载《法学论坛》2020 年第 2 期。

〔3〕 参见赵志刚:《智慧检务的“五个 A”》,载《中国检察官》2018 年第 11 期。

〔4〕 参见冯姣:《智慧检务审视:可能性及其局限》,载《警学研究》2019 年第 3 期。

法判断带来的风险,在国外司法实践中引发了众多批评和担忧。[1] 其实,研究者对大数据可应用的范围一直持谨慎态度。中国科学院梅宏院士就认为,未来大数据技术在自动驾驶、政府决策、军事指挥、医疗健康等领域的应用价值更高,但要在同人类生命、财产、发展和安全紧密关联的领域真正获得有效应用,仍面临一系列亟待解决的重大基础理论难题与核心技术挑战。[2] 在此之前,人们还不敢、也不能放手将更多的任务交由计算机大数据分析系统来完成。再如,有的地方检察机关已开始探索将区块链技术应用于电子证据保存记录中,以防止数据被篡改。[3] 且不论类似探索的网络形态是否真正达到开放的程度,目前区块链技术的不可篡改性、无法造假等优势还远不如预想的完美。比如,区块链数据库自身带有不可避免的代码漏洞,黑客只要通过有组织地合作将算力提高至51%,就有能力篡改和伪造区块链数据等。[4] 而法律为此所做的准备还不够充分,近年世界各地发生的黑客攻击区块链事件表明,基于区块链的匿名性、去中心化等特征,其运转大多不在政府和银行监管控制范围内,一旦用户账户被黑客攻破,现有法律手段很难保护其权益。[5]

与此同时,作为“关键少数”中的“关键少数”,针对检察长权力监督的技术改进又呈现比较保守的状态。从检察机关内部权力配置的现状看,目前我国检察官的决定权不是来源于其主体地位,而是来源于检察长授权。既然决定权系检察长的固有权力,那么检察长可以授权,也可以不授权,还可以随时收回授权或直接代行授出的检察权。[6] 相较于法国、日本等国家的“检察长与检察官各自分权”,我国以“检察长授权检察官”为主导的内部办案权力配置思路,在实践中可能造成的消极后果是:一方面,检察长若利用担任行政首长与司法官员的双重职位影响力,不当干预办案人员,其造成的不利后果不亚于外部党政领导

---

〔1〕 参见江溯:《自动化决策、刑事司法与算法规制——由卢米斯案引发的思考》,载《东方法学》2020年第3期。

〔2〕 参见梅宏:《大数据:发展现状与未来趋势》,载《中国信息化周报》2020年第9期。

〔3〕 参见吕游:《区块链助力“智慧检务”建设》,载《上海信息化》2020年第7期。

〔4〕 参见崔中杰:《针对区块链的网络层攻击与防御技术综述》,载《信息安全研究》2020年第11期。

〔5〕 参见汤媛媛:《区块链风险治理:困境与规制》,载《税务与经济》2020年第5期。

〔6〕 参见龙宗智、符尔加:《检察机关权力清单及其实施问题研究》,载《中国刑事法杂志》2018年第4期。

干部不当干预司法办案;另一方面,检察长还可以随时摆脱检察系统监督机制的控制。以吉林省人民检察院原检察长杨某勤严重违纪违法案为例,杨某勤在担任吉林省人民检察院检察长期间,滥用上级检察院对下级检察院的领导权,插手干预办案活动、诉讼纠纷,帮助他人逃脱刑事责任追究。杨某勤利用省级检察院检察长身份滥用检察权期间,基本上架空了检察机关制定的一系列以全体检察人员为对象的监督工作机制,导致相关工作机制的预防、提醒、约束、纠偏功能无法对其产生作用,无法及时在其行为还未构成违纪违法犯罪时予以制止控制。从中国古代反腐治理经验看,一旦皇帝或者高级官员有了"权大于法"的空间,即便监督制度设计得再严密,律令规定得再详尽,也难以在一个相对封闭的行权空间内落到实处,最终沦为掌握实权者控制他人、放任自己的工具。同理,既然在一个检察院内所有办案权力的行使均来源于检察长授权,如何让检察长也真正受制于各项监督机制,如何保证各项监督机制制定的初衷在检察长身上也能发挥与其他检察官同等的约束效果,就成为一项重要的议题。这不仅仅要执着于制度设计,更需要在监督技术层面予以改进和突破,提高现行制度机制的执行力、强制力。

从目前检察权运行监督领域信息技术应用的情况看,业务数据统计分析、办案流程监控、定罪量刑偏离度测评、文书内容自动化比对、办案风险评估预警等应用尚未突破科层制限制,仍局限于如何管理、控制办案人员的上级思维定势,检察长在技术层面仍占据本院或下级院所有案件绝对的知情权、控制权、话语权。各种信息技术应用方向并未朝着以下方向发展:第一,如何增强检察长指令发布的约束力?比如,检察长对办案人员的指令能否全部记录留痕?能否科学、中立地评价指令的正当性、合法性?不合法的指令能否留痕、预警、自动阻却?第二,如何减少检察长权力行使的信息不对称?腐败发生的一个重要原因,就是领导干部和公众之间的信息不对称,[1]提高检察系统内信息对等流通效率,能提高其他人发现检察长滥用权力的概率。例如,技术改进能否打破检察长对某些办案信息的垄断,提升某些办案信息在系统内的同步知晓率,减少

---

〔1〕 参见贺夏蓉:《机制设计理论视角下"一把手"监督的制度设计理念分析》,载《中国地质大学学报(社会科学版)》2014 年第 6 期。

不当决策酝酿生成的机会。第三,如何增强整个办案系统对检察长滥用权力的抵制力。例如,办案人员有无便捷隐蔽的操作渠道向上级反映检察长指令不当或拒绝执行检察长明显违法的指令,反映后其职务职级、工作岗位变动等情况,上级检察机关有无长期关注、跟踪、反馈、保护的技术能力。

(四)检察机关建立的自身监督机制与部分针对检察办案的外部监督机制仍待有效衔接

在2007年正式形成检察权运行监督体系后,各项监督机制大体处于自我完善、自我运转状态。从2007年至2016年最高人民检察院制定的各项检察权运行监督机制内容看,较少提及工作机制应如何与政治监督、行政监督、审计监督、统计监督、党委政法委执法监督等外部监督机制,在监督检察权方面进行分工、衔接、配合、互补。直到2017年国家监察体制改革启动后,以坚持和完善党和国家监督体系,强化对权力运行的制约和监督为目标,各类国家监督权进行了较大幅度的结构转换与系统重构。国家监督权配置经历了由分散监督到系统监督、由同体监督到异体监督的转变;〔1〕纪检监察机关被置于党和国家监督体系的主干位置,发挥保障作用。〔2〕 针对检察权的监督分工较以往也有所调整,一些原先由检察机关自己负责的监督事项交由其他单位组织负责。如检察官司法责任的审查交由检察官惩戒委员会负责,〔3〕人民监督员的选任管理交由司法行政机关负责等。〔4〕 除分工调整外,在国家监督体系层面上,检察机关除了专注于自身监督体系的完善外,现行监督机制还必须进一步调整完善,以便与监察监督、行政监督、司法审判监督、审计监督、统计监督相互衔接互补,如政务处分与检察纪律处分如何衔接,审查调查与督察调查如何分工等。从逻辑结构、实施效果、工作分工、权利保障等角度看,现行监督机制与检察官惩戒、党委政法委执法监督、群众监督等外部监督机制在融会贯通、有效衔接、形成合力时,仍需继续关注的问题有:

---

〔1〕 参见颜德如、栾超:《国家监督权力结构转换与系统重构》,载《社会科学》2019年第12期。

〔2〕 参见杨晓渡:《坚持和完善党和国家监督体系》,载《人民日报》2019年11月29日,第6版。

〔3〕 参见《关于建立法官、检察官惩戒制度的意见(试行)》(法发〔2016〕24号)。

〔4〕 《人民监督员选任管理办法》第3条规定:"人民监督员的选任和培训、考核等管理工作由司法行政机关负责,人民检察院予以配合协助。"

其一,司法责任调查核实机制与检察官惩戒机制之间衔接不够。2019年修订的《检察官法》就检察官惩戒委员会的组成、职责、程序进行了初步规定,将惩戒的关注点集中于检察官故意违反法律法规办案和因重大过失导致案件错误并造成严重后果这两种情形。从检察官惩戒委员会的组成看,虽然委员会将办事机构设在检察机关,但它并不隶属于检察机关,委员会的组成人员也有相当部分不是检察人员。检察官惩戒委员会作为一项以监督检察官依法办案为主的制度设计,将司法责任判断权从检察机关内部剥离,避免了外界对检察机关自查自纠可能发生包庇护短的质疑,较好地体现了司法责任追究的公正性、中立性、职业性。不过按现行制度设计,检察官惩戒委员会并没有自行调查取证的权限,用于判断检察官是否故意或重大过失的事实和证据材料仍需检察机关提供,其判断是否准确、客观、公正仍有赖于检察机关的有效配合。根据《人民检察院司法责任追究条例》的相关规定,调查取证和资料准备工作主要由检务督察部门负责组织实施。也就是说,追究一名检察官的司法责任,整个工作流程大致为检务督察部门调查核实——提请检察官惩戒委员会审议——根据检察官惩戒委员会的审查意见征求派驻纪检监察组意见——检察机关做出处理决定。虽然检察官惩戒机制已成型,但其实践效果并不理想。在全国检察人员违纪违法案件中,真正经检察官惩戒委员会审议再做处理决定的寥寥无几。[1]而根据各地纪检监察机关的通报,有相当部分检察人员违纪违法恰与滥用办案权力有关。究其原因,主要是因为司法责任调查核实机制与检察官惩戒机制之间的衔接还不够顺畅。比如,检务督察部门发现线索后,没有进一步识别区分其是否属于违法办案或办错案的类型,而是直接将后续程序转化为督察处理程序或纪检监察审查调查程序;经检务督察部门调查核实发现存在违法办案或办错案可能的,纪检监察机关、检察机关往往直接据此做出政务处分、纪律处分决定,导致检察官惩戒制度处于空转状态;[2]上下级检察机关缺乏常态化的线索移交、调查处置、介入调整机制,导致各级检察机关在选择对接纪检监察机关还

---

〔1〕 参见邱守慈、戴建华:《检察官惩戒制度的现实困境与对策研究》,载《理论月刊》2020年第10期。

〔2〕 参见李蓉、瞿目:《论监察体制改革背景下的检察官惩戒制度》,载《中南大学学报(社会科学版)》2020年第3期。

是检察官惩戒委员会时过于随意等。

其二,党委政法委与检察机关各自的案件质量评查工作机制有待更好衔接。从最高人民检察院组织开展执法大检查活动开始,检察机关就一直致力于探索建立一套用于评估自身案件质量的规范化、标准化的工作机制。通过构建案件质量评查工作机制,一方面可以发现一线办案存在的不规范甚至违法问题,另一方面评查结论也可以作为评估检察官办案绩效的基础依据。无独有偶,类似于案件质量评查的工作机制也在各级党委政法委的主导下持续构建。1998 年 4 月,中央政法委就制定了《关于加强党委政法委员会执法监督工作的意见》,2011 年还会同中纪委、中组部等八家单位联合印发了《关于党委政法委员会对政法部门执法活动进行监督的规定》,而各地党委政法委也制定了许多贯彻实施的细则。这些规定中明确的重要执法监督措施之一就是案件评查,〔1〕各地党委政法委主要通过调阅案卷、调查走访、座谈交流等方式,就案件的事实认定、证据采用、法律适用、法律程序、文书质量、司法作风、党风廉政、执法效果等方面得出评查结论。〔2〕除评查重点、评查方法与检察机关相似外,在结果应用上也与其类似,大体从考核奖惩、违纪违法查处、督促整改几个方面入手。党委政法委案件评查作为一项可用于监督检察权的工作机制,即便其依据仅源于党内法规,也能从效果评价和人员处理两个层面实质影响检察办案活动,目前可视为政法领域执法司法制约监督体系的有机组成部分。

由于两项分属不同主体主导的工作机制在工作方式、工作程序、结果评定、结果应用上有一定类似性,一旦没有有效衔接,容易造成以下问题:一是启动上各自为政,工作开展容易“叠床架屋”。由于决策主体不同,选择评查案件的时机和范围一旦没有统筹协调,容易造成针对某类案件的评查工作反复启动,各自工作推进的节奏也易相互冲突。二是执行过程中组织形式不一,容易降低各自工作的权威性。党委政法委组织开展的案件评查一般不是由本单位人员负责,而是从各单位各部门临时抽调人员组成评查组,评查组一般由法官、检察

〔1〕 比如贵州省就制定了《中共贵州省委政法委员会案件评查实施办法》(黔政法〔2014〕3 号)。

〔2〕 参见段瑞群:《如何“协调案件”?——党委政法委执法监督职能沿革与功能再造》,载《深圳社会科学》2019 年第 6 期。

官、律师、高校专家等组成。[1] 检察机关虽然也会适当吸收人民监督员、律师、高校专家参加,但评查人员还是以抽调的检察官为主。[2] 两种组织方式其实并无优劣之分,前者看重社会公信力,后者看重同行评议的专业性。问题关键在于两种组织方式各自形成的意见,有没有不同的侧重点?针对同一个问题,谁的意见更具权威?三是缺乏评查结论矛盾的预防化解机制,造成后续处理左右为难。实践中,党委政法委与检察机关得出的评查结论大体划分为优秀等次、合格等次、不合格等次或优质等次、合格等次、瑕疵等次、不合格等次。如果说意见不一致还可互相包容、求同存异,那么作为问责办案人员依据的评查结论则必须统一。若一方认定案件不合格,另一方认定案件合格,应该依据哪一方结论处理办案人员?若处理不当,要么引发袒护包庇的质疑,要么削弱另一方评查工作的必要性。

其三,人民监督员制度还未充分实现人民群众对检察办案的参与权和监督权。从2003年人民监督员试点开始,其设立基础始终绕不开"民主"二字。有学者很早就从宪法视角论述了人民监督员制度是体现人民参政权、监督权的具体表现。[3] 2005年国务院新闻办公室发布的《中国的民主政治建设》白皮书也指出:"实行人民监督员制度,将检察工作置于人民群众的有效监督之下,体现了诉讼民主的要求。"梳理人民监督员制度从试点到全面推开的历程可以发现,作为一种推动群众有序监督检察办案活动的制度设计,该制度还未能真正达到检察办案领域全过程司法民主的预期效果,如不断扩大公民司法参与,吸纳公民监督检察事务,对办案决策产生一定影响等。[4] 比较有代表性的问题有:

一是未能实现人民群众的广泛参与。从相关规定内容看,人民监督员的产生方式不是选举代表制而是报名参与制,这样设计应是为人民群众监督检察办案提供一种有序的便利渠道。2018年修订的《组织法》第11条规定:"人民检

---

〔1〕 参见张亮、马维博:《南阳探索党委政法委执法监督新路》,载《法治日报》2021年1月5日,第4版。

〔2〕 参见孙风娟:《质量为王:严守司法办案生命线——最高检首次全国性案件质量评查活动直面问题坚决整改》,载《检察日报》2020年11月29日,第1版。

〔3〕 参见韩大元、王晓滨:《人民监督员制度的宪法学思考》,载《国家检察官学院学报》2005年第1期。

〔4〕 参见陈卫东等:《新时代人民监督员制度的发展与完善》,载《法学》2019年第3期。

察院应当接受人民群众监督，保障人民群众对人民检察院工作依法享有知情权、参与权和监督权。”保障任何有意愿监督检察办案的公民能够参与其中本是检察机关的法定职责，可是人民监督员制度一直未摆脱选任“精英化”的色彩，选任的人民监督员也未能广泛代表各行各业，选任还未实现“大众化”。实际上，人民监督员制度早在试点期间就一直存在参加人员不够广泛、官员化倾向较重、人大代表比例过高等问题。[1] 尽管2016年《人民监督员选任管理办法》将担任条件放宽，提升了选任方式的社会化程度，可地方选任监督员时仍局限于官僚化、专业化、精英化思维。比如，虽然公务员、事业单位人员、人大代表、政协委员比例有所降低，但除此之外的其他人员仍以律师、高校教师、退休干部为主。[2] 担任人民监督员还是被认作一种社会地位、社会身份的象征，而非一项人人都有的公民权利。除人民监督员不能广泛来自社会各行各业外，公民的担任数量也明显不足。最高人民检察院统计数据显示，截至2020年10月，在将人民监督员监督范围基本涵盖所有检察业务后，[3] 全国共有人民监督员22,519位。结合担任人民监督员具有中国国籍、年满23岁、身体健康、高中以上文化学历、无犯罪记录、具有行为能力等基本条件，人民监督员在各类符合条件社会群体中的占比太小，社会参与度太低。仅以全国研究生毕业生人数作为参考样本，国家统计局数据显示，2019年毕业人数就达63.9666万人。两相比较，人民监督员也仅占此类人群的3.52%。与人民陪审员制度的广泛参与基础相比（据最高人民法院、司法部向社会通报的数据，2020年人民陪审员已有33.6万人），实现人民监督员的广泛参与，仍然任重而道远。

二是监督深度不够，监督效果不明显。尽管对是否扩展人民监督员范围一

---

〔1〕 参见金石：《人民监督员制度试点工作之调查》，载《国家检察官学院学报》2007年第6期。

〔2〕 参见匡旭东、于乐乐：《人民监督员制度：改革背景、困境反思与完善进路》，载《广西政法管理干部学院学报》2020年第4期。

〔3〕 《人民检察院办案活动接受人民监督员监督的规定》第8条规定：“人民检察院下列工作可以安排人民监督员依法进行监督：（一）案件公开审查、公开听证；（二）检察官出庭支持公诉；（三）巡回检察；（四）检察建议的研究提出、督促落实等相关工作；（五）法律文书宣告送达；（六）案件质量评查；（七）司法规范化检查；（八）检察工作情况通报；（九）其他相关司法办案工作。”第17条规定：“人民监督员通过其他方式对检察办案活动提出意见建议的，人民检察院人民监督员工作机构应当受理审查，及时转交办理案件的检察官办案组或者独任检察官审查处理。”

直存有理论争议,如认为法律针对不起诉的情形已经设置了复议复核等制约手段,再由人民监督员监督不符合诉讼经济和效率原则。[1] 但随着2017年国家监察体制改革启动,人民监督员确实已失去了主要工作基础,[2]围绕这一问题的理论争议实际意义已经不大,相关观点也未得到实践采纳。如今,人民监督员的监督范围已经扩展至所有检察办案活动,并得到立法确认。2018年修订的《组织法》第27条规定:"人民监督员依照规定对人民检察院的办案活动实行监督。"虽然人民监督员的监督范围扩大了,但这并不意味着人民监督员的监督已经迈入深层次实质监督阶段。在《人民检察院办案活动接受人民监督员监督的规定》将人民监督员监督的意见定位为没有刚性约束力,只是供检察官参考的意见建议后,人民监督员的监督还未能有效契合检察权运行规律。比如,在检察办案流程上,人民监督员还未能真正完整监督一个案件。在内设机构改革,实行"捕诉一体"的工作机制后,以刑事检察业务条线的承办检察官视角为主,一个完整的案件包括审查逮捕、侦查监督、审查起诉、羁押必要性审查、认罪认罚协商、出庭支持公诉、监督判决、裁定等环节。实践中人民监督员介入的往往只是案件办理的某个环节,如参加审查逮捕的公开听证、旁听庭审等,而非完整跟踪监督一个案件的所有办理环节,也就未能实现全过程监督。又如,在案件决定过程上,人民监督员未能参与、知情、监督所有决策环节。虽然实行司法责任制后,检察官的办案主体地位较以往有所提升,但案件在检察机关内部并不是简单地由检察官自主决策,而需要经过检察官联席会议讨论、部门负责人审核、检察长或副检察长审批、检察委员会讨论决定等环节。目前,在这些环节中,人民监督员均没有固定的渠道参与、知情、监督,自然难以客观评价案件的决定是否中立、公正、合法、合理。

作为国家检察制度的组成部分,检察权运行监督机制当前面临的困境和挑战基本延续了中国国家治理和经济社会发展的基本脉络。中国改革开放40余年来,各种制度初期的设计和改革政策主要解决"有没有"的问题,因而改革动力强劲、各种改革政策出台快、改革阻力小、改革受惠面比较大、改革的社会动

---

[1] 参见丁毅、杨文静:《人民监督员制度创设与完善》,载《政法论坛》2007年第6期。

[2] 参见陈卫东:《人民监督员制度应退出司法舞台吗》,载《人民论坛》2019年第3期。

力与政府的推动力紧密结合，带动改革加速前进。[1] 回顾检察权运行监督机制发展历程，不难印证这一脉络。前期各种新司法理念、创新举措很容易就被接受采纳，在融入各项监督制度设计时也没有太多顾虑和阻力，时至今日，改革已进入攻坚期和“深水区”，需要着重解决“好不好”的问题。“攻坚”意味着容易改的、见效快的都已经完成了，已经到了化解旧有矛盾和应对新问题的时刻；“深水”则预示着改革面临的内外部风险挑战逐渐攀升，不确定因素将会增多，还要触及多年形成的盘根错节的利益关系。[2] 反映在检察权运行监督机制发展上也是如此。如前文所述，现如今检察机关在自身监督制度建设投入、接受媒体舆论监督、监督技术改进路线、内外工作机制衔接等方面遇到的困境和挑战，绝非偶然出现的新问题，而是事物发展到一定阶段的必然表现。这些困境和挑战也不是源于某项检察权能、某类检察业务，而是检察权在条条块块、上下级关系、国家社会等结构中遇到的整体性问题，应历史、整体、系统地加以思考。正如检察机关对加强自身侦查权监督所作的努力：从最开始改造侦查业务条线办案流程着手，到后来成系统地加强内部其他权能对侦查权的监督，再到成建制地分离侦查权能。仅从内部分析是无法看清其原貌的，必须结合检察机关侦查权发展历程及其所处的外部环境变化加以分析。[3]

三、完善检察权运行监督机制的路径与方法

从新中国检察制度的历史源头看，其发展至今所伴生的一系列权力滥用问题，只不过是中国从传统国家向现代化国家转型历程中遇到的诸多问题的缩影。而更好地控制检察权，促进司法公正，也只是未来建设社会主义现代化国家要实现的众多目标之一。因此，完善检察权运行监督机制的路径必然不能脱离中国推进国家治理体系和治理能力现代化的基本发展路径，既要不断破除固

---

〔1〕 参见李涛：《新时代全面依法治国的实践内涵和深化拓展》，载《学习与实践》2019 年第 10 期。

〔2〕 参见张伯瀚、郭强：《加强顶层设计引领改革实践》，载《人民论坛》2020 年第 31 期。

〔3〕 参见范思力：《检察机关法定侦查权转变原因分析》，载《时代法学》2020 年第 4 期。

有体制机制弊病,构建更加系统完备、科学规范、运行有效的制度体系,[1]又要增强制度执行能力,将国家制度优势更好地转化为国家治理效能。[2] 在方法论上,顶层设计与基层探索有机结合、良性互动,已被证明是2013年至今全面深化改革取得成效的有效手段之一。[3] 检察官办案责任制改革就是最生动的例子,从过去检察系统自行探索到党中央层面主导设计,一系列体制性机制性障碍得以顺利突破,做成想了很多年、讲了很多年但没有做成的事。破解监督检察权的难题同样如此,既要靠中央的顶层设计为检察权自身监督机制赋权增能,以破除系统性、结构性障碍,又需要基层探索先行先试,以点带面破解固有思维,以创新推动发展。

(一)完善现行检察权运行监督机制的遵守和执行

在破解"内卷化"困境的方法论上,公共管理、社会学、经济学等学科均有自己的见解。比如有观点认为,要破解"内卷化",一是在宏观上实现资源分配的空间转移,二是在中观上促成权力性质的转变,三是在微观上形成利益协调的有效途径。[4] "去内卷化"要投入新生产要素,从注重量的增加转为注重投入效率,从突出局部发展转变为全域协调发展,从关注总量增长转变为速度、质量和效益的协调。[5] 虽然监督机制投入数量的增长并没有带来检察人员违纪违法人数的下降是本文"内卷化"分析的表征,但结合检察工作的发展需要,各项监督机制与时俱进地设立与完善,对秉持科层制惯性的检察机关而言仍必不可少。有学者将这种以制定文件实行治理的方式形象地称为"文件治国",而通过开会讲话的方式,以及文件记录和传达的方式来实现党和政府的高效运转,业

---

[1] 参见洪向华、张杨:《论国家治理体系和治理能力现代化的五重维度》,载《大连理工大学学报(社会科学版)》2020年第3期。

[2] 参见温祖俊、王春玺:《论国家治理体系和治理能力现代化的核心要义——习近平关于国家治理现代化的重要论述探析》,载《广西社会科学》2020年第5期。

[3] 参见服务中央决策系列选题研究小组:《中国全面深化改革述评:2013—2017年》,载《改革》2017年第10期。

[4] 参见董向芸:《结构功能主义与内卷化理论视阈下云南农垦组织改革研究》,南开大学2012年博士学位论文,第231页。

[5] 参见邓小海、云建辉:《我国乡村旅游产业"去内卷化"动力机制研究》,载《商业经济研究》2020年第19期。

已成为中国共产党成功治理国家的一条宝贵经验。[1] 所以，检察权运行监督机制的投入如何“去内卷化”，首先要解决的不是模式问题，而是路径问题。即各项监督机制如何更好地为全体检察人员所严格遵守和熟练掌握；无论是上下级还是内外部，如何使监督主体能更好地执行关于自身监督的规定、标准、要求、程序，实现监督机制的功能和价值追求。具体而言，有以下两条路径：

一是为便于检察人员遵守监督机制，可适当调整文件的制发方式。针对当前各项监督机制投入边际效用递减的现状，首先，可适当减少各级检察机关制定监督机制的总量，压缩无效、冗余、重复的监督机制存在的空间，尽量避免因各级规范性文件制发泛滥、叠床架屋、标准不一，造成各级检察人员知晓、掌握、遵守的困难。比如，能否除最高人民检察院、省级人民检察院保留制定全国、全省范围内通用的自身监督规范性文件的权力外，各地市级检察院、基层检察院原则上不再制发专门的自身监督规范性文件，只需定期向上级报告贯彻落实情况即可。同时，各省级人民检察院应遵循检察一体化精神，从维护检察权统一正确实施的角度，致力于消除本辖区内检察人员遵守规定的差异化现象，尽可能减少省内市与市之间、县与县之间因经济、文化、社会等地方发展因素造成的理解遵守差异。其次，基于上下级检察机关业务分类管理指导的现状，为避免各部门检察人员的理解遵守过于偏狭，不够系统，建议最高人民检察院延续编撰修订《检察机关执法工作基本规范》的有益经验，打破部门界限，定期对全国范围内现行有效的各项监督工作机制统一汇编、统一部署，以便各级检察人员系统地知晓、学习、遵守。待时机成熟，条件允许，检察机关还应将编撰后的文件汇编向社会公开发布，便于社会公众依据规定内容监督检察办案。

二是可将搭配文书、批注案例作为增强自身监督规定条文执行力的重要补充。目前检察机关已成立专司自身监督职责的内设机构，如案件管理部门、检务督察部门、综合业务部门等。但负责监督的部门在督促、保障、推动规定落地落实，处理滥用检察权现象时，仍面临抽象规范条文转化使用不够统一、严谨、规范，对监督部门的自由裁量权没有一定限制等问题，一旦负责监督的部门处理不当，就容易虚置规则、架空程序。从《人民检察院刑事诉讼规则》等司法解

---

〔1〕 参见张学博：《文件治国的历史观察：1982—2017》，载《学术界》2017 年第 9 期。

释的执行经验看,将各种条文内容具体转化成各种制式的文书,增强条文在实务中的可操作性,是一条从过去延续至今的有益经验。虽然《人民检察院刑事诉讼规则》等规定条文繁多,动辄数百上千条,但由于规定中大量可操作性、程序性条文内容可直接搭配制式法律文书,而文书中各种需要填写的内容再借助统一业务应用系统转化为统一格式、标准,检察人员对这些条文理解适用的难度得以大大降低。目前最高人民检察院、各省级人民检察院在制定监督工作机制时也会附有一定数量的文书,可这些文书在条文对应性上远远不够,而且部分条文在制定时过于偏向法律条文体例,表述过于原则,难以转化为文书,相应地也就难以转化为统一、格式化的系统操作。当然对于一些实体性规定,如认定责任的情形、职责的列举等,可以参照最高人民法院、最高人民检察院发布指导性案例的做法,以案例的形式彰显价值追求、实现政治考量、限制自由裁量、统一监督尺度。[1] 具体可先从最高人民检察院制定的监督工作机制做起,在条文拟定时优先以操作性规则为主,不简单追求法律体例,不必要求原则性、宣示性规定。若规定中的条文内容能以文书形式体现,则尽量搭配新文书,做到这点并非不可能。事实上,为适应在统一业务应用系统中规范化办案的需要,现在有相当数量的检察法律文书就是在提出软件开发需求时新设计的。[2] 而对不能搭配文书的,可以考虑修改条文内容,使之具备转化条件;或是结合条文内容,以列举案例的形式作为批注,便于各地理解和适用。

(二)以案件信息公开为抓手有序引导媒体舆论监督

既然检察办案要更贴近人民群众,获得社会层面广泛的理解和支持,那么检察机关在主动向公众公开相关工作时,就必然要接受案外广泛社会主体的评论,而无论这些评论是否有失公允,甚至负面偏激。诸如案件信息公开、公开听证、公开审查等活动一旦开展,势必会引发知情人或媒体对案件是非曲直的讨论评说。在党中央政策的指引下,[3] 媒体舆论的监督作用越发受到重视,任何国家机关想"防民之口",已基本不可能。从司法的功能看,虽然司法处理的首

---

〔1〕 参见梁宇菲:《案例指导制度研究》,吉林大学 2017 年博士学位论文,第 24 页。

〔2〕 参见侯建刚、罗伊淋:《信息化条件下检察法律文书发展趋势》,载《人民检察》2019 年第 23 期。

〔3〕 《中国共产党党内监督条例》第 39 条规定:"新闻媒体应当坚持党性和人民性相统一,坚持正确导向,加强舆论监督,对典型案例进行剖析,发挥警示作用。"

先是私人之间的案件，首要功能是解决纠纷，提供的是面向当事人的“私人产品”；但司法处理的个案在一定程度上也具有公共的性质，司法也会担负“规则之治”的功能，还会提供面向社会的“公共产品”。[1] 在司法与社会的互动关系中，案件在舆论面前也不再是个人的“私事”，其背后的社会现象、价值判断一经媒体放大，案件就俨然变成了公共事件。当前理论和实践中对是否公开检察办案信息，仍存有各种疑虑，如公开信息可能不利于个人信息的保护及办案活动的保密，媒体的披露可能造成工作的被动等。其实从近年媒体关注报道的一系列典型检察案件看，[2] 舆情的引发大多与公开信息不真实、不主动、不及时、不全面，甚至缺失、不作为有关，舆情的化解则大多与信息公开的真实、主动、及时、全面密不可分。退一步分析，即便有引发舆情的可能，因案件信息公开引发的舆情，在产生数量、处置难度、负面影响力等方面，远不及案件信息不公开引发的舆情。在自媒体兴起的时代，媒体舆论与公民个人舆论结合得更加紧密，大量媒体报道在民意、民情的表达反映上更加直接，也更加具有代表性。在检察办案与媒体舆论监督的关系中，检察机关一直想保持绝对的主导地位，自主控制案件信息的传递其实并不能享有主动权。在资讯如此发达的时代，媒体已处于全景式信息获取来源渠道的社会环境中，案件信息的获取渠道有时比想象中要丰富得多。譬如，在很多案件报道中，媒体挖掘当事人身世、家庭背景、社会关系等细节的能力和速度，远高于司法机关。而反观检察机关，若在案件信息公开上不考虑媒体需求，时常容易被批评为官僚主义、司法神秘主义，造成不必要的被动。因此，有必要改变检察机关依职权公开案件信息模式，一家独大的现状，应参照政府信息公开的做法，逐步引入依申请公开案件信息的模式，即允许媒体（包括自媒体）向检察机关申请公开案件信息，最终形成依职权公开与依申请公开并重的案件信息公开模式。

国外对司法机关依媒体申请公开信息已有类似的制度设计，例如，《欧洲理事会部长委员会关于媒体与司法关系的建议》提出，当新闻工作者合法地向司法机关或警察获取正在进行的刑事案件信息时，这些部门应客观公正地向所有

---

〔1〕 参见王庆廷：《论司法对民意的分类回应》，苏州大学 2018 年博士学位论文，第 52 页。

〔2〕 相关案例来源参见最高人民检察院新闻办公室：《检察机关“三同步”工作案例汇编》，中国检察出版社 2018 年版。

提出同样要求的记者提供信息。[1] 国内也有类似的司法工作机制,比如最高人民法院《关于人民法院接受新闻媒体舆论监督的若干规定》第 5 条规定:"新闻媒体因报道案件审理情况或者法院其他工作需要申请人民法院提供相关资料的,人民法院可以提供裁判文书复印件、庭审笔录、庭审录音录像、规范性文件、指导意见等。如有必要,也可以为媒体提供其他可以公开的背景资料和情况说明。"借鉴国内外各种经验,检察机关除保留涉及未成年人个人隐私、商业秘密、国家秘密等信息不公开外,对已经具备纳入公开听证、公开审查条件,尤其是可以网上同步直播的办案活动,应允许媒体根据新闻报道需要申请检察机关提供相应案件信息。当然,是否提供仍然由检察机关决定,但应予以答复说明。同时,为增强检察人员公开案件信息的主动性,可将案件信息公开落实情况纳入检务督察、检察官业绩考评、案件质量评查等内部工作机制监督范围,形成"公开不当要追责,不依法依规公开更要追责"的氛围。在追责问责机制完善方面,应适时修订《人民检察院案件信息公开工作规定(试行)》,细化列举检察人员不依法公开案件信息、无正当理由拒绝媒体申请公开案件信息等违规违纪情形,便于与《检察人员纪律处分条例》等规定衔接配套。还可建立社会公众对案件信息公开工作的投诉、举报机制,媒体报道检察人员办案过程中滥用权力的核实反馈机制等并向社会公布,以便公众使用。

与此同时,在国家尚未立法将媒体明确为保障公民知情权、参与权、表达权、监督权的载体和平台的情况下,[2] 检察机关还要适当区分媒体舆论与群众舆论,既不要将媒体舆论等同于群众舆论,也不要忽视媒体舆论对群众舆论的影响力。针对媒体关于检察办案的不当报道,最好通过法治思维和法治方式予以解决,检察机关在职能范围内的实践探索也可以为今后国家立法提供有益经验和生动样本。由于检察职能大多是通过参与诉讼活动实现的,因此对媒体的不当报道可尽量减少运用行政管制、公开反驳等方式干预。具体可借鉴美国、加拿大以及欧洲诸国的做法,通过诉讼方式降低媒体不当报道对检察办案的负面影响。例如,认为媒体不当报道对当事人合法权益造成损害的,可采取支持

[1] 参见杨益航:《论司法公正与媒体报道之关系》,中国政法大学 2020 年博士学位论文,第 131 页。

[2] 参见刘海贵、庹继光:《传媒保障公民权利"入法"探析》,载《新闻界》2012 年第 10 期。

起诉的方式为当事人依法维权提供帮助。检察官个人认为媒体不当报道对自己名誉、隐私造成侵害的，单位应支持其提起民事诉讼、刑事自诉维护自己的合法权益。媒体对案件的不当报道若经网络传播而干扰了网民接受真实信息的基本权利，[1]增加了互联网企业管理信息传播的运营成本与国家的社会综合治理成本，检察机关可通过公益诉讼维护国家和社会公共利益。发现媒体报道泄露了依法不公开的信息时，检察机关可根据其造成的后果，决定是否按刑事诉讼程序追究其责任。不过即便如此建议，笔者认为，检察机关对媒体不当报道的处理还是要以审慎克制为先，在舆论监督面前要秉持客观公正立场，要将维护、营造敢说真话、敢讲事实、敢揭黑幕的舆论监督环境作为检察机关与媒体相处的基本出发点，准确判断意识形态斗争与人民内部认识分歧的界限，冷静分析新闻报道艺术与炒作"博眼球"的区别，注意辨别媒体资讯中的真实客观信息与片面主观信息，善于从媒体报道中发现检察办案中存在的问题。

(三)检察系统内部应更理性地全面使用信息技术监督检察办案

进入21世纪，人类正处于以计算机应用为代表的第五次信息技术革命，信息技术对各行各业工作理念、方式的影响显而易见，不可逆转。处于这样的时代，检察办案不可能、也无法拒绝信息技术变革带来的便利条件。不过正如前几次信息技术革命的迭代过程一样，计算机应用引发的信息技术进步也不可避免地将经历起步、成长、成熟、衰退。在试图借助信息技术监督检察办案时，也应遵循这一基本规律。从目前检察机关信息技术应用的情况看，一些前沿技术本身还处于起步阶段，应用于监督检察权仍显稚嫩，如大数据技术应用。按麦肯锡全球研究院(McKinsey Global Institute)报告对"大数据"的定义，大数据是指大小超出了传统数据库软件工具的抓取、存储、管理和分析能力的数据群。[2] 与金融、征信、物流等行业相比，目前检察机关可使用的数据在规模上还远未达到传统数据库软件工具无法处理的海量，也未达到可实现多元"数据碰撞"的开放连通程度。正如有学者所言："与其他领域强调基础技术突破与创新不同，司法场景的技术运用更应该在技术成熟之后并充分评估技术影响之后

---

〔1〕 参见陈堂发：《以公益诉讼治理虚假新闻》，载《新华日报》2020年8月18日，第18版。

〔2〕 参见[美]麦肯锡：《麦肯锡大数据指南》，王霞等译，机械工业出版社2016年版，第5页。

再进行。那种原创技术创新可以在其他领域内充分试点,但在司法领域则应该持有审慎的态度。"[1]对大数据、人工智能、区块链等新兴信息技术,检察机关应持关切态度,认真观察对比这些信息技术在最类似检察工作场景里的发展应用情况,了解其市场化程度。若将上述前沿技术用于辅助办案决策、指引办案人员行为、评价办案结果是否公正,在无法确定会带来什么后果以及没有为这些后果做好准备之前,即便要探索也应先从综合业务管理而不是办案环节开始。比如,现阶段推广应用的全国检察机关重大事项填报系统,就是从检务督察角度加强内部相关监督信息线索的统一、高效流转。部分地方试点的检察官业绩考评信息化建设也是从内部评估检察官办案质效,增强业绩奖惩管理科学性的角度探索。对直接影响案件走向、关系案件当事人权利义务调整、决定司法责任轻重大小等方面的信息技术探索应用,还是应当保持适度审慎,最好"成熟一项使用一项,社会普及一项使用一项"。与此同时,对一些已经成熟的信息技术,如远程视频、自动抓取数据、移动互联互通、办案流程监控、电子卷宗等信息技术的应用,则要克服科层制的思维定势、怕被束缚手脚的私心、官僚化的工作习惯等主观障碍。现阶段,检察机关应尽快与社会层面信息技术应用普及程度保持同步,不断拓展成熟技术的业务应用的范围和工作场景,提供更多外部监督力量可介入的信息接口,打破检察办案的封闭性,提高上下级办案流程交互介入的效率,提升各级检察机关内部业务监督管理的流程化、格式化、标准化水平。

从世界各国检察制度的设计理念看,通过法律规定检察官的权限范围或通过法律明确检察官的客观公正义务,是检察系统内部防止检察长的不当指令的通行做法。[2] 遗憾地是,我国法律并没有明确在检察系统内部如何防范各级院检察长的不当指令。虽然 2019 年修订的《检察官法》第 5 条规定:"检察官履行职责,应当以事实为根据,以法律为准绳,秉持客观公正的立场。"但法律、司法解释对客观公正的要求主要是从检察权外部运行规律上予以强调的,[3]并

---

〔1〕 王禄生:《大数据与人工智能司法应用的话语冲突及其理论解读》,载《法学论坛》2018 年第 5 期。

〔2〕 参见樊崇义等主编:《域外检察制度研究》,中国人民公安大学出版社 2008 年版。

〔3〕 《人民检察院刑事诉讼规则》第 3 条规定:"人民检察院办理刑事案件,应当严格遵守《中华人民共和国刑事诉讼法》以及其他法律的有关规定,秉持客观公正的立场,尊重和保障人权,既要追诉犯罪,也要保障无罪的人不受刑事追究。"

未涉及检察权内部运行规律。与国外法律强调的客观公正义务还包含检察官为了履行客观义务可以不服从检察指令,检察上级不得违背检察官客观义务命令承办检察官为或者不为一定行为等内容不同,[1]目前我国法律并未明确允许检察官可以拒绝执行检察长的不当指令,反之,在一般情况下检察官还有立即执行的义务。[2] 因此,现阶段规制检察长对检察官的不当指令只能依靠检察机关制定的自身监督工作机制,如效仿世界各国要求检察指令应当书面并附理由、检察指令应当向社会公开等。[3] 具体可以借鉴过问或干预、插手检察办案等重大事项记录报告制度将"全体检察人员变被动接受监督为主动参与监督"的设计理念,通过信息技术手段强化检察系统内部对检察长权力的监督。具体要求如下:

一是区别于审核审批意见,将检察长(包括分管副检察长)对检察官办案行为(包括证据事实认定、法律及司法政策适用、证据收集补充、释法说理等随时可介入办案流程的实体性行为)的指令嵌入所有办案流程,并生成格式化指令文书备案。可借鉴全国检察机关重大事项填报系统模式,在统一业务应用系统中增设检察官补录检察长口头指令功能,并予以留痕和适度保密。同时规定检察官不能以检察长有口头指令或已经以其他方式记录检察长口头指令作为申辩自己无责免责的理由,倒逼检察官在统一业务应用系统中记录检察长口头指令,逐步减少检察长发布口头指令的空间。

二是在统一业务应用系统中增设情况上报环节。检察官认为检察长(包括分管副检察长)指令不当时,为防止造成严重后果,在继续执行时可自主选择是否将该情况直接通过系统秘密上报给上级院检务督察部门。同时规定检察官发现检察长(包括分管副检察长)指令不当时不报告应承担相应责任。

三是在设计业绩考评系统时,可将检举检察长不当指令属实的检察官的业绩档案进行专门标注,并将查阅权限开放给上级检察机关检务督察部门或政工

---

〔1〕 参见杜磊:《论检察指令权的实体规制》,载《中国法学》2016年第1期。

〔2〕 《中华人民共和国公务员法》第60条规定:"公务员执行公务时,认为上级的决定或者命令有错误的,可以向上级提出改正或者撤销该决定或者命令的意见;上级不改变该决定或者命令,或者要求立即执行的,公务员应当执行该决定或者命令,执行的后果由上级负责,公务员不承担责任;但是,公务员执行明显违法的决定或者命令的,应当依法承担相应的责任。"

〔3〕 参见杜磊:《检察指令权的程序性规制》,载《国家检察官学院学报》2016年第4期。

部门。当该检察官发生岗位调整、调离、处分、不按期提拔晋升、考评不合格、不称职等人事情况时,可通过系统直接预警提示上级检察机关。

另外,对检察长(不包括副检察长)亲自办理的案件,可以在统一业务应用系统及其他相关信息系统中专门增设特别流程。比如,省以下检察院检察长办理的案件,在自行决定前可先发送给上级检察院所在业务条线分管副检察长审核。基层检察院检察长(包括副检察长)的案件办结后应将案件所有信息的查阅权限开放给本院所有干警及上级检察院。

(四)将检察权运行监督机制更好融入党和国家监督体系

如何加强权力监督从来就不是一个单纯的法律问题,必须综合政治、经济、社会、文化等多种视角进行研究。作为国家监督权组成部分的检察权,其本身就在国家权力配置中承担着监督职能,如果仅就其运行特征分析,很容易陷入“监督者监督监督者”的逻辑死循环。许多局限于检察权内部监督命题的研究成果,本质上就是上述死循环逻辑在检察机关内部的演绎。比如,套用上级检察机关监督下级检察机关的逻辑,设计各种监督机制,那么最高人民检察院谁来监督?设置检务督察部门监督其他业务部门,那么检务督察部门的业务活动又由哪个部门监督?检察委员会作为办案组织时,其履职办案谁来监督等。在难以厘清上述关系的情况下,很容易将权力监督与权力制约相混淆。检察权运行监督机制从来不是一种自我循环的封闭状态,各种制度机制一直在有意无意地与其他外部工作机制衔接贯通。这也与我国国家机构权力分工的逻辑相通,比如,我国宪法从来不遵循机构、权力和职能之间的一一对应关系,而是根据合理分工原则灵活处理,将国家机构的创设与具体的权力配置区别开来,将权力分工与权力混合,同时作为充实国家机构职权的必要手段。[1]《中共中央关于坚持和完善中国特色社会主义制度、推进国家治理体系和治理能力现代化若干重大问题的决定》(以下简称《决定》)也提出,坚持和完善党和国家监督体系,强化对权力运行的制约和监督,以党内监督为主导,推动各类监督有机贯通、相互协调。因此,检察权运行监督机制与其他外部监督工作机制相衔接,并不是为了改变检察权的权能和属性,而是为了将检察权运行监督机制更好地融入党

---

〔1〕 参见陈明辉:《论我国国家机构的权力分工:概念、方式及结构》,载《法商研究》2020 年第 2 期。

和国家监督体系。具体有以下要求：

第一，厘清检察机关检务督察部门与检察官惩戒委员会各自的职能定位。虽然2019年修订的《检察官法》规定检察官惩戒委员会办事机构设在省级检察院，随后的《人民检察院检务督察工作条例》明确由省级检察院检务督察部门承担本级检察官惩戒委员会日常工作。但检务督察部门本身负有调查核实、收集证据材料的职责，一旦进入惩戒工作程序，其立场是以需要追究检察官责任为前提的"有罪推定"；〔1〕而检察官惩戒委员会预设的立场则是客观公正的"无罪推定"。〔2〕既然在惩戒程序中检务督察部门和检察官惩戒委员会立场不同，就有必要在制度设计上予以区别。首先，检务督察部门作为程序启动、组织调查、材料提交部门，应理顺检察系统内部工作流程，确保需承担司法责任的检察官能顺利进入惩戒程序，防止纪检监察程序与惩戒程序混同，或直接以处分替代惩戒。省级检察院检务督察部门应负责指挥、指导、组织下级检察院责任部门，开展本院检察官滥用办案权力的线索收集、调查核实等工作。省级检察院检务督察部门对省以下检察院检察官违纪违法案件处理情况要定期督察，发现应追究司法责任，而没有进入惩戒程序的应予以及时纠正。需要向下级院派驻纪检监察组解释、协调、沟通的，上级检察院检务督察部门可会同本院派驻纪检监察组一同开展工作。其次，检察官惩戒委员会的运转应符合裁判仲裁程序的构造原理。在组成人员上排除现职检察官担任检察官惩戒委员会委员。若为实现惩戒委员会的专业性，确需有检察背景的人参与其中，也要以退职检察官为选择对象。〔3〕在审议程序上可允许当事检察官委托律师、法学专家作为代理人代为辩解、举证。另外，惩戒委员会可参照诉讼法确立的非法证据排除规则，在

---

〔1〕《人民检察院司法责任追究条例》第24条规定："调查终结后，认为检察官存在违反检察职责的行为需要追究司法责任的，按照检察官惩戒工作程序，报检察长批准后提请检察官惩戒委员会审议，由其提出构成故意违反职责、存在重大过失、存在一般过失或者没有违反职责的意见。"《关于建立法官、检察官惩戒制度的意见（试行）》规定："惩戒委员会审议惩戒事项时，有关人民法院、人民检察院应当向惩戒委员会提供当事法官、检察官涉嫌违反审判、检察职责的事实和证据，并就其违法审判、检察行为和主观过错进行举证。当事法官、检察官有权进行陈述、举证、辩解。"

〔2〕《关于建立法官、检察官惩戒制度的意见（试行）》规定："法官、检察官惩戒工作，应当坚持党管干部原则，尊重司法规律，体现司法职业特点，坚持实事求是、客观公正，坚持责任与过错相适应，坚持惩戒与教育相结合。"

〔3〕参见赵信会、林琳：《论司法责任制下的检察官惩戒》，载《河北法学》2017年第8期。

审查事实的同时,判断省级检察院提交证据材料的合规性。为体现公平,还可适当提升认定司法责任的证明标准。

第二,统筹推动党委政法委与检察机关各自的案件质量评查工作机制深度衔接。当前,党委政法委与检察机关各自的工作机制都可以通过对方的工作机制加以补强,这是推动两者深度衔接的一个基本思路。在统筹推动监督范围的衔接上,党委政法委在制定本年度、本地区执法监督工作计划时,可预先征求检察机关的意见,将检察机关案件质量评查工作计划一并纳入考虑,避免时间、人员、监督案件类型上的冲突。针对现阶段检察长、副检察长、检察委员会专职委员带头办案的要求,以及检察机关案件评查难以解决本单位评查人员"既当运动员又当裁判员"的现状,[1]党委政法委组织开展执法监督时,可将评查检察长、副检察长、检察委员会专职委员,甚至业务部门负责人所办案件作为重点。相应地,检察机关可将此类案件直接交由党委政法委或上级检察机关评查。在统筹推动组织衔接上,党委政法委以评查组的形式评查检察机关案件时,可不再抽调检察人员参加。若评查组形成的意见与检察机关评查意见不一致,党委政法委可召开联席会议,邀请评查组专家与负责评查的检察官一起研究讨论,形成共同意见。在评查结论转化运用衔接上,党委政法委的评查结论可不简单纠结于个案的好坏评价,而是尽可能反映检察机关办案中的普遍性、倾向性问题,如组织领导、制度建设、队伍管理等方面,以督促单位整改的方式推动结论转化运用。[2] 检察机关的案件评查结论则应尽可能针对检察官个人,如指出个人办案理念、办案作风、能力素养存在的问题,并将结论作为评先选优、等级晋升、绩效考核的重要依据。

第三,增强人民监督员参与监督检察办案的广度和深度。一般而言,一个社会从传统到现代的转型,其最为突出的特征应当是以"市民社会"的形成为标志而建立起的以"权利"为核心的话语体系。[3] 作为一项以保障权利为主基调的司法制度,人民监督制度的首要目的应是保障广大公民监督司法的权利得以

---

〔1〕 参见王体功:《检察机关案件质量评查机制的完善与发展》,载《人民检察》2019 年第 12 期。

〔2〕《中国共产党政法工作条例》第 34 条规定:"党委政法委员会在统筹推动政法单位开展常态执法司法规范化检查中,对发现的政法单位党组(党委)及其成员不履行或者不正确履行职责,或者政法干警执法司法中的突出问题,应当督促加大整改力度,加强执法司法制度建设,保证全面正确履行职责。"

〔3〕 参见王荔:《当代中国司法民主问题研究》,吉林大学 2012 年博士学位论文,第 114 页。

实现,让广大人民群众在监督检察办案中感受到公平正义。在这一过程中,检察机关是客体,而人民监督员是主体。《决定》中也明确要求,通过完善制度保证人民在国家治理中的主体地位。从人民监督制度的实行现状看,目前全国的人民监督员数量还远未达到广泛汲取民意的程度,上级检察机关有必要会同司法行政部门推动扩充人民监督员的队伍,尽可能降低选任门槛,创造便利条件,让更多公民有意愿、有机会参与监督检察办案。比如,借助信息化手段为公民申报人民监督员提供便捷操作渠道,尽可能简化申报手续;简化人民监督员年度考核的程序和内容;加强线上培训力度;发动农村社区、大中型企业、大专院校的力量组织推荐热心公民报名等。检察机关还可借鉴联络人大代表、政协委员的工作经验,采取多种方式打消公民申报人民监督员的顾虑,主动为人民监督员履职提供便利条件。同时,检察机关可同各级司法行政部门协商,逐步降低法律专业人员、公职人员参与比例,让各行各业、各社会阶层符合选任条件的人员,至少有一次机会近距离接触了解检察办案,提出自己的意见建议。从长远看,增加人民监督员数量,让全国一定规模、一定比例的公民有机会监督检察办案,既是一次进行普法教育、培养公民权利意识的好机会,也有利于扩大人民监督员的社会影响力,为进一步细化立法保障提供更丰富的实践样本。

另外,相较人民陪审员参与庭审的数量,〔1〕检察机关接受人民监督员监督的案件数量还有很大的提升空间。其实无论是有影响的大案,还是案情简单、法律适用清楚的小案,都牵动着民生,都可以邀请人民监督员参与监督。正是这些“小案”,这些就在人们身边发生的、大量民间纠纷中产生的案件,最能让人民群众感受到公平正义。〔2〕 反之,随着检察开放日、检察官以案释法、检察官进校园等活动的逐步落实,从长远看,人民监督员没有必要再被邀请参加与检察办案无直接关联的活动。人民监督员在监督方式上也有改进的空间。比如,可将“案—件比”的理念应用于人民监督员监督检察办案,即把贯穿诉讼的多项

〔1〕 2020 年,全国各地法院人民陪审员共参审民事案件 514.2 万余件,刑事案件 102.4 万余件,行政案件 42.8 万余件。参见乔文心:《发布人民陪审员法实施中若干问题的答复——全国现有人民陪审员总数达到 33.6 万余人》,载《人民法院报》2020 年 10 月 20 日,第 1 版。

〔2〕 参见王俊:《时隔 11 年,最高检再次以该主题开会有何深意?》,载 https://news.sina.com.cn/c/2020-10-14/doc-iiznctkc5474866.shtml,2021 年 1 月 27 日访问。

业务活动联系在一起,[1]以监督一个案件全流程为导向,让人民监督员有机会完整监督一个案件所有的办理环节,针对任何一个环节都可以发表自己的意见建议。例如,刑事案件人民监督员可以从审查逮捕流程开始介入,一直持续到案件程序终结。公益诉讼案件可以从立案受理开始介入,一直到相关单位和人员落实检察建议、判决裁定为止。有条件的地方还可以邀请人民监督员参加检察官联席会议、案件汇报等内部决策活动,使其更清晰地了解决策过程。

四、结　　语

建立健全检察权运行监督机制本质上是检察机关对司法公平正义的自我追求。以辩证唯物主义的视角审视这种追求,可以说,既不存在一种社会公众不能接受的司法公平正义,也不存在一种脱离形式束缚的实质司法正义,依此类推,包容个案非正义的普遍司法正义理论上也不可能存在。同理,完善检察权运行监督机制也没有形式与实质的区别,不存在包容任何一名检察人员脱离约束的制度弹性。实践中需要解决的既不是现行检察机关自身监督体系逻辑不够严密,也不是各项办案工作要求不够明确,而是如何在执行操作上更贴近办案一线实际情况,更符合国家发展和社会形势变化的大背景。

[1] 参见董桂文、郑成方:《"案—件比":新时代检察机关办案质效的"风向标"》,载《人民检察》2020 年第 11 期。

法官助理分层培养机制研究*

张　龑**

导　语

法官助理作为协助法官履行审判职责的辅助人员，是审判事务中不可缺少的力量。法官助理制度改革和职业化建设的成败，在一定程度上决定着我国法官职业化建设的改革进程。但是，随着改革的不断推进，法官助理的问题逐渐显现，法官助理来源不一，职能与法官、书记员之间存在角色冲突，法官助理直接选任为员额法官可能在司法经验和技巧的储备上存在欠缺，这些都对如何建立法官助理培养机制提出了挑战。日前，中共中央办公厅印发《关于深化司法责任制综合配套改革的意见》，提出规范司法辅助人员管理，建立健全法官助理分层培养机制。如何兼顾法官助理作为独立审判辅助岗位履行职务的工作需求和作为员额法官储备人才的培养需求，构建符合法官助理职业特点的分层培养机制，有待进一步研究并给出系统解答。

一、法官助理制度改革的脉络

我国法官助理制度已有近20年的历史，在理论上也不断发展，最高人民法院一直在推行法官助理制度，这一制度不断完善，改革的内容也逐渐丰富。以

* 本文系最高人民法院2019～2020年度司法改革专项课题“人员分类管理制度改革背景下的法官助理及书记员培养制度研究”的研究成果。

** 江苏省高级人民法院研究室调研司改组组长，四级高级法官。

"五年改革纲要"为界限,可以将法官助理制度近 20 年的改革历程分为五个阶段,概括如表 1 所示:

表 1　我国法官助理制度在 1999 年至 2019 年的发展进程

时间	主要内容	理论或实践意义
1999 ~ 2003 年	《人民法院五年改革纲要》提出法官助理制度。之后最高人民法院于 2000 年、2004 年分别提出在部分法院进行法官助理试点,同时阐明法官助理是从事审判业务的辅助人员,符合条件可晋升为法官	第一次正式提出法官助理制度,并开展试点,为法官助理制度的推行提供政策支持,界定了法官助理在法院系统中的位置与发展前景
2004 ~ 2008 年	《人民法院第二个五年改革纲要(2004—2008)》提出要推进法院人员的分类管理,总结试点经验,之后在西部基层法院确立了 814 个试点法院	又一次明确了改革方向,从单独的法官助理制度上升到人员的分类管理,并加大力度推进法官助理制度的试点
2009 ~ 2013 年	《人民法院第三个五年改革纲要(2009—2013)》提出要细化法院人员的分类管理,重点提出绩效考核,对推进主审法官负责制进行探索	再一次确定了改革方向,分类管理具体化,主审法官负责制也为法官助理制度提供了方向和基础
2014 ~ 2018 年	《人民法院第四个五年改革纲要(2014—2018)》提出要建立司法责任制,健全法官助理等在内的审判辅助管理体制。2018 年修订的《人民法院组织法》概括规定了法官助理的职责,符合法官条件的还可晋升为法官	在全面深化改革的背景下,为推行法官助理制度提供机制保障,并首次将法官助理制度上升到法律层面
2019 年至今	《人民法院第五个五年改革纲要(2019—2023)》提出要对法官助理培训考核、培养、选拔等进行完善,不同层级法院之间要区别对待,探索下级法院法官在上级法院担任短期法官助理的交流模式	进一步完善法官助理制度并不断探索,首次提出法官担任短期法官助理的模式

纵观 20 年的改革历程,法官助理改革的主要目的是为法官分担审判辅助事务,推进法官的精英化。从实践中看,法官助理的培养与其配置来源、配置方

式、履职内容、管理考核等联系紧密,需要透过改革脉络的梳理来看现有法官助理培养机制面临的挑战。

(一)法官助理配置来源

当前,法官助理按照来源大致可分为三种:一是编制内法官助理。主要包括:未入额审判员、助理审判员转任的法官助理;在编书记员转任的法官助理;通过公开招录方式新录用的公务员编制(政法编)或事业编制法官助理。二是聘用制法官助理。主要包括劳动合同制法官助理和劳务派遣制法官助理。三是实习制法官助理。主要包括:高校法科学生担任实习法官助理;实习律师担任实习法官助理等。法官助理由最初的编制内法官助理这一单一来源,逐步发展成为多元化的配置来源,对原有的法官助理培养机制提出了挑战。(见表2)

表2　法官助理配置来源

分类	细化
编制内法官助理	未入额审判员、助理审判员转任的法官助理
	在编书记员转任的法官助理
	通过公开招录方式新录用的公务员编制(政法编)或事业编制法官助理
聘用制法官助理	劳动合同制法官助理
	劳务派遣制法官助理
实习制法官助理	高校法科学生担任实习法官助理
	实习律师担任实习法官助理

(二)法官助理配置方式

法官助理的配备方式实质上是重塑法院的审判组织架构。结合全国各地法院的实践经验,法官助理的配备方式大体分为四种:第一种方式是法官助理按照一定比例配备给法官。具体来讲,就是以法官为具体单元,为其组合专门的法官助理,并受其领导管控。第二种方式是法官助理按照一定比例配备给合议庭,由合议庭根据案件需要进行资源整合。通常以合议庭为组成单元,根据法官助理自身的专业性质和工作经验,有针对性地将其分配到对应的合议庭。

第三种方式是法官助理“跟案走”不固定搭配,即以案件需要为导向,以法院内部所有法官助理为对象进行机动配置,没有统一的配备模式。第四种方式是法官助理“分类走”不固定搭配,这种方式是将审判过程细化成庭前准备和开庭审理。依据各个环节具体内容的类别不同,完成前者工作的被称为程序性法官助理,后者则被称为文字性法官助理。不同的配置方式,也决定了法官助理的培养需要与之相适应。

(三)法官助理履职内容

2015 年最高人民法院《关于完善人民法院司法责任制的若干意见》中列举规定了法官助理的 7 项职责、书记员的 5 项职责。[1] 不同编制身份的法官助理,在实践中的职权和职责范围有所不同。法官助理的履职内容,直接决定其培养内容的设置。具体来说,法官助理的履职内容主要有以下几类:

第一种是书记员型的法官助理,其主要是较为保守或者工作能力相对一般的审判庭法官助理。第二种是书记员兼助理的法官助理。这类人员主要是较为积极或者工作能力相对突出的法官助理。其在承担原有的书记员工作的同时,开始逐渐承担起辅助法官完成审判的各项法律性、程序性工作。如处理管辖权异议、保全、鉴定评估、组织各方庭外调解、召开庭前会议、校对文书的事实认定、法律适用方面存在的问题、起草裁判文书等。第三种是未入额的原审判员转化的法官助理。这些未入额的法官大致有两种安置办法:一部分调入综合部门担任行政工作,不再承担审判事务;另一部分仍留在审判部门,主要协助员额法官办案,承担了员额法官的一部分工作。这类法官助理除了不能以法官身份开庭及在裁判文书中不能作为法官署名以外,仍处理案件的大部分实体事务,同时其也承担部分程序性或事务性工作。第四种是速裁庭的法官助理。为

---

[1] 参见最高人民法院《关于完善人民法院司法责任制的若干意见》第 19 条规定:“法官助理在法官的指导下履行以下职责:(1)审查诉讼材料,协助法官组织庭前证据交换;(2)协助法官组织庭前调解,草拟调解文书;(3)受法官委托或者协助法官依法办理财产保全和证据保全措施等;(4)受法官指派,办理委托鉴定、评估等工作;(5)根据法官的要求,准备与案件审理相关的参考资料,研究案件涉及的相关法律问题;(6)在法官的指导下草拟裁判文书;(7)完成法官交办的其他审判辅助性工作。”第 20 条规定:“书记员在法官的指导下,按照有关规定履行以下职责:(1)负责庭前准备的事务性工作;(2)检查开庭时诉讼参与人的出庭情况,宣布法庭纪律;(3)负责案件审理中的记录工作;(4)整理、装订、归档案卷材料;(5)完成法官交办的其他事务性工作。”

协助完成速裁庭法官大量案件的辅助性工作,速裁庭一般在每名员额法官配置一名书记员的基础上再配置一名法官助理,并将法官助理的工作职责与书记员的职责进行了一定程度的区分,主要处理审判程序性事务。(见表3)

表3 法官助理履职内容

类型	书记员型	书记员兼助理型	法官型	速裁庭型
职责	1. 立卷; 2. 审查诉讼费交纳情况,开具交费通知书; 3. 送达起诉状、传票、证据; 4. 法庭记录; 5. 移转诉讼中的评估、鉴定、审计、保全、管辖等材料; 6. 文书的文字性校对; 7. 送达裁判文书; 8. 案卷的移转; 9. 卷宗整理归档; 10. 撰写调研、信息、论文; 11. 法官交办的其他工作	1. 立卷; 2. 初步审查案件的管辖、当事人信息及诉讼费交纳情况; 3. 送达起诉状、传票、证据,组织庭前调解; 4. 召开庭前会议并记录; 5. 法庭记录; 6. 协助法官调查取证; 7. 处理诉讼中的评估、鉴定、审计、保全、管辖等法庭谈话并移转材料; 8. 起草调解书、裁判文书; 9. 文书的实质性(事实认定、法律适用)核对; 10. 送达裁判文书; 11. 案卷的移转; 12. 案宗整理归档; 13. 撰写调研、信息、论文; 14. 法官交办的其他工作	1. 案件排期; 2. 送达诉状、传票、证据; 3. 召开庭前会议; 4. 调查取证; 5. 处理诉讼中的评估、鉴定、审计、保全、管辖并移送材料; 6. 起草调解书、裁判文书; 7. 文书的实质性校对; 8. 撰写调研、信息、论文; 9. 法官交办的其他工作	1. 庭前筛选案件委托人民调解员庭外调解并与之对接; 2. 庭前证据交换; 3. 协助法官庭外调解; 4. 处理诉讼中的保全; 5. 与法官会商筛选复杂案件移送至后端审判庭; 6. 起草裁判文书; 7. 撰写报表、图片新闻、信息、政工简报; 8. 在书记员缺位的情况下补位,承担书记员的相关工作; 9. 法官交办的其他工作

(四)法官助理管理考核

法官助理的管理考核,影响其能否进入下一个培养阶段。一般来说,分为三种:(见表4)

1. 编制内法官助理

编制内法官助理按照职务等级序列进行等级管理。一般而言,由政治部负责编制法官助理的工作调动与人员管理;审判管理办公室与政治部共同对其进行工作绩效考核;由财务科负责其工资的发放。

2. 聘用制法官助理

聘用制法官助理的管理原则是政治部牵头协调、职能部门各司其职,由用人部门具体管理,实行“谁使用谁管理、谁负责”的部门负责制。人事管理由政治部作为牵头管理部门。

3. 实习制法官助理

对实习法官助理的管理实行院校共管与部门管理相结合的方式。一方面,对实习法官助理采取院校共管的方式进行管理。实习工作期间,由法院进行业务管理和纪律监督,实习助理应遵守法院的工作纪律和审判纪律;实习工作时间外,由高校对实习法官助理进行管理。另一方面,分配到审判业务部门的实习法官助理,由各部门进行直接的业务指导和日常管理。各部门一般指定 1 ~ 2 名资深法官作为实习法官助理的校外导师,在指导实习法官助理开展审判辅助工作的同时,注重对实习法官助理法律素养和实践能力的培养和锻炼。

表 4　法官助理管理考核

分类	管理考核方式
编制内法官助理	按照职务等级序列进行等级管理
聘用制法官助理	实行“谁使用谁管理、谁负责”的部门负责制
实习制法官助理	实行院校共管与部门管理相结合的方式

二、法官助理培养的问题思考

法官助理制度改革与培养的现实状况是密切相关的。传统的法官助理培养机制在发挥作用的同时,尚存在不足之处。

(一)法学教育中实务能力培养的缺位

职前教育的主要职能是使学生具备基本的法学理论和知识,培养朴素的法律思维以及一定的法律实务能力。大部分法官助理都是科班出身,接受了 4 年或更长时间的法律学习,但院校的课程教授主要都停留在法学专业内容的讲授上。法院业务工作具有较强的实践性,审判业务是集理论知识与经验阅历为一体的复杂工作。如果没有针对性的应用型教学,职前教育的效果也会出现折损,导致法官助理在进入法院后感到力不从心。

(二)法官助理培训模式的单一

当前的法官助理培训模式还是侧重于集中授课的方式,以高院召集培训为主,辅之以中院的业务培训。培训内容主要涵盖法律知识、业务知识、政治立场、保密纪律等方面,培训内容变动不大,如中院组织培训的调解技巧、文书写作等内容。法官助理培训对相关知识反复讲授,课程多采用课堂式教学,以灌输理论知识为主,缺乏案例教学和情景式教学,不能调动受训者的积极性和参与性。同时,"大杂烩"式的培训模式,没有按照不同层级、不同专业的法官助理需求开展培训工作,无法有针对性地培养法官助理。在实务能力培养方面,一方面,主要依赖于自我尝试,法官助理还没有一种全面具体的职业技能教程来解答对于"法官助理是什么""法官助理要做什么""法官助理如何做"这些基本问题的疑惑,这些问题需要法官助理在自我摸索和尝试中逐步得到解答。而法官助理的大部分精力用在处理送达、保全、接待当事人等工作上,长期从事大量重复性劳动,使自身游离于案件之外。另一方面,传统的师徒式培养模式对法官助理职业能力提升的作用在不断衰减。师徒式培养模式效用的发挥以师傅与徒弟的日常紧密工作联系为基础,而目前法官与法官助理的工作紧密程度远不如彼时的法官与书记员,二者能够同时处理同一事务的机会大大减少。较为通常的情况是法官负责开庭,法官助理独立处理其他事务,物理空间以及时间上的距离使法官助理向法官学习的机会减少,师徒制所能发挥的作用大打折扣。

(三)对法官助理评价的简单化

目前,法官助理的业绩评价面临以下几个问题:一是如何科学设计评价方法与评价指标,确保评价结果全面客观地反映法官助理的工作成果。由于法官助理承担的审判辅助性事务十分繁杂,很多工作难以具体量化,在有些情况下,同一项职责在不同案件中所体现的劳动量可能也不一样,因此,即便对照法官助理的岗位职责制作出量化清单,并在每个案件中一一填写,也未必能全面反映法官助理的工作量,未必能体现法官助理的工作强度和努力程度。二是如何将法官助理的业绩评价与人才培养有机结合,充分发挥评价的导向作用。实践中,对法官助理的业绩评价往往被理解为一种管理手段,存在重历史表现轻发展潜力的问题,这种忽视人才培养导向作用的评价倾向,很容易造成评价的短视化、机械化、简单化,使评价制度自身失去应有的张力并不可避免地走向僵硬化。三是如何有效利用评价结果。评价结果的运用一般分为两类:一类是分项即时利用,即对个别评价指标的即时分析利用;另一类是综合长期利用,一般是为评先评优、选送培训、晋职晋级等提供参考依据。实践中,对法官助理业绩评价结果的综合长期利用不太理想,比如选送培训等方面,在法官助理培养过程中,大多不会按照业绩评价结果所体现的个人"弱项"安排调整。

(四)与法官养成规律的错位

在本轮司法改革中,法官助理的定位是审判辅助人员,法官助理的职责以及法官助理应当具备何种知识、能力、素质都建立在这一认识之上。但是,这种认识存在一定缺陷,因为它是在一个封闭的制度空间内孤立地讨论制度本身所得出的结论,这一认识未能将法官助理制度置身于司法改革全局来对接、融入、借力,只"谋一域"而未"谋全局"。在司法改革的一项子系统内展开的讨论并不能窥探法官助理培养目标的全貌,对司法改革整体效能的提升也少有裨益。本轮司法改革的实践显示,法官助理不仅是为审判工作服务,同时还是职业法官队伍的培养皿和蓄水池,如果将法官助理制度与员额法官的养成、司法人才的培养储备等目标联系起来,法官助理具备完成审判辅助性事务的能力只是实现了阶段性目标。在当下法官助理仍是基层法院员额法官主要来源的背景之下,这种阶段性目标显然不能作为法官助理培养的长远目标。法官助理审判辅助功能的积淀,并不对其培养具有当然的正效应,法官助理在长期大量的重复性劳动中,始终无法跨越"辅助事务"与"核心事务"的鸿沟而由量变实现质变,有可能会陷入"有资历而无能力"的尴尬处境。而因缺少实践场域,从承担非判断性辅助事务的法官助理直接选任为履行判断性核心职权的员额法官,实际飞跃了低判断事务阶段,而直接达到了高判断事务阶段,[1]这不符合法官养成规律。

---

〔1〕 参见高翔:《"程序养成型"基层法官养成机制的构建——以候补法官中国化的渐进改革为切入点》,载《法院改革与民商事审判问题研究——全国法院第 29 届学术讨论会获奖论文集(上)》,人民法院出版社 2018 年版,第 148 页。

(五)与法官助理职业发展路径的冲突

法官助理作为从事法律辅助性事务的核心储备力量,必将成为独立的工作种类,成为朝着职业化方向发展的职业类型之一。但在法院人员分类管理改革中,法官员额制改革基本完成,书记员单独序列改革已经比较成熟,而法官助理制度的改革,远滞后于法官和书记员的管理改革。对于编制内法官助理,虽然在司法改革中逐步确立了从法官助理中遴选法官的制度,但仍然面临着如果长期未能入额或者不能入额,就不存在可持续的职业发展空间,以及不同级别法院的法官助理的入额机会和发展路径是否有所区别等问题。根据规定,原则上初任法官一律到基层法院任职。那么符合条件的中级人民法院、高级人民法院、最高人民法院的法官助理,原则上必须与基层法院竞争相应的岗位。但是,一方面,中级以上法院的法官助理考虑职业发展、家庭等因素,不愿意从大城市进入中小城市,或者从市区到郊县的基层法院。另一方面,中级以上法院的法官助理的培养也不一定符合基层法院初任法官的要求。这就造成中级以上法院的法官助理面临两种选择:一种是到基层法院担任初任法官,但可能因能力素质培养未达到基层法院法官的要求而适应困难;另一种是选择在上级法院一直担任法官助理。但这部分法官助理的资历可能明显老于初任法官,如何安排他们的工作,如何调动他们的工作热情,这一系列问题如果不能得到有效解决,法官助理制度的忧患必然转换为现实。[1]

群体中的每个人之间都会产生生理和心理上的差异,在自身的发展中具有不均衡性,法官助理也不例外。为了尊重法官助理之间的差异性,需要对法官助理进行分层培养,确保培养与各层次法官助理的实际情况相适应,并不断地向更高层次发展。

三、法官助理分层培养的多重考量

法官助理的分层培养是一个长期、持久和系统的工程,既关系到法官助理能否胜任审判辅助工作,为法官分担办案压力,使法官更专注地投入到审判中

〔1〕 参见张太洲:《现行与展望:我国法官助理制度完善机制研究》,载《海峡法学》2016 年第 2 期。

去,又关系到法官助理在入额前能否通过法官助理这一岗位得到锻炼,熟悉并掌握审判业务、积累实务经验,为法官后备军输送年轻血液。今后,法官助理分层培养的重点主要在中、基层法院,并需要考量以下几个方面的因素。

(一)因人而异:以人为主体进行分层

传统的培养把被培养者个体视为不变的常量,作为群体中的个体,他们被允许使用的培养时间,被提供的培养方法、步骤、条件没有个体间的差异,对于个体来说它们作为常量存在。但实际上这三者都是可变的,把它们无一例外地作为常量处理,最终只能使实际达到的培养目标成为一个变量。而根据培养的要求,培养目标应作为一个不变的量成为衡量培养成功与否的依据。因此传统的培养模式忽略了作为变量的被培养者个体,也就使培养对于一部分被培养者来说呈失效状态。[1] 为了避免这样的情况发生,法官助理分层培养应尊重法官助理的主体地位,构建符合每个法官助理个体特征的培养机制。在法官助理的培养过程中应以人为主体进行分层,根据不同法官助理的培养需求,在促进法官追求个性发展的同时,采用启发式、探究式、参与式的培养方法,让法官助理勤于动手和动脑,逐步培养法官助理搜集和处理法律信息的能力、获取新知识的能力、批判性思维的能力、分析和解决问题的能力、交流与合作的能力等,重在培养创新精神和实践能力,并引导法官助理最终学会合作并找到适合自己的终身培养方法。

(二)因材施教:以培养内容为主体进行分层

分层培养需要以培养内容为主体进行分层,根据法官助理培养的特点和水平,从法官助理的发展层次和能力水平的个体差异,根据不同法官助理对培养内容的不同要求制定培养目标,有针对性地在培训内容上交叉使用同步培养和异步培养,将集体培训、小组培训、个别培训等模式有机结合,开展与他们的特点相适应的培养活动。既培训法官助理作为审判辅助人员应掌握的一般常识,也传授体现法官助理职业特点的司法实务技能;既立足于法官助理不同层次的要求,讲授基本的规范性审判技能,也循序渐进地根据个人特点,进行有针对性

---

〔1〕 参见刘学廷:《高中生物作业动态层次化的实验研究》,南京师范大学 2011 年硕士学位论文,第 3 页。

的培养,包括庭审驾驭能力、审判研究能力等,满足各层次法官助理的培养要求,为法官助理向更高层次发展提供充足条件。同时,不同业务类型的审判团队,因具体职能的不同对法官素质能力的需求也不同,相应地对法官助理的培养程度也不一样。如民事庭的受案数量远远超出行政庭,又如民事、刑事、行政诉讼程序上繁简程度不同,与之相对应的不同诉讼程序的法官助理的工作量也存在较大差别。法官助理的培养需要与团队建设相结合,既要考虑到对法官助理各方面能力的综合培养,也要考虑到法官助理在审判团队中承担任务的层次性。

(三)可进可退:法官助理分层培养的动态化

法官助理分层培养并不是固定不变的。随着培养活动的不断深入,法官助理会逐渐发生一些变化,需要通过动态的观察、分析,定期根据法官助理的表现对各个层次进行动态调整。如果法官助理在目前层次的考评中达到上一层次的目标,则应升入高一级的层次,并对其提出更高层次的培养要求;反之,如果没有达到所在层次的基本要求,则要下降到下一层次,促使所有的法官助理始终处于最有利于自己发展的环境中。我国传统的预备法官培训考核中极少出现被淘汰者,而日本司法研修通过设置三振条款(司法研修考试未通过者,仅再有3次机会)对研修生素质严格把关,每年均有不少不合格者出现。[1]我国虽没有如日本一样设置较高的淘汰率,但也应通过"差额择优"的方式,在法官助理分层培养中进行严格考评,建立法官助理分层培养"可进可退"机制。

(四)关注过程:注重对法官助理考评的全面、实时反馈

在对法官助理进行考评时,不仅要关注其考评结果,更要关注其培养过程。我国传统的法官助理培养路径,是采用司法考试与公务员考试两次考试"定终身"的培养与选拔方式,预备法官培训也只是临时性、应急性的有限培养。法官助理的培养,应贯穿其从司法零经验到成长为精英法官的每一个阶段,是吸收

---

〔1〕「连続して3回まで受験することができ、3回连続で不合格になると、二度と二回试験が受験できません。つまり三振となるわけです。司法试験业界では、三振と言えば新司法试験の三振制度がありますが、2回试験の三振制度もあります」,参见「二回试験三振者が弁护士になるまでの道」。转引自王伟俊、张欣、许佑良、莫进华:《员额法官养成机制的改革路径探析——以法官分段、多元养成为视角》,载《法院改革与民商事审判问题研究——全国法院第29届学术讨论会获奖论文集(上)》,人民法院出版社2018年版,第114~115页。

知识理性与习得实践理性的缓慢过程。因此,法官助理分层培养中的考评,一方面,应当做到实时反馈。传统培养模式的考评侧重于用考评结果来衡量法官助理的培养状况,没有考虑到法官助理之间存在的个体差异性。法官助理分层培养在进行考评时,充分考虑到各个层次阶段法官助理的实际情况,并对处于不同层次的法官助理实时关注并及时进行评价反馈。另一方面,在考评内容上强调多元化,不仅要从法官助理的现有能力水平方面进行评价,而且要将培养过程中法官助理表现出的工作态度、适应能力、思维意识等,以及自主、合作、探究能力等,均作为评价的具体指标,实现法官助理能力素质的全面发展。

四、法官助理分层培养的具体路径

法官助理分层培养,在哪些方面分层?如何分层?本文试图提供一个可行性路径。

(一)法官助理等级分层

法官助理从新招录开始,到最终成长为一名合格的员额法官,需要经过几个等级,是分级培养机制首先需要设计的。可以考虑将法官助理分为初级法官助理、中级法官助理、高级法官助理,每级晋升到上一个等次,都需要都过考核。

1. 初级法官助理

通过公务员招考,新招录法官助理,不论学历、工作经验,统一起点为初级法官助理。初级法官助理阶段的培养,主要是使法官助理尽快熟悉法院情况、熟悉助理工作,并以法官助理身份开始从事审判辅助性工作,包括接待当事人、组织庭前证据交换、调解、调查取证、保全、送达文书等辅助性和程序性事项。该阶段又可称为成长期。

2. 中级法官助理

该阶段的培养,主要是使法官助理向骨干型助理方向发展,使其能在辅助性事务方面独当一面,对于简易案件能独立起草裁判文书、归纳双方争议焦点、判定法律适用,对于疑难复杂案件能帮助法官提供解决思路、查找法律适用等。该阶段又可称为法官助理的成熟期。

3. 高级法官助理

该阶段法官助理开始成长为资深型法官助理,此阶段法官助理的培养,一方面将法官助理培养成为接触审判核心事务的“法官助手”,能独立组织庭前会议,在法官的指导下协助办案并起草裁判文书,向法官提供可供参考的裁判意见,有资格参加合议庭合议案件、专业法官会议等。另一方面,将法官助理培养成为法官之前的“候补法官”,具备独立的学习能力和调查研究能力,能在所学专业领域独立开展研究,时刻为成为一名员额法官做好知识储备和能力培养。

按照此标准将现行编制内法官助理级别理顺后,新招录法官助理将严格按照3个等级逐级晋升。每个阶段的晋升都有其严格的标准,按照“总体有阶梯,个体有差异”的标准,需通过每轮考试考核合格者,才能顺利晋级,避免“到点就转”“集体晋级”“论资排辈”的现象发生。

(二)培养目标分层

在为各层次法官助理确定培养目标时,需要把阶段目标和长期目标都分层考虑。

1. 阶段分层目标

阶段目标是根据法官助理现有的能力水平确定其在经过努力后应当初步达到什么样的水平。

(1)初级法官助理阶段。这个阶段,法官助理刚接触法院工作,对一些基本常识尚不熟知,需要通过2~3个月短期的代行书记员职责,熟悉掌握送达、庭审准备、订卷归档等基础性程序事项。这个过程不要求精通只要求熟悉即可,主要是为后期职业顺利发展打下基础。代行书记员职责期过后,法官助理主要承担司法程序性事务,但由于受资历经验限制,不宜承担草拟裁判文书、主持调解等司法智识性事务,以保证审判辅助质量。

(2)中级法官助理阶段。这个阶段重在培养适用普适性规范的技能和基础性审判技能,在承担司法程序性事务之外,法官助理开始承担司法智识性事务,在员额法官指导下,归纳案件争议焦点、草拟裁判文书、组织庭前证据交换等。这个阶段可安排不同岗位交叉学习,通过多岗位锻炼增强大局观念、政策分析能力、利益平衡能力以及沟通协调能力等综合素养。

(3)高级法官助理阶段。该阶段承担法官养成功能,采取候补法官培养方式,重点培养更为灵活、高阶、全面的审判技能,对审判权限可设定如下:第一类,简易案件。对此类案件可划为候补法官的权限范围。第二类,小额速裁案件。这类案件争议不大、风险可控,可划为候补法官的权限范围。第三类,诉前调解案件和司法确认案件。这类案件以当事人合意为基础,非司法强制力促成,由候补法官处理,可节省后续审判资源。第四类,部分非诉程序案件,主要包括选民资格等特别程序案件、督促程序和公示催告程序案件。该类案件为非争议类案件,较容易办理,如产生争议,可灵活转换为诉讼案件由员额法官处理,故可由候补法官承办。[1]

2. 长期分层目标

长期目标与法官助理的学习能力、习惯等多方面因素有关,需要较长时间才能见效。

(1)低层目标:能领会并掌握法官助理必备的知识和基础技能,能够运用已经培训过的知识和技能,解决一些常规性的问题,培养积极主动学习的习惯。

(2)中层目标:初步形成自己的培养方法和习惯,能够运用已经掌握的方法解决简单案件中的问题,能处理一些新类型案件和疑难复杂案件。

(3)高层目标:具有独立思考能力,善于学习,善于发现问题,善于归纳总结,能够运用已经学过的知识和技能,巧妙、快速地处理新类型案件和疑难复杂案件。

(三)培养内容分层

英国普通诉讼法院首席大法官爱德华·柯克(Edward Kirk)曾说过:“法官要处理的案件动辄涉及臣民的生命、继承、动产或不动产,只有自然理性是不可能处理好的,更需要人工理性。法律是一门艺术,在一个人能够获得对它的认识之前,需要长期的学习和实践。”司法双重理性决定了法官的培养需兼顾知识与实践。精英法官更应是兼具夯实法律功底、精深专业造诣与丰富审判经验、娴熟业务技能的优秀法官。因此,在培养内容上体现为司法实训和实务历练相结合的分层培养。

---

[1] 参见李志增、李冰:《内生型塑造:法官助理三阶式养成路径探析——基于审判辅助事务与初任法官培养模式的契合》,载《中国应用法学》2019年第4期。

1. 司法实训

司法实训主要于初级法官助理阶段开展,衔接理论与实务;实务历练则贯穿于法官助理各阶段。其中,初级和中级法官助理阶段积累审判辅助经验,高级法官助理阶段积累审判经验。

司法实训内容重点在培养精英法官应具备的能力与品质上。主要培养以下能力:(1)分析和解决争端的能力。即能够依照法定程序,从错综复杂的案件事实中梳理出法律上的重要事实,并依据证据认定案件事实,正确适用法律,做出司法判断。(2)资讯搜集与分析能力。应有能力借助现代化手段,系统性地搜集国内外相关的法学理论文献、实务见解和判例资料,与生活经验和社情民意相结合,进行交互辩证、多元思考及反省批判,避免独断偏颇,做出符合社会期待的裁判。(3)沟通表达与写作能力。面对争端,应具有通过恰当的沟通方式,倾听、调查和理解各方诉求,以正确了解案件事实和适用法律的能力,并能以简要精练的文笔制作文书,使之浅显易懂,贴近社会。同时,法官在工作中难免会面对积案压力、人情关说压力和舆情压力,强大的抗压能力和情绪管理能力也必不可少。另外,法官是社会纠纷的裁判者,身处复杂的纠纷旋涡中心,还须具备崇高的职业伦理道德、司法为民的理念,对多元价值的尊重以及对弱势群体的人文关怀。

司法实训应改变传统的以教师为主导的大课堂集中、单向传授方式,建立以法官助理为中心的互动式、体验式与整合式教学方式。如美国学者所说:"学习法律的最佳途径是通过体验式学习将法律教义加以应用并将该过程转化为真实世界语境,这也是法律教育的特质。"[1]我国司法实训可以包括以下方式:(1)案例教学方式。将真实案例呈现给法官助理,由其独立研究案件并提出解决方案,在小组讨论会上提出各自的解决方案,由导师给予点拨。(2)互动教学模式。进行模拟法庭、情景演练,不仅向法官助理提出讨论问题的要求,还要求法官助理扮演案例中不同的角色,并尽量模仿其所扮演角色的态度和行为,以该角色的思路考虑问题。(3)研修讨论方式。参加全国或全省范围内审判精英

---

〔1〕 John Lande, *Reforming Legal Education to Prepare Law Students Optimally for Real-World Practice*, in Journal of Dispute Resolution, 2013, p. 13.

或法务专家所作的研修讨论会,避免因所接触的法官素质有限(特别是在较偏远地区)所造成的思维与视野的局限。如日本新任判事补需依次接受“新任判事补研修”“研修后研究”“判事补任官2年实务研究”,时间从2周到1年不等,形式有演讲、研究会、座谈会等。[1] 又如奥地利司法官职前培训则是“每年举办约340场研讨会、专题讨论会及会议”。[2] 该种研修讨论方式可以贯穿法官助理培养全阶段。司法实训可以采用积分制,法官助理可根据个人特定情况选择不同司法实训方式在培养中所占的比重,完成所需积分即可。

2. 实务历练

关于实务历练方式,可进行分层规划。(1)对于初级法官助理,除接受司法实训外,还应通过短期(如2～3个月)的代行书记员职责,熟悉基础性程序事项处理。(2)之后初级法官助理主要以法官助理身份从事审判辅助性事务工作,重在培养适用普适性规范的技能和基础性审判技能,如在员额法官交办与监督下,审查证据材料、研究案件争议焦点、草拟法律文书等。前两个阶段兼可采轮岗制,在不同的业务部门接触不同的案件类型与个案情况。(3)中级法官助理可根据个人意愿与专长,在特定岗位就某一业务领域进行定岗体验与学习,通过师徒传承的方式习得审判经验。该阶段的培养侧重点应倾向于更为灵活、高阶与全面的审判技能,如调解能力、庭审驾驭能力等。(4)高级法官助理在其培养阶段,应形成独立思考的习惯和独立解决问题的能力。因此,在培训内容中,要有计划、有目的地将法律思维的一些具体方法,诸如推理法、分析法、综合法、比较法、概括法、分类法等,结合有关知识讲授给法官助理。这些方法一旦被法官助理掌握,便会大大加强其思维的科学性,使他们能有效地理解、掌握和运用所学的知识和技能。

(四)考评分层

与法官助理分层培养直接相关联的是考评机制,只有将考评机制与法官助

---

[1] 参见《法曹の继续教育我が国における继续教育の概要(裁判官)》。转引自王伟俊、张欣、许佑良、莫进华:《员额法官养成机制的改革路径探析——以法官分段、多元养成为视角》,载《法院改革与民商事审判问题研究——全国法院第29届学术讨论会获奖论文集(上)》,人民法院出版社2018年版,第110页。

[2] 我国台湾地区“法务部”司法官学院:《司法官养成教育制度之说明》,第59页。

理分层培养结合起来,才能保证制度的公平性。对法官助理的工作实效进行量化考核,实行“正负项”评价。正向评价包括政治立场坚定、勤勉爱岗敬业、业务能力好、贯彻落实执行力强、争先创优意识浓、能够在青年法官助理中起到模范带头作用的个人业绩,一般由法官助理自行填报,审判团队法官、部门负责人、审判管理办公室(研究室)、政治部分别进行审核。负向评价包括在守纪律讲规矩、履职尽责、作风效能、廉洁自律以及秉公办案等方面存在的不足,由政治部通过日常管理、各类通报及抽查等途径采集并认真核实,公示后记入个人成长档案。在考评内容上,注重体现法官助理不同职业发展阶段的差异。对于初级法官助理,可以侧重客观评价,既考核庭审记录、卷宗归档、调解质证、草拟文书等岗位履职情况,又考核案例编写、专题调研等综合业绩,全方面反映法官助理的工作状态和业绩。对于中级、高级法官助理,要逐步增加主观评价的比重,着重评价法官助理协助阅卷、组织调解和质证、发现案件事实、归纳争议焦点、提供法律参考意见方面的正确率和精准度。同时,既要对不同层次法官助理的个体情况进行评价,包括其独立思考能力、独立解决问题能力、开展调查研究能力等,也要对其在审判团队中的总体情况进行评价,包括法官助理的合作力、团结力等。对5年期满的法官助理是否适宜选任法官应当予以总体评价。

结　　语

路漫漫其修远兮。培养法官助理是一个长期的过程,是一个从初级法官助理阶段一步步成长为高级法官助理阶段的培养过程。随着法官专业化程度的不断提升,法官助理分层培养的最终目的是使法官助理运用经验法则和逻辑判断的能力,在多次反复、无限深化的“认识—实践”中不断成长,最终成为一名善思考、能调研、具备不断学习能力,并能独立解决问题的精英法官。

3 企业合规与不起诉

检察机关涉案企业合规试点实证研究

谈　倩[*]　孙宋龙[**]

内容摘要：检察机关开展企业合规改革试点工作是深入贯彻习近平法治思想的生动体现，是检察机关履职创新的职责担当。2020年第一期企业合规改革试点工作以来，各试点单位积极探索，在案件适用范围、案件办理程序以及企业合规监督评估机制等方面取得了明显成效。本文以S市J区检察机关企业合规试点工作为例，分析了检察机关在办理企业合规案件时的履职程序，并对企业合规案件办理的三个阶段内容进行了深入剖析。

关键词：检察机关　企业合规　办案程序

一、企业合规制度的背景

（一）企业合规制度的社会背景

在全球化的背景下，中国企业"走出去"的步伐正在加快，而近年来国际贸易保护主义抬头，给"走出去"的中国企业带来了极大挑战，国家的法律服务功能和司法政策已跟不上企业发展的需要。企业合规在全球范围内逐渐兴起，作为公司治理的重要组成部分，已经成为提升企业核心竞争力、防范市场风险和法律风险的重要手段。特别是2018年中兴公司、华为公司被美国制裁事件曝光后，引起了社会的广泛关注。

（二）企业合规制度的经济背景

国际国内经济下行压力加大，加之新冠肺炎疫情影响，多数企业面临发展

---

* 上海市金山区人民检察院检察长。

** 上海市金山区人民检察院检察官助理。

困境。企业是经济活动的主要参加者、就业机会的主要提供者、技术进步的主要推动者,在经济发展中发挥着十分重要的作用。无论是做好“六稳”“六保”工作,还是推动形成国内大循环为主体、国内国际双循环相互促进的新发展格局,关键都在保企业,要尽量避免“警笛一响、企业遭殃”,以及办一个案件倒闭一个企业的现象。

(三)企业合规制度的制度背景

根据《刑事诉讼法》的相关规定,检察机关的不起诉主要包括法定不起诉、酌定不起诉、证据不足不起诉、附条件不起诉、特定条件不起诉五种。从现有法律规范来看,当前检察机关想要在刑事法律框架内对犯罪企业做出附条件不起诉的制度空间不是很大。具体来说,包括检察建议、不起诉制度在试点过程中也碰到了法律上的障碍。例如,目前附条件不起诉只能限于未成年人犯罪,相对不起诉的对象也限于犯罪情节比较轻微,依法本来就可以不判处刑罚的案件。而对于重大案件能否做合规,涉及社会大众的接受度,以及与罪责刑相适应的传统理念是否会产生冲突等因素的影响。再如考验期限,国外可以设置 3 年、4 年,但是我们国家取保候审案件最长 1 年时间。因此无论是制度空间,还是具体问题上,实务部门都可能遇到困难。

二、企业合规制度的理论基础

(一)传统企业犯罪刑法理论的缺陷

传统企业犯罪治理中的理论存在以下三个方面的问题:

一是对单位与自然人一元化入罪理论的反思。当前单位犯罪入罪架构是建立在单位的主观罪过这一个基础之上的,在犯罪具体构成上参照了自然人犯罪的体系,而并没有为单位犯罪设置独立的犯罪构成体系,这导致实践中存在一种现象,即如果单位中的自然人犯了罪,只要犯罪利益与单位相关,单位就难辞其咎。单位如果没有管理过错,即便其中的自然人构成了犯罪,单位也不必然被追究刑事责任,这是在实体法理论上需要反思的内容。

二是对犯罪体系中法律错误理论的反思。这里的错误认识包括事实错误和法律错误两种。关于事实错误,需要区分单位的事实认识错误和违法性认识错误怎么界定；对于法律错误，需要对以往实践中基于“知法推定”而得出的“不知法不赦免”这一结论进行反思。

三是对主观故意中的意志因素认定的反思。如果一个企业已经具有合规制度，并且在运行当中按照合规制度的要求运行，只是某一个行为偶然违背了企业已经建立的合规制度，这种情况下，即便直接负责的主管人员和直接责任人员犯了罪，单位的合规制度能否成为否定单位犯罪意志的要素，也是值得我们探讨的。合规制度不应当只体现为程序法上的不起诉、暂缓起诉，或是给予一定的从宽处理，更应当在实体法层面寻找其理论依据。

（二）企业合规制度的检察价值

2020 年 3 月最高人民检察院在上海市浦东新区、金山区，江苏省张家港市，山东省郯城市，广东省深圳市南山区、宝安区 6 家基层检察院启动了“企业犯罪相对不诉适用机制改革”试点。各试点单位积极探索，先后出台了一些规范性文件，办理了一批涉企业犯罪附条件不起诉的试点案件。这里的“附条件”主要是指犯罪企业自愿做出合规承诺、制订合规计划，并接受第三方对合规计划执行过程和效果的监督考察、评估。从某种意义上来说，“附条件”就是“企业合规”。在检察话语体系下，企业合规制度的价值主要体现在以下三方面：

一是企业合规是司法理念的更新变革。在以往实践中，检察官往往就办案而办案，存在“重打击、轻保护”“重法律效果、轻社会效果”的错误理念。检察官要适应刑事案件结构变化的实际，树牢少捕慎诉的办案理念，最大限度地减少社会对立面，厚植党的执政根基。理念是行动的先导，我们要与时俱进更新司法理念，转变履职方式，针对涉企刑事案件要更有效地指引，做好服务企业的工作。

二是企业合规是服务大局的担当作为。企业合规试点工作尚处于摸索阶段，难免会遇到法律供给不足，没有本土经验可供借鉴的困难。企业合规方案必须立足当前经济社会发展的需要，充分考虑涉案企业经营需求，做到原则性和灵活性有机统一。既要坚守法治的底线，也要勇于担当；要创新工作方式，善于作为，探索出一条符合中国本土司法实践的企业合规方案。

三是企业合规是综合治理的制度运用。把刑事处罚和行政处罚衔接起来，发挥检察机关和行政执法机关合力，促进企业践行合规承诺。企业完成合规建设，经评估合格后，检察机关对可以不做犯罪处理但在经济上、行政上需要追责的,可以根据《人民检察院刑事诉讼规则》的规定,向有关主管部门提出检察意见。对于那些不能严格执行合规计划的,出现再次犯罪的,要从严追责,形成威慑力。对于国企、上市公司和民企的合规建设,在从宽政策上要有区分,精准施策,不能“一刀切”。要将企业合规与认罪认罚从宽、刑事和解程序、检察建议制度等相结合,充分运用现有法律制度规定,综合治理企业在经营中存在的法律风险。

三、第一期企业合规改革试点工作的实证分析

(一)第一期企业合规改革各试点单位情况分析

上海市浦东新区、金山区,江苏省张家港市,山东省郯城市,广东省深圳市南山区、宝安区 6 家基层检察院实施“企业犯罪相对不诉适用机制改革”试点工作以来,各单位积极探索,在第一阶段都取得了阶段性成果。以下对各单位第一阶段试点情况进行简要分析:

一是试点模式分析。除山东郯城方案是基于认罪认罚从宽框架内的相对不起诉模式外,其他试点单位都是基于企业合规的附条件不起诉或相对不起诉模式。其中,深圳宝安模式直接使用的附条件不起诉决定方式;上海浦东、江苏张家港虽然名义上使用相对不起诉模式,但在行文中使用的却是附条件不起诉协议或决定的方式;上海金山虽然未使用附条件不起诉方式,但本质还是附条件不起诉;深圳南山的做法相对比较保守,强调在现有法律法规和司法解释规定范围内推进试点工作。

二是适用范围分析。从企业类型来看,各试点单位均作出了规定,其中深圳宝安、山东郯城明确规定适用各种所有制企业;上海金山方案中强调不包括合伙企业、个人独资企业,理由是其不属于单位犯罪范畴。从适用罪名来看,深圳南山认为刑事合规应适用《刑法》分则第三章、第八章罪名;江苏张家港认为刑事合规应适用《刑法》分则第三章、第六章、第八章罪名;山东郯城认为刑事合规应限制在破坏社会主义市场经济秩序罪、侵犯财产罪、贪污贿赂罪、妨害社会管理秩序罪;而目前上海金山区检察院的意见是,对适用罪名不宜做限制。从适用条件来看,基本上包括事实清楚、证据充分,认罪认罚,有合规可能和补救挽损可能。上海浦东、金山,深圳宝安,山东郯城和江苏张家港都规定了排除适

用情形，主要包括遗漏犯罪事实、对指控有异议、再犯累犯、涉黑涉恶等。从适用刑罚来看，深圳宝安、山东郯城、上海金山规定要求3年有期徒刑以下；江苏张家港对于提起公诉可能引发企业重大风险的案件，适用范围拓展到了有期徒刑3年以上10年以下。

三是程序机制分析。企业合规程序机制的相同点包括：均要求签订相关协议；均要求开展社会调查；在做出不起诉决定前，均要求开展听证；均要求做出合规承诺，制订合规计划；均设定合规考察期。而企业合规程序机制的不同点包括：(1)深圳宝安在程序中引入独立监控人机制。独立监控人受犯罪企业委托，对企业合规情况开展调查、监督，对独立监控人的资质条件、选聘与协商、独立监控协议、监控职责、人员变更以及形式合规调查做出了细化规定。(2)深圳南山设立专职企业合规监管检察官，协助配合承办案件对涉罪企业案件的启动审查、协议签订、监督考察等全部程序环节，并独立做好后续跟进工作。检察官定期对犯罪企业合规计划的执行情况进行监督考察。(3)江苏张家港建立公共利益影响评估制度，全面分析和评估提起公诉对公共利益可能产生的影响，将企业合规纳入人民监督员监督事项，邀请其参加公开听证和评估全过程。(4)山东郯城成立专业化办案团队，对犯罪企业的经济影响进行评估，对不起诉必要性进行审查，其程序机制涉及风险防控、犯罪企业社会责任履行、与非刑罚措施的衔接等。

(二)S市J区检察机关“企业合规试点”案件办理程序分析

1. 试点案件情况分析

【案件基本情况】2015年至2018年，犯罪企业负责人姜某在经营R公司、S公司过程中，在无实际交易的情况下，以支付开票费的方式，让任怡实业(上海)有限公司为自己实际经营的上述两家公司虚开增值税专用发票，数额较大，且均已申报抵扣。2020年7月13日，犯罪企业负责人被公安机关取保候审。2020年7月21日，涉案犯罪企业向税务机关补缴全部税款及相应滞纳金。2020年11月27日，上海市金山区人民检察院决定对犯罪企业R公司、S公司进行企业合规考察，后经公开听证，确认涉案企业均已按期完成合规整改。

2. 检察履职过程

检察机关在办理该试点案件中，实施了以下几项工作：

第一,调查核实,多维立体评估企业合规必要性与可行性。在案件办理过程中,检察机关了解到 R 公司、S 公司主要从事汽车类高科技软件开发应用,经常对接日本、德国等国际先进技术团队开展合作,而国外企业对合作方的合规状况审查较严,受过刑事处理的企业很难获得合作机会,技术交流的封锁极易造成公司经营困难。而两家公司自注册成立以来经营状况一向良好,如果继续保持稳定发展态势,未来在附加现代服务、总体利税等方面会有较大提升,对地方经济发展和增进就业也会有所助益。此外,考虑到新冠肺炎疫情影响,民营企业为了维持生存,不得不付出更高的运营成本,如果公司因刑事处罚致使经营陷入困境,很可能会出现降薪、裁员甚至倒闭的局面。因此,引导民营企业积极开展企业合规建设,对确有成效的予以从轻处罚,在当前稳企业、保就业、促发展的大形势下确有必要。

检察机关多管齐下,全面考察 R 公司、S 公司开展企业合规建设的可能性:一是通过上海市大数据中心及"信用上海"数据平台,对涉案公司的经营信息进行初步了解,获知 R 公司 2019 年获授高新技术企业称号,现拥有 15 份计算机软件著作权登记证书、3 项发明专利已通过形式审查,向政府、多家事业单位及大型企业提供技术服务;二是列明清单要求涉案公司提供近 5 年财务审计报告及纳税记录,近两年经营合同等材料,了解到公司近几年营业收入较好,账面现金流充足,足以支撑合规构建所需费用;三是分别向企业所在地人民政府、税务局、市场监管局查询了解,获知 R、S 两家公司此前纳税正常,均无违法经营处罚记录;四是实地走访调查,查明公司员工中研究生、本科学历占比达 75%,人员素质较高,对合规管理的接受度高、执行力强。2020 年 11 月 27 日,上海市金山区人民检察院决定对 R 公司、S 公司进行企业合规考察。

第二,分开处理,区分单位和自然人刑事责任。本案被告人姜某作为涉案两家公司的实际经营人,让他人为自己公司虚开增值税专用发票,且系数额较大,法定刑为 3 年以上 10 年以下有期徒刑。姜某虽有自首及补缴税款的从轻处罚情节,但其作为一名具有较高学历的经营者,为了降低企业经营成本而实施虚开行为,时间长达近 3 年,体现出了一定的社会危险性,也具有刑事处罚必要性。因此,检察机关对被告人姜某以单位犯罪直接负责的主管人员提起公诉,对涉案 R 公司、S 公司决定开展企业合规建设,依据合规制度建立和实施情况最终做出起诉与否的决定。

第三，繁简分流，选择适宜合规方案。上海市金山区人民检察院在探索助力企业合规制度构建过程中，根据企业性质、经营规模、合规难易程度和必要性等内容，设置繁简程度有所差异的合规程序。对经营规模较大、制度完善的空间和需求大的涉案企业，严格按照区院制定的标准化实施样板开展合规审查；对以本案 R 公司、S 公司为代表的小微企业，基于合规成本和可行性考量，实行简化版的合规程序，以制发检察建议的形式提出刑事合规的要求，根据企业整改表现做出相应处理决定。

第四，对症下药，检察建议助推合规构建。检察机关结合前期调查内容，于 2020 年 12 月 18 日分别向 R 公司、S 公司制发检察建议。指出本案暴露出公司管理层法律风险防控意识不强，辨识法律风险的敏锐度不够；日常经营缺乏有效的合规经营管理体系，既没有专职法务及财务人员，与税务管理相关的资金流动、采购付款、合同管理等业务流程，也没有完整的规章制度；税收筹划和成本控制能力较弱，导致成本控制压力完全落到财务管理层面，最终选择通过虚开的方式保障企业利润。据此，检察机关建议涉案企业：一是加强学习，切实提高守法经营的重要性认识。通过购买法律服务等方法，学习了解企业经营过程中的高发犯罪风险，将依法治企纳入公司经营重点内容。二是加快构建，有效制订、落实合规计划。应当根据自身发展特点和主营业务类型，制订符合实际的合规计划，有效实现风险管理。三是加强交流，畅通与当地税务机关的沟通联系。通过及时获取最新税法规定及涉税政策变化，更准确地进行涉税处理，有效降低税务风险。四是加快创新，着力建设公司合规文化。通过日常管理、团队建设、业务培训、入职谈话等多种形式潜移默化地塑造良好合规文化氛围。

通过检察建议宣告送达，检察机关督促涉案公司在规定期限内依照建议内容查漏补缺，建立健全企业合规制度，并告知会根据公司的合规建设考核评估状况做出最终刑事处理决定。

第五，回访考察，切实了解涉案企业合规建设情况。检察建议制发后，涉案 R 公司、S 公司均在规定期限内书面复函。检察机关上门考察，审查了相关合规材料，确认两家公司已按照检察建议内容开展了相关整改工作：一是开展了涉税法律知识培训，先后向法律事务所、财务公司及注册地所在经济城咨询、学习企业经营相关税务知识政策;二是根据公司的业务模式和经营重点建立了相应财务、销售及工程项目管理流程,初步形成了公司内控管理制度及规范文档,同时专职财务人员已经到岗,有效健全了公司的管理体系;三是开发了公司数据管理系统,目前已完成日常应用和核心功能模块开发,未来将通过该系统开展经营管理,减少人为干预带来的管理偏差。此外,在走访过程中,涉案公司负责人还表示,已经深刻吸取了此次教训,切实感受到了合规经营的必要性,对所承担的社会责任有了更真切的认识。作为研发型企业,R公司以此次合规建设为契机,主动开展了ISO 9001标准体系咨询认证,并向上海市慈善基金会"蓝天下的至爱"项目进行了捐款。

第六,公开听证,第三方参与彰显司法公开。2021年2月3日,检察机关组织召开公开听证,对R公司、S公司企业合规建设进展及成果进行验收评估,并邀请区城管局、工商联、区内部分企业负责人及主管人员作为听证员到场。听证会上,涉案公司实际经营人姜某分别介绍了两家公司企业合规制度的建设情况。经评估,检察机关认为R公司、S公司均已制定了较为完善的企业合规制度并遵照执行,有效降低了再犯可能性。实际经营人姜某在公司合规建设过程中积极主动作为,认真落实检察建议相关内容,具有较强悔罪表现。据此,检察机关拟对R公司、S公司相对不起诉,对被告人姜某进行量刑减让,由原先提起公诉时建议的有期徒刑3年降为有期徒刑2年。各听证员均同意检察机关上述拟处理意见。

第七,司法激励,依法对涉案企业及负责人从轻处罚。2021年2月5日,检察机关对被告人姜某调低量刑建议为有期徒刑2年,缓刑2年,双方重新签署《认罪认罚具结书》,随后又对R公司、S公司进行相对不起诉公开宣告,向两家公司送达不起诉决定书。涉案公司表示在接下来的经营过程中会进一步加强公司法律法规培训,牢固树立合规经营理念,丰富完善企业合规文化,继续积极回馈社会。同日,上海市金山区人民法院对被告人姜某作出一审宣判,判决刑期与检察机关调整后量刑建议一致。

第八,行刑衔接,有效落实涉税案件不起诉后的行政处罚介入。宣告不起诉后,检察机关向涉案公司所在地税务机关制发了检察意见书,通报了涉案公司虚开增值税专用发票的基本案情及不起诉决定,建议由税务机关对涉案公司给予行政处罚，以确保对涉案公司的监管处罚不缺位。

第九，加强跟踪，持续关注涉案公司企业合规建设落实情况。检察机关要求涉案R公司、S公司根据拟定的合规制度建设计划制定项目进度表，定期向检察机关书面反馈工作进程，并计划在不起诉公开宣告一个月后进行实地考察，以确保涉案公司切实遵照承诺开展合规经营。

（三）S市J区企业合规试点刑事案件工作流程图

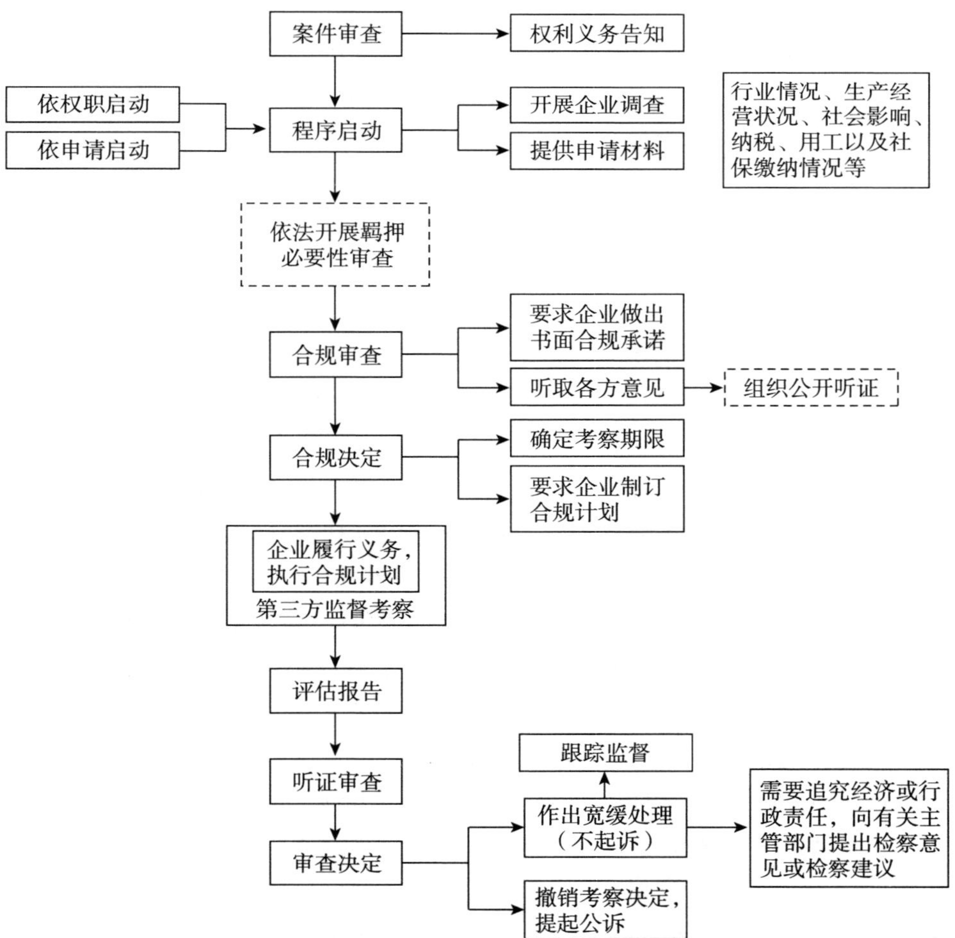

图1 金山区检察院企业合规工作流程

四、企业合规改革试点案件办理的程序设计

(一)企业合规制度的指导原则

一是坚持“厚爱”与“严管”相结合。最高人民检察院检察长张军在两会报告中提出,检察机关对民营企业负责人涉经营类犯罪,依法能不捕的不捕、能不诉的不诉、能不判实刑的提出适用缓刑的量刑建议。同时指出,要探索涉案企业合规管理,促进“严管”制度化,不让“厚爱”被滥用。检察机关的这项工作得到了全国人大代表、全国政协委员的充分肯定。企业合规并不是放任犯罪,也不是不诉了之,检察机关要充分发挥主导功能,切实地把企业合规“管起来”。检察机关做出附条件不起诉决定后,认为需要给予被不起诉单位行政处罚的,应当向有关主管部门提出检察意见。各司其职,发挥检察机关和行政执法机关合力,以检察建议引导企业落实合规整改的形式体现“厚爱”,以检察意见推动行政处罚衔接的形式促进“严管”,向涉案企业及全社会释放明确信号——不起诉不等于犯罪毫无代价。有效实现追究责任与维护企业正常生产经营的有机统一。

二是坚持平等适用与区分对待相结合。企业合规制度的平等适用,主要是指适用对象上的平等,无论犯罪企业规模的大小、犯罪企业性质是国有企业还是民营企业,只要其有合规意愿,制订合规计划,依法执行合规计划,并评估合格,均可以适用附条件不起诉制度。但在平等适用的基础上,应当坚持区分对待。比如,对国有企业、上市公司的主管人员犯罪的,该追诉的应当依法从严追诉;对于民企,要落实习近平总书记的重要指示精神,落实平等保护政策,既要追究责任,又要尽可能地不影响其正常经营,坚持能不捕的不捕、能不诉的不诉,进行严格、可检查落实的合规管理。在履职方式上,要坚持“范式合规”与“简式合规”的区分运用。对于规模小、问题少,且犯罪行为轻微,危害不大的企业,有合规管理必要的,可以尽可能地适用“简式合规”程序,减轻企业负担。

三是刑事法律评价与综合治理相结合。企业合规是企业犯罪行为的刑事司法评价,不起诉并不意味着没有犯罪事实。不起诉类型既包括《刑事诉讼法》第 175 条第 4 款规定的不起诉,也包括第 177 条第 1 款、第 2 款规定的不起诉,还包括第 182 条规定的不起诉。除了《刑事诉讼法》第 177 条第 1 款外,其他不

起诉情况的前提是企业实施了犯罪行为,触犯了刑法。不起诉也是一种否定性的法律评价。企业的综合治理体现在综合制度的运用,既是"严管"也是预防再次犯罪。如对附条件不起诉后,需要承担经济或行政责任的,要向其主管部门提出检察意见,行刑衔接,发挥检察机关和行政执法机关合力,不枉不纵;与认罪认罚从宽制度,检察建议制度等现有规范有机结合起来,精准施策,督促涉案企业做出合规承诺并积极整改落实,促进企业合规守法经营,减少和预防企业犯罪,实现司法办案政治效果、法律效果和社会效果的有机统一。

(二)第一期企业合规改革试点案件的适用范围

S市J区企业合规改革试点案件的适用范围采用了概括+排除的立法模式,即包括符合条件适用和排除适用两种情形。

符合条件适用情形包括两类:第一类是对于犯罪嫌疑人可能被判处3年有期徒刑以下刑罚的企业犯罪案件,情节较轻,且同时符合条件的,可以对企业开展合规监督考察,经考察合格,可以对犯罪嫌疑企业、犯罪嫌疑人做出宽缓处理。(1)犯罪事实清楚,证据确实、充分;(2)自愿认罪认罚;(3)企业能够维持正常经营,具备建立健全合规管理的意愿和条件;(4)已经或承诺采取退赃、赔偿损失、补缴税款、修复环境等措施。第二类是对于犯罪嫌疑人可能被判处3年以上10年以下有期徒刑的单位犯罪案件,同时符合第一类第(1)至(4)项规定的条件,且对犯罪嫌疑企业做出宽缓处理具有更好政治效果、法律效果和社会效果的,经合规监督考察合格,也可以对犯罪嫌疑企业做出宽缓处理,但对犯罪嫌疑人一般应当提起公诉。

排除适用情形中具有以下情形之一的,不适用开展合规监督考察:(1)犯罪行为给国家或者集体造成重大经济损失或者有恶劣社会影响的;(2)曾因同一性质行为受过刑事处罚或者较重行政处罚的;(3)涉黑涉恶案件;(4)其他不应当做出宽缓处理的。

(三)企业合规案件办理的程序内容

企业合规的程序内容归纳起来主要有以下几个方面:

第一,企业合规的前端启动程序。所谓的前端程序是指,检察机关在做出企业合规审查决定前,企业、检察机关或其他组织为实施企业合规制度开展的活动,主要是对企业合规必要性和可能性开展审查,涉及其资格条件和能力条件,这是后续企业合规建设和整改落实有效性的重要前提。具体包括受案时的权利义务告知、企业合规监督考察的初评、企业合规程序的社会调查报告、强制措施的变更、企业的合规承诺以及听取相关人员的意见等。

第二,企业合规的中端建设程序。中端程序是企业合规制度的核心,其主要包括企业合规计划的内容、企业合规计划的执行、企业合规计划的监督考察三部分。这是企业合规制度的主体部分,也是最复杂的部分,这里面既有“静态性”的合规计划,也有“动态性”的合规计划有效执行,还有如何防范“纸面合规”问题;既有“自治性”的合规建设,也有“规制性”的合规监管,还需要厘清企业内部治理和经营自主权与外部合规监管的边界问题。

第三,企业合规的末端评价程序。监督考察期届满,检察机关在第三方监管人的协助下,对犯罪企业的合规建设情况进行评估,由第三方监管人出具评估报告。此评估报告是连接中端建设程序和末端评价程序的桥梁和纽带。检察机关在做出决定前,应当举行公开听证会,召集涉案企业、侦查机关、考察机关或合规监管人、被害人、社会公益组织等各方参与,听取涉案企业的监督考察评估报告,听取涉案企业的陈述,听取各方意见。检察机关案件承办检察官根据监督考察评估报告以及公开听证会的情况制作审查报告,提出案件处理意见,报检察长做出决定。对于做出宽缓处理后,需要跟进监督的,应当制订跟踪回访计划。

企业合规第三方监管机制实践问题研究*

江苏省张家港市人民检察院课题组**

内容摘要:2021 年 6 月 3 日,最高人民检察院等九部门发布了《关于建立涉案企业合规第三方监督评估机制的指导意见(试行)》(以下简称《指导意见》),从国家层面建立了涉案企业合规第三方监督评估机制。《指导意见》对第三方机制的适用对象、适用条件、相关主体的组成和职责、第三方机制的启动和运行程序均作了具体规定,为开展第三方监管提供了明确指引。第三方监管制度源于美国,我国企业合规探索尚处于起步阶段。张家港市人民检察院作为全国首批合规改革试点单位,在企业合规监管方面进行了积极探索。本文在比较国内外合规监管制度的基础上,总结张家港市人民检察院的做法经验,梳理探索中的难点焦点,并以问题为导向提出完善举措,以期为完善企业合规监管机制提供有益参考。

关键词:企业合规　第三方监管机制　第三方监管人　监督考察

企业合规从宽制度,是指检察机关对符合条件的企业犯罪案件,督促涉案企业做出合规承诺并对企业进行合规监督考察,考察期满经评估合格的,检察机关对涉案企业、人员依法从宽处理的制度。企业合规制度有效运行的核心环

---

* 本文系最高人民检察院 2021 年度应用理论研究课题“涉案企业合规建立第三方监管机制实践与问题研究”的研究成果。

** 课题组负责人:邓根保,江苏省张家港市人民检察院党组书记,检察长;丁胜明,西南政法大学法学院副教授,法学博士。课题组成员:丁建勤,江苏省张家港市人民检察院党组副书记、副检察长;吴晓敏,江苏省张家港市人民检察院党组成员、副检察长;郑莉、张秀娟,江苏省张家港市人民检察院第四检察部副主任;杨扬琴,江苏省张家港市人民检察院第四检察部检察官;钱丽,江苏省张家港市人民检察院第四检察部主任助理。

节是合规监督考察。《指导意见》规定检察机关在办理涉企犯罪案件时,对符合企业合规改革试点适用条件的,交由第三方组织对涉案企业的合规承诺进行调查、评估、监督和考察,考察结果作为检察机关依法处理案件的重要参考。建立第三方监管机制的根本目的在于协助企业开展合规建设,促进企业合规经营,从而减少和预防犯罪,实现国家治理体系和治理能力的现代化。

一、企业合规第三方监管机制的发展脉络

(一)域外经验

当代刑事监管人制度源于美国。2008年开始,美国历任司法部官员发表了关于刑事监管人制度的备忘录,对监管人的选择、监管人的资质、监管人的利益冲突规则、监管人的工作范围、监管人的汇报机制、监管人的报酬、监管人最终的建议等方面的内容作出了规定。备忘录是司法部的政策性文件,并不断进行修改完善,修正实践运用中出现的问题。[1]美国的刑事监管人制度较为成熟,可以作为我们制度设计的重要参考。

在监管人的选择方面,司法部负责和公司就聘用监管人需达成协议,考虑监管人与监管任务的专业匹配度;不具有现实或潜在的利益冲突,要求监管人与公司及公司人员不存在利益关系,要求公司承诺监管期结束后,两年内不得雇用监管人等其他利益关系;关于监管人的职责范围应当根据具体案件情况确定,一般为评估公司合规体系;关于监管期限,应根据个案考虑违规行为严重程度、违规行为历史、公司性质、规模等因素;监管人的报酬由公司依据市场规律支付。

(二)国内探索

企业合规试点以来,部分检察机关探索了合规第三方监管机制,关于第三方监督考察模式主要有四种:一是检察主导模式。党委、政府成立专门的合规监管委员会,由检察院牵头,以司法局、工商联等为成员单位,遴选律师事务所、

〔1〕 参见[日]川崎友巳:《合规管理制度的产生与发展》,李世阳译,载李本灿等编译:《合规与刑法》,中国政法大学出版社2018年版。

会计师事务所以及行政机关业务骨干，组建专门的合规监管人队伍，联合监督考察，如张家港市检察院提请市委、市政府两办成立合规监管委员会、组建合规监管人队伍。二是检察委托模式。即委托专业第三方如律师事务所、会计师事务所，对企业进行考察评估，如南京市建邺区检察院的合规制度。三是检行联合模式。即检察机关根据案件所涉领域，联合行政部门如环保局、应急管理局等共同负责监督考察工作，如辽宁省人民检察院联合10家行政机关制定了《关于建立涉罪企业合规考察制度的意见》。四是独立监控模式。深圳市宝安区人民检察院在全国首创了“企业刑事合规独立监控人”制度，区别于上述几种模式的突出特点是独立监控人是受犯罪嫌疑企业委托，对企业刑事合规情况进行调查、规划、监督的律师事务所，类似美国的刑事监管人制度。

目前，关于第三方监管机制还面临诸多问题，涉及第三方监管人的构成、资质要求、工作职责、报酬来源、如何保证合规第三方监管的公正性等，需要在实践中进一步完善解决。

二、企业合规第三方监管机制实证研究

江苏省张家港市检察院自2020年3月被最高人民检察院确定为合规改革试点单位以来，坚持大胆探索但依法审慎、检察主导但不主办的原则，积极探索第三方监管机制，主要做法如下：

（一）成立合规监管委员会，为第三方监管机制运行提供组织保障

张家港市检察院主动向市委、市政府汇报，提请市委、市政府联合印发《关于推进企业合规建设工作的意见（试行）》，成立由市检察院牵头的合规监管委员会，统筹推进全市企业合规建设。成员包括法院、公安、司法、市场监管、工商联、各区镇等32家单位。合规监管委员会按照依法公正、平等自愿、科学高效的原则，具体承担制定企业合规建设工作指引、组建管理合规监管专业人员队伍、开展合规有效性审查等职能。

（二）制定配套规范性文件，为第三方监督评估机制运行提供制度保障

第三方监督评估工作政策性强、专业要求高，需要系列制度作为保障。张家港市合规监管委员会制定了《合规监管委员会工作章程》《合规监管人遴选管

理办法(试行)》《企业合规改革试点工作实施细则》等7个配套文件和8种文书,促进合规试点工作及第三方监管机制的有效运行。例如,《合规监管人遴选管理办法(试行)》明确了合规监管人的权利、义务以及回避制度,借鉴国外防止利益冲突的规定,强调合规监管人曾经参与过涉案企业合规建设的,一年内不得再受托成为该企业的法律顾问;规定了合规监管人免除资格七种情形,包括选任中弄虚作假、受到处罚或处分、考核不合格、违反回避制度等,为监管人的管理提供了制度依据。再如,《合规有效审查工作办法(试行)》《合规有效性审查专项参考指标》《合规有效性审查工作流程》明确了合规有效性审查、评估的程序、方法和参考标准,为合规监管人进行考察评估提供了依据和参考。

(三)选任合规监管人并进行培训,为第三方监督评估提供人才储备

一是组建队伍。张家港市合规监管委员会负责组建合规监管人队伍,由市司法局负责组织遴选、推荐律师事务所,市财政局推荐会计师事务所,各行政机关负责组织遴选、推荐专业骨干,共同组成合规监管人队伍,包括应急管理、市场监管、生态环境、税务等行政机关专业骨干61人,11家律师事务所,7家会计师事务所,并细分为安全生产、环境保护、税务管理、知识产权四个专业化合规监管小组。二是开展培训。张家港市合规监管委员会自成立以来,针对企业人员、监管人队伍合规意识不够、合规能力不强的现状,组织规模以上培训多次。培训对象包括合规监管人、企业代表、司法机关、行政部门人员等,采取专家授课、互动交流、实地参观等多种方式,培训合规知识、宣传合规文化,引用实践案例,为提升合规监管队伍的专业素能、开展合规有效性审查和分级评定工作奠定基础。

(四)将合规经费列入财政预算,为第三方监管评估提供有效激励措施

《合规监管人遴选管理办法(试行)》明确了合规监管人的经费列入本市年度经费预算。为了规范推进企业合规专项资金的使用和管理,提高资金使用效益,经对合规监管工作量进行评估,合规费用进行测算,张家港市合规监管委员会制定了《张家港市推进企业合规经费管理暂行办法》,规定合规专项资金包括三块:一是刑事合规费用,包括合规计划审查费、监督考察费、合规评估费;二是事前合规费用;三是顾问费用,包括劳务费、材料费、会议费、其他费用等。市工商联负责编制项目预算和决算,并按照项目批复预算、计划书和相关管理制度使用资金,市检察院负责对资金使用的合法性、合理性、真实性进行监督。在资

金使用管理过程中,如涉嫌犯罪的,移送监察委处理。

(五)研发智能抽取系统,保障第三方监督评估组织公正性、透明度

在第三方监督评估组织中,专业人员的管理和随机抽取是保障涉案企业合规监督考察公开公正、客观中立、专业高效的前提和基础。为了实现随机分类抽取,张家港市检察院研发了职能抽取平台,导入专业人员名录库,根据企业的规模、主要风险领域,分别从安全生产、环境保护、税务管理、知产管理四个小组随机匹配专业人员。抽取人还可以根据案件涉嫌罪名、复杂程度以及涉案企业的主营业务等因素,决定是否选用专家学者。完成抽取系统直接导出公示名单,同步设计了公示意见提交、回复等功能。对于因特定原因如专业人员回避等需要重新抽取的情况,系统需要录入原因,实现全程留痕,最大限度降低人工干预的因素。

三、第三方监管机制实践中存在的问题

(一)如何界定检察机关的职能定位

检察机关作为国家法律监督机关,不仅承担着公诉、逮捕、立案侦查等诉讼职能,还要在办案过程中贯彻社会综合治理的司法理念,探索参与社会治理的新方式。[1]检察机关承担着刑事案件审前主导责任,开展企业合规探索是应有之义。前期探索过程中,检察机关参与合规监管和介入程度不一。有的检察机关既监管实施合规计划,又负责评估是否达标;有的检察机关发一纸建议要求企业合规,自身超然于具体工作之外;有的检察机关事无巨细,深入介入甚至代替行政机关开展合规。目前存在争议的问题是,当前企业合规试点逐步深入,特别是第三方监管机制的构建需要行政监管部门、中介机构等多方介入,牵扯合规监管人遴选、机构设置、经费管理、履职监督等方面的问题,检察机关在这一机制中履职的界限在哪里?

比如,检察机关能否牵头成立合规第三方监管委员会并且负责日常工作,企业合规监督考察过程中能否以及是否有必要监督企业的合规建设情况、合规

〔1〕 参见陈瑞华:《刑事诉讼的合规激励模式》,载《中国法学》2020年第6期。

第三方监督评估小组的履职情况,能否负责合规监管人经费的管理等?按照《指导意见》的规定,全国工商联负责第三方机制管委会的日常工作。第三方监督评估工作面广量大、专业性强,新问题层出不穷,需要协调方方面面,而工商联作为人民团体和商会组织,不具有行政职权且人手有限,面对新的职能挑战,亟须加强力量配置。

(二)如何保证合规考察评估的有效性、权威性

一是缺乏行之有效的合规标准。《指导意见》规定第三方组织应当对涉案企业合规计划的可行性、有效性与全面性进行审查,对涉案企业合规计划履行情况进行检查和评估。目前试点各地普遍没有发布有效合规计划的基本标准,合规监管人进行考察评估时无所依据,而评估结果将作为涉案企业刑事从宽处罚的参考。合规监管人监管工作责任大、压力大,可能出现不敢出具评估意见的情况,也不排除权力滥用的可能。二是合规计划的有效性高度依赖企业合规建设的能力。合规计划是否有效,有赖于企业自身合规理念的重视、合规计划及体系建设的完善。经过一段时间的合规培训,企业合规意识虽然有所提升,但仍存在合规氛围不够、合规能力不足的问题。以张家港市为例,全市民营企业超 6 万家,中小型民营企业占大多数,很多采取的是家族式管理,财权人权集中,经营管理缺乏制度规范和有效监督,对企业合规的概念界定不清,推进合规的能力不足。需要针对企业的特点和现实需要,制订切实可行的合规计划,建立严密的制度保障。

(三)如何解决"企业合规长期性"与"办案期限有限性"之间的矛盾

根据最高人民检察院的精神,一方面用足用好现行法律和政策,另一方面不能突破法律界限,要在法定办案期限内开展企业合规建设。刑事案件有严格的办案期限,在设置企业合规考察期限时,不得不考虑办案周期的问题。从各地试点情况看,关于合规监管期限的确定,部分地方规范性文件规定一般不超过 12 个月,实践中合规考察期限有的是 3 个月,有的是半年,相对国外的数年能否真的见效?结合域外经验,美国检察官通过暂缓起诉督促企业完成合规计划的平均期限是 2 年多,企业通过缓刑完成合规改造的期限可以长达 5 年。因合规涉及企业经营、财务、管理等,有的还涉及异地合规的问题,是一项系统性工程,耗时耗力,时间过短的话,企业合规可能演变为"纸面合规",无法真正保

障企业建立完善的管理体系,实现实质整改目标。

(四)如何落实合规监管经费的支出管理

合规监管工作要求独立性、权威性和专业性,考察时间、评估范围、考察报告的法律效力等需要相应的经费保证。关于合规经费的管理,主要有两方面问题亟待解决:

一是经费的支付主体。由涉案企业支付还是统一纳入当地财政预算支出?美国的监管人制度是由企业直接和监管人商谈报酬。但涉案企业支付报酬可能损害合规监管人的独立性,而由政府"埋单"虽然很大程度上可以保证合规监管人独立性,但这种报酬很难有较高的标准,一定程度影响合规监管人的工作积极性。另外,涉案企业作为犯罪嫌疑人,不仅不用承担犯罪成本,还可以享受国家机关提供的帮助合规建设的服务,影响犯罪治理的目的和效果。

二是经费的支付方式。主要针对企业付费的情况,企业直接交给合规监管人显然不妥,陈瑞华教授提出应当让企业支付合规监管费用,但要由检察机关进行支付,阻断利益输送。这就产生了检察机关负责经费管理是否合适的问题。此外,关于经费的开支范围、费用标准、费用计算等问题都有待研究,特别是专业人员库中收录的行政机关工作人员报酬问题,给予报酬可能产生廉政监督风险,需要专门研究、谨慎处理。

(五)如何处理监督评估过程中发现的企业违规违法行为

美国监管制度规定合规监管人的职责包括汇报之前未披露的或者新的违规行为,明确要求监管人必须直接向政府报告发现的之前未披露的或者新的违规事实。[1]《指导意见》规定,第三方监管组织发现涉案企业或其人员尚未被办案机关掌握的犯罪事实或者新实施的犯罪行为,应当中止第三方监督评估程序,并向负责办理案件的人民检察院报告。但该条款未明确检察机关的处理原则、处理方法。"中止"而不是"终止"第三方监督评估程序,是否意味着符合特定条件还是可以重启该程序。张家港市检察院制定的实施细则作了类似的规定,涉案企业实施新的犯罪或者发现还有其他犯罪需要追诉的,应当终止合规

---

〔1〕 参见刘海涛:《美国刑事监管人的制度设计以及借鉴意义》,载《商业合规观察》2020年11月1日。

考察,依法提起公诉。这里存在两个问题:一个问题是合规监管人报告企业违法犯罪行为的范围,是否限于可能涉嫌犯罪的事实,还是包括违法事实,甚至违反行业规范、合规制度的是否都要汇报,汇报的范围越广,对合规监管人工作的要求就越高,相对应企业的顾虑就越多,可能不利于监管工作的推进、深入;另一个问题是合规监管人向合规监管委员会或者检察机关报告企业违法犯罪行为后,检察机关该如何处理,哪种情况下应该终止合规考察,提起公诉?哪种情况下可以继续进行合规监督考察?是否还要考虑其他更加稳妥的处理方式?

(六)如何提升第三方监督人的专业能力

我国企业合规制度起步晚、发展滞后,专业的合规管理师比较少,特别是基层县、市缺乏相应人才。在目前的合规不起诉制度探索中,各地检察机关推动建立第三方监管机制,组建第三方监管专家库,成员基本是行政机关人员、律师事务所、会计师事务所等中介机构人员,并非专门的合规人员。合规审查专业性强、评估过程复杂,亟须加强合规监管人的专业能力建设。

(七)如何加强对第三方监管组织的监督制约

如何督促第三方监管人依法、独立、公正开展监督考察工作,防止出现风险隐患?特别是评估工作,防止出现与被监管企业发生不正当的利益输送问题,甚至关乎检察机关职务廉洁性问题。监督合规监管人方面,张家港市合规监管委员会设置了考核制度、回避制度、资格免除制度,明确了合规监管人的六项义务,包括不得以监督考察为名随意干扰企业正常生产经营活动或者实施收受财物等违反廉洁纪律的行为。合规监管人需要接受合规监管委员会组织的年度考核,考核结果作为表彰、免除资格、续任的重要依据。但上述规定都是合规监管委员会的内部监管手段,可能存在监管漏洞,还需要加大外部监督,以公开促公正。

四、解决的对策

(一)明确定位,准确界定检察机关的职能

《指导意见》明确,全国工商联负责承担第三方机制管委会的日常工作,负责办案的检察机关履行审查监督职责,包括对第三方监管组织人员名单、企业合规计划、定期书面报告、合规考察报告的审查,并提出意见建议,处理相关人员的申诉、控告。由此可见,检察机关在合规监督考察中履行职责还是围绕《刑事诉讼法》《人民检察院刑事诉讼规则》等规定的法定监督职责,不得越权、破权。基层检察机关在开展合规试点工作过程中必须遵照执行,创新方式方法解决运行中的困难。

我们认为,检察机关不可消极被动,更不能大包大揽。试点初期,检察机关可以牵头推进建立起合规第三方监管机制,待机制建立、条件成熟后应当将主导权交给工商联。工商联负责第三方监管机制的日常运作,如召集合规监管委员会联席会议、组建合规监管小组、经费管理等事项。检察机关作为办理企业犯罪案件的司法机关,可以推动、协调相关事项,主责主业还是办理案件。在合规不起诉制度中,检察机关应以"监管者"的地位,对合规不起诉的全流程起到指导、监管的作用。在合规第三方监管探索中,检察机关可以充分发挥犯罪预防职能,原有的合规工作人员,比如,合规专员、合规办公室人员、研究人员可以作为合规顾问,不仅可以对合规监管人进行指导、培训,还可以组织企业家进行合规宣传教育,营造合规文化。

(二)严格验收,促进企业实质整改

一是建立科学的合规有效性审查标准。建立科学的合规有效性审查标准,作为各地深化合规第三方监管机制规范运行的重要抓手,并为第三方监管组织进行考察评估提供相对统一的标准。目前,部分检察机关制定了合规审查标准,一方面,需要通过实践进行检验,发现问题、解决问题,进行修订完善。积累一定数据样本后,最高人民检察院可以联合相关部门对合规审查标准进行顶层设计。另一方面,可以聘请专门研究人员、合规分析师进行论证,提升标准的合理性和科学性,促进达成共识,自上而下减少推广至各地的阻力。二是规定考察评估后的跟踪监督期限。企业合规管理是一种有效防控合规风险的动态管理体系,需要持续性跟踪,保障合规体系与外部法律、法规、政策的衔接,确保有效运行。由于目前合规考察期限受限于一年以下的办案期限,实践中对涉案企业的合规监督考察期限设置较短。为保证监督的持续性,检察机关参考评估结果做出从宽处理决定后,应当设定一定的跟踪监督期限。检察机关联合第三方监督评估小组通过回访等方式对企业进行检查,促进企业形成合规自觉。跟踪监督发现新的犯罪、漏罪的,应当撤销原不起诉决定,提起公诉,防止出现"纸面"合规的现象。

(三)关口前移,在法定期限内依法合规

一是用好取保候审强制措施一年期限,在法定期限内开展合规建设;二是将合规节点适当前移。如在侦查阶段,检察机关提前介入期间发现企业符合合规条件的,与侦查机关充分沟通协商达成共识后,可以尽早开展合规建设,提出整改方向和建议。程序启动得越早,对企业的合法保护越有利。一旦立案,进入刑事司法程序,则会对企业的影响巨大。企业合规启动甚至可以提前到行政处罚环节,在行刑衔接密切协作的基础上,引导行政机关用好合规手段,将问题矛盾解决在前,为企业提供纠正错误、及时补救的最佳时机。

(四)科学预算,建立合规经费管理制度

《指导意见》要求合规第三方监管委员会要研究制定第三方组织及其人员的工作保障和激励制度。但如何推进保障激励机制落地见效,需要在实践中进一步探索。笔者认为,可以借鉴张家港市检察院的做法,设置专项资金。第三方监管委员会可以制定符合当地实际的经费管理办法,设立专门的合规专项资金,对监管人的工作量进行科学测算,设置合理薪酬,协调当地财政局将合规专项资金列入年度财政预算,由工商联负责经费管理。同时,严格程序审批,规范使用资金。工商联根据推进企业合规实际需要提出申请,报合规监管委员会审批,检察机关负责对资金使用的合法性、合理性、真实性进行监督。第三方监管委员会可以仿照最高人民法院《关于审理企业破产案件确定管理人报酬的规定》,对费用计算标准、收取方式、时间以及程序等问题作出规定。合规第三方监管委员会制定合规监管组织专业人员报酬总额计算标准,合规第三方监督评估组织提交报酬方案,提交合规监管委员会审核。

(五)加强培训,提升合规监管人的专业素能

一是探索建立专业的合规委员会。在第三方监管委员会下面设立专业的合规委员会,如张家港市合规监管委员会针对本市涉企犯罪案件特点,设立了安全生产、环境保护、税务管理、知产管理四个合规委员会,进行专业、有针对性的管理、培训。各合规委员会对应合规有效性审查的四个合规指引,在实践中进行检验,发现问题、解决问题,不断完善合规有效性审查的评估参考指标,走

专业化的合规监管道路。条件成熟后，可以进一步增加，比如反腐败合规委员会、劳动保障合规委员会等。二是完善第三方监管小组产生的程序。第三方监管委员会根据特定企业涉嫌犯罪的情况，以及建立合规计划所需要的专业知识，从合规监管人员库中随机抽取人员组建第三方监管小组，确定小组人员的配比，专家组成员一般为奇数，并通过工商联微信公众号进行公示。三是加强专业培训。为第三方监管人定期举办有关合规方面的培训，解读第三方监管规范性文件、合规有效性审查标准，学习最新的法律法规、行业规则等，提升合规监管方面的能力。

（六）分级处置，切实保障涉案企业的合法权益

完善发现涉案企业违法犯罪行为处置程序，建立不当行为分级处置制度，对被监管企业违规、违法、犯罪行为作区分处理，明确规定监管人发现企业违法、犯罪行为必须报告。但对于企业违规行为，应当明确什么样的违规行为要向合规监管委员会报告，比如，可能损害安全、环保等公共利益的行为，可能严重损害公司利益的行为以及其他可能带来重大损害的违规行为应当报告。而对于一般违规行为，如企业员工轻微违规行为，监管人可以自主决定不向政府报告，但应及时向企业合规组织机构报告并督促整改。关于企业违法、犯罪行为的处置，检察机关应当进行调查核实，将违法、犯罪的情况移送有关部门处理。对于是否终止合规监督考察程序，需要考虑违法、犯罪是否具有系统性单位犯罪性质，[1]如合规整改难以达到预防犯罪的目的，应当终止上述程序，依法提起公诉。

（七）全面监督，确保第三方监管机制公正运行

第三方监督评估组织在合规考察工作中，要秉持依法依规、客观勤勉的原则，同样要遵循法律法规、行业规范，共同履行好监督评估职责。检察机关宜发挥主导作用，多措并举保证合规监管考察的公正性。

1. 严格把关资质。在启动合规监督考察时，第三方监管委员会应当对第三方监管人、机构的资质进行审核把关，检察机关在第三方监管人的确认上应当加强监督作用。一方面注意审查专业能力，保证第三方组织人员专业能力突

---

〔1〕 参见陈瑞华：《合规不起诉改革——价值考量与瓶颈突破》，载《民主与法制》2021 年第 24 期。

出、机构管理规范、执业信誉较好；另一方面对选定的第三方组织人员进行审查，保证监管考察的客观公正性，与企业有利害关系的人员应及时排除在外。有条件的可以借助大数据对第三方监管人进行资质审核，并对第三方监管组织人员的公示情况进行监督，接到异议及时向第三方监管委员会反映。

2. 设置程序保障。一是保障企业的控告权利。在对企业进行合规时，检察机关应向涉案企业送达权利义务告知书，告知涉案企业、人员，如第三方监管人有违法或者不当行为的，可以向检察机关控告、举报，此外，将对第三方监管人的廉洁监督作为检察机关飞行检查的必要内容，通过填写问卷、座谈等方式进行检查。二是加强对第三方监管人的监督。具体如需要签订保证书等，第三方监管人保证自己在履职过程中遵守保密要求、公正客观执法、不得乱收费、干扰企业正常经营等，否则将承担相应后果。三是加强指导监督。合规监管委员会对第三方监管人进行必要的培训和指导，明确职权清单，对第三方机构工作开展情况进行跟踪抽查。第三方监管人需定期提供监督考察报告，合规监管委员会也可以开展日常监督、飞行检查等。

3. 加强部门合作，发挥外部监督作用。(1)行为不当、违反职业操守的。对违反社会公德、职业伦理等行为，合规监管委员会及时向有关主管机关、协会等提出惩戒建议。(2)严重违纪违法的。第三方监管人涉嫌违纪违法线索的，及时向监委、公安机关移交线索。(3)设置巡回检查小组。借鉴“巡回检察”的模式，督促第三方监管机构组织依法、公正、客观履职。根据《指导意见》的规定，组建巡回检查小组成员库，成员主要考虑退休的检察官、法官、行政机关人员，人大代表、政协委员、乡贤都可以纳入；建立专门制度明确巡回检查小组组建的流程，包括程序启动、智能抽取组建巡回小组、准备工作、监督方法和要求以及处理结果。规定巡回检查小组人员不得少于 3 人，每个小组专家保证不少于 1 人，一次开展监督工作不得少于 2 人；监督考察一般不少于 2 次，应当制作检查记录，结束后制作巡回检查报告。对检查发现的问题应当区分情况进行处理，轻微违规情况、履职不尽责、工作漏洞等问题可以口头纠正，严重违反规定的给予劝诫或免除其监管人资格，构成犯罪的，依法追究刑事责任。

4. 检察机关对合规考察书面报告进行实质性审查判断。合规考察书面报告作为检察机关做出处理判断的重要参考，应当加强实质性审查判断。除了审查监管人、机构的资格、资质外,还应看过程是否规范,方法是否科学,结论是否科学合理等,类似鉴定意见的审查判断。这对办案人员提出了更高的司法要求,检察官可以借助“外脑”对考察报告进行审查,向专家、学者进行咨询,听取意见。必要时通过公开审查的方式进行,组织专家会诊,增强合规考察评估的透明度和公信力。

“合规不起诉改革与第三方监督评估机制”研讨会综述

钟　欣[*]

2020 年 3 月，最高人民检察院启动“涉案违法犯罪依法不捕、不诉、不判处实刑的企业合规监管”试点工作，后于 2021 年 4 月下发了《关于开展企业合规改革试点工作的方案》（以下简称《方案》），以进一步“落实依法不捕不诉不提出判实刑量刑建议等司法政策”。2021 年 6 月，最高人民检察院联合司法部等八部委共同印发了《关于建立涉案企业合规第三方监督评估机制的指导意见（试行）》（以下简称《指导意见》），《指导意见》对涉案企业合规第三方监督评估机制的启动和运行，以及第三方监督评估机制管理委员会的组成和职责做出了指引和说明。

为总结企业合规监管的试点工作经验、探寻《方案》落地的可行性路径、明晰《指导意见》的适用范围与边界，华东师范大学企业合规研究中心于 2021 年 6 月 26 日举办了“合规不起诉改革与第三方监督评估机制”研讨会，来自最高人民检察院、国家检察官学院、部分试点检察院，以及专注于合规业务的律师事务所和拥有合规经验的企业共同参与了本次会议。

本次会议具体议题包括合规不起诉改革与第三方监督评估机制探索的意义、合规不起诉的空间与边界、合规不起诉的域外经验与本土化改革以及第三方监督评估机制的设想与探索。

* 华东师范大学法学院博士研究生。

一、合规不起诉改革与第三方监督评估机制探索的意义

本次会议主要从法治化营商环境建设、检察改革推进和刑事理论发展三个方面对合规不起诉改革和第三方监督评估机制探索的意义展开探讨。

(一)对建设法治化营商环境的意义

上海市人民检察院副检察长陶建平在发言中指出,企业是市场经济活动中最重要、最活跃的主体,企业合规改革试点工作是以司法改革为途径发挥检察机关的法治保障作用,可为各类市场主体营造稳定、公平、透明、可预期的法治化营商环境,亦能激发企业治理动力、促进企业善尽社会责任并实现企业可持续发展。另外,江苏省张家港市人民检察院四部副主任郑莉介绍的江苏省张家港市改革试点案例,亦展示了企业合规监督考察对企业抗风险能力和国际市场竞争力的促进作用。

上海市国资委政策法规处处长钟可慰认为,合规不起诉改革推动了企业从“要我合规”到“我要合规”的过渡,对企业持续经营和现代化治理具有促进作用。上海均瑶集团有限公司法务总经理张凤翔认为,对于民营企业而言,合规不起诉改革为其提供了正向激励。一方面,“能不捕的不捕,能不诉的不诉,能不判的不判”在一定程度上降低了刑事诉讼程序对企业持续经营的负面影响;另一方面,合规不起诉制度能够激发民营企业治理的主观意愿,有利于促进民营企业合法合规经营。江苏宁沪高速公路股份有限公司纪委书记卞传山认为,对于国有企业来说,合规不起诉改革和第三方监督评估机制实施为其市场化经营和健康持续发展提供了制度保障。比如,发挥第三方监督评估主体的专业技能,协助国有企业梳理、分析、评估内部法律风险,能够增强国有企业应对风险的能力;在第三方监督评估的过程中,明晰“三重一大”决策者权责,明确企业责任和企业家责任,可以减少国有企业经营者在企业管理和投资决策等方面的顾虑,使其敢于按照市场行为、企业行为在市场上办好企业。

(二)对检察改革的意义

国家检察官学院副院长徐鹤喃提出,我国检察机关的检察权具有国家权力属性,如若从国家和社会层面进行解析,则检察权的国家属性更加浓厚,在人民

代表大会制度权力架构下,检察权的禀赋和发展规律值得关注和研究。检察机关开展合规不起诉改革的检察履职时代坐标是国家推动治理能力和治理体系现代化,当前检察机关积极推动涉案企业合规管理试点工作,是政治和业务相融合的体现,是检察机关为经济社会高质量发展提供法治保障的体现。在《方案》落地的过程中,要明确检察职能的定位、检察权的运行规律和边界,以及公诉权如何在谦抑性和积极性之间寻求平衡。

陶建平和上海市人民检察院法律政策研究室主任皇甫长城在发言中提出,检察机关开展的企业合规试点工作是宽严相济的刑事政策,是对认罪认罚从宽制度改革的落实,也是对行政执法与刑事司法衔接路径的探索。江苏省张家港市人民检察院副检察长吴晓敏认为,检察机关不可消极被动,更不能大包大揽,在试点初期,检察机关牵头推进、建立合规第三方监管机制,但条件成熟后,应当将主导权交给工商联。

(三)对刑事理论发展的意义

刑事理论界的探讨从理论研究的角度阐释了合规不起诉改革的意义。华东师范大学法学院副教授樊传明认为,企业合规不起诉的目的并非促进司法资源配置,而是追求司法溢出的效应,从某种角度来讲,合规建设为刑事法治建设带来了外部刺激。樊传明进一步阐述,在传统的民商经济政策中,刑事诉讼法能够发挥作用的空间有限,但合规不起诉制度则为民刑交叉理论研究、理论与实践相结合提供了契机。汇业律师事务所高级合伙人李天航则将视野延伸至“民、刑、行政”交叉问题,结合刑事犯罪理论提出了企业刑事合规“三角形防御理论”。李天航认为,在三角形防御体系中,最下层是民商事法律风险的防控,中间层是行政法律风险的防控,最上层是刑事法律风险的防控,因此,企业开展刑事合规不能只聚焦于刑事合规,而应同时考虑民商事法律风险、行政法律风险和刑事法律风险。

二、合规不起诉的空间与边界

(一)合规不起诉的刑事法律空间与边界

对于现行法律体系中哪些“不起诉”可以作为企业合规不起诉改革的载体,

各发言人的观点并不完全一致，理论对话主要存在于最高人民检察院法律政策研究室主任高景峰和樊传明之间。具体内容如下：

第一，绝对不起诉。高景峰认为，既不犯罪又不违法的不起诉不需要适用合规不起诉制度，但涉嫌违法的绝对不起诉，则可通过提出相关建议的方式来促进企业整改。樊传明则认为，依照《刑事诉讼法》的相关规定，对于法定不起诉案件而言，检察院没有自由裁量权，必须做不起诉的决定，因此检察院不能以诉或不诉作为敦促企业进行合规整改的抓手。尽管法定不起诉具有实践上的操作空间，能够与企业合规整改发生交叉，但从立法角度看，法定不起诉与合规不起诉不应该存在交叉。

第二，相对不起诉。高景峰认为，相对不起诉针对刑罚较轻的犯罪，是不需要判处刑罚或者免除刑罚的案件，对于符合法定条件的案件，要积极适用相对不起诉。第二批试点扩大了案件范围，不仅包括相对轻缓的犯罪，也包括重罪，对于重罪案件，若涉案企业积极合规整改，则可提出相对轻缓的量刑建议。樊传明认为，在现行法律体系之下，相对不起诉最具实践上的可操作性，有裁量空间，检察机关可结合犯罪行为和被告人、犯罪嫌疑人的情况做出诉或不诉的决定。当然，若严格解释《刑法》和《刑事诉讼法》的规定，则相对不起诉的适用空间是狭窄的，是需要做出明示的，因此，在相对不起诉范畴内进行合规不起诉，需要在法律解释学上做突破。

第三，存疑不起诉。高景峰认为，对于事实不清、证据不足的不起诉，检察机关在推进企业合规的试点过程中，务必要防止由于徇私而导致的事实不清和证据不足。樊传明则认为，证据不足不起诉与合规不起诉分别针对的是作为事实的小前提和作为法律的大前提，证据不足不起诉是由于证据收集不足导致事实无法查清，因而终结刑事诉讼程序，而合规不起诉是被视为大前提的一项法律政策，即检察机关基于对法律政策和激励机制的考虑以刑事手段督促企业整改。因此，二者不存在本质上的关联。

第四，附条件不起诉。高景峰认为，按照《刑事诉讼法》的相关规定，附条件不起诉的适用对象是未成年人犯罪，在没有经过授权或者法律修改的情况下，若将适用对象扩大至企业和企业相关的直接责任人员，显然是违法的。樊传明亦认为，附条件不起诉的适用空间极为狭窄，即便在未成年人犯罪的案件中，附条件不起诉的适用也是极少数的，且条件和门槛非常高，涉企案件中承担刑事责任的自然人是未成年人的情况极为特殊，因而，附条件不起诉在合规不起诉当中几乎没有适用的空间。

第五，特殊不起诉。高景峰认为，按照《刑事诉讼法》第182条的规定，检察机关在办理涉企案件时，对于在全国或者国际上有重大影响的案件，可以适用特殊不起诉。樊传明则认为，特殊不起诉仅适用于极少数案件，且需上报至最高人民检察院审批，因此，尽管从理论上讲，部分案件既可以做合规不起诉，又符合特殊不起诉的条件，但这具有偶然性，适用空间极小。

(二)合规不起诉的组织法空间与边界

高景峰提出了合规不起诉的组织法空间与边界，并从四个方面重点阐述了检察权如何在合规不起诉改革中发挥作用。第一，合规不起诉改革与检察机关的司法办案职能和法律监督职能相结合。检察机关所进行的企业合规改革是按照《人民检察院组织法》的规定，通过提出社会治理类检察建议的方式促进企业合规，因此，检察机关推进企业合规改革应与检察机关的司法办案职能和法律监督职能相结合。第二，合规不起诉改革应与认罪认罚、清理挂案相结合。企业合规不起诉的重要条件之一是认罪悔罪，因而合规不起诉要与认罪认罚相结合。另外，由于挂案会对企业产生不利影响，故而合规不起诉改革应与清理挂案相结合。第三，合规不起诉改革应与检察建议和检察意见相结合。检察意见本质上是将检察机关促进企业合规的刑事激励措施与行政激励措施相衔接，检察机关对涉案企业合规整改情况进行持续关注，并依据第三方监管报告向有关行政执法机关提出从重、从轻或减轻行政处罚的检察意见，以实现刑事激励措施与行政激励措施的结合。第四，合规不起诉改革要将严管和厚爱相结合。检察机关在不捕不诉的同时，要求企业进行合规整改是一种严管，若企业做出合规承诺，但是没有积极整改或者整改效果欠佳，则检察机关可以通过提出从重的量刑建议，向相关的行政主管机关提出从重的行政处罚建议等方式进行严管。皇甫长城提出，企业是市场活动的主要参与者、生产流通的主要承担者、社会技术进步的主要实践者，若企业内部风险管控缺失，将对社会造成危害，因此，合规不起诉一定要坚持严管的主基调。另外，企业的成长壮大实属不易，若企业倒闭，则将形成“水波效应”，进而影响经济发展的其他方面，如税收、就业，因此,在坚持严管的同时,也要做到厚爱,助力企业实现合规经营和可持续发展。

(三)合规不起诉改革边界的突破

专家和学者在讨论现行法律体系对合规不起诉改革的约束后,亦从域外经验借鉴和国内检察实践两个角度出发,为合规不起诉与现行法律体系的对接提出建议。

第一,借鉴域外经验。华东师范大学企业合规研究中心副主任张伟认为,合规不起诉改革可以域外的附条件不起诉为模板进行本土化改革,同时,为实现合规不起诉与现行刑事法律的衔接,可在单位犯罪体系中重新定位企业合规,思考诸如单位犯罪的刑事责任、犯罪构成要件等问题。皇甫长城的观点与之相似。皇甫长城认为,可尝试将企业合规建设作为法定情节,修改《刑法》中单位犯罪的认定规则,将企业有效、系统的合规建设作为切割单位意志和个人意志的依据。比如,如若企业合规建设完好,对员工和高级管理人员已经进行合规培训,则高级管理人员以单位名义触犯刑法的,可以企业内部有效的合规建设为由,仅追究个人刑事责任。然而,对于域外经验的借鉴,高景峰所持态度相对谨慎,他认为,在借鉴域外经验时要切合我国实际情况。

第二,创新检察实践。李天航建议将企业合规愿意作为轻缓处理措施的先决条件,以促使企业在刑事诉讼过程中更好地配合司法工作,这样的做法亦可将企业合规改革与认罪认罚制度更好地结合。张凤翔亦认为,合规不起诉是一项改革、一项探索,因此,可以考虑对现有法律框架做出适当调整和突破。比如,检察机关在行使自由裁量权时,除了依据刑事法律规定之外,还可将国家政策、对企业的影响等作为参考因素,以此决定捕或不捕、诉或不诉。然而,上海市金山区人民检察院副检察长潘春伟则认为,从“积极、稳妥试点,督促涉案企业合规管理,做好依法不捕、不诉、不判实刑的后续工作”的表述来看,合规不是对企业从轻、减轻、免除处罚的一个理由,而是企业在接受检察机关依法处理时所伴生的义务。

三、合规不起诉的域外经验与本土化改革

(一)合规不起诉的域外经验

合规不起诉的域外经验介绍包括世界银行的制裁制度和附条件解禁机制,

研究成果来自企业合规实务界,相关研究在介绍域外经验的基础上,结合我国合规不起诉改革现状,对域外经验的借鉴和本土化改革提出了以下建议。

第一,考虑加重情节和减轻情节。汇业律师事务所高级合伙人、汇业合规委员会主任郭青红建议,我国合规不起诉改革试点可参考世界银行的做法,考虑加重处罚情节和减轻处罚情节。比如,加重制裁的情节包括累犯、高级管理人员参与干预调查程序、恐吓或者贿赂证人、与世界银行官员勾结等,减轻制裁情节包括积极中止不当行为、主动处罚责任人、治理并且实施有效的合规整改计划、主动赔偿、主动认罪和承担责任、积极配合调查等。

第二,引入和解机制。郭青红和中国投资协会品牌投资促进中心主任刘红霞介绍了世界银行的和解机制,比如,世界银行制裁委员会在发布最终裁定之前,被指控人可与世界银行进行谈判,并达成和解,和解内容包括主动认可调查证据、主动认罪、接受制裁等。若企业主动做出合规承诺,则要制订合规管理计划、聘请第三方合规监督者并接受其独立监督、定期提交合规报告、接受第三方独立监督者的验收评估等。(浙江)正泰集团合规部副总经理李嘉结合国际合规实践经验,对我国合规不起诉改革提出了三点建议,即赋予企业自主选择权、增加调查过程的弹性、提前向企业告知合规整改评价标准。

第三,延长制裁期限。郭青红介绍,世界银行的制裁期从半年到 8 年甚至更长,期限时长取决于被制裁人违规的性质和情节、合规整改的内容和范围,及其认罪和配合的态度。据此,他认为,企业合规整改的期限不宜太短,应该至少在半年以上。吴晓敏在发言中提出,为了在现有法律框架内解决企业合规长期性与办案期限有效性的矛盾,检察机关在设置考察周期时要考虑办案期限,在实践中,合规考察期限通常不超过 12 个月。

第四,合规整改机制建设的国际化。郭青红以世界银行的合规整改机制为基础,提出两个方面的建议。其一,完善合规管理计划的目标、内容,可借鉴世界银行诚信合规指南和美国司法部刑事处的《公司合规管理评价指引》建立企业合规管理体系,尤其注重从诚信角度进行合规管理,比如反贿赂、反腐败、利益冲突、反垄断、网络数据安全合规等。其二,借鉴域外成熟的企业合规整改计划评价和验收标准来制定我国标准,比如,ISO 37301《合规管理体系　要求及使用指南》、ISO 37001《反贿赂管理体系　要求及使用指南》等。

（二）合规不起诉的本土化改革

合规不起诉的本土化改革相关研究成果主要来自检察系统，由第一期改革试点经验总结而来，具有代表性的是上海和张家港的经验。其中，上海检察系统的研究成果主要针对工作的方式方法，张家港检察系统的研究成果则重点指向制度和工作机制的建设。

1. 合规不起诉实施的方式方法

陶建平在发言中介绍了上海检察系统合规不起诉第一期试点的实践与创新。第一，运用大数据进行企业合规的社会调查。比如，从一网通办、大数据中心和信用上海等平台调用数据，对企业生产经营、行政监管，以及司法诉讼等方面的数据进行分析，以判断企业的合规基础和整改意愿。第二，创建“范—简”分离模式。由于不同的企业犯罪在组织程度、案件规模和犯罪形态上有所区别，因而整改要求亦有所不同，故此，上海改革试点将合规不起诉分为“范式”和“简式”两种类型，其中，“范式”企业必须完成全部合规步骤，尤其要接受第三方的监督和评估；“简式”企业则依托检察建议等传统刑事监督方法落实合规不起诉工作。第三，探索区域检察协作机制。在长三角一体化发展的当下，包括上海在内的长三角地区的企业，出现了注册地和案件发生地相分离的情况，区域检察协作意在减少企业异地监管所产生的障碍，通过借助长三角检察协作机制，开展企业跨省、市的异地社会调查，在个案基础上探索合规监管的检察协作。

2. 合规不起诉实施的制度和机制

郑莉在发言中介绍了张家港检察系统在改革试点经验中所建立的企业合规改革相关的工作机制和制定规范性文件。比如，成立第四检察部作为改革试点的专门部门，并联合法院、公安及其他行政机关和单位组建合规监管委员会，共同制定企业合规建设工作指引，开展企业合规分级评定与合规有效性审查，制定规范性文件，指导企业合规改革试点工作，比如《企业犯罪相对不起诉适用办法》《合规有效性审查办法》《企业合规分级评定办法》等。

3. 合规不起诉实施的五个要点

潘春伟用“五性”概括上海市金山区人民检察院合规不起诉改革的重点环节。第一，必要性。只有生产经营稳定、偶有违法犯罪行为、具有挽救扶持必要、具备合规整改能力和意愿的企业,方能成为合规不起诉的对象。第二,便利性。对于需要监管考察的企业,可专门指派监管考察的第三方监管人;对于自行整改的小微企业,则可通过检察官实地走访、听取行政执法机关意见、召开听证会等方式对其整改情况进行评估。第三,专业性。由区司法局遴选专业的律师事务所,并将其纳入第三方监管人名录库,检察院在办案时从中随机选择。第四,权威性。为保证第三方监管人依法有效履职,检察机关联合司法机关和多家行政机关成立企业合规监督管理委员会,监督第三方监管人的履职过程,并调查处理企业与第三方监管人之间的争议。第五,公正性。检察机关按照听证的原则和规则组织听证会,邀请办案机关、人民监督员、人大代表、政协委员共同参与评议,以决定企业是否进入合规整改程序。在企业合规整改后,再次举行听证会,邀请企业的辩护人、第三方监管人、人民监督员参会讨论,以决定是否对企业进行宽大处理。

除了改革试点成功经验外,上海市浦东新区人民检察院专委严忠华也提出了改革实践中有待改进之处。比如,当前检察机关考核压力较大,使部分检察机关参与改革的积极性、主动性不高;案件数量较少,尚未形成办案规模效应;一线检察干警专业能力有待提高;跨区域案件配套机制尚未健全;企业有合规意愿,但合规能力弱、难以达到合规条件等。

四、第三方监督评估机制的设想与探索

对第三方监督评估机制的构设主要集中在第三方监督评估的模式、企业合规整改的验收标准、第三方监管人的选聘机制、第三方监督评估费用的来源等四个话题。此外,来自检察系统的相关研究对企业整改中的新罪、漏罪如何处理进行了探讨,来自企业合规实务界的研究展示了企业合规整改的操作技术和步骤。对于如何保证第三方监督评估机制的公正性,检察系统的改革实践经验给出了答案。比如,确保第三方监管人与涉案企业无直接利害关系,审核第三方监管人的专业能力和信用等级,保障企业对第三方监管人的控告权,要求第三方监管人签署保密和履职协议,加强对第三方监管人的培训和指导,发挥监察委员会、公安机关、巡回检查小组等组织的外部监督作用等。

(一)第三方监督评估模式

上海市人民检察院第四检察部主任胡春健提出,在第三方监管评估模式的选择上,当前的重点是推动联合监督考察的模式。该模式的特点可概括为“检察主导、各方参与、客观中立、强化监督”。详言之,检察机关承担主导职责,对第三方组织的人员名单、合规计划和书面报告进行审查;由九部门参与成立第三方机制管委会,并负责顶层制度设计、组织监督和巡回检查等工作;第三方组织的履职过程应保持客观中立;运用诸如巡回检查、回避、权益保障等制度,强化对第三方监督评估机制的监督。胡春健进一步提出,下一步工作要建立相应的配套规则,比如,第三方机制管委会的运行办法、第三方监督评估的工作办法、第三方监督评估人员专家库的入库和日常管理以及监督办法等。

潘春伟介绍了上海市金山区人民检察院探索出的社会中介机构与主管职能部门联合监督考察模式。在该模式之下,律师事务所负责日常监管,指导企业制订合规计划、督促企业实施合规计划,并提交合规考察报告,由公、检、法、司,以及市场监管等机关共同组成的企业合规监管委员会则负责政策咨询、争端解决、调查评估等工作。社会中介机构与主管职能部门联合监督考察模式,追求双方相互配合、衔接和补充,既避免行政机关监督考察模式和联合监督考察模式存在的弊端,比如,担任监管人的行政执法人员具有双重身份引发职责冲突、监管考察小组的监管结果没有明确责任人、部分行政执法人员积极性和主动性不强等,又防止完全依靠社会中介服务机构进行监管可能引发的客观、公正、权威、有效性等问题。

(二)企业合规整改验收标准

浙江省舟山市岱山县人民检察院助理检察官庄力文,在介绍浙江省舟山市岱山县人民检察院试点经验时谈及企业合规整改的验收标准。第一,针对不同行业制定不同的验收标准,提前向企业告知该标准,并由企业自主决定是否接受该标准。企业若接受标准并进入整改程序,则第三方监管人应按照该标准持续监督企业整改情况。第二,将合规不起诉与从宽行政处罚相衔接,联合行政主管部门进行执法检查,而后方可进入听证程序,并做出最终决定。

钟可慰从国企合规的角度,以“两实、四有、三融入”概括评估企业整改的标准。其中,“两实”意为立足实际、务求实效,针对不同企业的规模、所处的行业提出合规方案。“四有”指的是领导有法治意识、合规意识;企业有制度和机制;工作有人员,大企业有合规部门,小企业有合规专员;员工有培训。“三融入”是比较高的目标,意为合规意识融入企业的决策,融入企业的管理,融入企业的文化。

(三)第三方监管人选聘机制

对于第三方监管人如何选聘,不同的检察机关在实践中有着不同的做法。按照潘春伟的介绍,上海市金山区人民检察院按照“专业优于非专业、专职优于兼职、体制外优于体制内、有上级或者行业监管优于无监管”的标准,选聘律师事务所作为第三方监管人。这是因为律师事务所能够满足第三方监管人的职责要求,律师的职业行为受到司法行政部门和行业协会的监督管理。另外,由于合规监管工作的专业性较强、工作强度较大,更适合以团队协作的方式开展工作,因而作为组织的律师事务所比作为个人的律师更具优势。在具体操作上,由检察机关联合司法行政机关共同开展律师事务所的选聘工作。吴晓敏在发言中介绍,按照当前探索的结果,合规监管小组主要由行政部门人员,律师事务所、会计师事务所等中介机构人员组成,吴晓敏提出,未来将完善合规监管小组产生的程序,由检察机关根据特定企业涉嫌犯罪的情况,以及建立合规计划所需要的专业知识,按照合规监管人整理分类,从专家库中随机选出合适的专家人才组建评估小组。

(四)第三方监督评估费用来源

对于第三方监督评估的费用由谁支付,检察系统内部观点各异。

潘春伟认为,第三方监督评估的费用应由企业支付。首先,从财政预算来看,在合规不起诉改革推动立法修改之前,尚无法获得财政预算。其次,从法理角度来看,企业实施违法犯罪行为造成危害后果,其有义务修复社会关系并消除所造成的危害和影响,这是企业治理必须付出的成本和必须承担的责任。企业合规监管与未成年人附条件不起诉的社工考察服务不同,后者之所以由政府购买,其原因在于,对未成年人的教育挽救工作是一项基本国策。然而,企业合规是企业发展的必由之路,涉及企业的合规费用由财政负担将造成错误的政策导向,即企业违法犯罪后可由国家提供资金进行合规建设,这对于那些投入大量经费进行合规建设的企业显然是不公平的。

按照吴晓敏的介绍,江苏省张家港市已制定《合规监管人遴选管理办法(试行)》,并将合规监管经费列入本市年度经费预算,另外,合规监管委员会还制定了《张家港市推进企业合规经费管理暂行办法》,并由张家港市检察院对资金使用的合法性、合理性、真实性进行监督。

(五)企业合规整改中的新罪、漏罪处理

对于在企业合规整改过程中所发现的企业违法违规的行为如何处理,吴晓敏认为,合规监管人发现涉案企业或企业人员尚未被办案机关掌握的犯罪事实或者新实施的犯罪行为时,应当中止第三方监督评估程序,并向负责办理案件的人民检察院报告。对于合规监管人报告企业违法犯罪行为的范围,是只限于涉嫌犯罪的行为,还是包括违法行为和违反行业规范的行为,吴晓敏认为,可采取分级处置的方式对被监管企业的行为区分处理。监管人发现企业存在违法犯罪行为必须报告,监管人发现企业存在违规行为是否汇报,由其自行决定,但应向企业合规组织机构报告并督促整改。比如,威胁公共健康安全和环境安全的行为、企业高管的违规行为、可能严重损害公司利益的行为,以及其他可能带来重大风险的违规行为应该报告,对于一般违规行为,比如,企业员工在企业经营范围之外的违规行为,则监管人可自主决定。

庄力文介绍了浙江省舟山市岱山县人民检察院的做法,即若发现的案件与专项违规风险点直接关联,则应当起诉,其他案件则通常会延长整改时间。另外,通过行政处罚的方式披露并消除风险,当第三方监管人发现有新罪、漏罪并向检察机关报告后,检察机关可限定企业在一定期限内向行政主管机关主动披露,若企业到期未全部披露,则检察机关将案件移送相关部门进行处理。

(六)企业合规整改的流程和操作技术

对于企业合规整改的实务研究,汇业律师事务所高级合伙人阚宇所关注的重点在于,企业如何进行合规整改、律师如何帮助企业完成合规整改。

阚宇提出,企业合规整改包括主动整改和被动整改两种类型,其中,被动整改包括纪律处分、行政处罚、刑事处罚和国际制裁。他结合国际经验和我国实际情况,从横向和纵向两个角度展开,进一步讨论了我国企业合规的范围。从横向看,企业从设立到终止,都会涉及诸如合法经营、劳动用工、财务管理等合规事项;从纵向看,企业经营过程中亦会涉及不同类型的合规事项,比如,市场营销、环境保护、生产安全、税务管控、知识产权、进出口、反商业贿赂等。这样的分类与《刑法》的章节和罪名不完全一致,比如,企业违反合法经营的要求所触犯的不仅仅是非法经营罪,部分互联网游戏公司可能涉嫌开设赌场罪,部分金融支付渠道公司可能涉嫌网络电信诈骗罪、诈骗罪共犯和帮助网络信息犯罪活动罪等。另外,在协助企业进行合规整改时,律师的工作涉及尽职调查、整改实施和验收评估,工作方法包括但不限于文件审查、问卷调查、访谈、会议讨论、抽样测试、现场查验等。

五、结　语

总结而言,本次研讨会所形成的理论成果体现了国际和国内两个视角、理论与实践两种面向,以及“检察—企业—律师”三个维度。本次研讨会对合规不起诉改革与第三方监督评估机制探索的意义达成了共识。来自检察系统和企业的观点指出了合规不起诉改革对法治化营商环境建设的积极作用,检察理论界和刑事法律理论界则分别从检察改革和刑事理论发展的角度阐释了本次研讨的意义。

对合规不起诉的刑事法律空间与边界的探讨,检察系统和刑事理论界展开充分对话。双方均认可附条件不起诉在合规不起诉当中的适用空间极为有限,而对于绝对不起诉、相对不起诉、存疑不起诉和特殊不起诉的适用空间,双方则出现明显分歧。对于合规不起诉的组织法空间与边界的讨论,主要集中在检察系统内部,可用四个方面加以概括,即严管和厚爱相结合、合规不起诉改革与检察机关的司法办案职能和法律监督职能相结合、合规不起诉改革与检察建议和检察意见相结合、合规不起诉改革与认罪认罚、清理挂案相结合。对于合规不起诉改革边界的突破,检察系统的态度比刑事理论界和企业更为慎重。尽管检察系统和刑事理论界的相关研究都提到借鉴域外经验进行本土化改革,但是,来自检察系统的设想更为谨慎,而对于检察实践创新的跨度,来自企业的建议对法律框架的突破要远大于检察系统的实际做法。

合规不起诉的域外研究成果主要来自企业合规实务界,相关专家在介绍域外经验的基础上,结合我国合规不起诉改革现状,对本土化改革提出了建议,比如，考虑加重情节和减轻情节、引入和解机制、延长制裁期限、促进合规整改机制国际化等。而合规不起诉的本土化改革则以检察系统的改革试点经验总结为主，相关内容包括合规不起诉实施的方式方法、合规不起诉实施的制度和机制、合规不起诉实施的五个要点等。

对于第三方监督评估模式、第三方监管人的选聘和第三方监督评估费用的来源，检察系统内部存在不同的观点。对于在合规整改过程中发现新罪、漏罪后的程序如何实施，检察系统内部亦有不同做法。具体地说，在实践中，检察系统重点实施联合监督考察模式，同时也有如社会中介机构与主管职能部门联合监督考察模式的创新，第三方监管人的候选人有律师事务所和合规监管小组两种类型，第三方监督评估费用的来源既有企业支付，也有财政支付。

对于企业合规整改验收标准的探讨，来自检察系统和企业的研究，分别关注检察机关如何验收企业的合规整改结果和企业内部如何自测合规整改结果。与检察系统和企业的关注重点不同，律师在第三方监督评估机制的设想与探索中所关注的重点是，律师应运用哪些技术、经由哪些程序以协助企业完成合规整改。

除此之外，本次研讨会亦留有进一步探索的话题，比如，跨区域涉案企业的合规监管模式、跨境企业合规监管模式等。